汽车检修技能提高教程丛书

# 汽车自动变速器技术与检修 第3版

主　编　王盛良
副主编　刘案榕　谌刚华

机 械 工 业 出 版 社

本书共分五章，以“三个问题四条线”为基本路线系统、全面地介绍了汽车自动变速器的基本知识和操作技能，内容包括自动变速器概述，自动变速器的结构与工作原理、典型电控液力自动变速器构造与检修、自动变速器的性能测试与检修及自动变速器新技术。编写时把自动变速器各部分的基本结构、工作原理、检修方法、拆装步骤、案例分析列为重点内容，以点带面地介绍了一些常见车型的相关项目维修方法和参考资料。

本书采用“积木法”的原理进行编写，章节编排合理，内容系统连贯，图文并茂，实际操作内容多，具有较强的实用性，可作为中、高职类汽车专业教材，也可供汽车从业人员、汽车驾驶人员及汽车管理人员学习参考。

**图书在版编目（CIP）数据**

汽车自动变速器技术与检修/王盛良主编．—3版．—北京：机械工业出版社，2017.3

（汽车检修技能提高教程丛书）

ISBN 978-7-111-56424-9

Ⅰ.①汽… Ⅱ.①王… Ⅲ.①汽车－自动变速装置－车辆检修 Ⅳ.①U472.41

中国版本图书馆CIP数据核字（2017）第063501号

机械工业出版社（北京市百万庄大街22号 邮政编码100037）

策划编辑：连景岩 杜凡如 责任编辑：李 超 连景岩

责任校对：张 征 封面设计：鞠 杨

责任印制：李 昂

河北鑫宏源印刷包装有限责任公司印刷

2017年5月第3版第1次印刷

184mm×260mm·16.75印张·406千字

0001—3000册

标准书号：ISBN 978-7-111-56424-9

定价：49.90元

# 丛书序

我国汽车工业的发展为什么远不如高铁工业、工程机械快？在我国汽车产销量均出现井喷式增长的黄金时期，自主品牌汽车为什么没有处于主导地位？与美、日等汽车强国相比，为什么总是形似而神非？这些是值得我们所有汽车行业从业者深思的问题。作为近30年我国汽车工业发展的参与者，笔者一直在反思、总结。从20世纪80年代末至90年代中期的手工单台生产，到现在的工业化流水线批量生产；从拥有几千家汽车制造企业和上千个品牌，到现在只剩下几个自主品牌和数十个汽车制造企业；自主品牌的国内市场占有率从95%以上，到现在的不足10%。我们缺技术吗？缺资源吗？缺市场吗？面对汽车保有量以每年10%～20%的速度递增的庞大市场，作为汽车人，我们应该思考怎样实现弯道超车。

笔者在编写本套汽车专业图书时采用了“积木法”，中国的汽车工业要脱颖而出也要走“积木法”路线，这样既能降低研发、生产成本，避免造成资源分散与浪费，又能提高产品品质和市场竞争力。而要走“积木法”路线，就必须以教育为手段，因为汽车上的每一个小“积木”都能成就一番大事业。作为汽车专业人士，作为想进入汽车行业的有志之士，在万众创新、全民创业的大好形势下，成就自我，成就中国汽车产业，已经迎来最好的契机。如何把汽车“积木”变成产业项目，把项目变成特色，把特色变成效果，把效果变成效益。这是我们要不断思考的问题。

在本套图书编写再版时，笔者留下大量空间，供汽车专业的教育者、学习者，读者来补充、完善，也期待与高、中等院校汽车专业老师、学生及汽车从业人士，就专业、就业、创业及汽车企业孵化器等问题开展专题讲座与探讨，解决学与用的问题；与汽车制造企业及汽车售后企业，就项目运营、节能减排、创新发展、特色服务及操作进行面对面的交流，解决提高品牌、企业竞争力的问题。

笔者一直在摸索、一直在努力、一直在开拓，尽管培养了一大批优秀汽车行业从业者，指导了一大批汽车售后企业，也拥有一些投入生产的新项目、新技术、新工艺、新方法，但终归力量有限，中国汽车产业的发展，仍然任重道远，需要大家共同努力。本套图书仍存在许多不足，期待同行与读者批评指正，以惠及更多汽车界同仁！

参与本书编写的有王盛良、刘案榕、谌刚华、王正红、冯建源、陈亮明。

王盛良

# 目 录

# 第1章 自动变速器概述

**学习思路：**

本章重点解决“是什么”的问题，也就是说自动变速器到底是什么？由哪些部件组成？有何作用？如何使用？对自动变速器有一个初步了解和认识，为后面的深入学习做铺垫。

## 1.1 自动变速器发展概述

汽车作为现代生活的重要交通工具，自其诞生之日至今已有100多年的历史。汽车工业100多年的历史，主要是动力传动系统的技术史。如果说过去内燃机的发展在汽车工业中起了重要作用，现在则是计算机应用于换档变速技术，有力地推动了汽车工业的发展。传动系统变速的自动化是目前车辆技术发展的高级阶段，是当今亟待开发与推广的更为核心的重要技术。自动变速技术是人们一直追求的目标，也经历了相当长的发展历程。

1939年，美国通用汽车公司首先成功研制了由液力偶合器和行星齿轮变速器组成的四档液力自动变速器，并安装在该公司生产的Oldsmobile轿车上，该变速器被认为是自动变速器的原始形式。随着新技术的不断发展，自动变速器结构不断得到改进，并逐步走向成熟。1939～1950年的11年间是液力自动变速器的成长期。这时期的液力自动变速器，其结构特点是液力传动部件采用液力偶合器，机械变速部分采用行星齿轮组。这种形式结构简单、成本低，但液力传动部分只能起到联轴器的作用，转矩未能改变，而传动转矩的改变则完全由行星齿轮机构来完成。1942年美国成功研制出一种两档液力机械变速器，其变速器采用被称为“阿里森”型的双导轮、可闭锁的综合式变矩器。1947年，通用公司首先将液力传动用于批量生产的小客车上。第二年，将这些小客车用的液力传动定为标准件，并逐渐应用到该公司的其他车型上。于1949年最先装在别克（BUICK）汽车上的DYNAFLOW变速器是著名的带液力变矩器的自动变速器的发展先驱。1950年美国福特汽车公司成功研制了装有液力变矩器的三档液力自动变速器，这种液力变矩器采用了三元件（泵轮、涡轮、导轮）的变矩器结构，从此以后各国自动变速器均采用三元件的液力变矩器结构，轿车用的液力自动变速器由此进入了成熟期。

随着汽车工业的进步，计算机和电子技术在汽车上得到广泛的应用，自动变速器的性能有了很大的改善。1969年法国雷诺R16TA轿车首先使用了电子控制自动变速器，与全液力变速器的区别在于自动换档的控制系统采用了微处理器，但当时电子技术不成熟，应用范围较窄，到20世纪80年代末，电子控制逐步实用化，越来越多的自动变速器采用了电子控制。自动变速器的控制系统包括电控和液控两部分，电控系统由微处理器、各种传感器、电磁阀及控制电路等组成，它将控制换档的参数（如车速和节气门开度等）通过传感器转换为电信号输送给微处理器，微处理器通过处理将换档的信号输送给换档电磁阀，从而利用液压换档执行机构实现自动换档。由于微处理器能存储和处理多种换档信息，在改善换档性能方面，有明显的优越性，且与整车的其他控制系统兼容性好，最终可以实现车辆电子控制系统一体化。

随着车辆自动变速技术的发展，人们不再满足于简单的功能，车辆自动变速技术即将进入智能化阶段，控制技术的不断改进成为车辆自动变速技术的特点。德国的宝马公司从1992年起，陆续推出用于四档和五档自动变速器的自适应控制系统，能够自动识别驾驶人的类型、环境条件和行驶状况，并对换档规律作出适当调整。日产的E4N71B自动变速器，采用模糊控制功能对高速公路坡道进行识别，采取禁止升档的措施消除循环换档，新型三菱四档自动变速器，将各种输入信息和驾驶人的换档意图通过网络建立联系，利用网络的学习功能，使车辆能够按照驾驶人意图自动换档。

我国应用液力传动始于50年代，自行研制出了内燃机车和红旗CA770三排座高级轿车的液力传动系统。此外，部分军用车辆上使用了液力自动变速器，但发展速度落后于发达国家。由于对自动变速器良好性能的逐渐认识，用户的需求量也越来越大，使国内汽车企业加快了自动变速器的发展步伐。近年来在液力自动变速器的研究、生产、修理等方面都有较大发展。如1998年，一汽大众的新捷达王装备了AG4自动变速器，1999年神龙富康推出智能型AL4自动变速器，上海别克装备了4T65-E自动变速器，此外广州本田、天津夏利、重庆奥拓等也先后加入其中，尤其是上海帕萨特B5还装备了具有模糊控制功能的自动变速器。深圳还为大型公共汽车改装了进口的艾里逊液力自动变速器。可见，在国产车上选装自动变速器已成为必然趋势。

随着控制技术的发展，人们对车辆性能要求的不断提高，汽车自动变速技术的发展将朝着控制系统智能化和车辆电子一体化的方向发展。

## 1.2　自动变速器的优缺点

自动变速器的优点主要表现在以下几个方面：

**1. 优异的驾驶性能**

汽车驾驶性能的好坏，除与汽车本身的结构有关外，还取决于正确的控制和操纵。自动变速系统通过系统的设计，能够使车辆按照预先设定的换档规律变换档位，自动地实现这些要求，使整车获得最佳的燃料经济性和动力性。这使得驾驶性能与驾驶人的技术水平关系不大，因而特别适合于非职业驾驶人。

**2. 良好的行驶性能**

自动变速装置的档位变换不但快而且平稳，从而提高了车辆的乘坐舒适性。通过液力传动或微处理器控制换档，可以消除或降低动力传动系统中的冲击载荷。这对地形复杂、路面恶劣条件下作业的工程车辆、军用车辆尤为重要。试验结果表明，在复杂路段行驶时，自动变速的车辆传动轴上，最大动载荷只有手动变速器的20%～40%，原地起步时最大动载荷只有手动变速器的50%～70%，且能大幅度延长发动机及传动系零部件的寿命。

**3. 良好的行车安全性**

在车辆行驶过程中，驾驶人必须根据道路、交通条件的变化，对车辆的行驶方向和速度进行调整。以城市大客车为例，平均每分钟换档3～5次，而每次换档有4～6个手脚协调动作。正是由于这种连续不断的频繁操作，使驾驶人容易疲劳，造成交通事故的可能性增加。而装有自动变速器的汽车，只要控制节气门踏板，就能实现自动变速，从而减轻了驾驶人的疲劳强度，降低了行车事故率，平均车速也得到提高。

**4. 降低废气排放总量**

手动变速器由于经常换档，需要切断动力，使发动机的转速变化较大，节气门开度变化急剧，非稳定工况频繁，而发动机在怠速和非稳定工况运行时，排放的CO或CH化合物的浓度高，导致排放中的污染物多。而自动变速器的应用，可使发动机经常处于经济转速区域内运转，即在较小污染物排放的转速范围内工作，从而降低废气排放总量，减轻尾气污染。

当然，与手动机械变速器相比，自动变速器结构较复杂，零件加工量大，生产成本较高。此外，自动变速器的维护和修理也比较麻烦。但与其对汽车性能的改善相比还是值得的。无论是从市场需求还是从社会环境保护的需求来看，实现车辆动力传动系统的自动变速，是车辆技术发展的必然趋势。

## 1.3 自动变速器的类型

不同车型所装用的自动变速器在形式、结构上往往有很大的差异。在这些型号各异的自动变速器中，根据不同的角度，可以对它们进行不同的分类，常见的分类方法和类型如下。

**1. 按控制原理分类**

目前轿车自动变速器按控制原理可以分为液力自动变速器、电控机械自动变速器和机械无级自动变速器三类。

液力自动变速器（Automatic Transmission，AT）的技术最为成熟，应用也最广泛，具有较好的综合性能。其基本结构形式是液力变矩器和行星齿轮组串联，具有结构紧凑、传动平稳、换档冲击小等特点。液力变矩器从根本上简化了操纵，它既具有离合器的功能，又使发动机与传动系统之间实现“柔性”连接，可以在一定的范围内实现无级变速，对外负载有良好的自动调节和适应性。可与行星齿轮变速器串联，除传递全部发动机功率外，还可与行星齿轮变速器进行多种方式并联，实现内分流、外分流、混合分流等多向自动变速。

电控机械式自动变速器（Automatic Manual Transmission，AMT）是一种由普通齿轮机械变速器组成的有级式机械自动变速器。它在原有固定轴式变速器的基础上，使选、换档和离合器及发动机节气门的操纵控制自动化。机械式变速器的自动控制研究始于20世纪70年代。1984年日本ISUZU公司将名为NAVI-5的电控机械自动变速器投放市场，这是世界上第一种实用的全自动机械变速器。继日本之后，美国的Ford公司、德国的ZF公司、意大利的Fiat公司相继实现了机械变速器的自动化。研究的重点是自动离合器、换档控制和换档策略。在日本，采用转矩反馈控制系统使换档同步控制已臻完美，但离合器的起步控制和换档规律仍是困扰着AMT发展的难点，造成离合器磨损加剧、坡道和弯道换档困难等不良现象。由于离合器的起步和换档操作受到环境因素、车辆运行状态、驾驶人的意愿等多种因素影响，是一个复杂、多变、开放的系统，传统控制理论和方法不能满足要求，人们开始采用模糊控制的智能方法进行离合器接合、换档策略的模糊控制研究。由于机械式自动变速器不仅保留了原手动变速器传动效率高、成本低、易制造的优点，而且还具有液力自动变速器自动换档所带来的全部优点，它是自动变速的一个重要发展方向。

上述两种自动变速器都是有级或分段无级自动变速，机械无级自动变速器（Continuously Variable Transmission，CVT），它克服了前面两种自动变速器固有的齿轮传动比不连续和零件数量过多的缺点，具有传动比连续、传递动力平稳，操纵方便等特点，真正实现了无级变速。早期的机械无级自动变速器是通过两个锥体改变接触半径而实现传动比连续变化的，但由于接触部分挤压应力太大，难以进入实用化。后发展成为采用橡胶材料的带传动，又受传动带寿命的影响，无法满足汽车行驶的需要。到20世纪80年代，出现了技术上的突破，橡胶带被由许多薄钢片穿成的钢带代替，使其与两个锥轮的槽在不同半径上“咬合”来改变速比。1987年，福特公司首次在市场上推出装用这种钢带的CVT。从理论上说，CVT可以使发动机始终在其经济转速区域内运行，从而大幅度改善燃油经济性。但由于CVT是摩擦传动，与齿轮传动相比效率不高，从目前的情况来看，节省燃油10%～20%是可能实现的。此外，CVT在加速时不需切断动力，因此，装备CVT的汽车乘坐舒适，超车加速性能好。

**2. 按汽车的驱动方式分类**

自动变速器按汽车驱动方式的不同，可分为前置前驱自动变速器和前置后驱动自动变速器两种。这两种自动变速器在结构和布置上有很大的不同。

前置前驱动自动变速器（FF型或FWD型）使用在前轮驱动的轿车上，通常发动机呈横向布置。由于这类变速器兼有驱动桥的功能，在变速器内部除了具有变速机构外，还装备了主减速器和差速器（这两个总成一般装备在驱动桥上），因此这种变速器又称变速驱动桥（Transaxle）。这种变速器具有一根输入轴和两根输出轴。其中变矩器和发动机曲轴在同一中心线上，而变速机构可以布置在同一中心线上，图1-1所示就是这类变速器。它也可以布置在另一条和它平行的中心线上，通过传动链把变矩器输出轴和变速机构输入轴连接起来。由于发动机横置可以使主减速器采用圆柱斜齿轮传动，避免使用准双曲面齿轮，因此可以简化齿轮间隙调整，且可共用一种润滑油。但是德国大众的前轮驱动轿车，则比较多地采用发动机纵置的布置。

前置后驱动自动变速器（FR型或RWD型）使用在后轮驱动的轿车上，通常发动机呈纵向布置。这类变速器内部仅有变速机构，主减速器和差速器均装在后驱动桥上。这种变速器具有一根输入轴和一根输出轴，发动机曲轴中心线和变矩器、变速机构三者均在同一中心线上，变速器的外形呈细长状，如图1-2所示。

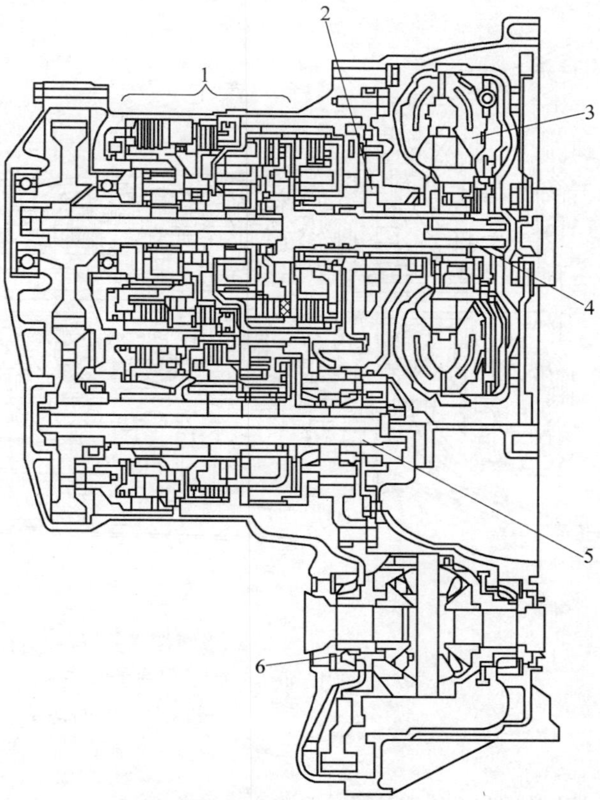

图1-1 前置前驱自动变速器

1—齿轮变速机构 2—油泵 3—液力变矩器 4—输入轴 5—输出轴 6—差速器

**3. 按自动变速器前进档的档位数不同分类**

自动变速器按前进档的档位数不同可分为两个前进档、三个前进档、四个前进档三种（个别车辆也有五～八个前进档）。早期的自动变速器通常为两个前进档或三个前进档，没有超速档，其最高档为直接档。新型轿车装用的自动变速器基本上都是六～八个前进档，即设有超速档。这种设计虽然使自动变速器的构造更加复杂，但由于设有超速档，大大提高了汽车的燃油经济性。

**4. 按齿轮变速器的类型分类**

自动变速器按齿轮变速器的类型不同可分为行星齿轮式（共轴式传动）和普通齿轮式（平行轴式）两种。行星齿轮式自动变速器的传动方式在自动变速器中占主导地位，具有结构紧凑、传递平稳等众多优点，绝大多数自动变速器都采用这种传动方式。普通齿轮式自动变速器体积较大，最大传动比较小，只有少数几种车型使用，如本田雅阁轿车。

**5. 按变矩器的类型分类**

轿车自动变速器基本上都采用结构简单的单级三元件综合式液力变矩器。这种变矩器分为有锁止离合器和无锁止离合器两种。早期的变矩器中没有锁止离合器，在任何工况下都是以液力传递发动机动力，因此传动效率较低。新型轿车自动变速器大都采用带锁止离合器的变矩器，这样当汽车达到一定车速时，控制系统使锁止离合器接合，液力变矩器输入部分和输出部分连成一体，发动机动力以机械传动的方式直接传入齿轮变速器，从而提高了传动效率，降低了汽车的燃油消耗量。

**6. 按控制方式分类**

液力自动变速器按控制方式不同，可分为全液力控制自动变速器（简称液力自动变速器）和电子控制液力自动变速器（简称电控液力自动变速器）两种。液力自动变速器现在使用较少，液力式控制的自动变速控制系统是通过节气门阀和调速器将自动变速控制信号（节气门开度和车速）转换为相对应的控制压力来控制换档阀的动作，从而实现自动变速，

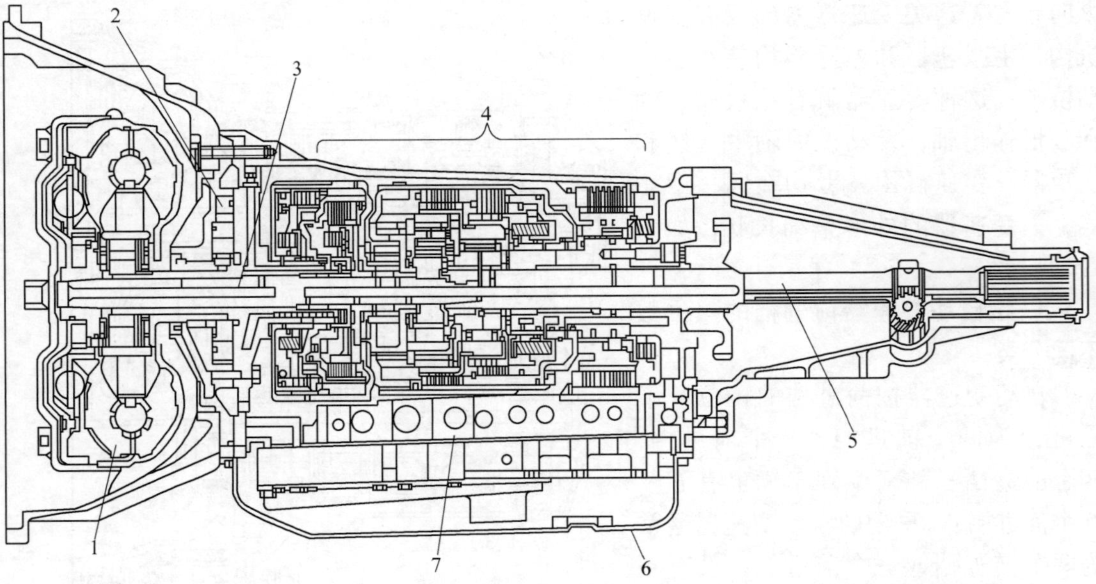


图 1-2　前置后驱自动变速器

1—液力变矩器　2—油泵　3—输入轴　4—行星齿轮机构
5—输出轴　6—油底壳　7—阀体总成

其控制原理如图 1-3 所示。

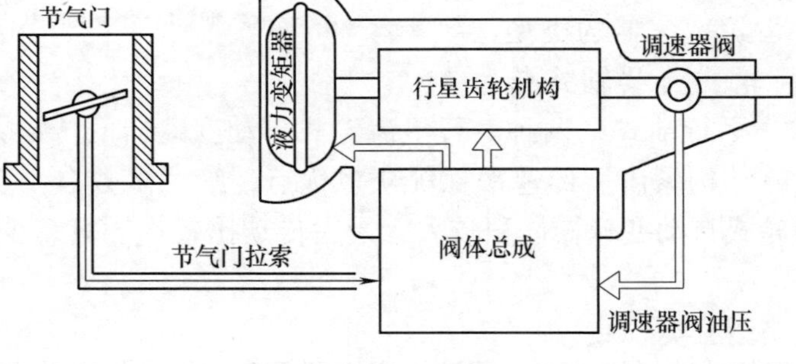


图 1-3　液力自动变速器控制原理图

现代汽车普遍采用的电控液力自动变速器是在液力自动变速控制基础上增设电子控制系统而形成的。节气门开度和车速参数分别由节气门位置传感器和车速传感器检测，替代了液力自动变速控制中的节气门开度阀和速控阀，并增设控制油路的电磁阀。传感器和开关检测汽车和发动机的运行状态以及驾驶人的驾驶意图，并将所检测的信息转换成电信号输入到 ECU。ECU 经过计算、比较处理后，根据预先编制的换档程序，确定并输出换档指令，通过电磁阀控制换档阀，使其打开或关闭通往换档离合器和制动器的油路，从而控制换档时刻和档位的变换，以实现自动变速，其控制原理如图 1-4 所示。

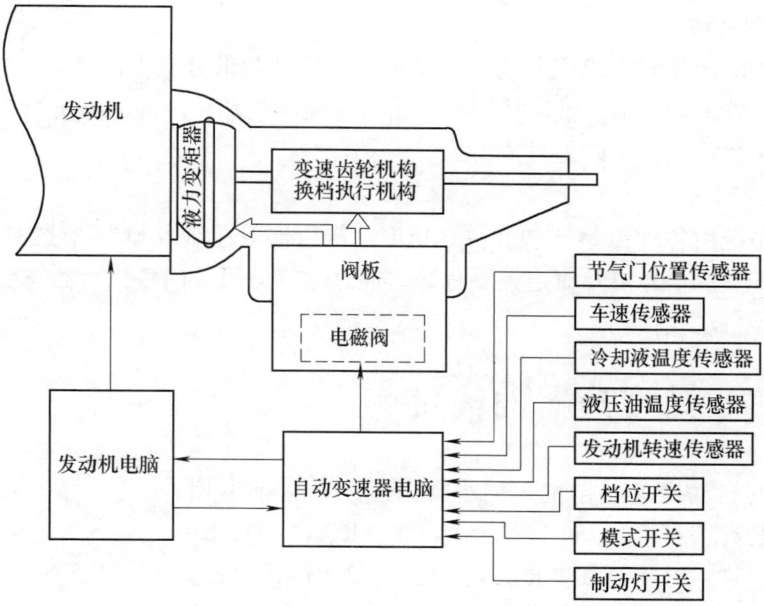


图 1-4　电控液力自动变速器控制原理图

## 1.4　自动变速器的基本组成

自动变速器型号很多，外部形状和内部结构也有所不同，但它们的组成基本相同。电控液力自动变速器通常由液力变矩器、行星齿轮变速机构、换档执行机构、液压控制系统及电子控制系统五部分组成。

**1. 液力变矩器**

液力变矩器安装在自动变速器前端，通过驱动端盖螺栓固定在发动机曲轴后端的凸缘上，从而与发动机曲轴相连接，其作用与普通汽车中的离合器相类似。液力变矩器以自动变速器油（ATF）作为传动介质，利用油液循环流动过程中动能的变化把发动机的动力传递给自动变速器输入轴，并能根据汽车行驶阻力的变化，在一定范围内自动、无级地改变传动比和转矩比，具有一定的减速增矩功能。因液力变矩器是靠液体来传递动力，故可减小发动机输出转矩的振动和车辆传动系统的振动，延长发动机和传动系统零件的使用寿命。同时，液力变矩器还驱动自动变速器内的油泵。

**2. 行星齿轮变速机构**

行星齿轮变速机构用于形成不同的传动比，从而组成变速器不同的档位。行星齿轮机构一般由两个或两个以上行星排按不同的组合方式构成，其作用是通过不同部件的驱动和制动，以产生不同速比的前进档、倒档和空档。这些档位与液力变矩器的配合，可实现汽车由起步到加速到最高车速范围内的自动变速。

**3. 换档执行机构**

换档执行机构用于对行星齿轮变速机构中的部件实施驱动、制动或转速约束，以实现自动变速器不司的传动比。其主要由离合器、制动器和单向离合器等组成。

**4. 液压控制系统**

自动变速器液压控制系统主要包括供油和液压控制两部分。供油部分由油箱、过滤器、油泵、调压阀及管道等组成。液压控制系统由各种控制阀和相应的油路所组成。各种阀和油路布置在一个板块内，称为阀板总成。

**5. 电子控制系统**

电子控制系统由各种传感器和开关、ECU、执行器等组成。ECU 根据自动变速器的各传感器和控制开关的信号以及设定控制程序，通过运算分析，向各执行器输出控制信号，实现对自动变速器自动换档。

## 1.5 自动变速器的使用

不同车型的自动变速器档位大同小异，使用方法基本相同。变速杆一般有 4 ~7 个位置，一般的有 P、R、N、D、S、L 或 P、R、N、D、2、1 或 P、R、N、D、3、2、1 等位置。目前，绝大多数自动变速器档位设置及变速杆上各档位的排列如图 1-5 所示。

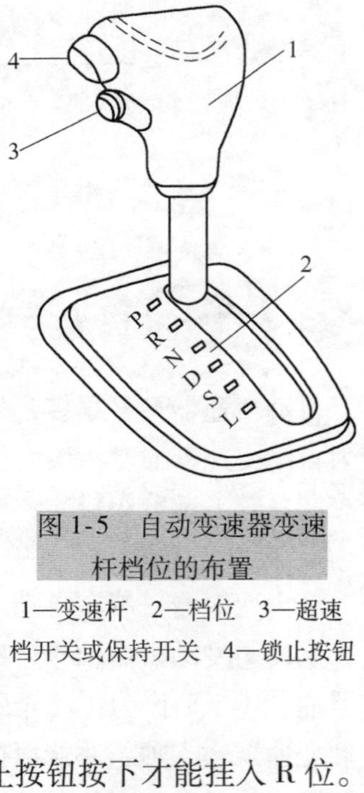


图 1-5　自动变速器变速杆档位的布置

1—变速杆　2—档位　3—超速档开关或保持开关　4—锁止按钮

变速杆各位置所表示的意义如下：

**1. P**（Park）**位**（停车档档位）

当变速杆处于 P 位时，变速器传动系统处于自由转动状态，不传递动力。停车锁止机构将变速器的输出轴锁止，防止车辆移动。P 位只能在汽车停稳后才能挂入，否则容易损坏停车锁止机构。当变速杆要从 P 位移出时，可踏下制动踏板或按下变速杆锁止按钮。在 P 位时，发动机可以起动。

**2. R**（Reverse）**位**（倒档档位）

R 位在倒车时使用。当选择 R 位时，驱动轮反转，实现倒车行驶。R 位也只能在汽车停稳后才能挂入，否则容易损坏变速传动系统。为避免驾驶人在汽车未停稳时误推入 R 位，在 R 位连动杆上也设有位置锁止板，因此需要将变速杆上的锁止按钮按下才能挂入 R 位。

**3. N**（Neutral）**位**（空档档位）

当选择 N 位时，自动变速器内所有离合器和制动器均处于分离状态，齿轮变速系统空转，没有动力从变速器输出。

**4. D**（Drive）**位**（前进档位）

D 位在起步和一般行驶时使用。当变速杆拨至 D 位时，自动变速器控制系统根据车速、节气门开度等信号，按预先设定的换档规律，自动进行换档。目前大多数自动变速器在前进档中设有三或四个档位，相应称为三档或四档自动变速器。对于四档自动变速器，可以实现四个不同传动比的档位，即 1 档、2 档、3 档、4 档。其中 1 档传动比最大，2 档次之，3 档为直接档（传动比为 1），4 档为超速档（传动比小于 1）。4 档可通过超速档开关（O/D开关）关闭，以阻止自动变速器升入超速档。

**5. 3 档档位**

3 档档位为前进低档，当变速杆拨至 3 档档位时，自动变速器的控制系统将限制前进档的变化范围，变速器只能在 1 档、2 档、3 档之间变换档位，无法升入超速档。

**6. S（或 2 档）位**

S（或 2 档）位为中速发动机制动档，变速杆位于该位时，自动变速器根据节气门开度和车速只能在 1 档或 2 档自动实现换档，无法升入更高的档位，从而使汽车获得发动机制动效果。

**7. L（或 1 档）位**

L（或 1 档）位为低速发动机制动档。变速杆位于该位时，汽车被锁定在前进档 1 档，只能在该档位行驶而无法升入高档，发动机制动效果更强。此档位多用于山区行驶、上坡加速或下坡时有效地稳定车速等特殊行驶情况，可避免频繁换档，提高自动变速器使用寿命。

发动机只有在变速杆位于 N 位或 P 位时，才能起动，此功能靠档位开关实现。装有自动变速器的汽车不能长时间拖动，因为发动机不工作时，自动变速器油泵不工作，换档执行机构得不到润滑，会烧坏离合器和制动器。

## 思考与练习题

1. 自动变速器有哪些优缺点？
2. 自动变速器主要由哪几个部分组成？
3. 自动变速器按控制原理可分为哪几种？

# 第2章 自动变速器的结构与工作原理

学习思路:

对自动变速器的学习，分两步走，先要对变速器进行系统的学习和掌握，在此基础上再研究自动变速器。变速器由两大机构即液力变矩器和齿轮变速机构组成，液力变矩器要在掌握其种类、组成、结构、作用、安装位置的基础上，把握其液力的传动路线来研究其工作原理、工作流程及工作特征。齿轮变速机构要在掌握变速和变速执行机构的每个零部件的种类、结构、作用、安装位置后，以力的传动路线来分析其工作流程和工作特征，从而掌握其变速原理。自动部分又分两个阶段，即液压自动控制阶段和电子(微机)控制液压自动控制阶段。液压自动控制的关键在于泵和各种阀的结构（结构：重点在内部的活塞和弹簧、外部与油道的连接口）和作用（主要区分是提供信号的、调剂油压的还是推动换档执行机构的)。以液体的流动路线来分析其工作流程和工作特征，以达到掌握自动变速器是如何动，为什么动，何时动的目的。电子(微机）控制液压自动控制是在液压自动控制的基础上增加一套电子控制装置来提高自动变速器的各项功能，由传感器、ECU和执行元件组成。这部分在掌握各零部件的种类、结构、作用、安装位置后，以电的流动路线来学习和研究，这样就会事半功倍。对本章的学习，在解决是什么的问题后还要把握住力的传动路线、液体的流动路线和电的流动路线。

目前，汽车上使用的自动变速器在结构上虽有差异，但其基本结构和工作原理却较为相似。本章将介绍自动变速器中各组成部分的常见结构和工作原理，为自动变速器的拆装和故障检修提供必要的基本知识。

## 2.1 液力传动装置

汽车上所采用的液力传动装置通常有液力偶合器和液力变矩器两种，两者均属于液力传动，即通过液体的循环流动，利用液体动能的变化来传递动力。

## 2.1.1　液力偶合器

### 1. 液力偶合器的结构

液力偶合器主要由壳体、泵轮、涡轮三个部分组成，如图 2-1 所示。液力偶合器的泵轮与壳体焊接在一起，并通过螺栓与发动机的飞轮连接，是液力偶合器的主动部分；涡轮通过花键与输出轴连接，是液力偶合器的从动部分。在泵轮和涡轮上有径向排列的叶片，泵轮和涡轮相对安装且中间有一定的间隙。泵轮与涡轮装合成一个整体，并在内腔中充满工作液。

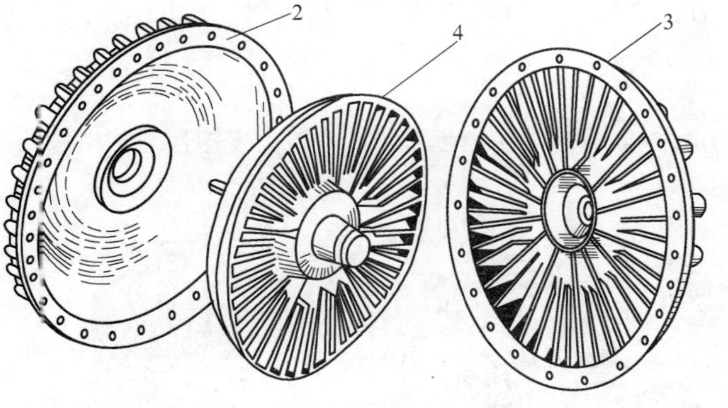


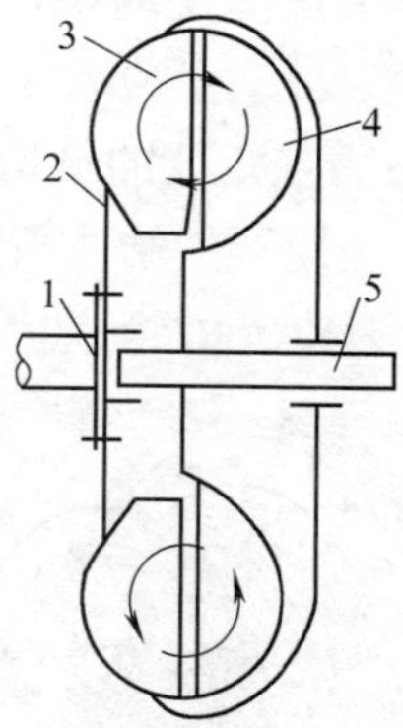


图 2-1　液力偶合器结构示意图

1—发动机曲轴　2—偶合器外壳　3—泵轮　4—涡轮　5—从动轴

### 2. 液力偶合器的工作原理

当泵轮被发动机曲轴带动旋转时，工作液被叶片带动一起旋转，在离心力的作用下使工作液从泵轮内缘被甩向外缘，冲向涡轮叶片，使涡轮在工作液的冲击下旋转。冲向涡轮叶片的工作液沿涡轮叶片向内缘流动，返回泵轮叶片内缘，被泵轮再次甩向外缘。工作液从泵轮外缘处流向涡轮，再从涡轮的内缘处流回泵轮形成循环流动，又称涡流。同时，进入涡轮的工作液在作循环流动的同时还与涡轮一起绕其轴线做圆周运动，又称环流。上述两种油流的合成为一空间圆环方向首尾相连的环形螺旋线，如图 2-2 所示。

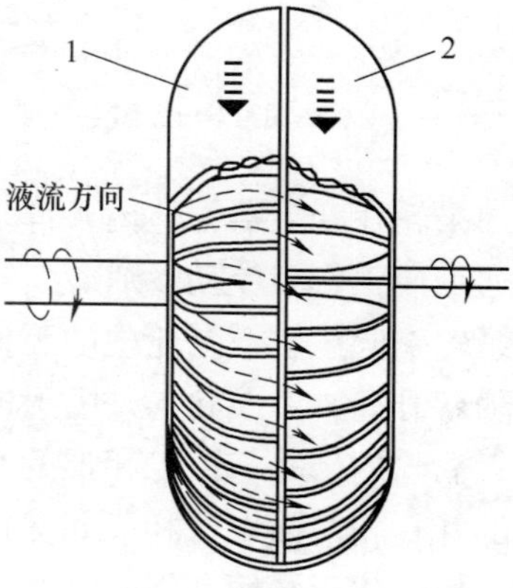


图 2-2　液力偶合器工作示意图

1—泵轮　2—涡轮

由于泵轮的作用，液力偶合器中的工作液在从泵轮叶片内缘流向外缘的过程中，速度和动能逐渐增大，而工作液在从涡轮叶片外缘流向内缘的过程中，由于工作液对涡轮做功，速度和动能逐渐减小。因此，在液力偶合器工作时，发动机的动能通过泵轮传给工作液，工作液在循环流动过程中又将动能传给涡轮输出。因此，液力偶合器实现传动的必要条件是工作液在泵轮和涡轮之间有循环流动。而循环流动的产生，是由两个工作轮转速不等而使两轮叶片的外缘处产生液压差所致。故液力偶合器正常工作时，泵轮转速总是大于涡轮转速。如果两者转速相等，液力偶合器则不起传动作用。

如果考虑液力损失的实际存在，液力偶合器的输出转矩也不会超过输入转矩，且液力偶合器只起传递转矩的作用，低速时传动效率低。正因为如此，近年来生产的轿车基本上不采用液力偶合器，而使用液力变矩器。

## 2.1.2　液力变矩器

液力变矩器是构成液力自动变速器不可缺少的重要组成部分。它装置在发动机的飞轮上，其作用是将发动机的动力传递给自动变速器中的齿轮机构，并具有一定的自动变速功能。

### 1. 液力变矩器的结构

液力变矩器的结构与液力偶合器相似，如图 2-3 所示，液力变矩器通常由泵轮、涡轮及导轮三个基本元件组成。

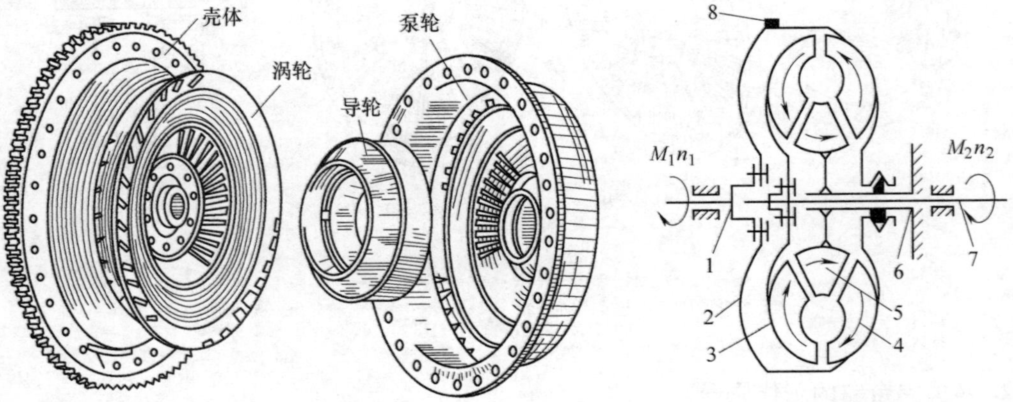


a) 实物图　　b) 示意图

图 2-3　液力变矩器结构示意图

1—发动机曲轴　2—变矩器壳　3—涡轮　4—泵轮　5—导轮　6—导轮固定套筒　7—从动轴　8—起动齿圈

泵轮在变矩器壳体内，许多曲面叶片径向安装在内，在叶片的内缘上安装有导环，提供一通道使工作液流动畅通。变矩器通过驱动端盖与发动机曲轴连接。当发动机运转时，将带动泵轮一同旋转，泵轮内的工作液靠离心力向外冲出。发动机转速升高时泵轮产生的离心力也随着升高，由泵轮向外喷射的工作液的速度也随着升高。

涡轮内部有与泵轮相似的叶片，其叶片的曲线方向不同于泵轮的叶片，涡轮的叶片与泵轮的叶片相对而设，相互间保持非常小的间隙。涡轮通过花键与变速器的输入轴相连接。

导轮位于泵轮和涡轮之间，与泵轮和涡轮保持一定的轴向间隙，并通过导轮固定套固定在变速器壳体上。

### 2. 液力变矩器的工作原理

和液力偶合器一样，液力变矩器在正常工作时，储存于环形腔内的油液，除绕变矩器轴线做圆周运动外，还在图 2-3b 箭头所示的循环圆中进行循环流动，将发动机输出转矩从泵轮传至涡轮。不同的是，液力变矩器不仅能传递转矩，而且能在泵轮转矩不变的情况下，随着涡轮转速的不同自动地改变涡轮输出转矩，即“变矩”。液力变矩器之所以能起变矩作用，就是因为在结构上比偶合器多了一个导轮。在液力循环流动过程中，固定不动的导轮给涡轮一反作用力矩，使涡轮输出的转矩不同于泵轮的输入转矩。

为说明变矩器的工作原理，在图 2-3 中假想将液力变矩器的三个工作轮叶片从循环流动的液流中心线处剖开并展平，得到图 2-4 所示的叶片展开原理图。当涡轮转速较低时，经涡轮流向导轮的液压油作用在导轮叶片的正面（凹面），如图 2- 4a 所示。液流的方向被导轮叶片改变，攻变了方向的液流给导轮施加一个转矩，试图使导轮按与泵轮相反的方向转动，但导轮是固定的，因此，导轮将通过液流产生一个反作用转矩，这个转矩起了帮助转动涡轮的作用。显然，此时涡轮上的转矩大于泵轮上的转矩，变矩器起到了增矩的作用，可以使变矩器的输出转矩提高两倍，甚至更大。

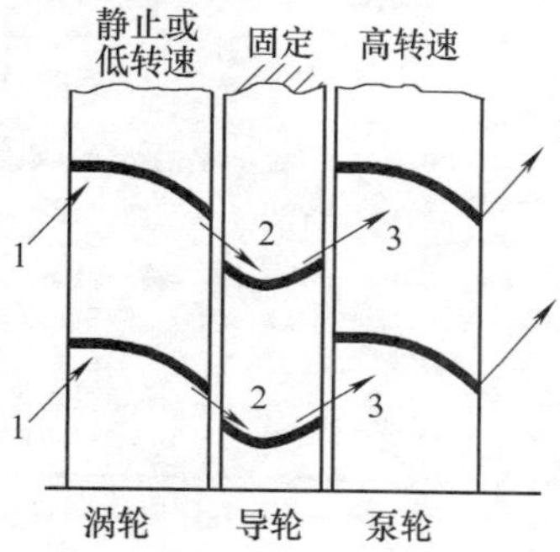


a) 起步或低转速时

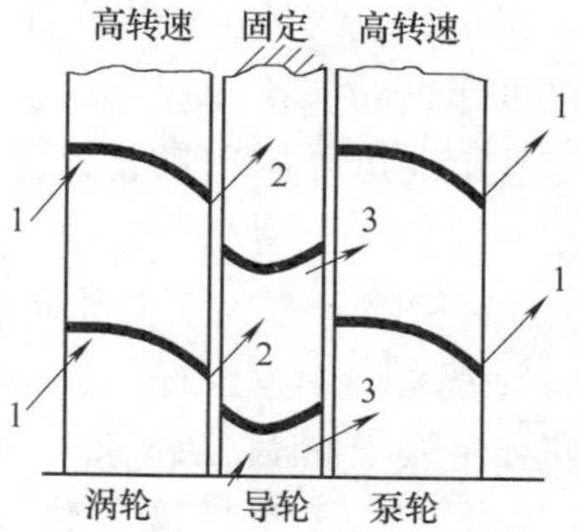


b) 转速较高时

图 2-4　叶片展开原理图

1—由泵轮冲向涡轮的油液方向　2—由涡轮冲向导轮的油液方向　3—由导轮流回泵轮的油液方向

当涡轮转速逐渐增加时，液流从涡轮叶片流向导轮叶片的方向也在逐渐发生改变。从涡轮流向导轮的液流逐步靠近导轮叶片的出口方向，液流作用在导轮上的转矩逐渐减小，导轮产生的反作用转矩也减小，因而涡轮输出转矩也减小。当涡轮和泵轮转速比达到 0.8 ~ 0.85 时，液流正好从涡轮沿导轮叶片的出口方向流出，液流流经导轮，其流动方向不变，所以导轮的反作用转矩为 0，涡轮转矩与泵轮转矩相等，此时变矩器只传递转矩而不增大转矩，与液力偶合器的作用相同。

如图 2-4b 所示，当涡轮转速继续增加时，从涡轮流向导轮的液流作用在导轮叶片的背面（凸面），试图使导轮按与泵轮相同的方向转动，但导轮固定，导轮通过液流产生的反作用转矩与泵轮传给涡轮的转矩方向相反，作用在涡轮上的转矩为两者之差，变矩器输出的转矩比输入的小，传动效率很快降低。

当涡轮转速增加到与泵轮转速相等时，油液的循环流动停止，变矩器不能传递动力。

由此可见，随着涡轮转速逐渐提高，来自涡轮的液体逐渐偏离作用在导轮叶片正面的方向，变矩器的输出转矩也随之下降。当涡轮和泵轮转速接近时，涡轮流出的液体作用到导轮的背面，一旦出现这种情况，经导轮折射的液体返回给泵轮，反而成了泵轮旋转的阻力，将会出现输出转矩低于输入转矩的状况，这违背了变矩器具有转矩增大的设想。作用在导轮叶片正面的液体，随着涡轮转速提高逐渐转向叶片背面，是液力变矩器固有的特征，它是由变矩器结构所决定的。为了防止涡轮转速高时出现变矩器的输出转矩小于输入转矩的现象，在导轮和固定轴之间安装了单向离合器。当在低速时，作用在导轮叶片正面的液体通过单向离合器锁止使导轮固定，产生增大转矩的效果。当在高速时，作用在导轮叶片上的转矩不能增大。图2-5反映了单向离合器和导轮之间的装配关系。

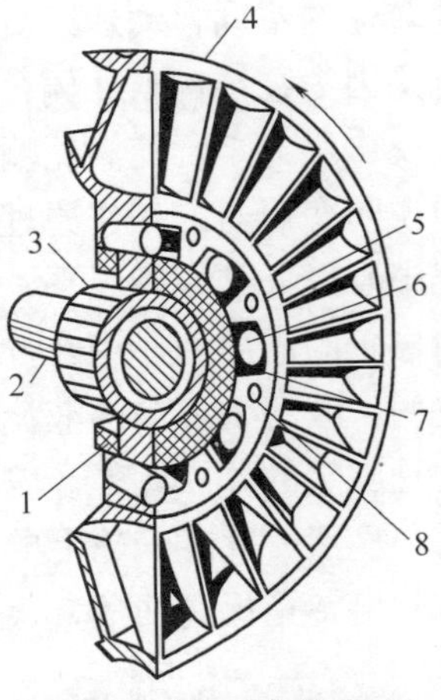


图2-5　单向离合器和导轮之间的装配关系

1—离合器轮毂　2—涡轮轴　3—导轮轴　4—导轮　5—凸轮　6—滚柱　7—弹簧　8—铆钉

**3. 液力变矩器的工作特性**

（1）转速比　转速比用 $i$ 表示，是指涡轮转速 $n_W$ 与泵轮转速 $n_B$ 之比。

（2）转矩比　转矩比（变矩系数）$K$ 是液力变矩器涡轮输出转矩 $T_W$ 与输入转矩 $T_B$ 之比，表明变矩器在一定范围内按照一定规律无级地改变由泵轮输给涡轮转矩值的能力，它随变矩器转速比而变化。当泵轮以某种转速旋转时，转矩比 $K$（纵坐标）和转速比 $i$ 之间的关系如图2-6所示。

1）失速点。涡轮固定不动而泵轮仍在旋转（即转速比为零）时的工况称为失速工况。失速转速是涡轮处于静止时发动机所能达到的最高转速。失速发生在汽车起步或停车时。目前，大多数液力变矩器的失速转速为2000～3000r/min。一般配用较低功率发动机的液力变矩器失速转速高，而配用较高功率发动机的液力变矩器失速转速低。

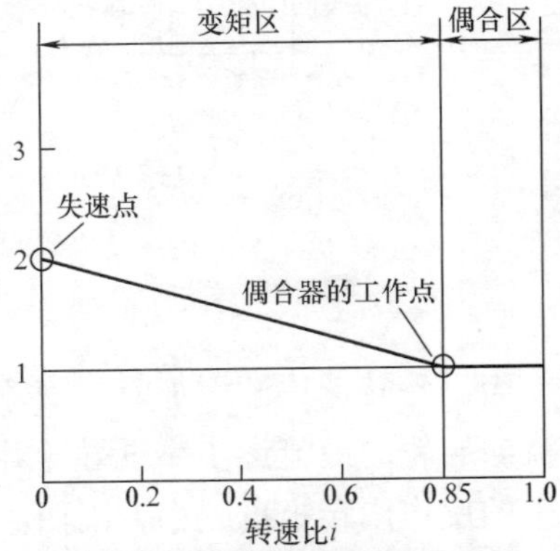


图2-6　液力变矩器转矩比和转速比之间的关系

当转速比为零时，涡轮完全不旋转（如变速杆在D位而车辆被制动时），泵轮和涡轮之间的转速差达到最大值，此时工作液的涡流速度和转矩增大的作用也达到最大值，即液力变矩器的最大转矩比是在失速点时，它通常在1.7～2.5之间。在失速点，工作液具有很大能量用于克服车辆起步时的静止阻力。

2）偶合器工作点。随着涡轮转速的逐渐上升，涡轮和泵轮之间的转速差开始减小，工作液的涡流速度开始降低，由导轮增大的转矩量开始减小。当涡轮转速接近泵轮转速时（转速比达到0.85左右时），流过泵轮和涡轮工作液的涡流速度达到最小值，此时转矩比为1。因为从涡轮流出的工作液以高速冲击导轮叶片的后面，单向离合器允许导轮按泵轮的旋转方向旋转，即液力变矩器在偶合器工作区时变成液力偶合器以防止转矩比下降过多。导轮开始转动的转速称为偶合器工作点。

由此可见，液力变矩器的工作区域可分为两个，即变矩器工作区和偶合器工作区。转矩增大仅发生在变矩器工作区，在以偶合器工作点为界限的偶合器工作区内，仅有转矩的传递而无转矩的增大。装有自动变速器的车辆之所以能够起动平稳而不会引起发动机熄火，就是因为它能够在变矩区内获得增大的转矩。

（3）传动效率　液力变矩器的传动效率是指变矩器在传递能量过程中能量损失的变化，

用 $\eta$ 表示，它表示输出功率与输入功率之比，即 $\eta=\frac{T_W n_W}{T_B n_B}=Ki$，所以变矩器的传动效率 $\eta$ 是转速比 $i$ 的函数。

图 2-7 表示当泵轮以某种速度旋转时，变矩器的传动效率 $\eta$（用纵坐标表）和转速比 $i$（用横坐标表示）之间的关系。

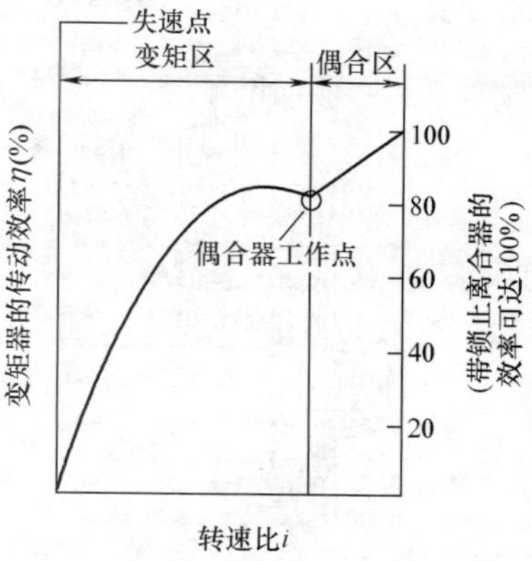


图 2-7　液力变矩器的传动效率和转速比之间的关系

在失速点时，泵轮旋转而涡轮静止。在这种状态下，涡轮接受的转矩达到最大值，但是因为涡轮没有转动，传动效率为零。当涡轮开始旋转时，涡轮的转速与转矩成正比，传动效率急剧上升，传动效率在传动比达到偶合器工作点前达到最大值。在最大效率之后，因为部分工作液从涡轮流出被引入导轮叶片的后表面，传动效率开始下降。在偶合器工作点时，从涡轮流出的大部分工作液冲击导轮叶片的后表面，导轮开始旋转以防止传动效率进一步下降，液力变矩器开始变成偶合器，其传动效率与传动比成正比例直线上升。由于液力变矩器借助流体传递能量，泵轮和涡轮之间必须存在转速差，否则工作液就不会循环，也不会产生动力传递。另外，由于摩擦和冲击导致工作液升温，也造成能量损失，导致传动效率下降。因此，液力变矩器的传动效率不可能达到 100%，一般可以达到 95% 左右。

**4. 带锁止离合器的液力变矩器**

液力变矩器工作时，无论在零速工况，还是在高速工况，泵轮和涡轮之间都存在转速差和内部液力损失。因此液力变矩器的传动效率不如手动变速器高，采用液力变矩器的汽车在正常行驶时燃油经济性较差。为了提高汽车的传动效率，减少燃油消耗，绝大多数自动变速器采用了带锁止离合器的综合式液力变矩器。使变矩器输入轴与输出轴刚性连接，提高传动效率。

图 2-8 所示为锁止离合器的主动盘即为变矩器壳体，从动盘是一个可做轴向移动的压盘，它通过花键套与涡轮连接。压盘靠涡轮一侧的液压油与变矩器泵轮、涡轮中的液压油相通，保持一定的油压（该压力称为变矩器压力）。压盘与变矩器壳体之间的液压油通过变矩器输出轴中间的控制油道与阀板总成上的锁止控制阀相通。在电控液力自动变速器中锁止控制阀由自动变速器电脑通过锁止电磁阀来控制，而在液力自动变速器中锁止离合器由锁止信号阀和锁止继动阀来控制。

当车速较低时，锁止控制阀让液压油从油道 B 进入变矩器，使锁止离合器压盘两侧保持相同的油压，锁止离合器处于分离状态，这时输入变矩器的动力完全通过工作液传至涡轮，如图 2-9a 所示。当汽车在良好道路上高速行驶，且车速、节气门开度、变速器工作液温度等因素符合一定要求时，锁止控制阀控制工作液从油道 C 进入变矩器，油道 B 与泄油口相通，使锁止离合器压盘左侧的油压下降。由于压盘靠涡轮一侧的工作液压力仍为变矩器压力，从而使压盘在前后两面压力差的作用下压紧在主动盘（变矩器壳体）上，如图 2-9b 所示。这时输入变矩器的动力通过锁止离合器的机械连接，由压盘直接传至涡轮输出，传动效率为 100%。另外，锁止离合器在接合时还能减少变矩器中的工作液因液体摩擦而产

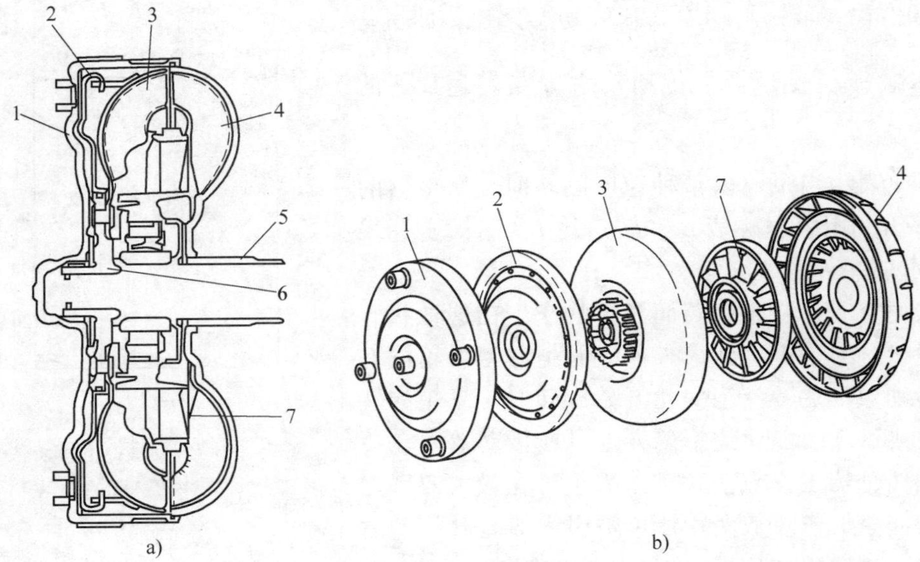


图2-8　带锁止离合器的综合式液力变矩器

1—变矩器壳　2—锁止离合器压盘　3—涡轮　4—泵轮　5—变矩器轴套　6—输出轴花键套　7—导轮

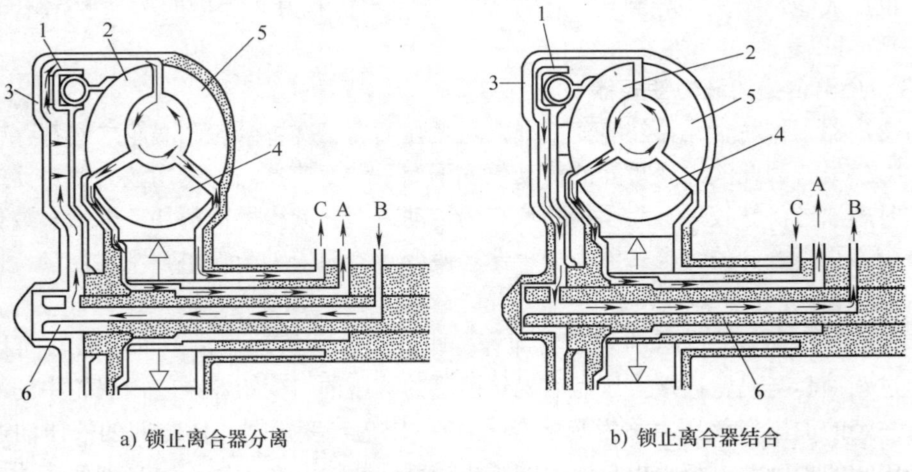


图2-9　锁止离合器工作原理示意图

1—锁止离合器压盘　2—涡轮　3—变矩器壳　4—导轮　5—泵轮　6—变矩器输出轴

A—变矩器出油道　B、C—锁止离合器控制油道

生的热量，有利于降低液压油的温度。有些车型的液力变矩器的锁止离合器盘上还装有减振弹簧，以减小锁止离合器在接合瞬间产生冲击力，如图2-10所示。

## 2.1.3　液力变矩器的检测

在液力变矩器检修前先倒出变矩器中残留的液压油，向变矩器内加入2L干净的液压油，摇动变矩器，以清洗其内部，然后将液压油倒出；再次向变矩器中加入2L干净的液压油，清洗后倒出。

**1. 目视检查**

检查液力变矩器外部有无损坏和裂纹，是否有明显的高温烧灼现象，是否由于液力变矩器过热而成蓝色，轴套外径有无磨损，驱动油泵的轴套缺口有无损伤，传动毂是否光滑。如有异常，应更换液力变矩器。

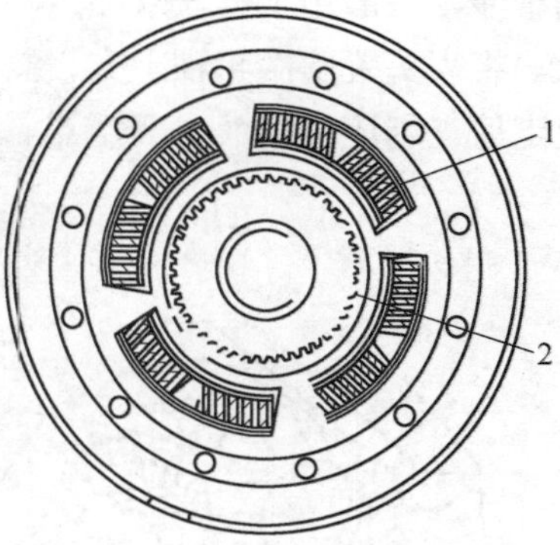


图 2-10　带减振弹簧的压盘

1—减振弹簧　2—花键套

**2. 检查导轮单向离合器**

导轮是起增矩作用的重要元件，如果不能实现单向自由转向，将对汽车整个动力性能产生很大的影响，必须仔细检查导轮单向离合器的工作情况。用专用工具插入液力变矩器毂缺口和单向离合器的外座圈，并转动离合器内座圈，检查单向离合器是否良好。单向离合器逆时针方向旋转时，应锁住，顺时针方向能自由转动。如果顺时针方向旋转有卡滞，或逆时针方向旋转时能转动，说明单向离合器损坏，应更换液力变矩器。图 2-11 所示为单向离合器的检查。

**3. 测量驱动盘的端面圆跳动**

安装千分表，如图 2-12 所示，测量驱动盘的端面圆跳动，其最大值不超过 0.20mm。

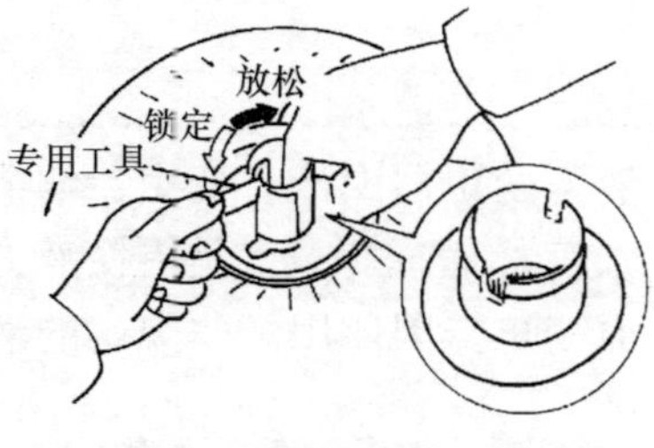


图 2-11　单向离合器的检查

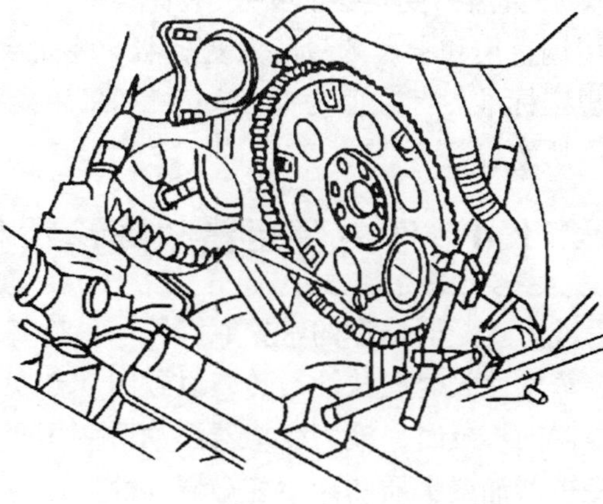

图 2-12　测量驱动盘的端面圆跳动

**4. 液力变矩器径向圆跳动的测量和检查**

将液力变矩器安装在发动机飞轮上，用千分表来测量变矩器的径向圆跳动，如图 2-13 所示。若径向圆跳动超过 0.03mm，应采用转换一个角度重新安装的方法予以矫正，并在矫正的位置上做一个记号，以保证安装正确。如果径向圆跳动始终不能调整到允许的范围以内，就应更换液力变矩器。

**5. 锁止离合器检查**

磨损材料和锁止功能的检查是非常重要的。如果变速器油中有大量的磨损材料脱落或金属残渣，可能是锁止离合器中的摩擦片磨损过度造成的。锁止离合器在变速器的内部，要解体后才能进行彻底的检查。一般建议送到专业的自动变速器维修厂进行维修。

**6. 液力变矩器涡轮轴轴向间隙检查**

涡轮轴轴向间隙是指涡轮前后间隙。如果间隙值不正确，会导致液力变矩器内部元件运动干涉。一般用千分表来测量轴向间隙。将千分表固定在液力变矩器壳体上，如图2-14所示。将表头置于涡轮轴上方，测量涡轮轴的轴向间隙，并记录。如果涡轮轴的轴向间隙大于规定值，则应更换液力变矩器。轴向间隙应当在0~0.50mm（0~0.02in）之间。

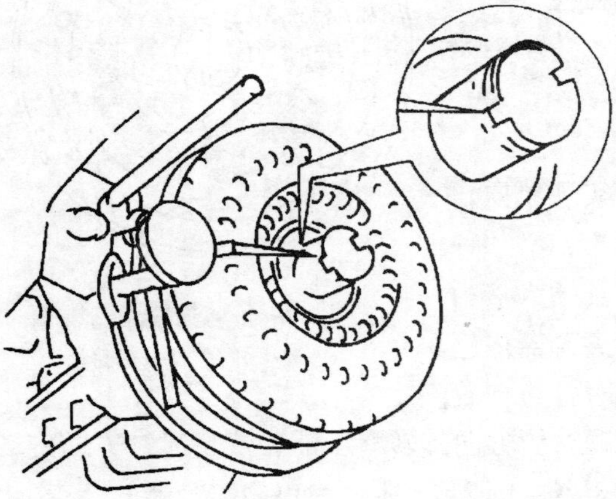

图2-13　测量液力变矩器的径向圆跳动

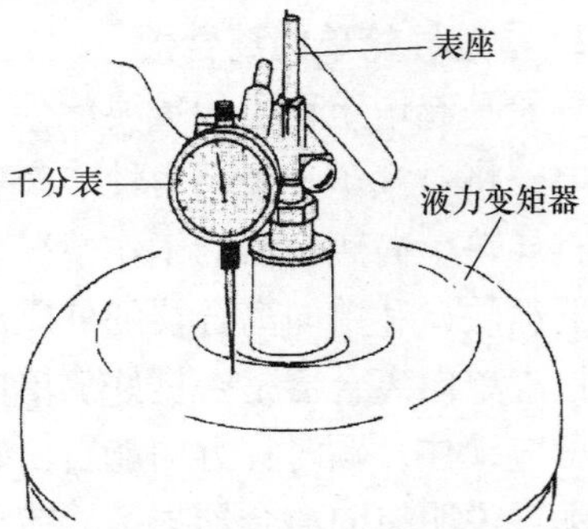


图2-14　涡轮轴轴向间隙的检查

**7. 检查液力变矩器的安装情况**

用钢直尺和卡尺测量液力变矩器安装面至自动变速器壳体正面的距离。距离应该符合厂家的规定标准。标准值为17.7mm，如果距离小于标准值，就应该检查这种情况是否由于安装不当所致。

## 2.1.4　液力变矩器故障诊断与排除

液力变矩器损坏的常见原因：一是检查油面不及时，液力变矩器因液力变矩器油泄漏、蒸发而长时间缺油运转，以致因“热负荷”加大，油质变坏而损坏；二是更换液力变矩器油不及时，液力变矩器因油质变坏而损坏；三是液力变矩器因使用了非规定的液力变矩器油或劣质的液力变矩器油而损坏。

液力变矩器是一个总成，不能拆，一旦发生故障，就要用泵轮转速、涡轮转速和变矩器油温度信号进行分析和试验来诊断故障。

**1. 起步加速时发动机熄火**

汽车起步时液力变矩器增大转矩的能力变差，甚至在起步时发动机熄火，这是由于单向离合器打滑，导轮因不能锁止而反向旋转造成的。

诊断方法：将变速杆依次置于D位和R位进行失速试验，如果失速转速远低于标准值（600r/min）或发动机熄火，就是单向离合器打滑。

**2. 汽车加速时液力变矩器异响增大**

汽车加减速时液力变矩器中的异响增大，严重时出现“挂档熄火”现象，造成这一现象的原因有两个：一个是泵轮、涡轮和导轮之间的轴承损坏，使各轮间的轴向冲击增大，产生异响，严重时，滚针将涡轮卡住在液力变矩器壳内，使两套变为刚性连接，以致汽车一起步，发动机就熄火；二是锁止离合器内减振弹簧的弹力降低引发异响，减振弹簧在断裂后可能将涡轮卡在液力变矩器壳内，以致发生挂档熄火现象。

因此诊断的方法有两种：一是如果在汽车行驶的状态下，将变速杆依次置于D位和R位时，发动机熄火或在汽车强行起步、加速时发动机的转速较高（多为1500r/min），则泵轮、导轮、涡轮之间的轴承损坏；二是在汽车停驶状态下不断改变发动机的转速，如液力变矩器中的异响增大，则减振弹簧的弹力降低。

**3. 汽车高速行驶发动机转速偏高**

汽车高速行驶时，发动机相应的转速偏高，发动机冷却液温度和变矩器油温度也偏高。产生这一现象的原因有两个：一个是由于液力变矩器锁止阀泄漏，锁止离合器频繁接合和分离，使其摩擦片磨损量过大；另一个是锁止离合器锁止电磁阀卡滞，锁止离合器或油压调节阀有故障。

诊断的方法有两种：一是当车速为100km/h急促加速时，车速和发动机转速同步上升，如果车速上升的幅度不大，而发动机转速猛升，则锁止离合器摩擦片磨损量过大；二是根据解码器读得的下列参数进行判定：发动机转速、档位、输入轴转速、输出轴转速、锁止离合器的状态和变矩器油温度。

**4. 液力变矩器漏油**

变矩器漏油主要是变矩器后盖和泵轮接合面、泵轮和轮毂接合处连接螺栓松动或密封件老化或损坏造成的。

发现变矩器漏油时，应首先起动发动机，检查漏油部位。可以从三个方向检查变矩器的漏油：

1）如果变矩器和发动机的连接处漏油，说明泵轮与泵轮罩螺栓松动或密封圈老化，应紧固连接螺栓或更换密封圈。

2）如果变速器与变矩器连接处漏油，说明泵轮与泵轮毂连接处螺栓松动或密封圈损坏，应紧固螺栓或检查密封圈。

3）如果漏油部位在加油口或放油口位置，应检查螺栓的松紧度以及是否有裂纹等。

**5. 液力变矩器内支承导轮的单向离合器打滑**

当车辆出现在30~50km/h以下加速不良，车速上升缓慢，过了低速区后加速良好的故障时，很可能是液力变矩器内支承导轮的单向离合器打滑。

将发动机热机后，将四个车轮用三角木块或砖头塞住，拉紧驻车制动器，踩住脚制动踏板，用眼睛盯住发动机转速表，将加速踏板完全踩到底，如发动机的失速转速明显低于规定值，则说明液力变矩器内支承导轮的单向离合器打滑。

变矩器低速增矩，靠的是导轮改变液流方向，变矩器内支承导轮的单向离合器打滑后，导轮没有了单向离合器的支承，在增矩工况时无法改变液流的方向。这样经导轮返回的液流流向和泵轮旋转方向相反，发动机需克服反向液流带来的附加载荷，于是液力变矩器变成了液力偶合器，低速增矩变成了低速降矩，因此汽车在低速区（变矩器增加转矩工况区域）加速不良。

如果出现上述故障，更换液力变矩器总成或用车床剖开液力变矩器，然后更换导轮和单向离合器即可排除故障。

**6. 液力变矩器内支承导轮的单向离合器卡滞**

汽车起动和中低速行驶正常，但没有高速，温和踩加速踏板，最高车速只有80~90km/h；加大节气门开度，最高车速也只有110~120km/h。

支承导轮的单向离合器卡滞时，在感觉上有一点像发动机排气不畅，但发动机排气不畅时冷车起动困难。打开空气滤清器上盖，拆下滤芯，发动机急加速时此处能看见废气返流，而支承导轮的单向离合器卡滞，不会导致废气返流。

出现这种故障需要更换液力变矩器总成或用车床剖开液力变矩器，然后更换导轮和单向离合器即可排除故障。

### 2.1.5　液力变矩器故障案例分析

**故障现象：** 一辆装有通用4T65E变速器的别克汽车中高速行驶时抖动。

**故障检修：** 车辆在低速使用过程中出现车辆能正常行驶，变速器升档也正常，只是在锁止离合器接合后出现发抖的现象。多数情况下，变速器是没有问题的，问题出在发动机上。在对发动机检查确认无故障后，一般发动机在节气门小开度和小负荷状态下车辆抖动的现象不明显，一旦锁止离合器接合，车辆抖动就会变得很厉害，原因在于变速器和发动机之间有了机械接合。用索耐克斯的测试板测试了三个油道发现锁止信号的一段出现严重漏油。这样锁止信号油压无法将调节阀推到右侧只打开了一部分，造成了锁止油压不够，锁止离合器接合不良。

**故障排除：** 按照要求进行铰孔后装入新阀，试车问题解决了。

## 2.2　齿轮变速机构

变矩器在自动变速器中的主要作用是使汽车起步平稳，在换档时减缓传动系统的冲击负荷。在变速增矩方面，变矩器虽然能够在一定的范围内实现无级变速，但由于变矩器只有在输出转速接近于输入转速时才具有较高的传动效率，而且它的增矩作用不够大，只能增加2~4倍，此值远不能满足汽车的使用要求。为此，在汽车自动变速器中还需要齿轮变速机构来进一步实现减速增矩的要求。

自动变速器中的齿轮变速机构和传统的手动齿轮变速机构一样，具有空档、倒档及2~4个不同传动比的前进档，只不过自动变速器中的档位变换不是由驾驶人直接控制的，而是由自动变速器的液压控制系统或电子控制系统控制换档执行机构的动作来改变变速齿轮机构的传动比，从而实现自动换档的。

### 2.2.1　行星齿轮变速机构

行星齿轮变速机构结构较复杂，通常由行星齿轮机构和换档执行元件组成。行星齿轮机构的主要作用是改变传动比和传动方向，即构成不同的档位，换档执行机构的作用是实现档位的变换。

**1. 单排行星齿轮机构**

（1）单排行星齿轮机构的基本结构　行星齿轮机构有很多类型，其中最简单的行星齿轮机构是由一个太阳轮、一个齿圈、一个行星架和支承在行星架上的几个行星轮组成的，称为一个行星排，如图2-15所示。

行星齿轮机构中的太阳轮、齿圈及行星架有一个共同的固定轴线，行星轮支承在固定于行星架的行星轮轴上，并同时与太阳轮和齿圈啮合。当行星齿轮机构运转时，空套在行星架上的行星轮轴上的几个行星轮一方面可以绕着自己的轴线旋转，另一方面又可以随着行星架一起绕着太阳轮旋转，就像天上行星的运动那样，兼有自转和公转两种运动状态（行星轮的名称即由此而来）。在行星排中，具有固定轴线的太阳轮、齿圈和行星架称为行星排的三个基本元件。

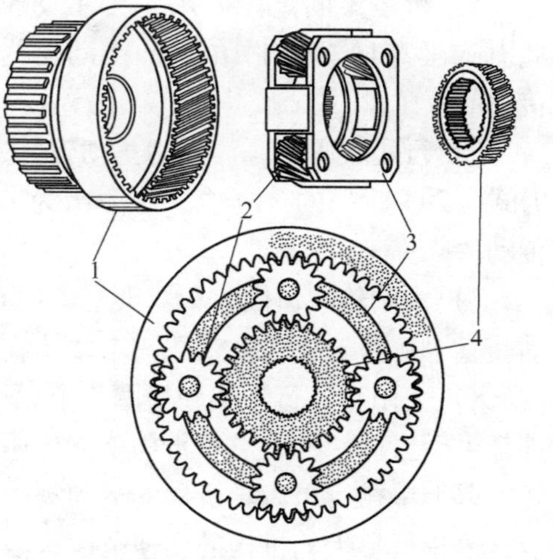

图2-15　行星齿轮机构

1—齿圈　2—行星轮　3—行星架　4—太阳轮

（2）单排行星齿轮机构的变速原理　由于单排行星轮机构有两个自由度，因此它没有固定的传动比，不能直接用于变速传动。为了组成具有一定传动比的传动机构，必须将太阳轮、齿圈和行星架这三个基本元件中的一个加以固定（即使其转速为0，也称为制动），或使其运动受到一定的约束，或将某两个基本元件互相连接在一起（即两者转速相同），使行星排变为只有一个自由度的机构，从而获得确定的传动化。

图2-16所示为行星齿轮机构的传动简图。设太阳轮的齿数为$z_1$，齿圈齿数为$z_2$，太阳轮、齿圈和行星架的转速分别为$n_1$、$n_2$、$n_3$，并设齿圈与太阳轮的齿数比为$\alpha$，即$\alpha = z_2/z_1$。

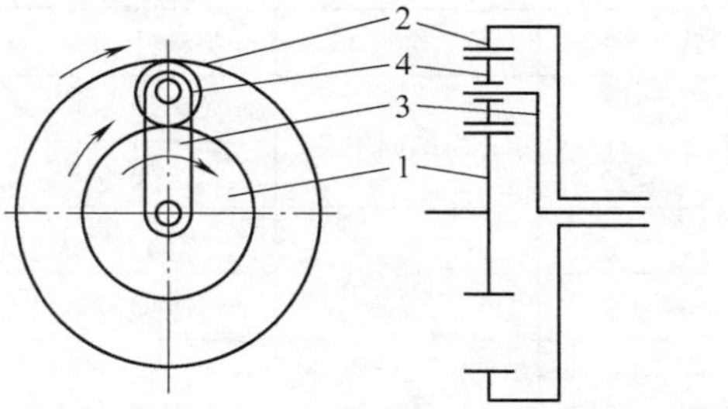

图2-16　行星齿轮机构的传动简图

1—太阳轮　2—齿圈　3—行星架　4—行星轮

则行星齿轮机构的一般运动规律可表达为

$$n_1 + \alpha n_2 - (1+\alpha) n_3 = 0 \tag{2-1}$$

由式（2-1）可以看出，在太阳轮、齿圈和行星架三个基本元件中，可任选两个分别作为主动件和从动件，而使另一个元件固定不动（使该元件转速为零）或使其运动受一定约束（使该元件的转速为某一定值），则整个轮系即以一定的传动比传递动力。不同的连接和固定方案可得到不同的传动比，三个基本元件的不同组合可有六种不同的组合方案，加上直接档传动和空档，共有八种组合，相应能获得五种不同的传动比。

1）太阳轮为主动轮，行星架为从动轮，齿圈固定，则主、从动轮旋转方向相同，此时式（2-1）中的$n_2=0$，传动比为$i_{1-3}=n_1/n_3=1+\alpha>1$，为减速传动。

2）太阳轮固定，齿圈为主动轮，行星架为从动件，则主、从动轮旋转方向相同，此时式（2-1）中的$n_1=0$，传动比为$i_{2-3}=n_2/n_3=(1+\alpha)/\alpha>1$，为减速传动。

3）太阳轮固定，行星架为主动轮，齿圈为从动轮，则主、从动轮旋转方向相同，此时式（2-1）中的$n_1=0$，传动比为$i_{3-2}=n_3/n_2=\alpha/(1+\alpha)<1$，为增速传动。

4）齿圈固定，行星架为主动轮，太阳轮为从动轮，则主、从动轮的旋转方向相同，此时式（2-1）中的 $n_2=0$，传动比为 $i_{3-1}=n_3/n_1=1/(1+\alpha)<1$，为增速传动。

5）行星架固定，太阳轮为主动轮，齿圈为从动轮，则主、从动轮的旋转方向相反。此时式（2-1）中的 $n_3=0$，传动比为 $i_{1-2}=n_1/n_2=-\alpha$，其绝对值大于 1，为反向减速传动。

6）行星架固定，齿圈为主动轮，太阳轮为从动轮，则主、从动轮的旋转方向相反。此时式（2-1）中的 $n_3=0$，传动比为 $i_{2-1}=n_2/n_1=-1/\alpha$，其绝对值小于 1，为反向增速传动。

7）太阳轮、齿圈、行星架三者中有任意两个元件被锁成一体，则各齿轮间均无相对运动。整个行星轮机构被锁成一个整体旋转，此时 $n_1=n_2=n_3$，所以传动比为 1。

8）太阳轮、行星架和齿圈三个元件都不固定，且也无任何两个元件被锁成一体，各元件都可做自由转动，由于机构不能传递动力，而得到空档。

以上单排行星齿轮机构的运动规律见表 2-1。

单排行星齿轮机构的变速范围有限，不能满足汽车的实际要求，实际应用中的行星齿轮变速器都是由多排行星轮组成的，传动比可根据单排行星齿轮的运动方程式来推导。

现代汽车电控液力自动变速器上使用的多排行星齿轮机构，常用的有辛普森（Simpson）式行星齿轮机构和拉维娜（Ravigneaux）式行星齿轮机构两种。

**表 2-1　单排行星齿轮机构的运动规律**

| 序　号 | 固　定　件 | 主动件 | 从动件 | 传　动　比 | 输出转速 | 转　矩 | 相当于传动档 |
|---|---|---|---|---|---|---|---|
| 1 | 齿圈固定 | 太阳轮 | 行星架 | $1+\alpha>1$ | 下降 | 增大 | 1 档 |
| 2 | | 行星架 | 太阳轮 | $1/(1+\alpha)<1$ | 上升 | 减小 | |
| 3 | 太阳轮固定 | 齿圈 | 行星架 | $(1+\alpha)/\alpha>1$ | 下降 | 增大 | 2 档 |
| 4 | | 行星架 | 齿圈 | $\alpha/(1+\alpha)<1$ | 上升 | 减小 | 超速档 |
| 5 | 行星架 | 太阳轮 | 齿圈 | $-\alpha<0$ | 下降 | 增大 | 倒档 |
| 6 | | 齿圈 | 太阳轮 | $-1/\alpha$ | 上升 | 减小 | |
| 7 | 无 | 任意两个 | 另一个 | 1 | 相等 | 相等 | 直接档 |
| | 所有元件都不固定 | | | | | | 空档 |

**2. 换档执行机构**

行星齿轮变速机构的换档执行机构由离合器、制动器和单向超速离合器三种不同的执行元件组成。它有三个基本作用，即连接、固定和锁止。所谓连接是指将行星齿轮变速器的输入轴与行星排中的某个基本元件连接，以传递动力，或将前一个行星排的某一个基本元件与后一个行星排的某个基本元件连接，以约束这两个基本元件的运动。所谓固定是指将行星排的某一基本元件与自动变速器的壳体连接，使之被固定住而不能旋转。所谓锁止是指把某个行星排的三个基本元件中的两个连接在一起，从而将该行星排锁止，使某三个基本元件以相同的转速一同旋转，产生直接传动。换档执行机构各执行元件通过按一定规律对行星齿轮机构的某些基本元件进行连接、固定或锁止，让行星齿轮机构获得不同的传动比，从而实现档位变换。

（1）离合器　离合器的作用是连接，其连接方式有两种：将行星排的某个基本元件与行星齿轮变速器的输入轴连接，使之成为主动元件；将行星排的两个基本元件连接在一起，使之成为一个整体，以实现直接传动。目前使用较多的是多片湿式离合器，由液压来控制其接合和分离。

片式离合器通常由离合器鼓、离合器活塞总成、回位弹簧总成、钢片、摩擦片、调整垫片、离合器毂、挡圈及卡环等组成，如图 2-17 所示。

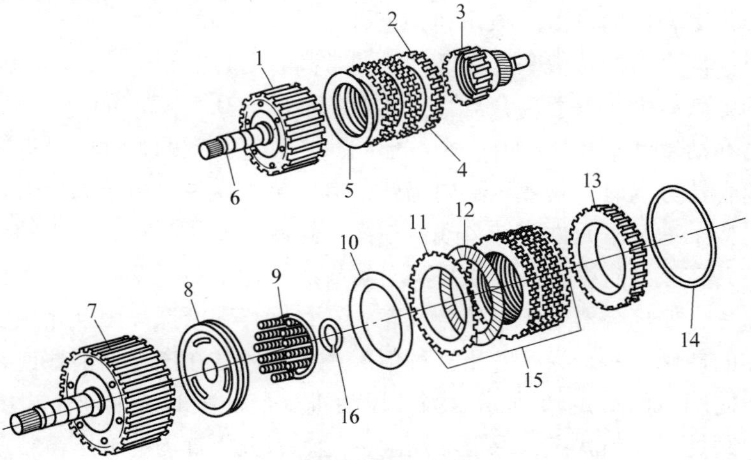


图 2-17　离合器

1、7—离合器鼓　2、13—挡圈　3—离合器毂　4、12—摩擦片　5、11—钢片　6—输入轴
8—离合器活塞总成　9—回位弹簧总成　10—波形圈　14、16—卡环　15—离合器片

离合器活塞总成包括活塞和密封圈，安装在离合器鼓内，和离合器鼓一起形成一个封闭的环状液压缸，并通过离合器内圆轴颈上的进油孔和控制油道相通。摩擦片和钢片交错排列，两者统称为离合器片。钢片的外花键齿安装在离合器鼓的内花键齿圈上，可沿齿圈键槽做轴向移动；摩擦片由其内花键齿与离合器毂的外花键齿连接，也可沿键槽做轴向移动。摩擦片的两面均为摩擦因数较大的铜基粉末冶金层或合成纤维层。

离合器的工作原理如图 2-18 所示，离合器鼓或离合器毂分别以一定的方式和变速器输入轴或行星排的某个基本元件相连接，一般离合器为主动件，离合器鼓为从动件。当来自控制阀的液压油进入离合器液压缸时，作用在离合器活塞上液压油的压力推动活塞，使之克服回位弹簧的弹力而移动，将所有的钢片和摩擦片相互压紧在一起，使离合器处于接合状态，把离合器鼓和离合器毂连接成一个整体，因此通过离合器把输入轴或行星排的基本元件也连接在一起。

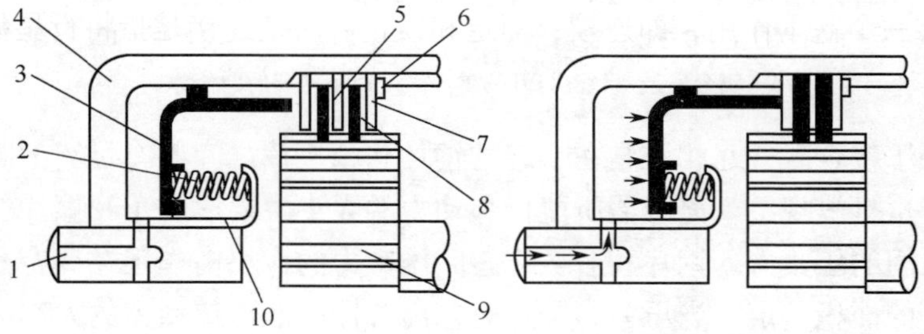


a) 分离状态　　b) 接合状态

图 2-18　离合器的工作原理

1—控制油道　2—回位弹簧　3—活塞　4—离合器毂　5—主动片
6—卡环　7—压盘　8—从动片　9—花键毂　10—弹簧座

当作用在离合器液压缸内的液压油的压力解除后，离合器活塞在回位弹簧的作用下压回液压缸的底部，并将液压缸内的液压油从进油孔排出。此时钢片和摩擦片相互分离，两者之间无压力，离合器鼓和离合器毂可以朝不同的方向或以不同的转速旋转，离合器处于分离状态。此时，摩擦片和钢片之间有一定的轴向间隙，以保证钢片和摩擦片之间无任何轴向压力，这一间隙称为离合器的自由间隙，其大小可以通过挡圈的厚度来调整。离合器自由间隙标准的大小取决于离合器的片数和工作条件，通常离合器片数越多或该离合器的交替工作越频繁，其自由间隙就越大，一般离合器自由间隙的标准为0.5～2.0mm。

有些离合器在活塞和钢片之间有一个波形圈。它具有一定的弹性，可以减缓离合器接合时的冲击力。离合器分离时，其液压缸内仍残留有少量液压油。由于离合器鼓随变速器输入轴或行星齿轮机构某一基本元件旋转，残留在液压缸内的液压油在离心力的作用下会被甩向液压缸外缘处，并在该处产生油压。如果离合器鼓的转速很高，这一压力有可能推动离合器活塞压向离合器片，使离合器处于半接合状态，导致钢片和摩擦片因互相接触摩擦而产生磨损，影响离合器的使用寿命。为了防止这种情况发生，通常在离合器活塞或离合器鼓的缸壁面上设置一个单向阀，如图2-19所示。当液压油进入液压缸时，钢球在油压的推动下压紧在阀座上，单向阀处于关闭状态，保证液压缸密封。当液压缸内的油压被释放后，单向阀钢球在离心力的作用下离开阀座，使单向阀开启，残留液压油在离心力的作用下从单向阀的泄油通道流出，以保证离合器的彻底分离。

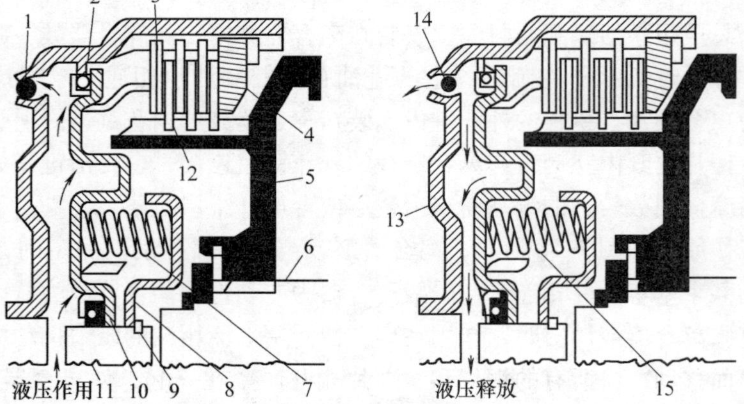


图2-19　多片离合器的接合与分离

1—封闭的单向阀　2—油封　3—钢片　4—压板　5—离合器毂　6—输出轴　7—压缩的回位弹簧　8—弹簧支座　9—卡环　10—活塞　11—输入轴　12—摩擦片　13—离合器鼓　14—打开的单向阀　15—伸展的回位弹簧

当离合器处于接合时，互相压紧在一起的钢片和摩擦片之间要有足够的摩擦力，以保证传递动力时不产生打滑现象。离合器所能传递动力的大小主要取决于摩擦片的片数、面积及钢片和摩擦片之间的压紧力。钢片和摩擦片之间压紧力的大小由作用在离合器活塞上的液压油的油压及活塞的面积决定。当压紧力一定时，离合器所能传递动力的大小就取决于摩擦片的面积和片数。在同一个自动变速器中通常有几个离合器，它们的直径、面积基本上相同或相近，但它们所传递的动力的大小往往有很大的差异。为了保证动力的传递，每个离合器所使用的摩擦片的片数也各不相同。离合器所要传递的动力越大，其摩擦片的片数就应越多。一般离合器摩擦片为2～6片。离合器钢片的片数应等于或多于摩擦片的片数，以保证每个摩擦片的两面都有钢片。此外，同一厂家生产的同一类型的自动变速器可以在不改变离合器外形、尺寸的情况下，通过增减各个离合器摩擦片的片数来形成不同型号的自动变速器，以满足不同排量车型的使用要求。在这种情况下，当减少或增加摩擦片的片数时，要相应增加或减少钢片的个数或增减调整垫片的厚度，以保证离合器的自由间隙不变。因此，有些离合器在相邻两个摩擦片之间装有两片钢片，这是为了保证自动变速器在改型时的灵活性，并非漏装了摩擦片。

（2）制动器　制动器的作用是将行星齿轮机构中的太阳轮、齿圈和行星架这三个基本元件之一与变速器壳体相连，使该元件被约束固定而不能旋转。制动器的结构形式较多，目前常见的是带式制动器和片式制动器两种。

1）带式制动器。带式制动器是利用围绕在制动鼓周围的制动带收缩而产生制动效果的一种制动器。带式制动器又称为制动带，主要由制动鼓、制动带、液压缸及活塞等组成，如图 2-20 所示。

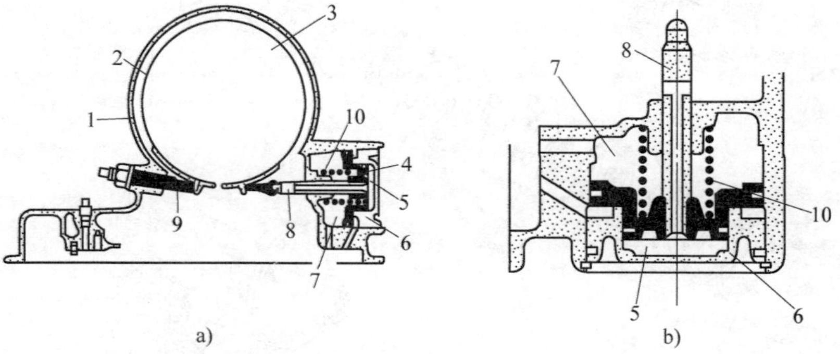


图 2-20　带式制动器

1—变速器壳体　2—制动带　3—制动鼓　4—活塞　5—液压缸施压腔　6—液压缸端盖　7—液压缸释放腔　8—推杆　9—调整螺钉　10—回位弹簧

带式制动器的制动带的内表面为一层摩擦因数较高的摩擦衬片，其一端支承在变速器壳体上的制动带支架或制动带调整螺钉上，另一端与液压缸活塞推杆连接。液压缸被活塞分隔成施压腔和释放腔两部分，由各自的控制阀控制。当液压缸的施压腔和释放腔内均无液压油时，带式制动器不工作，制动带与制动鼓之间有一定的间隙，制动鼓可以随着与它相连接的行星排基本元件一同旋转。当控制制动的液压油进入液压缸的施压腔时，在液压油压力的推动下活塞克服回位弹簧的弹力而移动，带动推杆向外伸出，使制动带箍紧在制动鼓上，因而制动鼓被固定住而不能旋转，此时制动器处于制动状态。当制动器处于制动状态且有液压油进入液压缸的释放腔时，由于释放腔一侧的活塞面积大于是施压腔一侧的活塞面积，释放腔一侧的压力大于施压腔一侧的压力，活塞在这一压力差及回位弹簧弹力的共同作用下后移，推杆随之回缩，制动带被放松，此时制动器处于释放状态。当带式制动器不工作或处于释放状态时，制动带与制动鼓之间应保持适当的间隙，间隙太大或太小都会影响制动器的正常工作。这一间隙的大小可通过制动带调整螺钉来调整。装复时，一般将螺钉向内拧紧至一定力矩，然后退回规定的圈数（通常为 2 ~ 3 圈）。

带式制动器结构简单、轴向尺寸小，维修方便，但它的工作平顺性较差。为了克服这一缺陷，通常在其控制油路中安装缓冲阀或减振阀，使之在开始制动时液压缸内的油压能缓慢上升，以减缓制动力的增长速度，从而改善工作平顺性。

2）多片湿式制动器。片式制动器由制动鼓、制动器活塞、回位弹簧、钢片、摩擦片及制动鼓等部件组成。它的工作原理和多片湿式摩擦离合器基本相同，但片式制动器的制动鼓（相当于离合器鼓）固定在变速器壳体上，如图2-21所示。钢片通过外花键齿与制动鼓内花键齿圈啮合，或直接安装在变速器壳体上的内花键齿圈中，摩擦片则通过内花键齿和制动鼓上的外花键齿连接。当制动器不工作时，钢片和摩擦片之间没有压力，制动器毂可以自由旋转。当制动器工作时，来自控制阀的液压油进入制动器毂内的液压缸中，油压作用在制动器活塞上，推动活塞使制动器摩擦片和钢片压紧在一起，与行星排某一基本元件连接的制动器毂被固定而不能旋转。

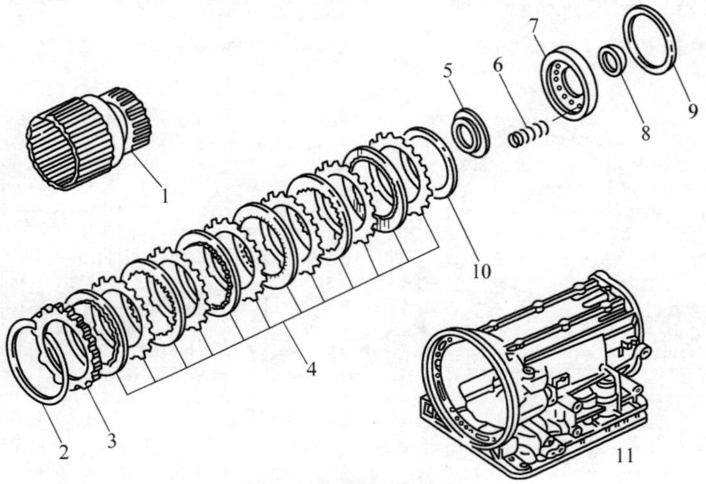


图2-21　多片湿式制动器

1—制动鼓　2—卡环　3—挡圈　4—钢片和摩擦片　5—弹簧座　6—回位弹簧
7—制动器活塞　8、9—密封圈　10—碟形环　11—变速器壳体

片式制动器的工作平顺性优于带式制动器，因此近年来在轿车自动变速器中，采用片式制动器的越来越多。另外，片式制动器也易于通过增减摩擦片的片数来满足不同排量发动机的要求。

（3）单向离合器　单向离合器又称单向啮合器或自由轮离合器，也是用来固定或连接行星齿轮机构中太阳轮、齿圈和行星架的。单向离合器无需控制机构，它是依靠其单向锁止原理来发挥固定或连接作用的，转矩的传递是单方向的，其连接和固定完全由与之相连接元件的受力方向决定，当与之相连接元件的受力方向与锁止方向相同时，该元件即被固定或连接；当受力方向与锁止方向相反时，该元件即被释放或脱离连接。

自动变速器中常用的单向离合器有滚柱式和楔块式两种类型。

1）滚柱式单向离合器。滚柱式单向离合器由外环、内环、滚柱、弹簧等组成，如图2-22所示。

内环通常用内花键和行星排的某个基本元件或者和变速器壳体连接，外环则通过外花键和行星排的另一基本元件连接或者和变速器外壳连接。外环的内表面制有与滚柱相同数目的楔形槽。楔形槽内装有滚柱和弹簧。弹簧的弹力把各滚柱推向楔形槽较窄的一端。当外环相对于内环朝顺时针方向转动时，在刚开始转动的瞬间，滚柱在摩擦力和弹簧弹力的作用下卡死在楔形较窄的一端，于是内外环互相连接成一个整体，不能相对转动，此时单向离合器处于锁止状态，与外环连接的基本元件被固定住或者和与内环相连接的元件连成一整体。当外环相对于内环朝逆时针方向转动时，滚柱在摩擦力的作用下，克服弹簧的弹力，滚向楔形槽较宽的一端，出现打滑现象，外环相对于内环可以做自由滑转，此时单向离合器脱离锁止而处于自由状态。

单向离合器装配时不能装反，否则会改变其锁止方向，使行星齿轮变速器不能正常工作。

2）楔块式单向离合器。楔块式单向离合器的结构和滚柱单向离合器的结构基本相似，也有外环、内环、楔块（滚子）等，如图 2-23 所示。不同之处在于外环或内环上都没有楔形槽，其滚子不是圆柱形的，而是特殊形状的楔块。楔块尺寸 $A$ 略大于内外环之间的距离 $B$，而尺寸 $C$ 略小于 $B$。当外环相对于内环顺时针方向转动时，楔块在摩擦力的作用下竖起，被卡死在内外环之间，使外环与内环无法相对滑转，此时单向离合器处于锁止状态。当外环相对于内环逆时针方向旋转时，楔块在摩擦力的作用下倾斜，脱离自锁状态，外环与内环可以相对滑动，此时单向离合器处于自由状态。

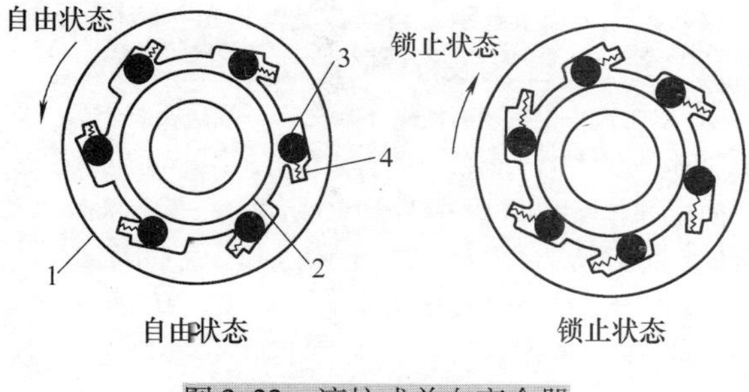


图 2-22　滚柱式单向离合器

1—外环　2—内环　3—滚柱　4—弹簧

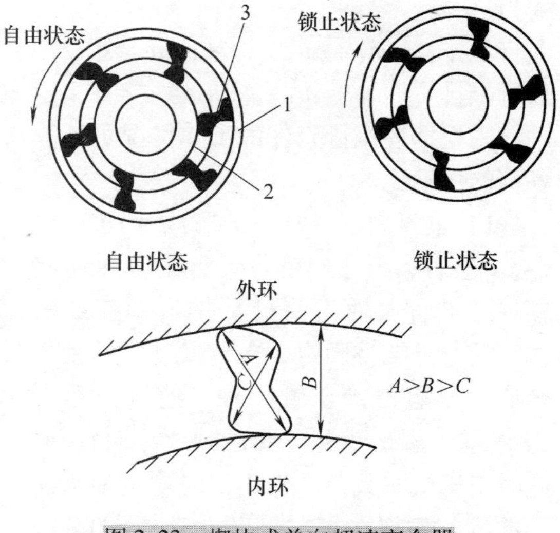


图 2-23　楔块式单向超速离合器

1—外环　2—内环　3—楔块

## 2.2.2　典型行星齿轮变速机构

### 1. 辛普森式行星齿轮变速机构

辛普森式（Simpson）行星齿轮变速机构在自动变速器中使用广泛，日本丰田的自动变速器几乎都采用这种结构，如 A140E、A240E、A241E、A340 和 A350 等型号的自动变速器都是采用这种结构。

辛普森式行星齿轮变速机构由行星齿轮机构及换档执行元件组成。辛普森式行星齿轮机构采用的是双行星排齿轮机构，其结构如图 2-24 所示。其结构特点是：前、后两个行星排的太阳轮连接在一起，形成前后太阳轮组件。前行星架和后齿圈连成一体，形成前行星架和后齿圈组件，输出轴通常与该组件相连。经过这样的组合，该行星轮机构只有四个独立元件，即前排齿圈、前后太阳轮组件、后排行星架以及前行星架和后齿圈组件。

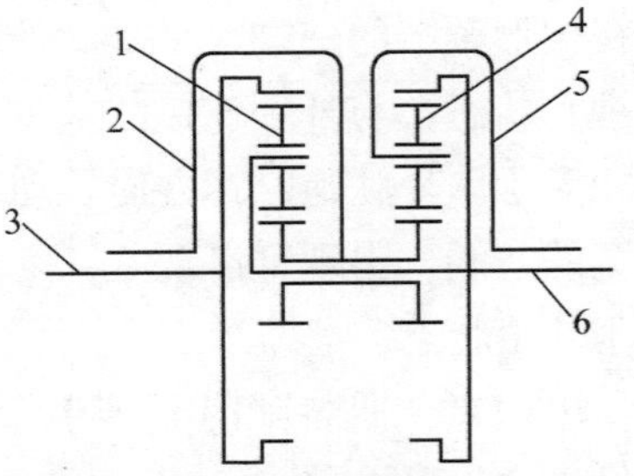


图 2-24 典型辛普森式行星齿轮机构

1—前排行星轮 2—共用太阳轮 3—前排齿圈 4—后排行星轮 5—后排行星架 6—前排行星架与后排齿圈组件

（1）3档辛普森式行星齿轮变速机构 3档辛普森式行星齿轮变速机构是一个具有三个前进档和一个倒档的变速系统，其结构与换档执行元件的布置方式分别如图2-25、图2-26所示。它的换档执行元件设置了五个，分别是：倒档及高档离合器C1、前进离合器C2、2档制动器B1、低档及倒档制动器B2和低档单向离合器F1。各档位状态下执行元件的工作情况见表2-2。下面分析3档辛普森式行星轮变速器机构各档的动力传递路线及传动比。

设前后太阳轮组件、前齿圈、前行星架和后齿圈组件、后行星架的转速分别为 $n_1$、$n_2$、$n_3$、$n_4$，由于前后行星排齿轮参数相同，设齿圈和太阳轮的齿数之比为 $\alpha$，则前后行星排运动方程式为：

前行星排： $n_1+\alpha n_2-(1+\alpha)n_3=0$

后行星排： $n_1+\alpha n_3-(1+\alpha)n_4=0$

则根据各执行元件的工作情况可计算各档的传动比。

1）前进1档（D位1档）。前进离合器C2接合，低速档单向离合器F1处于自锁状态，输入轴与前行星排齿圈连成一体，后行星架被固定。来自发动机的动力经液力变矩器传至输入轴、前进离合器C2和前齿圈，使前齿圈顺时针方向转动。此时由于汽车载荷的作用，与输出轴相连的前排行星架在汽车起步前转速为0。因

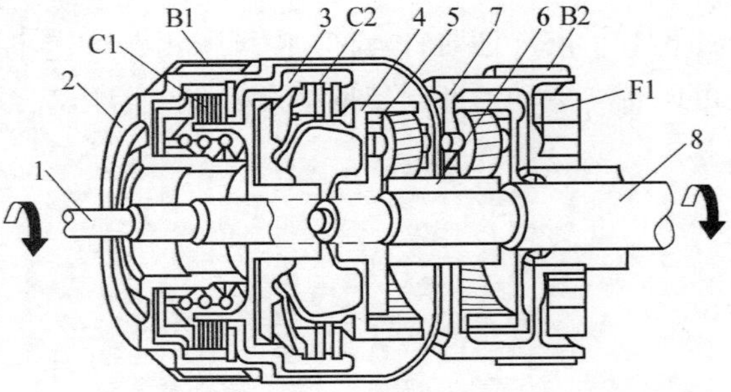


图 2-25 3档辛普森式行星齿轮变速机构结构及布置形式

1—输入轴 2—倒档及高档离合器鼓 3—前进档离合器鼓和倒档及高档离合器鼓 4—前进档离合器毂和前齿圈 5—前行星排行星架 6—前后太阳轮组件 7—后行星排行星架和低档及高档制动器鼓 8—输出轴 C1—倒档及高档离合器 C2—前进档离合器 B1—2档制动器 B2—低档及倒档制动器 F1—低档单向离合器

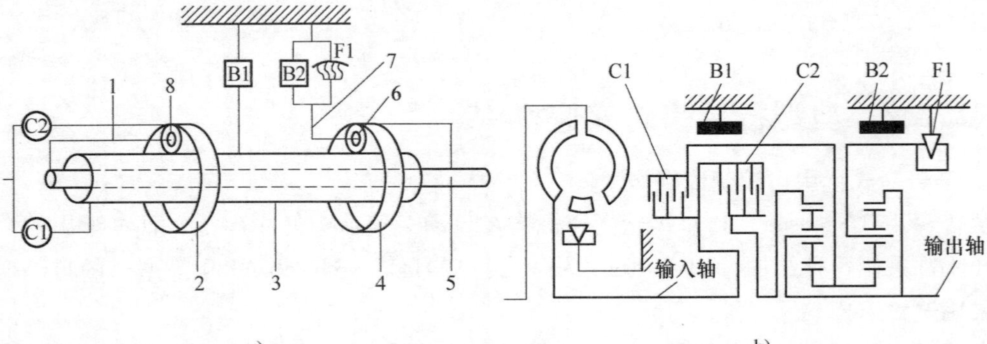


图 2-26 3档行星轮变速机构布置形式

1—前行星排行星架 2—前行星排齿圈 3—前后太阳轮组件 4—后行星排齿圈 5—输出轴 6—后行星排行星轮 7—后行星排行星架 8—前行星排行星轮 C1—倒档及高档离合器 C2—前进档离合器 B1—2档制动器 B2—低档及倒档制动器 F1—低速档单向离合器

表 2-2 3 档行星轮变速机构各档执行元件工作情况

| 变速杆位置 | 档 位 | 变速执行元件 | | | | |
|---|---|---|---|---|---|---|
| | | C1 | C2 | B1 | B2 | F1 |
| D | 1 档 | | ● | | | ● |
| | 2 档 | | ● | ● | | |
| | 3 档 | ● | ● | | | |
| R | 倒档 | ● | | | ● | |
| S、L 或 2、1 | 1 档 | | ● | | ● | |
| | 2 档 | | ● | ● | | |

注：●表示接合、制动或锁止。

此前行星轮在前齿圈的驱动下朝顺时针方向做公转，并力图带动前行星架以同样的方向旋转。另一方面，行星轮还做顺时针方向的自转，并带动前后太阳轮组件朝逆时针方向转动。在后行星排中，后行星轮在太阳轮的驱动下做顺时针方向自转，对后行星架产生逆时针方向的转矩，而低档单向离合器 F1 对后行星架逆时针方向的转动具有锁止作用，因此后行星架固定不动，使后齿圈做顺时针转动，从而与前行星架一起，驱动输出轴转动，汽车起步。汽车起步后，前后行星排元件的运动状态依然不变，但此时前行星架是以低速做顺时针旋转的。

由此可知，在 D 位 1 档时，动力传递路线有两条：一条为输入轴（顺）→前进离合器 C2→前行星排齿圈（顺）→前行星排行星轮（顺）→前后太阳轮组件（逆）→后行星排行星轮（顺）→后行星排齿圈（顺）→输出轴（顺）；另一条为输入轴（顺）→前进离合器 C2→前行星排齿圈（顺）→前行星排行星架（顺）→输出轴（顺）。动力传递路线如图 2-27 所示，此时传动比 $i_1 = 2 + 1/\alpha$。

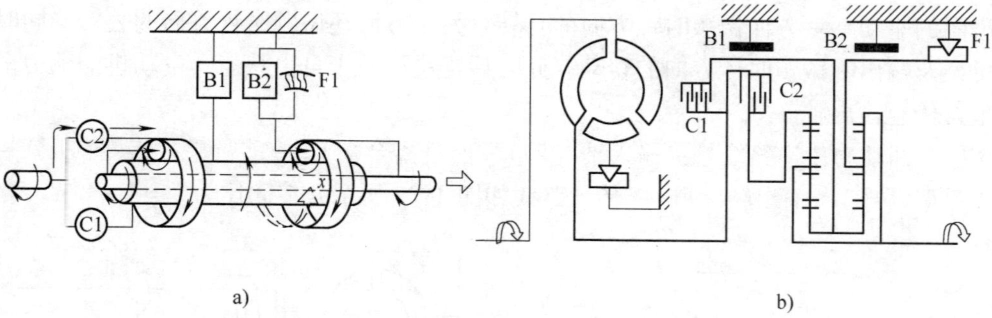


图 2-27 D 位 1 档动力传递路线

2）手动 1 档（1 位或 L 位）。当汽车在行驶过程中处于 D 位 1 档时，若驾驶人突然松开加速踏板，发动机转速将立即降至怠速。此时由于汽车的惯性作用，驱动轮将通过变速器输出轴逆向驱动行星轮机构的前行星架和后齿圈组件以较高的转速旋转，使其成为主动件，前齿圈则成为从动件。当前行星架朝顺时针方向带动前行星轮转动时，由于前齿圈转速低，前行星轮在向顺时针方向做公转的同时也做逆时针方向自转，从而带动前后太阳轮组件以较高转速做顺时针方向的转动，导致后太阳轮和后齿圈同时以较高的转速带动后行星轮做顺时针方向转动，使后行星轮在自转的同时对后行星架产生一个顺时针方向的转矩。由于低档单向离合器 F1 对后行星架在顺时针方向的转动无锁止作用，后行星架在后行星轮的带动下朝顺时针方向自由转动。此时，行星轮机构的四个独立元件中有两个处于自由状态，行星轮机构失去动力传递能力，与驱动轴相连的输出轴反向驱动力无法经过行星轮变速机构传给变速器输入轴，此时汽车相当于做空档滑行。这种情况在一般使用条件下有利于提高汽车的乘坐舒适性和燃油经济性，但在汽车下坡时却无法利用发动机的怠速运转阻力来实现发动机制动，让汽车减速。

为了利用发动机制动，可将变速器变速杆从 D 位移至 1 位（或 L 位）。自动变速器变速杆在 1 位（或 L 位）时，前进离合器 C2 接合，低档及倒档制动器 B2 制动，输入轴与前行星排齿圈连成一体，后行星排行星架制动。其动力传递路线及传动比与自动变速器变速杆在 D 位 1 档时完全相同。当松开加速踏板后，发动机处于怠速工况而汽车在惯性的作用下做滑行时，汽车驱动轮通过变速器输出轴驱动行星轮机构，因后行星架始终被低档及倒档制动器 B2 固定，则与前进 1 档不同，此时可反向驱动行星轮变速机构输入轴以原来的转速旋转，导致与变速器输入轴相连的液力变矩器涡轮转速高于与发动机曲轴相连的液力变矩器泵轮转速，使汽车驱动轮通过行星轮变速器和变矩器逆向驱动发动机曲轴的工况。而发动机怠速运行阻力限制驱动轮的转动，汽车减速，实现了利用发动机制动（图 2-28）。

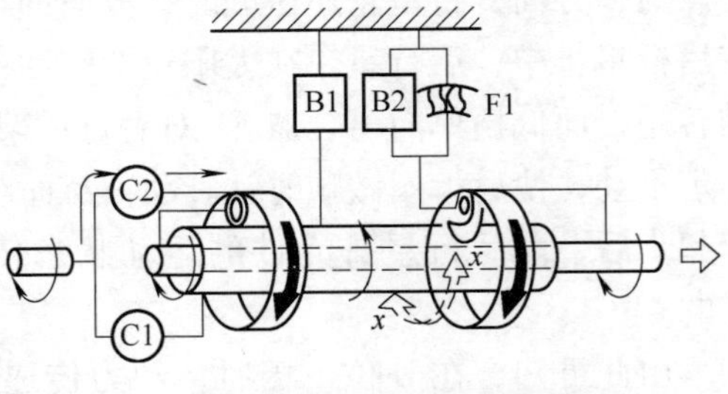


图 2-28　L 位 1 档动力传递路线

3）前进 2 档（D 位 2 档）。前进离合器 C2 接合，2 档制动器 B1 制动，输入轴与前行星排齿圈连成一体，前后太阳轮组件被固定。此时来自发动机的动力仍经液力变矩器传至输入轴、前进离合器 C2 和前齿圈，使前齿圈顺时针方向转动。由于前太阳轮被固定，前行星轮在前齿圈的驱动下一方面做顺时针方向的自转，另一方面还做顺时针方向的公转，同时带动前行星架及输出轴做顺时针方向的转动。此时后行星排处于自由状态，发动机的动力全部经前行星排传至输出轴。

D 位 2 档动力传递路线是：输入轴（顺）→前进离合器 C2→前行星排齿圈（顺）→前行星排行星架（顺）→输出轴（顺）。传动路线如图 2-29 所示，传动比为 $i_2 = 1 + 1/\alpha$。

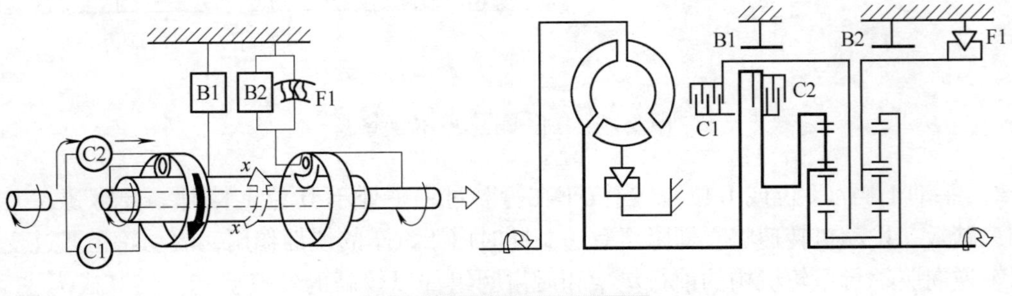


图 2-29　2 档动力传递路线

4）手动 2 档（2 位或 S 位）。自动变速器变速杆在 S（或 2 位）位 2 档时，前进离合器 C2 接合，2 档制动器 B1 制动，其动力传递路线及传动比与自动变速器变速杆在 D 位 2 档时完全相同。

在2档工作状态下（无论变速杆置于D位、S位或2位），来自驱动轮逆向传入变速器的动力可以直接传至发动机，实现发动机制动。

5）前进3档（D位3档）。前进离合器C2和倒档及高档离合器C1同时处于接合状态，此时前后太阳轮组件和前行星排齿圈均与输入轴相连，由于此时前行星排中有两个基本元件互相连接，从而使前行星排固定连成一体而旋转，输入轴的动力通过前行星排直接传给输出轴，其传动比为1，即为直接档。其动力传递路线有两条：一条是输入轴（顺）→倒档及高速档离合器C1→前后太阳轮组件（顺）→输出轴（顺）；另一条为输入轴（顺）→前进离合器C2→前行星排齿圈（顺）→前行星排行星架（顺）→输出轴（顺）。传递路线如图2-30所示，此时后排行星轮机构处于空转状态。

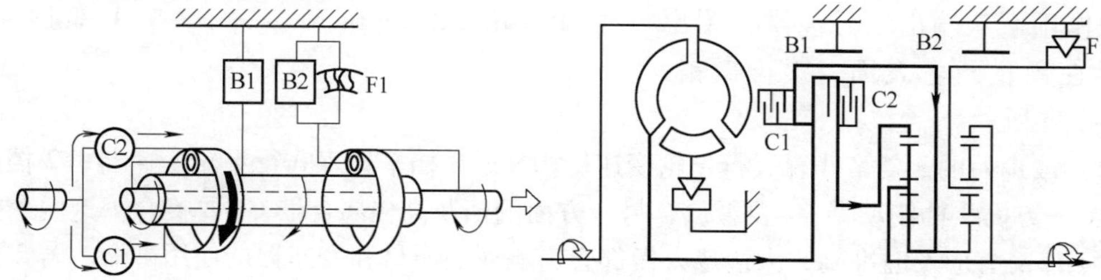


图2-30　3档动力传递路线

在3档状态下，行星轮变速机构具有逆向传递动力的能力，可实现发动机制动功能。

6）倒档（R位）。此时倒档及高档离合器C1接合，使前后太阳轮组件成为输入元件，同时低档及倒档制动器B2制动，将后行星架固定。此时发动机动力经输入轴传给前后太阳轮组件，使前后太阳轮朝顺时针方向转动。由于后行星架固定不动，在后行星排中，后行星轮在后太阳轮的驱动下逆时针方向转动，并带动后齿圈逆时针方向转动，此时输出轴也逆时针方向转动，从而改变了传动方向。倒档动力传递路线为：输入轴（顺）→倒档及高档离合器C1→前后太阳轮组件（顺）→后行星排行星轮（逆）→后行星排齿圈（逆）→输出轴（逆）。传递路线如图2-31所示，此时前排行星轮机构处于空转状态，传动比 $i_R = -\alpha$。

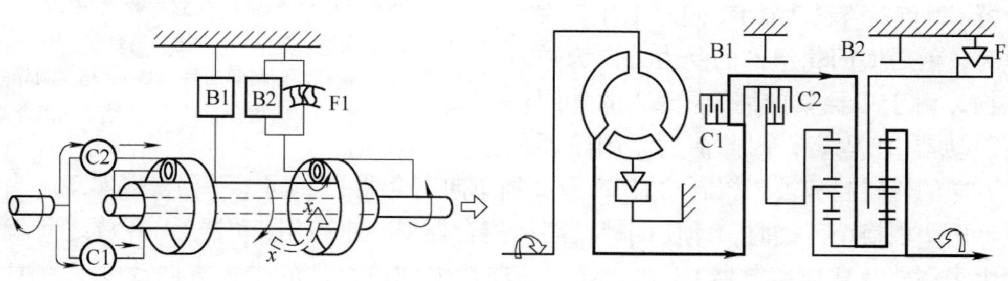


图2-31　倒档动力传递路线

7）空档（N位）或停车档（P位）。自动变速器变速杆置于N位或P位时，所有换档执行元件都不工作，输入轴空转。当自动变速器变速杆置于P位时，一般自动变速器都是通过驻车锁止机构将变速器输出轴锁止实现驻车。如图2-32所示，驻车锁止机构由输出轴外齿圈、输出轴、锁止棘爪、锁止凸轮等组成，锁止棘爪与固定在变速器壳体上的枢轴相连。当变速杆置于P位时，手控连杆机构通过锁止凸轮将锁止棘爪推向输出轴外齿圈，使锁止棘爪上的齿嵌入输出轴外齿中，使变速器输出轴与壳体相连而无法转动，如图2-32b所示。当自动变速器变速杆处于除P位以外的任一位置时，锁止凸轮退回，锁止棘爪在回位弹簧弹力的作用下从输出轴外齿圈中弹出并压紧在锁止凸轮表面，锁止撤销，如图2-32a所示。

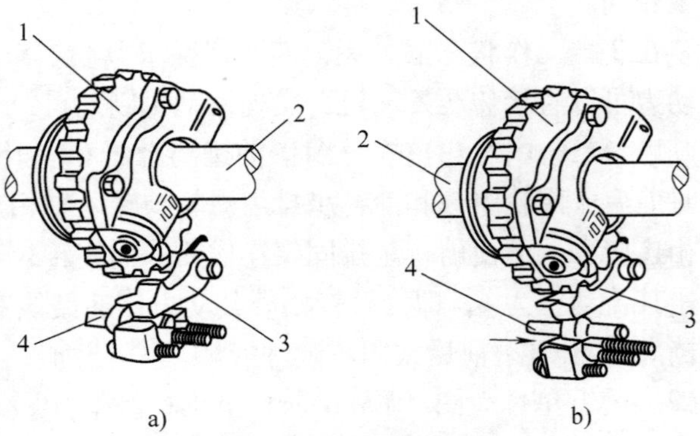


图2-32　驻车锁止机构

1—输出轴外齿圈　2—输出轴　3—锁止棘爪　4—锁止凸轮

（2）改进后的3档辛普森式行星轮变速机构　原3档辛普森式行星轮变速器由2档换至3档时，一方面2档制动器B1要释放，另一方面倒档及高档离合器C1要接合。这两个执行元件的工作交替应及时准确，太快或太慢都会影响换档质量和变速器的使用寿命。若2档制动器B1释放后，倒档及高档离合器C1来不及接合，会使行星轮变速器出现打滑现象，使发动机出现空转，并出现换档冲击；若2档制动器B1未完全释放，倒档及高档离合器C1便过早接合，则行星轮机构各独立元件之间会产生运动干涉。迫使换档执行元件打滑，加剧摩擦片或制动箍带的磨损。

为了防止出现上述情况，改善2—3档的换档平顺性，在前后太阳轮组件和2档制动器B1之间串联了一个单向离合器F2，称为2档单向离合器（图2-33）。其内圈与前后太阳轮组件连接，外圈和2档制动器B1连接，在逆时针方向对前后太阳轮组件具有锁止作用。当行星轮变速器处于2档时，前进离合器C2和2档制动器B1同时工作。汽车加速时，前后太阳轮组件的受力方向为逆时针方向，由于2档单向离合器F2的外圈被2档制动器B1固定，因此前后太阳轮朝逆时针方向的旋转趋势被2档制动器B1及2档单向离合器F1锁止，2档得以实现。当行星轮变速器由2档换至3档时，即使倒档及高档离合器C1在2档制动器B1释放之前就已接合，但由于倒档及高档离合器C1接合之后，前后太阳轮组件的受力方向改变为顺时针方向，而在顺时针方向上2档单向离合器F2对前后太阳轮组件没有锁止作用，前后太阳轮组件仍可以向顺时针方向旋转，因此使换档得以顺利进行。

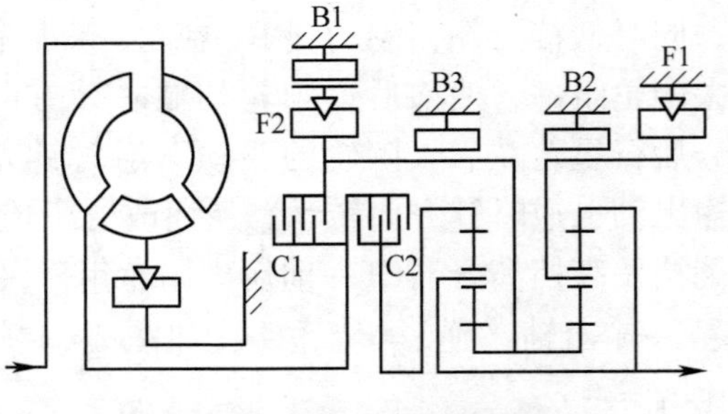


图2-33　2档单向离合器的布置

C1—倒档及高档离合器　C2—前进档离合器　B1—2档制动器　B2—低档及倒档制动器　B3—2档强制降档制动器　F1—低档单向离合器　F2—2档单向离合器

增加了2档单向离合器F2之后，若汽车在行星轮变速器处于2档时松开加速踏板减速或下坡，则在汽车惯性力作用下，驱动轮将通过变速器输出轴逆向带动行星轮机构的前行星架和后齿圈组件以较高的转速旋转。由于此时发动机处于怠速运转状态，和输入轴连接的前齿圈转速较低，前行星轮在前行星架的带动下朝顺时针方向做公转的同时，对前太阳轮组件产生一个顺时针方向的力矩，而太阳轮在顺时针方向旋转时，2 档单向离合器 F2 对前后太阳轮组件没有锁止作用，因此即使 2 档制动器 B1 仍处于制动状态，前后太阳轮组件还是可以朝顺时针方向自由旋转。这样，在辛普森式行星轮机构的四个独立元件中有两个处于自由状态，从而使该行星轮机构失去传递动力的能力，驱动轮和发动机脱离连接，因此不能产生发动机制动作用。为了在需要时让 2 档也能产生发动机制动作用，必须在前后太阳轮组件和变速器壳体之间另外再设置一个制动器 B3（图 2-33），即 2 档强制降档制动器。制动器 B3 在 2 档是否工作，是由变速杆的位置决定的，当变速杆位于前进档 D 位时，制动器 B3 不工作；当变速杆位于前进低档位（2 或 S）而行星轮变速器处于 2 档时，制动器 B3 工作。这样不论汽车加速或减速，前后太阳轮组件都被该制动器固定，此时的 2 档在汽车松开加速踏板、减速或下坡时能产生发动机制动作用。目前大多数轿车自动变速器已采用这种结构，改进后的 3 档辛普森式齿轮变速机构各换档执行元件的工作情况见表 2-3。

**表 2-3　改进后的 3 档辛普森式齿轮变速机构各换档执行元件的工作情况**

| 变速杆位置 | 档位 | 换档执行机构 | | | | | | |
|---|---|---|---|---|---|---|---|---|
| | | C1 | C2 | B1 | B2 | B3 | F1 | F2 |
| D | 1 档 | | ● | | | | ● | |
| | 2 档 | | ● | ● | | | | ● |
| | 3 档 | ● | ● | | | | | |
| S、L 或 2、1 | 1 档 | | ● | | ● | | | |
| | 2 档 | | ● | | | ● | | |
| R | 倒档 | ● | | | ● | | | |

注：●表示接合、制动或锁止。

（3）4 档辛普森式行星轮变速机构　20 世纪 80 年代后，越来越多的轿车自动变速器采用了 4 档行星轮变速器，其最高档 4 档是传动比小于 1 的超速档。这种自动变速器的优点是除了能降低汽车燃油消耗外，还可以使发动机经常处于较低转速的运转工况，以减小运转噪声，延长发动机的使用寿命。

辛普森式 4 档行星轮变速机构是在辛普森式 3 档变速机构的基础上发展起来的，它有两种类型：一种是在辛普森式 3 档变速机构原有的双排行星轮机构的基础上再增加一个单排行星轮机构，用三个行星排组成四个前进档的行星轮变速机构；另一种是对辛普森式双排行星轮机构进行改进，通过改变前后行星排各基本元件的组合方式和增加换档执行元件，使之成为带有超速档的 4 档行星轮变速机构。

1）3 行星排辛普森式 4 档行星轮变速机构。图 2-34 所示为 3 行星排辛普森式 4 档行星轮变速机构，它是在不改变原辛普森式 3 档行星轮变速机构的主要结构和大部分零部件的情况下，另外再增加一个单排行星轮机构和相应的换档执行元件来产生超速档。这个增加的单排行星轮机构称为超速行星排，它装在行星轮变速器的前端（图 2-34）。其行星架是主动件，与变速器输入轴连接，齿圈则作为被动件，与后面的双排辛普森行星轮机构连接。

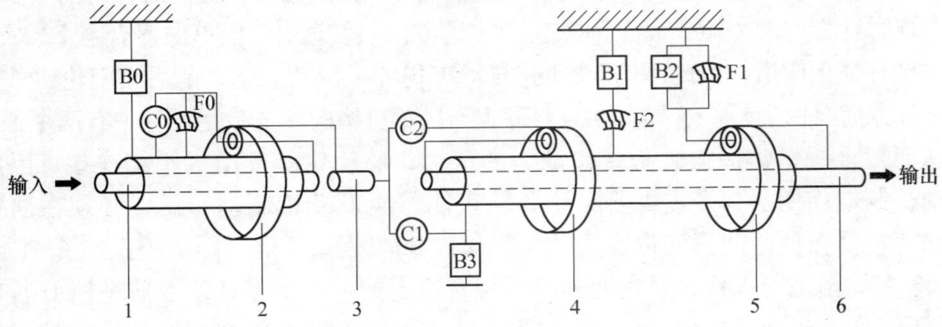


a)

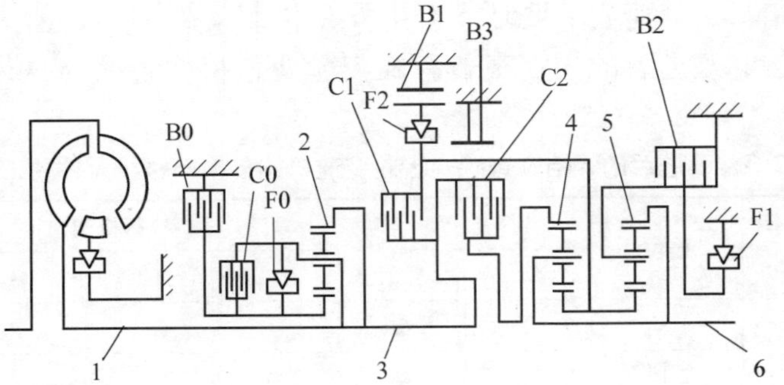


b)

图 2-34　3 行星排辛普森式 4 档行星轮变速机构

1—输入轴　2—超速行星排　3—中间轴　4—前行星排　5—后行星排　6—输出轴　C0—超速离合器　C1—倒档及高档离合器　C2—前进离合器　B0—超速制动器　B1—2 档制动器　B2—低档及倒档制动器　B3—2 档强制制动器　F0—超速单向离合器　F1—低档单向离合器　F2—2 档单向离合器

超速行星排由超速离合器 C0 和超速制动器 B0 来控制，超速离合器 C0 用于将超速行星排的太阳轮和行星架相连，超速制动器 B0 用于固定超速行星排的太阳轮。根据单排行星轮机构变速原理，当制动器 B0 放松、超速离合器 C0 接合时，超速行星排的太阳轮和行星架被连接在一起，行星排处于直接传动状态，其传动比为 1。当超速制动器 B0 制动、超速离合器 C0 分离时，超速行星排太阳轮被固定，行星排处于增速传动状态，其传动比小于 1。

当行星轮变速机构处于 1 档、2 档、3 档或倒档时，超速行星排中超速离合器 C0 接合，超速制动器 B0 放松，使超速行星排处于传动比为 1 的直接传动状态，而后半部分的双排行星轮机构各换档执行元件的工作和原辛普森式 3 档行星轮变速机构在 1 档、2 档、3 档及倒档的工作完全相同（表 2-4）。当行星轮变速器处于超速档时，后半部的双排行星轮机构保持在 3 档的工作状态，其传动比为 1；而在超速行星排中，由于超速制动器 B0 产生制动，超速离合器 C0 分离，使超速行星排处于增速传动状态，其传动比小于 1（该传动比即为该行星轮变速器在超速档时的传动比）。

**表 2-4　3 行星排辛普森式 4 档行星轮变速机构换档执行元件工作情况**

| 变速杆位置 | 档位 | 换档执行元件 | | | | | | | | | |
|---|---|---|---|---|---|---|---|---|---|---|---|
| | | C0 | B0 | F0 | C1 | C2 | B1 | B2 | B3 | F1 | F2 |
| D | 1 | ● | | ● | | ● | | | | ● | |
| | 2 | ● | | ● | | ● | ● | | | | ● |
| | 3 | ● | | ● | ● | ● | ○ | | | | |
| | 4 | | ● | | ● | ● | ○ | | | | |
| S、L 或 2、1 | 1 | ● | | ● | | ● | | ● | | | |
| | 2 | ● | | ● | | ● | ○ | | ● | | |
| | 3 | ● | | ● | ● | ● | | | | | |
| R | 倒档 | ● | | ● | ● | | | ● | | | |

注：●表示接合、制动或锁止；○表示接合或制动，但不传递动力。

超速离合器 C0 在自动变速器处于超速档之外的任一档位（包括停车档、空档和倒档）都处于接合状态，因此当发动机刚起动而油泵尚未建立起正常的油压时，超速离合器 C0 将处于半接合状态，这容易使其摩擦片因打滑而加剧磨损。为了防止这种情况出现，在与超速离合器 C0 并列的位置上设置了一个超速单向离合器 F0。在发动机刚起动并带动自动变速器输入轴转动时，它就让超速行星排的太阳轮和行星架锁止为一个整体，防止超速离合器 C0 的摩擦片在半接合状态下打滑。超速单向离合器 F0 的另一个作用是改善由 3 档升至超速档的换档平顺性。在 3 档升至超速档的过程中，为了防止超速制动器 B0 和超速离合器 C0 同时接合，造成超速行星排各基本元件之间的运动干涉，必须在超速离合器 C0 完全分离后再使超速制动器 B0 接合。但这可能导致超速离合器 C0 分离后，超速制动器 B0 来不及接合，使行星轮变速器出现打滑现象。超速单向离合器 F0 可以在超速离合器 C0 已分离，而超速制动器 B0 尚未完全接合时，代替超速离合器 C0 的工作，将超速行星排太阳轮和行星架锁止在一起，防止超速行星排出现打滑现象，而在超速制动器 B0 接合后又能及时脱离锁止，让超速行星排顺利进入超速档工作状态。

由三行星排组成的辛普森式四档行星轮变速机构的各换档执行元件在各档位的工作情况见表 2-4。此形式的四档行星轮变速机构可以使原辛普森式三档行星轮变速机构的大部分零部件都得到利用，有利于减少生产投资，降低成本。

2）双行星排辛普森式 4 档行星轮变速机构。这种 4 档行星轮变速机构是对原辛普森式 3 档行星轮变速机构中的双排行星轮变速机构进行改进而成的。它增加了换档执行元件的数量，使前后行星排的基本元件之间具有更多复杂的组合，从而形成包括超速档的四个前进档。

改进后的辛普森式行星轮变速机构中前齿圈仍然与后行星架互相连接成为一体，前后行星排的其他基本元件则全部各自独立，形成一种具有五个独立元件的辛普森行星轮机构。在这五个独立元件中，后太阳轮始终和输入轴连接，输出轴则与前齿圈和后行星架组件相连。由于双行星排不再共用太阳轮，因此将其称为辛普森改进型。

图 2-35 所示为辛普森改进型 4 档行星轮变速机构示意图。其中倒档离合器 C1 用于连接输入轴和前太阳轮，高档离合器 C2 用于连接输入轴和前行星架，前进离合器 C3 和前进单

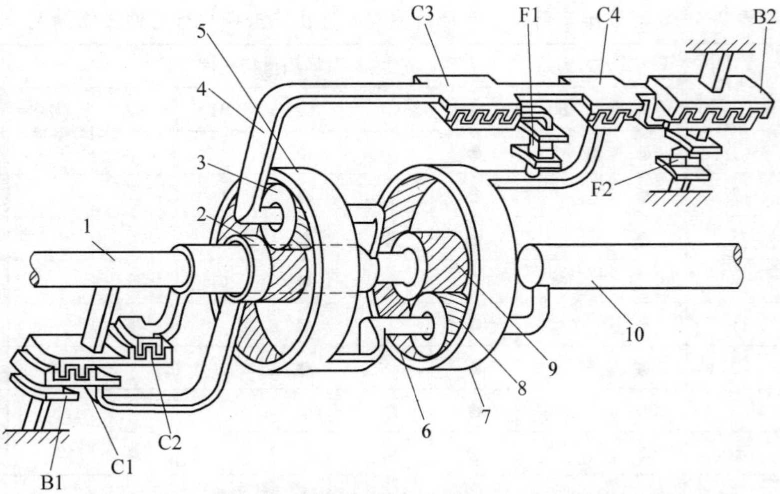


图 2-35 辛普森改进型 4 档行星轮变速机构示意图

1—输入轴 2—前太阳轮 3—前行星轮 4—前行星架 5—前齿圈 6—后行星架 7—后齿圈 8—后行星轮 9—后太阳轮 10—输出轴 C1—倒档离合器 C2—高档离合器 C3—前进离合器 C4—前进强制离合器 B1—带式制动器 B2—低档及倒档制动器 F1—前进单向离合器 F2—低档单向离合器

向离合器 F1 串连布置，一同用于连接前行星架和后齿圈，前进单向离合器 F1 在逆时针方向对后齿圈产生锁止作用。前进强制离合器 C4 同样用于连接前行星架和后齿圈，和前进离合器 C3、前进单向离合器 F1 并联布置，提供发动机制动的档位。带式制动器 B1 用于固定前太阳轮，低档及倒档制动器 B2 和低档单向离合器 F2 并联，一同用于固定前行星架，低档单向离合器 F2 在逆时针方向对前行星架产生锁止作用。这八个换档执行元件在各档位工作情况见表 2-5。

**表 2-5 辛普森改进型 4 档行星轮变速机构换档执行元件工作情况表**

| 变速杆位置 | 档位 | 换档执行元件 | | | | | | | |
|---|---|---|---|---|---|---|---|---|---|
| | | C1 | C2 | C3 | C4 | B1 | B2 | F1 | F2 |
| D | 1 | | | ● | | | | ● | ● |
| | 2 | | | ● | | ● | | ● | |
| | 3 | | ● | ● | ○ | | | ● | |
| | O/D 档 | | ● | ○ | | ● | | | |
| S、L 或 2、1 | 1 | | | ○ | ● | | ● | | |
| | 2 | | | ○ | ● | ● | | | |
| | 3 | | ● | ○ | ● | | | | |
| R | 倒档 | ● | | | | | ● | | |

注：●表示接合、制动或锁止；○表示接合或制动，但不传递动力。

## 2. 拉维奈尔赫式行星轮变速机构

拉维奈尔赫式（Ravigneavx）行星轮机构也称作拉维那式行星轮机构，与辛普森式行星轮机构齐名，从 20 世纪 70 年代起，被奥迪、福特、马自达等公司使用于其轿车自动变速器中，特别是前驱车型。

拉维奈尔赫式行星轮变速机构也是采用双行星排组合，其特点是：两行星排共用行星架和齿圈，小太阳轮、短行星轮、长行星轮、行星架及齿圈组成双行星轮系行星排，大太阳轮、长行星轮、行星架及齿圈组成一个单行星轮系行星排，有四个独立元件，仅有一个齿圈和输出轴连接，其结构简图如图 2-36 所示。如果配上相应的换档执行元件，可使拉维奈尔赫式行星机构组成具有三个前进档或四个前进档的行星轮变速系统。

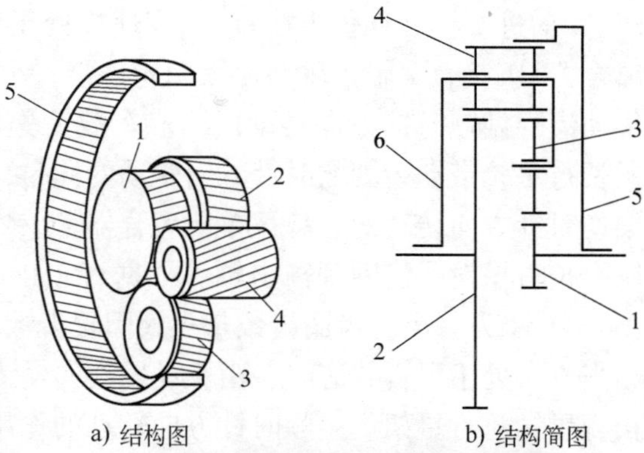


a) 结构图　　b) 结构简图

图 2-36　拉维奈尔赫式行星轮机构

1—小太阳轮　2—大太阳轮　3—短行星轮
4—长行星轮　5—齿圈　6—行星架

（1）拉维奈尔赫式 3 档行星轮变速机构　最简单的拉维奈尔赫式 3 档行星轮变速机构如图 2-37 所示，该变速机构中的换档执行元件只使用了五个，包括前进离合器 C1、倒档及直接档离合器 C2、2 档制动器 B1、低档及倒档制动器 B2 和 1 档单向离合器 F1。各档执行元件工作情况见表 2-6。

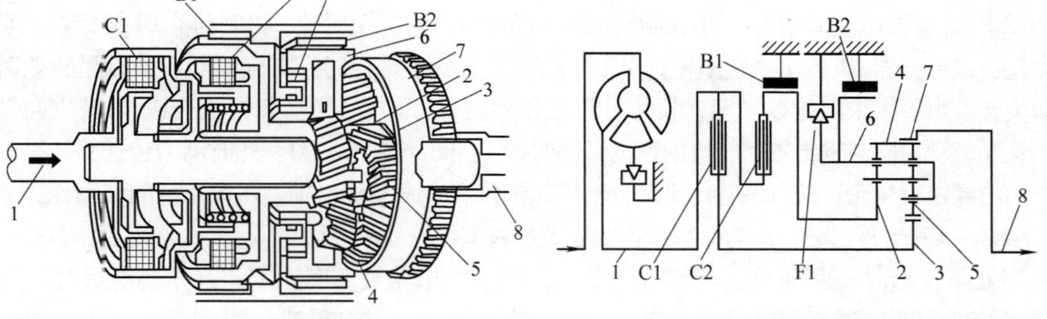


a) 结构图　　b) 结构简图

图 2-37　拉维奈尔赫式 3 档行星轮变速机构

1—输入轴　2—大太阳轮　3—小太阳轮　4—长行星轮　5—短行星轮　6—行星架
7—齿圈　8—输出轴　C1—前进离合器　C2—倒档及直接档离合器　B1—2 档制动器
B2—低档及倒档制动器　F1—1 档单向离合器

**表 2-6　拉维奈尔赫式 3 档行星轮变速机构换档执行元件工作情况表**

| 变速杆位置 | 档　位 | 换档执行元件 | | | | |
|---|---|---|---|---|---|---|
| | | C1 | C2 | B1 | B2 | F1 |
| D | 1 档 | ● | | | | ● |
| | 2 档 | ● | | ● | | |
| | 3 档 | ● | ● | | | |
| S、L 或 2、1 | 1 档 | ● | | | ● | |
| | 2 档 | ● | | ● | | |
| R | 倒档 | | ● | | ● | |

注：●表示接合、锁止或制动。

下面分析拉维奈尔赫式 3 档行星轮变速机构各档动力传递路线及传动比。

1）前进1档（D位1档）。当变速杆处于D位而行星轮变速机构处于1档起步时，前进离合器C1接合，输入轴与小太阳轮连接，小太阳轮顺时针旋转，通过短行星轮和长行星轮带动齿圈做顺时针方向转动。因汽车载荷作用，此时与输出轴相连的齿圈转速为0或很低，长行星轮带动齿圈顺时针方向转动的同时，对行星架产生一个逆时针方向的转矩，但行星架逆时针方向转动的趋势被单向离合器F1锁止。发动机动力经输入轴、小太阳轮、短行星轮、长行星轮、齿圈到输出轴。根据行星排的运动特性方程，可得出1档的传动比 $i_1 = \alpha_1$，其中 $\alpha_1$ 为行星排齿圈齿数与小太阳轮齿数之比。

当汽车处于滑行状态时，由驱动轮逆向输入的动力驱动齿圈顺时针方向高速旋转，并通过长行星轮对行星架产生顺时针方向转动的作用力矩，与此同时，小太阳轮仍有来自发动机的怠速动力带动使其顺时针方向低速旋转。此时行星架脱离单向离合器的锁止，顺时针方向自由空转。行星轮机构失去动力传递能力，无法利用发动机制动。

2）手动1档（S、L或2、1的1档）。当变速杆处于S、L或2、1位而行星轮变速机构处于1档时，前进离合器C1和低档及倒档制动器B2同时工作，行星架由低档及倒档制动器B2固定。汽车加速时，动力传动路线与D位1档时完全相同。当汽车滑行时，驱动轮可以通过行星轮机构反向带动发动机，利用发动机怠速运转阻力实现发动机制动。

3）前进2档（D位2档）。当变速杆处于D位而行星轮变速机构处于2档时，前进离合器C1和2档制动器B1同时作用，小太阳轮仍然是驱动件，大太阳轮被2档制动器B1固定。发动机动力经前进离合器C1传至小太阳轮，小太阳轮驱动短行星轮逆时针方向旋转，长行星轮顺时针方向旋转。由于大太阳轮被固定，长行星轮在作顺时针方向自转的同时，还以顺时针方向做公转，从而带动齿圈与输出轴以较快的速度做顺时针方向转动输出动力。此时动力传递路线是：由小太阳轮经短行星轮、长行星轮传至前行星排，再传至齿圈和输出轴。D位2档的传动比为 $i_2 = (\alpha_1 + \alpha_2)/(1 + \alpha_2)$。其中 $\alpha_2$ 为行星排齿圈齿数与大太阳轮齿数之比。

当处于2档时，驱动轮逆向传入的动力，由于太阳轮被双向固定，在车辆滑行时，与输出轴连接的齿圈通过长短行星轮驱动小太阳轮顺时针方向加速转动，可利用发动机怠速运转阻力实现发动机制动。

4）手动2档（2位或S位2档）。此时，各执行元件工作状况、动力传递路线及传动比与前进2档完全相同。

5）前进3档。前进离合器C1和倒档及直接档离合器C2同时作用，动力同时从大小太阳轮输入，大小太阳轮连接成整体，长短行星轮的自转被限制，整个行星轮组一起转动。输出轴转速与输入轴转速相同，传动比为1，即形成直接档。该档位也具有反向传递动力能力，可以利用发动机制动。

6）倒档。和低档及倒档制动器B2同时作用，大太阳轮作为驱动件，行星架被固定。发动机动力从涡轮输出轴经倒档及直接档离合器C2传给大太阳轮做顺时针转动，并带动长行星轮逆时针方向转动，由于行星架固定不动，长行星轮只能自转并带动齿圈逆时针方向转动。输出轴的转动方向与发动机相反，提供倒档。倒档传动比 $i_R = -\alpha_2$，传动比大于1，输出轴是一种减速运动。

（2）改进后的拉维奈尔赫式3档行星轮变速机构　上面介绍的简单拉维奈尔赫式3档行星轮变速机构仅有三个前进档，而且只有D位1档存在汽车滑行。改进后的拉维奈尔赫式3档行星轮变速机构，在前进离合器C1和小太阳轮之间串联了一个前进单向离合器F2，输入轴和小太阳轮之间增加了一个前进强制离合器 C3，如图 2-38 所示，使 2 档和 3 档也有两种状态。

1）当变速杆位于前进档 D 位时，前进离合器 C1 接合，前进强制离合器 C3 分离。当汽车加速时，发动机动力由输入轴经前进离合器 C1 和前进单向离合器 F2 传至小太阳轮，此时行星轮变速器在各前进档的工作情况及传动比和上述 1 档、2 档、3 档时完全相同。但在汽车滑行时，由于前进单向离合器 F2 脱离锁止状态，使小太阳轮可以自由转动，行星轮变速机构失去反向传递动力的能力，因此不能产生发动机制动作用。

2）当变速杆位于前进低档（S、L 或 2、1）位时，前进强制离合器 C3 接合，输入轴通过它直接和小太阳轮连接。此时行星轮变速机构各前进档在汽车加速时的工作情况和上述 1 档、2 档、3 档时相同，而在汽车滑行时，在 2 档、3 档也能实现发动机制动。改进后的拉维奈尔赫式 3 档行星轮变速机构换档执行元件工作情况见表 2-7。

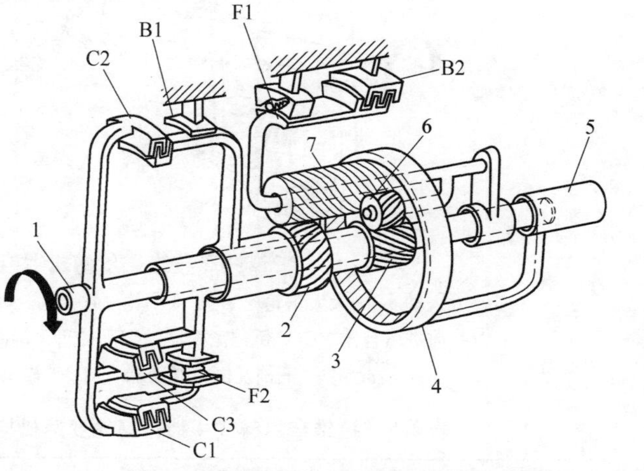


图 2-38　改进后的拉维奈尔赫式 3 档行星轮变速机构

1—输入轴　2—大太阳轮　3—小太阳轮　4—齿圈　5—输出轴　6—短行星轮　7—长行星轮　C1—前进离合器　C2—倒档及直接档离合器　C3—前进强制离合器　B1—2 档制动器　B2—低档及倒档制动器　F1—1 档单向离合器　F2—前进单向离合器

（3）拉维奈尔赫式 4 档行星轮变速机构　目前的自动变速器以四个前进档居多，在拉维奈尔赫式行星轮机构的原型上通过再增加一排行星轮机构或增加换档执行元件，可实现四个前进档。

在改进后的拉维奈尔赫式 3 档行星轮变速机构的输入轴和行星架之间增加一高档离合器 C4，即可成为具有超速档的 4 档行星轮变速机构，如图 2-39 所示，各档换档执行元件的工作情况见表 2-8。与拉维奈尔赫式 3 档行星轮变速机构比较，其 1 档、2 档及倒档的工作情况完全相同，区别在于：

**表 2-7　改进后的拉维奈尔赫式 3 档行星轮变速机构换档执行元件工作情况表**

| 变速杆位置 | 档　位 | 换档执行元件 | | | | | | |
|---|---|---|---|---|---|---|---|---|
| | | C1 | C2 | C3 | B1 | B2 | F1 | F2 |
| D | 1 档 | ● | | | | | ● | ● |
| | 2 档 | ● | | | ● | | | ● |
| | 3 档 | ● | ● | | | | | ● |
| S、L 或 2、1 | 1 档 | | | ● | | ● | | |
| | 2 档 | | | ● | ● | | | |
| R | 倒档 | | ● | | | ● | | |

注：●表示接合、制动或锁止。

1）在 3 档工作时，高档离合器 C4 和前进离合器 C1 同时工作，使后行星排有两个基本组件互相连接，形成直接档。

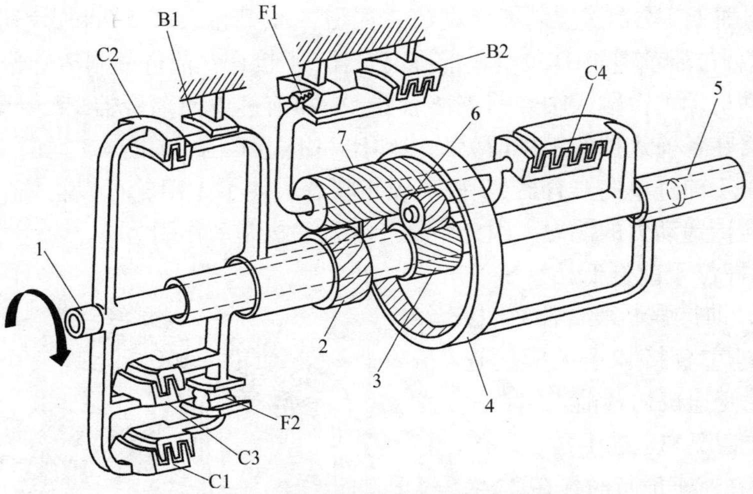


图 2-39 拉维奈尔赫式 4 档行星轮变速机构

1—输入轴 2—大太阳轮 3—小太阳轮 4—齿圈 5—输出轴 6—短行星轮 7—长行星轮 C1—前进离合器 C2—倒档离合器 C3—前进强制离合器 C4—高档离合器 B1—2、4 档制动器 B2—低档及倒档制动器 F1—1 档单向离合器 F2—前进单向离合器

**表 2-8 拉维奈尔赫式 4 档行星轮变速机构各档换档执行元件工作情况表**

| 变速杆位置 | 档位 | 换档执行元件 | | | | | | | |
|---|---|---|---|---|---|---|---|---|---|
| | | C1 | C2 | C3 | C4 | B1 | B2 | F1 | F2 |
| D | 1 档 | ● | | | | | | ● | ● |
| | 2 档 | ● | | | | ● | | | ● |
| | 3 档 | ● | | | ● | | | | ● |
| | O/D 档 | ○ | | | ● | ● | | | |
| S、L 或 2、1 | 1 档 | | | ● | | | ● | | |
| | 2 档 | | | ● | | ● | | | |
| | 3 档 | | | ● | | | | | |
| R | 倒档 | | ● | | | | ● | | |

注：●表示接合、制动或锁止；○表示接合或制动，但不传递动力。

2）在 O/D 档（4 档或超速档）时，高档离合器 C4 和 2、4 档制动器 B1 同时工作，使输入轴与行星架连接，同时前太阳轮被固定。发动机动力经高档离合器 C4 传至行星架，行星架带动长行星轮按顺时针方向自转并公转，并带动齿圈和输出轴按顺时针方向转动，其传动比 $i_4 = \alpha_1/(1+\alpha_2)$，其值小于 1，所以 4 档为超速档。

## 2.2.3 平行轴式齿轮变速机构

平行轴式齿轮变速系统又称定轴式（固定轴线式）齿轮变速系统，手动变速器都是这种结构。平行轴式齿轮变速系统是在平行轴上装设有相对应的几组不同的齿轮系，分别将其与轴连接起来，可得到所要求的各不相同的档位。平行轴式齿轮变速系统按轴数的不同可分为双平行轴式和三平行轴式两种。双平行轴式由输入轴和输出轴构成，三平行轴式则由输入轴、副轴和输出轴构成。齿轮与轴的连接靠爪形离合器、片式离合器、单向离合器、接合套等换档执行元件实现。

**1. 双平行轴式齿轮变速系统**

图 2-40 所示的双平行轴式齿轮变速系统具有三个前进档和一个倒档，换档执行元件共

有五个，分别为片式离合器 C1、C2、C3，爪形离合器 C4、C5。各档换档执行元件工作情况见表 2-9。

各档动力传递路线分析如下：

L 档：发动机曲轴→液力变矩器→输入轴→L 档离合器 C3→齿轮 8→齿轮 14→中间轴→主减速器主动轮 23→从动轮 21→半轴。

2 档：发动机曲轴→液力变矩器→输入轴→齿轮 3→2、R 档离合器 C2→齿轮 5→齿轮 17→接合套→中间轴→主减速器主动轮 23→从动轮 21→传动轴。

O/D 栏：发动机曲轴→液力变矩器→输入轴→齿轮 3→齿轮 20→O/D 档离合器 C1→中间轴→主减速器主动轮 23→从动轮 21→传动轴。

R 档：发动机曲轴→液力变矩器→输入轴→齿轮 3→2、R 档离合器 C2→齿轮 7→齿轮 6→齿轮 15→接合套→中间轴→主减速器主动轮 23→从动轮 21→传动轴。

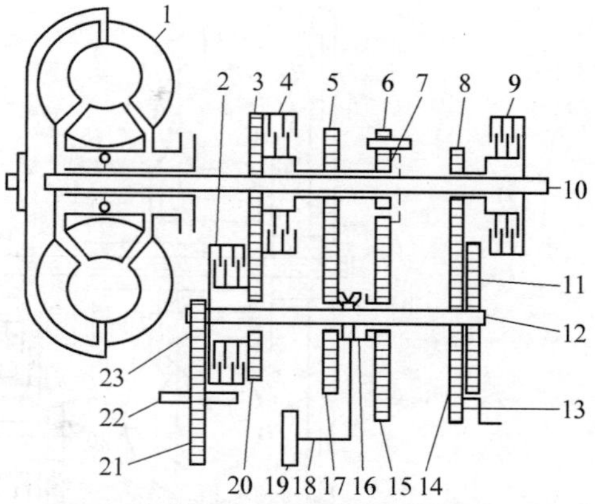


图 2-40　双平行轴式齿轮变速系统

1—变矩器　2—O/D 档离合器 C1　3—O/D 齿轮　4—2、倒档离合器 C2　5—2 档齿轮　6—倒档齿轮　7—倒车齿轮　8—L 齿轮　9—L 档离合器 C3　10—主轴　11—停车齿轮　12—中间轴　13—停车杆　14—中间轴 L 齿轮　15—停车换向齿轮　16—换向选择器　17—中间轴 2 档齿轮　18—变速拨叉　19—换向伺服缸　20—中间轴 O/D 齿轮　21—末端从动轮　22—传动轴　23—末端主动轮

**表 2-9　双平行轴式齿轮变速系统各档换档执行元件工作情况表**

| 变速器档位 | 换档执行元件 | | | | |
|---|---|---|---|---|---|
| | C1 | C2 | C3 | C4 | C5 |
| 1 档 | | | ● | | |
| 2 档 | | ● | | ● | |
| 3 档 | ● | | | | |
| 倒档 | | ● | | | ● |

注：●表示执行元件工作。

**2. 三平行轴式齿轮变速系统**

本田雅阁轿车自动变速器采用的三平行轴式齿轮变速系统结构示意图如图 2-41 所示。该变速系统由输入轴（主轴）、副轴、输出轴三根轴组成，轴间装有 1、2、3、4 档及倒档五对齿轮组，还有两对惰轮及一对驱动轮，另外输出轴上还固装一个驻车齿轮。换档执行元件由 5 组片式离合器、一个单向离合器和一个倒档滑套组成，片式离合器由电液压自动操纵系统控制，倒档滑套由变速杆直接操纵。各档换档执行元件的工作情况见表 2-10。

各档动力传递路线如下：

（1）自动变速器变速杆在 $D_4$ 位

1 档：发动机曲轴→液力变矩器→输入轴→输入轴惰轮→输出轴惰轮→副轴惰轮→副轴→1 档离合器→副轴 1 档齿轮→输出轴 1 档齿轮 →单向离合器→输出轴→驱动齿轮。

2 档：发动机曲轴→液力变矩器→输入轴→输入轴惰轮→输出轴惰轮→副轴惰轮→2 档离合器→副轴 2 档齿轮→输出轴→驱动齿轮。

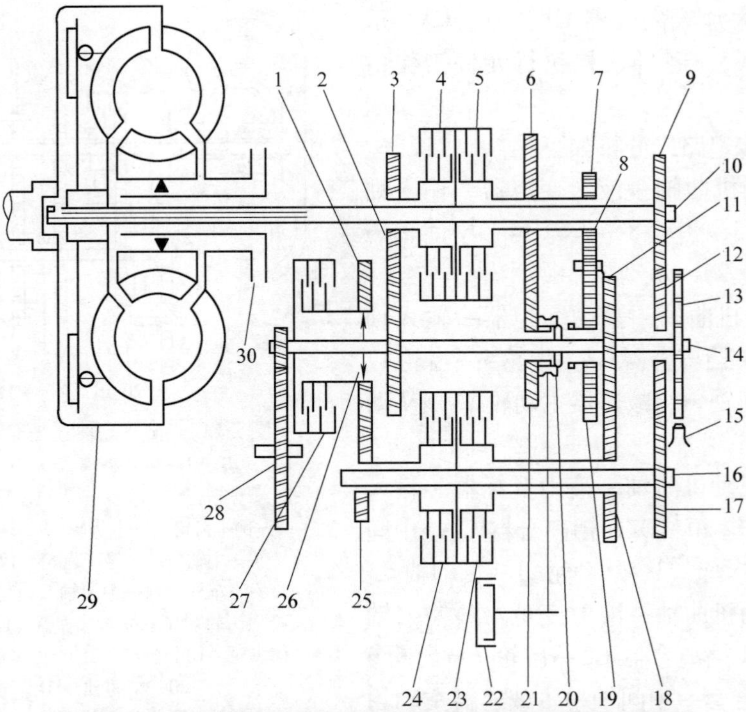


图 2-41　本田雅阁轿车三平行轴式齿轮变速系统结构示意图

1—输出轴 1 档齿轮　2—输出轴 3 档齿轮　3—输入轴 3 档齿轮　4—3 档离合器　5—4 档离合器　6—输入轴 4 档齿轮　7—输入轴倒档齿轮　8—倒档惰轮　9—输入轴惰轮　10—输入轴　11—输出轴 2 档齿轮　12—输出轴惰轮　13—驻车档齿轮　14—输出轴　15—驻车锁销　16—副轴　17—副轴惰轮　18—副轴 2 档齿轮　19—输出轴倒档齿轮　20—倒档滑套　21—输出轴 4 档齿轮　22—伺服阀　23—2 档离合器　24—1 档离合器　25—副轴 1 档齿轮　26—单向离合器　27—锁止离合器　28—驱动齿轮　29—液力变矩器　30—油泵

**表 2-10　本田雅阁轿车自动变速器换档执行元件工作情况表**

| 变速杆位置 | 档位 | 换档执行元件 | | | | | | |
|---|---|---|---|---|---|---|---|---|
| | | 1 档离合器 | 单向离合器 | 锁止离合器 | 2 档离合器 | 3 档离合器 | 4 档离合器 | 倒档滑套 |
| $D_4$ | 1 档 | + | + | − | − | − | − | − |
| | 2 档 | ○ | − | − | + | − | − | − |
| | 3 档 | ○ | − | − | − | + | − | − |
| | 4 档 | ○ | − | − | − | − | + | − |
| $D_3$ | 1 档 | + | + | − | − | − | − | − |
| | 2 档 | ○ | − | − | + | − | − | − |
| | 3 档 | ○ | − | − | − | + | − | − |
| 2 | 1 档 | + | + | + | − | − | − | − |
| | 2 档 | ○ | − | − | + | − | − | − |
| R | 倒档 | − | − | − | − | − | + | + |
| N | 空档 | − | − | − | − | − | − | − |
| P | 驻车档 | − | − | − | − | − | − | − |

注：＋表示工作；－表示不工作；○表示工作，但不传递动力。

3 档：发动机曲轴→液力变矩器→输入轴→3 档离合器→输入轴 3 档齿轮→输出轴 3 档齿轮→输出轴→驱动齿轮。

4 档：发动机曲轴→液力变矩器→输入轴→4 档离合器→输入轴 4 档齿轮→输出轴 4 档齿轮→倒档滑套→输出轴→驱动齿轮。

（2）自动变速器变速杆在 $D_3$ 位　自动变速器变速杆在 $D_3$ 档位时，1 档、2 档、3 档的动力传递路线分别与自动变速器变速杆在 $D_4$ 位时 1 档、2 档、3 档的动力传递路线完全相同。

（3）自动变速器变速杆在 2 档时

1 档：发动机曲轴→液力变矩器→输入轴→输入轴惰轮→输出轴惰轮→副轴惰轮→副轴→1 档离合器→副轴 1 档齿轮→输出轴 1 档齿轮 →锁止离合器→输出轴→驱动齿轮。

2 档：与 $D_4$ 位时 2 档的动力传递路线完全相同。

（4）自动变速器变速杆在 R 位时

倒档：发动机曲轴→液力变矩器→输入轴→4 档离合器→输入轴倒档齿轮→倒档惰轮→输出轴倒档齿轮→倒档滑套→输出轴→驱动齿轮。

（5）自动变速器变速杆在 N（空档）位时　所有的离合器均不接合，动力不能传递，输出轴处于自由状态。

（6）自动变速器变速杆在 P（驻车档）位时　所有离合器均不接合，动力不能传递，变速杆带动驻车锁销将固装在输出轴的驻车齿轮锁止，输出轴及车轮不能旋转，处于锁止状态。

## 2.2.4　齿轮变速机构的检测

### 1. 行星轮机构的检测

行星轮机构可能引起的故障主要表现为齿轮折断和轴承磨损等，造成异响和撞击声，不能升档。一般常见的原因是齿轮从行星架上脱落、行星轮和行星架之间的间隙过大等。

行星轮机构的故障诊断方法：

（1）行星轮机构的基本检查

1）检查太阳轮、行星轮和齿圈的齿面，如果有磨损或脱落，应更换整个行星排。

2）检查行星轮与行星架之间的间隙，如图 2-42 所示。其标准间隙为 0.2 ~ 0.6mm，最大间隙不得超过 1.0mm，否则应更换止推垫片、行星架和行星轮组件。可以在行星架内安装轴向间隙调整垫片以使轴向间隙恢复到规定值范围内。

3）检查太阳轮、行星架、齿圈等零件的轴颈或滑动轴承处的磨损程度，如果磨损严重，应更换新的零件。

（2）行星轮机构造成的异响

1）在行驶中突然产生很大的异响，导致汽车不能行驶。造成异响可能是由于有严重损伤，主要原因有：

① 输入轴和输出轴断裂。

② 齿圈、太阳轮鼓和齿轮等零件断裂。

③ 行星轮从行星架中脱落。

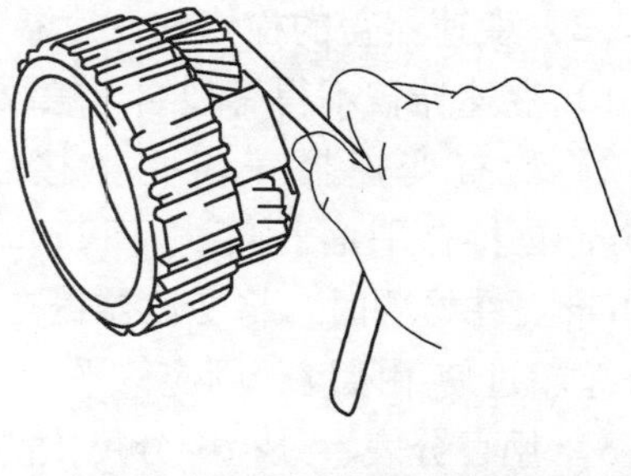

图 2-42　检查行星轮与行星架之间的间隙

2）车辆能够行驶，但是自动变速器内部有异响。

这个故障在拆解时要注意检查推力轴承是否烧结和散架。

（3）出现撞击声　出现撞击声的原因有：

① 各部件之间的配合间隙过大。

② 止推垫片磨损过度。

③ 止推垫片或推力轴承漏装。

（4）不能升档　行星轮机构造成不能升档的原因有：齿圈和离合器组烧结在一起，离合器组失去其应有的作用，从而不能升档。

**2. 平行轴式齿轮变速机构变速传动机构的检修及数据处理**

（1）变速器壳体的检修　变速器壳体的损伤形式主要有壳体的变形、裂纹及轴承座孔磨损、螺纹孔损伤等。

1）变速器壳体不得有裂纹。一般用磁力探伤或外部检视及轻轻敲击检验。对于受力不大的部位的裂纹，可用环氧树脂粘结进行修复；重复和受力较大部位的裂纹，可进行焊修。而与轴承孔贯通的和安装固定孔处裂纹不能修理，应更换变速器壳体。

2）变速器壳体上所有连接螺孔的螺纹损伤不得多于两个牙，其上平面与盖接合面的平面度公差为0.15mm，如超过0.30mm，应加以修复。螺纹孔的损伤可用换加粗螺栓或焊补后重新钻孔加工的方法修复。

3）检查变速器壳第一、第二轴轴承孔与中间轴轴承孔的公共轴线平行度误差及倒档轴的轴承孔轴线与上述轴线平行度误差，误差值应不超过0.10mm，检验方法如图2-43所示。

4）检查变速器壳前端面对第一、第二轴轴承孔公共轴线的轴向圆跳动，应不超过0.10mm，后端面的轴向圆跳动不超过0.15mm。

5）检查变速器滚动轴承外径与壳体轴承孔的配合，应符合各车型变速器维修标准的规定。

6）检查壳体上各轴承孔的圆度误差，公差为0.008mm。

7）检查变速器壳体轴承孔与倒档轴轴颈的配合，应符合各车型变速器维修标准的规定。

8）变速器壳体的变形与轴承座孔的磨损，会破坏变速器壳体与轴承的配合关系。

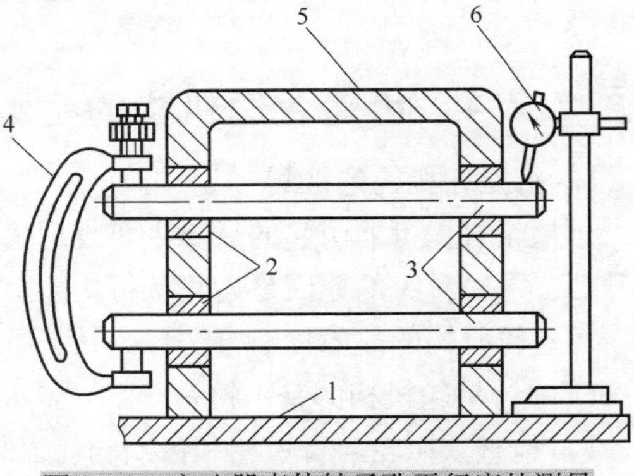

图2-43　变速器壳体轴承孔平行度的测量

1—平板　2—定位套　3—试轴　4—千分尺
5—壳体　6—百分表

（2）变速器盖的检修　变速器盖的损伤形式主要有盖的裂纹、变形及轴承孔的磨损等。

1）变速器盖不得有裂纹，螺纹孔不得有损伤或滑扣。

2）检查变速器盖与壳体接合平面长度在250mm以内时，其平面度公差是否为0.15mm；接合平面长度大于250mm时，平面度公差是否为0.20mm，使用限度不超过0.30mm。在检测时，将变速器盖支承在平板上，用百分表测量与壳体的接触面，若其平面度公差超过使用限度，则应修平。

3）用百分表、外径千分尺检测变速器盖体变速叉轴轴孔和变速叉轴的配合间隙，其通常为0.04～0.10mm，大修时允许值为0.20mm，使用限度不超过0.30mm。

4）检查顶盖变速杆球节限位销孔和限位销的配合，其通常为 0.00 ~ 0.20mm，固定式为 -0.03 ~ -0.01mm，活动式为 0.015 ~ 0.045mm，大修时允许值不超过 0.070mm。

5）顶盖球节座孔磨损的检查。圆形的球节露出部分不得超过球高的 1/5，半圆形球节顶部磨损应超过座平面 2.00mm。

（3）变速器齿轮的检修　变速器齿轮的损伤形式主要有齿面、齿端磨损；齿面疲劳剥落、腐蚀斑点；轮齿破碎或断裂、花键孔磨损等。

1）检查齿轮工作面。齿轮不得有裂纹，齿轮工作面上不允许有疲劳性剥落或不规则磨损，不得有锐角、毛刺，工作面上的打击伤痕和缺口面积应不超过 20%。如果工作面上有轻微斑点、剥落、磨损，在保证其啮合间隙的情况下，允许使用细磨石修磨后使用。若齿轮磨损严重，则应换用新件。

2）常啮合齿轮啮合间隙为 0.01 ~ 0.05mm，使用极限应不超过 0.06mm。接合齿轮的齿侧间隙为 0.10 ~ 0.40mm，各齿轮的啮合面中线应在齿高中部，接触面积不得小于工作面的 60%。

3）齿轮端部磨损的检查。在齿高 2/3 处进行测量，接合齿不超过原齿长的 30%，滑动齿不超过原齿长的 15%，啮合套齿长的最大磨损不得超过原齿长的 15%，否则应更换新件。

4）检查齿轮开口环、垫圈、调整垫、齿轮凸缘处和止推垫片表面。如果有刮伤及过量磨损，则应更换新件。

5）检查齿轮、轴承卡环。若有损伤、变形或弹力减弱的现象，应更换新件。

6）齿轮与齿轮、齿轮与轴及花键的啮合间隙，径向间隙和轴向间隙应符合原厂规定。

（4）变速器轴与轴承的检修　变速器轴的损伤形式主要有轴颈磨损、键齿磨损、轴弯曲变形、螺纹损伤等。轴承的损伤主要是磨损过量。

1）变速器轴装配球轴承、圆柱滚子轴承和圆锥滚子轴承的轴颈的磨损，一般不得超过 0.030mm。

2）检查变速器滚针轴承与轴颈的配合间隙，其一般为 0.02 ~ 0.10mm，大修时允许值为 0.02 ~ 0.13mm，各个轴颈的磨损极限为 0.30mm。同一组滚针轴承的各滚针直径差不超过 0.02mm。

3）变速器第一轴前轴颈与轴承的配合为 0.002 ~ 0.040mm，使用极限不超过 0.10mm。

4）检查变速器第一轴轴承盖外径的磨损，一般不得超过 0.225mm，其外径与分离轴承座孔的配合间隙为 0.05 ~ 0.15mm，大修时允许值不得超过 0.375mm。

5）变速器第一轴键齿宽度磨损不得超过 0.20mm。

6）第一、第二轴后轴颈球轴承的配合为 -0.038 ~ 0.003mm。

7）变速器第一、第二轴及中间轴轴颈以两端轴承轴颈的公共轴线为基准，其他各配合轴颈的径向圆跳动量不得超过 0.050mm，大修时允许值不得超过 0.070mm，使用极限不超过 0.10mm。

8）变速器第二轴花键齿不得有扭曲变形。凸缘键槽的配合侧隙，大修标准为 -0.040 ~ 0.100mm，大修时允许值为 -0.040 ~ 0.150mm，使用限度不超过 0.300mm。

9）中间轴轴颈与圆柱滚子轴承的配合为 -0.032 ~ -0.003mm，使用极限不超过 0.150mm。

10）变速器轴弯曲变形的检查。变速器第一、第二轴和中间轴轴颈径向圆跳动量允许值为0.030mm，使用极限为0.06mm，检查方法如下：

如图2-44所示，将变速器第一、第二轴及中间轴以两端轴颈为支承点，放在平板上的V形架上，用百分表测杆触头抵在中部轴颈上，轻轻地旋转变速器轴，百分表的读数即是该轴的径向圆跳动量。若变形超过了极限，则可用压床冷压校正。

11）倒档轴与齿轮衬套内径的配合应符合各车型维修标准的规定，衬套外径与齿轮孔径的配合为过盈配合，不允许有间隙。

12）倒档轴轴颈与滚针轴承、倒档齿轮孔的配合间隙：其大修标准为0.020~0.100mm。

13）检测变速器花键轴键齿与齿轮键槽的配合间隙，其应符合各车型维修标准要求，通常为0.04~0.30mm。

14）所有轴上的花键部分和凸缘盘键齿孔相啮合部位不得有明显台阶和向一侧偏磨的情况。

15）检查变速器装配的球轴承、圆柱滚子轴承及轴承滚道，不得有严重磨损和烧蚀变绿色痕迹，也不得有裂纹、金属脱层、鱼鳞状剥落及大量腐蚀斑点。如有，则应更换新件。

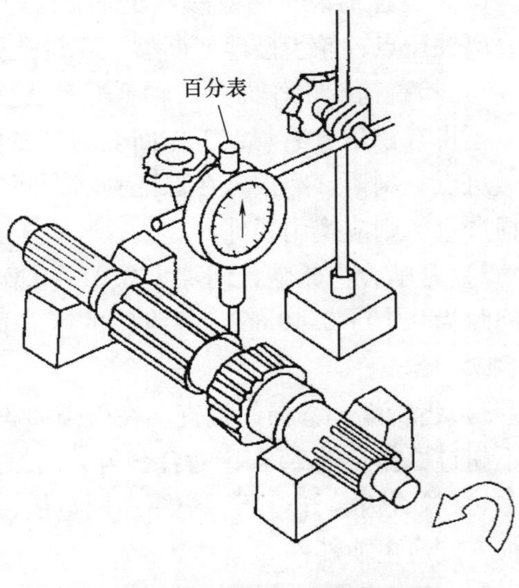


图2-44　轴的径向圆跳动误差检查

16）用百分表检测单列向心球轴承轴向、径向间隙。径向、轴向间隙不得超过0.30mm。如超过，则应更换新件。

17）检测使用衬套的轴颈与衬套的配合间隙，其一般为0.03~0.10mm，使用极限不超过0.20mm；衬套与齿轮孔径的配合为-0.068~-0.012mm。

18）检测油封轴颈。油封轴颈磨损不得有沟槽，轴颈磨损不得超过0.30mm。如超过，则应对磨损轴颈的部位进行涂镀、镀铬或堆焊修复。修复后的油封轴颈应恢复其基本尺寸，油封轴颈与凸缘轴线的径向圆跳动不得超过0.10mm，表面粗糙度 $Ra$ 值不超过0.80μm。

**3. 换档执行机构的检测**

换档执行机构由离合器、制动器、单向离合器组成。要进行换档执行机构的故障诊断，只要进行离合器、制动器、单向离合器的故障诊断就可以了。

（1）离合器的故障诊断

1）摩擦片的损坏形式及原因

① 摩擦片烧焦，颜色发黑。原因是自动变速器油温过高，离合器打滑；引起单组离合器摩擦片烧焦的原因是活塞密封圈破坏，离合器自由间隙过小，离合器鼓或离合器活塞液压缸壁上的单向阀损坏。

② 摩擦片上的铜粉末冶金层合成纤维层不均匀脱落。原因是摩擦片没有经过自动变速器油浸泡即装配使用，摩擦片质量问题。

③ 摩擦片弯曲变形。原因是离合器摩擦片工作时局部温度过高或机械原因。

④ 摩擦片和钢片烧结在一起。原因是温度过高或摩擦片过度磨损。

2）离合器活塞损伤形式及原因

① 活塞密封圈破损。原因是油温过高，使橡胶密封圈硬化、密封圈更换时受损、使用时间过长、橡胶老化。

② 活塞变形，密封不严。原因是温度过高或装配不当。

③ 活塞回位弹簧不良。原因是弹簧数目少、弹簧弹力不足、弹簧折断。

④ 活塞上的单向阀卡滞或密封不良。原因是油中有杂质或单向阀球磨损。

3）离合器摩擦片的检修：摩擦片上的沟槽是存自动变速器油用的，沟槽磨平后，自动变速器油就无法进入摩擦片与钢片之间。失去自动变速器油的保护之后，磨损速度会急剧加快，沟槽磨平后必须更换。摩擦表面上有一层保护自动变速器油的含油层。新拆下来的摩擦片用无毛布将表面擦干后，用手轻按摩擦表面时应有较多的自动变速器油溢出。轻按时，如果不出油，说明摩擦片含油层已被抛光，无法保持自动变速器油，必须更换。摩擦衬片上有数字记号，记号磨掉后必须更换。摩擦片出现翘曲变形的也必须更换。摩擦片表面发黑（烧蚀）的必须更换。摩擦片表面出现剥落、有裂纹、内花键被拉毛、内花键齿掉齿等现象都必须更换。

4）离合器其他元件的检查

① 离合器活塞回位弹簧的检查：离合器回位弹簧中，最易损坏的是低档及倒档制动器活塞的回位弹簧。它的工作行程和工作压力最大，所以最容易损坏。损坏后弹簧折断、弯曲变形，同时许多断弹簧散落在弹簧座外边。检查时一目了然，维修时需整组更换回位弹簧。离合器活塞回位弹簧工作行程和油压较小，很少损坏。拆卸离合器时，外观上看回位弹簧没有折断、散乱，就不必拆回位弹簧的卡环。安装回位弹簧卡环时如果没有专业工具，安装将十分困难。回位弹簧主要检查其自由长度，凡是变形、过短、折断的弹簧必须更换。

② 压盘和从动片的检查：压盘和从动片上的齿轮要完好，不能拉毛，拉毛容易造成卡滞；压盘和从动片表面如果有蓝色过热的痕迹，则应放在平台上用高度尺测量其高度，可将两片叠在一起，检查其是否变形。出现变形或表面有裂纹的必须更换。

③ 锥形盘变形的检查：锥形盘应放在平台上用高尺度检查它是否变形。

5）活塞工作行程的检查：离合器活塞的工作行程，也是离合器的工作间隙。离合器工作间隙的大小和作用在离合器上的工作压力有关。超速档离合器和前进档离合器的工作间隙为0.8～1.8mm，高档及倒档离合器间隙为1.6～1.8mm。前者使用极限值为2.0mm，后者使用极限为2.2mm。检测工作行程时，需用空气压缩机、压缩空气枪、百分表和磁力表架。压缩空气保持在0.4MPa的压力。把压缩空气枪对准油孔，固定好离合器，把百分表抵住外侧压盘。开动压缩空气枪，从百分表摆差看出活塞的工作行程。

如果没有空气压缩枪，也可以用塞尺测量。把塞尺伸入卡环和压盘之间，即可测出离合器工作间隙。

（2）制动器的检修

1）制动器常见损坏形式及原因：片式制动器与离合器由于结构大致相同，所以损坏形式及原因也基本相同。下面重点介绍带式制动器的损坏形式及原因。

① 制动器损坏形式有制动带磨损材料烧焦、制动带耐磨材料脱落、制动带变形。

② 制动带推杆损坏形式有推杆磨损、弯曲变形、推杆调整不当。其原因是外力作用或调整过度。

2）制动带的调整

① 外观检查：外观上如有缺陷、碎屑、摩擦表面出现不均匀磨损，摩擦材料剥落，摩擦材料上印刷数字部分磨损的，或者有掉色、烧蚀痕迹的，只要有上述问题中的任何一项，就必须更换制动带。

② 液体吸附能力检查：用无毛布把制动带表面的油渍擦掉后，用手轻按制动带摩擦表面，应能压出油，压出的油越多，说明摩擦表面含油性越好。如轻压后，没有油压出，说明制动带摩擦表面上的含油层已被磨损，如果继续使用将很快被烧蚀，必须更换。制动带从变速器中拆出后，最好用铁丝固定，保持原有形状。在检查和维修过程中严禁将制动带展平、弯曲或扭转，那样做会引起摩擦衬套面破裂或表面剥落，严重时还会造成制动带变形，使制动带无法和它所固定的部件保持比较均匀的工作间隙，使制动带的推杆无法完全入内。

3）制动鼓的检查：和制动带配合工作的制动鼓的摩擦表面也需要检查。铸铁制动鼓的摩擦表面上如果有刻痕，可用180号砂布沿旋转方向打磨。对于钢板冲压的制动鼓，检查时把钢板尺立在鼓的摩擦表面上，检查鼓表面的垂直度。

鼓的摩擦表面磨成盘形状，会使制动带的制动效能严重削弱，因此磨损变形的鼓必须更换。

4）伺服装置的检查与维修：卸掉控制阀，可以看到伺服装置附近有两个连接伺服装置通道，它们是工作通道和释放通道。紧挨着油泵，打开油底壳才能看见的是强制降档伺服装置，它旁边靠里侧的是工作通道，靠外侧的是释放通道。两个通道都是倾斜的油道。二档滑行制动带的伺服液压缸盖用卡环固定在变速器的外壳上。该伺服装置与空档开关位置较近，外侧是工作通道，内侧是释放通道。

用压缩空气枪将0.4～0.8MPa气压加到伺服装置的工作通道中，该伺服液压缸负责的制动带如能拉紧，则表明伺服液压缸工作正常，能满足拉紧制动带的需要。继续加压到伺服液压缸工作通道的同时，用另一把压缩空气枪加压到伺服装置的释放通道，此时伺服装置应松开制动带。在检查制动带能否箍紧时，可用塞尺在加压前先测一下制动带的开口间隙，加压箍紧后再测一下制动带的开口间隙，便可推算出伺服推杆实际的工作行程。在检查超速档制动器的工作间隙时，在加压前固定好百分表触针垂直打在片式制动器压盘上，然后往工作通道加压，就可测出其工作间隙。

检查时如果发现异常现象，应分解检查。检查伺服装置钢制或铝制活塞是否有裂纹、毛刺、划伤和磨损等缺陷。活塞与活塞孔的正常工作间隙应在0.008～0.013mm。活塞与活塞孔间隙过大，会造成液压压力的损失。而活塞卡滞则会造成工作不柔和或制动带打滑。

（3）单向离合器的检修　单向离合器若出现在锁止方向上可以转动的情况，则会引起自动变速器打滑、无前进档、无超速档、异响等故障。单向离合器若装反可引起自动变速器工作异常，有时引起一些预想不到的故障。如果装错了方向，从理论上讲，变速器不能进入驱动状态，但由于发动机传来的转矩大于装错方向的单向离合器的锁止力矩，于是单向离合器上的滚柱在高速旋转的巨大惯性作用下，像小炮弹似地飞出，造成严重的破坏使其周围零部件受到冲击变形或碎裂，造成连环损坏。

1）常见损失形式及原因：

① 单向无锁止，其原因是滚柱或楔块磨损或弹簧失效。

② 卡滞，其原因是滚柱或楔块变形，内外环保持架破裂、变形等。

③ 内外环保持架变形、拉伤，其原因是高温、油中有杂质等。

2）检查方法

① 检查单向离合器的锁止方向。其应在一个方向有效锁止，在反方向可自动转动。若在锁止方向打滑或在自动转动方向发卡，应更换单向离合器。

② 目测检查有无高温变质、受伤变形、拉伤等情况。

③ 单向离合器沿运动方向旋转时，其转矩必须小于 2.5N·m，如果大于该值就应更换。金属材料的滚柱式单向离合器不仅装配时严禁击打，装前也应认真检查其上、下平面，如发现有凹坑，必须更换。

④单向离合器中的滚柱滚过凹点时，会因发生卡滞而发生明显的“嗡嗡”声。维修时以根据“嗡嗡”声出现的时机，来判断具体是哪个单向离合器发生了故障。

注意：单向离合器的异响声只出现在松节气门的状态下，而加大节气门开度时是不会出现任何异响的。

## 2.2.5 齿轮变速机构的常见故障检修

**1. 常见故障 1**

（1）故障现象 自动变速器仅在 D 位的 1 档打滑。

（2）故障原因 主要原因是单向离合器失效，不能锁止。

（3）故障排除 更换单向离合器即可排除故障。

**2. 常见故障 2**

（1）故障现象 自动变速器有“轰鸣”声、“嘎、嘎”声或刮削噪声。

（2）故障原因

1）行星轮机构断裂或卡死。

2）单向离合器磨损、卡死或断裂。

3）油泵零、部件擦伤、发卡或断裂。

4）变速器输出轴轴承或衬套损坏。

5）离合器工作失效。

6）调速器支座（停车联锁机构）发卡或密封圈损坏。

7）前、后制动带调整不当。

（3）故障排除 检查变速器内油的清洁度，必要时清洗变速器、检修变速器；用压力检查离合器，视需要检查、调整制动带及更换损坏的零部件。

**3. 常见故障 3**

（1）故障现象 自动变速器挂上前进档起步，有“哽、哽”声，车身振动，有时松开制动，不加大节气门，汽车自己会“爬行”。

（2）故障原因 发动机怠速调整过高，空调控制电路有故障。

（3）故障排除

1）若将发动机怠速调低后，故障消失，表明怠速调整不当；若仍无效果，表明空调高怠速控制电路有问题，检修空调电路。

2）若关闭空调而故障不消失，人工调整怠速仍无效果，表明发动机的怠速油路不良，检修油路就好。

**4. 常见故障4**

(1) 故障现象 自动变速器阻滞或锁止，随机锁止，且档位变换时阻滞。

(2) 故障原因

1) 前、后制动带调整不当。

2) 伺服缸制动带或推杆失效（如推杆发卡、制动带变形、伺服缸活塞发卡）。

3) 离合器不能全部分离、阻滞。

4) 行星轮断裂或卡死；单向离合器磨损、断裂或卡住等。

(3) 故障排除

1) 调整制动带。

2) 用空气压力检查伺服缸，查看油底壳内有无离合器和其他碎片。

3) 检查离合器并按需要维修。

### 2.2.6 齿轮变速机构的案例分析

**故障现象：** 捷达 ATi 轿车着车挂 D 位不走车。

**故障检修：** 首先连接 VAS5051 发动机诊断仪，查询自动变速器控制单元，无故障记录，读取 08 数据块，各电磁阀电压正常。电控系统无故障，只剩下机械部分了，首先检查油压，主油道油压正常，再查油压时，其内部的自动变速器油流出来一些，带有一股煳味，根据煳味可以肯定离合器片已烧坏，经车主同意解体变速器，发现自动变速器油过脏，K3 离合器烧坏。

**故障排除：** 更换 K3 离合器总成，清洗变速器壳体，安装好，加注自动变速器油，试车，故障排除。

## 2.3 液压控制系统

自动变速器的自动控制是靠液压控制系统来完成的，它的功用是提供油压，并根据车辆行驶速度和发动机负荷等情况进行油压调节，最终实现齿轮变速机构档位的自动变换及变矩器锁止离合器的锁止控制。液压控制系统由动力源、执行机构和控制机构等部分组成。

液压控制系统的动力源是油泵（或称为液压泵）。其作用是向控制机构、执行机构和液力变矩器提供压力油，并对变矩器内部需要润滑的机件进行润滑。

执行机构主要由离合器、制动器液压缸等组成。其作用是在控制油压的作用下实现离合器的接合和分离、制动器的制动和松开动作，以便得到相应的档位。

控制机构包括主油路系统、换档信号系统、换档阀系统和缓冲安全系统。根据换档信号系统和换档阀系统采用的控制方式，可将控制机构分为液控式和电控式两种。

### 2.3.1 自动变速器油

自动变速器油通常简称为 ATF（Automatic Transmission Fluid），它是一种多功能的工作液，具有传递动力、液压控制、润滑和冷却等作用。ATF 对自动变速器的工作、使用性能以及使用寿命都有非常重要的影响。

**1. 自动变速器油的作用**

自动变速器工作时，ATF 的作用有以下几个方面：

1）传递发动机输出功率。ATF 经油泵被输送到液力变矩器内，将发动机产生的转矩传递至变速器。

2）在液压系统中输送工作液压力，使换档执行元件在液压力下正确执行换档动作。

3）带走摩擦热，冷却机械零件，防止温度过高，影响 ATF 黏度。

4）润滑和清洁自动变速器内部机件。

因此，自动变速器油的选用对自动变速器的影响很大，ATF 必须保证自动变速器工作时对基本性能的各种要求。

**2. 自动变速器油的分类**

1）国外自动变速器油的分类多采用美国 ASTM（美国材料试验协会）和 API 共同提出的 PTF（Power Transmission Fluid）使用分类法，将 PTF 分为 PTF—1、PTF—2 和 PTF—3 三类，见表 2-11。

**表 2-11　自动变速器油分类**

| 分　类 | 符合的规格 | 适用范围 |
|---|---|---|
| PTF—1 | 通用汽车公司 GM DEXRON Ⅱ、福特汽车公司 FORD M2C33-F、克莱斯勒 CHRYSLER MS-4228 | 轿车、轻型货车自动变速器油 |
| PTF—2 | 通用汽车公司 GM Track、Coach 阿里林 AllisonC—2、C—3 | 重型货车和越野汽车自动变速器油 |
| PTF—3 | 约汉狄尔 John Deere J—20A、福特 FORD M2CΦ1A、玛赛-费格森 Mqssey—FergusonM—1135 | 农业和建筑机械自动变速器油 |

2）国产自动变速器油的分类按 100℃时的运动黏度将自动变速器油分为 6 号和 8 号两种，其与国外自动变速器油的基本对应关系见表 2-12。

**表 2-12　自动变速器油的分类标准**

| 国外分类 | 国内分类 | 应用范围 |
|---|---|---|
| PTF—1 | 8 | 轿车、轻型货车 |
| PTF—2 | 6 | 越野汽车、载货汽车、工程机械 |
| PTF—3 | | 农业和建筑野外机械 |

**3. 自动变速器油的选择与使用**

（1）自动变速器油的选择　按车辆使用说明书的规定，选用适当品种的自动变速器油。轿车和轻型货车应选用 8 号油，进口轿车要求用 GMA 型、A—A 型或 Dexron 型自动变速器油的均可用 8 号油代替。重型货车、工程机械的液力传动系统则应选用 6 号油。

（2）自动变速器油的使用注意事项

1）注意保持正常油温。

2）经常检查油平面。车辆停在平地上，发动机保持运转，油应在正常工作温度下（如果车辆在长途行驶或拖带挂车后，要过 0.5h 后再检查），此时油平面应在自动变速器油标尺上、下两刻线之间，不足时及时添加。如油面下降过快，可能是由于漏油引起，应及时查明原因予以排除。

3）按车辆使用说明书的规定更换自动变速器油和各滤清器，同时拆洗自动变速器油底壳，并更换其密封垫。通常每行驶10000km应检查油面一次，每行驶30000km应更换油液。

4）在检查油面和换油时，注意观察油液情况。在手指上蘸少许油液，检查油质、颜色、气味和杂质，确认ATF是否过热变质。Dexron油染成红色，油质清澈纯净，如颜色变黑、有烧焦味且含有杂质，则予以更换。

## 2.3.2　油泵

油泵是液压控制系统的动力源，一泵多用，故为自动变速器中最重要的总成之一。它通常安装在变矩器的后方，由变矩器壳后端的轴套驱动。常用的油泵有内啮合齿轮泵、转子泵和叶片泵，也有少数车型采用变量叶片泵。由于自动变速器的液压系统属于低压系统，其工作油压通常不超过2MPa。

**1. 内啮合齿轮泵**

内啮合齿轮泵主要由主动轮、从动轮、月牙形隔板、壳体等组成，如图2-45所示。主动轮为外齿轮，从动轮为内齿轮，在壳体上有一个月牙板，把主、从动轮不啮合的部分隔开，并形成两个工作腔，分别为吸油腔和压油腔。进油腔与泵体上的进油口相通，出油腔与泵体上的出油口相通。

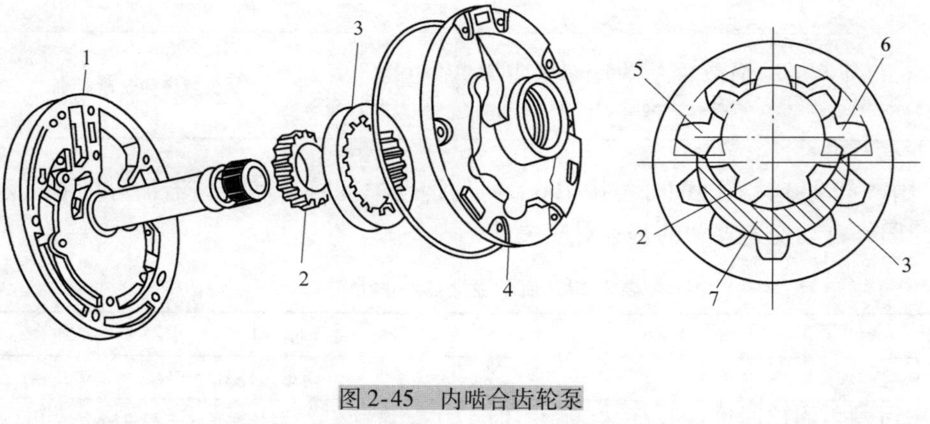


图2-45　内啮合齿轮泵

1—泵盖　2—主动轮　3—从动轮　4—壳体　5—吸油腔　6—压油腔　7—月牙形隔板

内啮合齿轮泵的工作原理如图2-46所示。当发动机运转时，变矩器壳体后端的轴套带动外齿轮和内齿轮一起朝图中顺时针方向运转，此时在吸油腔内，由于外齿轮和内齿轮不断退出啮合，容积不断增大，以致形成局部真空，将油盘中的液压油从进油口吸入，且随着齿轮旋转，齿间的液压油被带到压油腔。在压油腔，由于外齿轮和内齿轮不断进入啮合，容积不断减小，将液压油从出油口排出。油液就这样源源不断地输往液压系统。

内啮合齿轮泵是自动变速器中应用最为广泛的一种油泵，它具有结构紧凑、尺寸小、重量轻、自吸能力强、流量波动小、噪声低等特点。各种丰田汽车的自动变速器一般都采用这种油泵。

**2. 转子泵**（又称摆线转子泵）

转子泵由起主动作用的内转子（外齿轮）、起从动作用的外转子（内齿轮）、泵壳和泵盖等组成，如图 2-47 所示。内外转子的旋转中心不同，两者之间有偏心距 $e$。一般内转子的齿数为 4、6、8、10 等，而外转子比内转子多一个齿。内转子的齿数越多，出油脉动就越小。通常自动变速器上所用摆线转子泵的内转子都是 10 个齿。

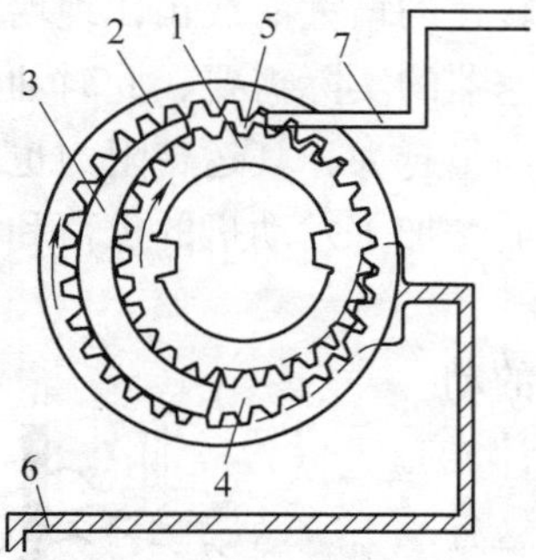


图 2-46　内啮合齿轮泵的工作原理

1—外齿轮　2—内齿轮　3—月牙形隔板　4—吸油腔　5—压油腔　6—进油道　7—出油道

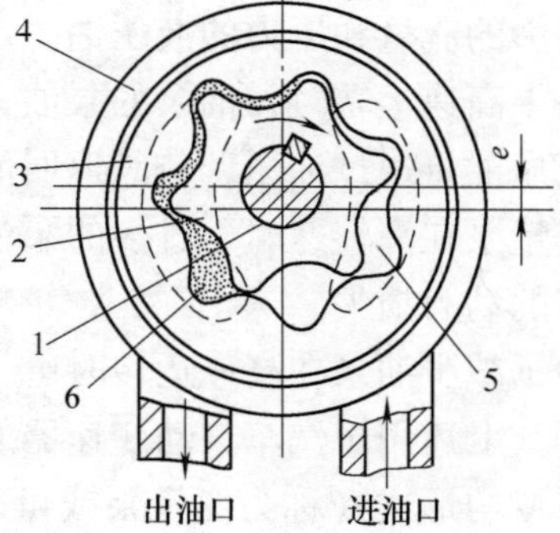


图 2-47　摆线转子泵

1—驱动轴　2—内转子　3—外转子　4—泵壳　5—进油腔　6—出油腔　$e$—偏心距

发动机运转时，驱动轴带动油泵内外转子同向旋转。内转子为主动齿，外转子的转速比内转子每圈慢一个齿。内外转子的齿廓能保证在油泵运转时，各齿均处于啮合状态，从而在内转子、外转子之间形成与内转子齿数相同个数的工作腔。这些工作腔的容积随着转子的旋转而不断变化，当转子顺时针方向旋转时，内转子、外转子中心线的左侧的各个工作腔的容积由大变小，将液压油从出油口排出。这就是转子泵的工作过程。

转子泵是一种特殊齿形的内啮合齿轮泵，它具有结构简单、尺寸紧凑、噪声小、运转平稳、高速性能良好等优点。缺点是流量脉动大，加工精度要求高。

**3. 叶片泵**

叶片泵主要由定子、转子、叶片、配油盘等组成，如图 2-48 所示。定子固定不动，转子上有均匀分布的径向槽，叶片安装在槽内，并可在槽内滑动。转子与定子不同心，两者之间有一定的偏心距 $e$。在定子与转子的两个端面装有配油盘，盘上开有吸油窗口和排油窗口，分别与泵壳上的进出油口相通。

当转子旋转时，叶片在离心力和叶片槽底油压的作用下，紧靠在定子内表面上，这样两相邻叶片与定子内表面、转子外表面及两端配油盘构成了若干密封的工作腔。当转子按图 2-48 所示箭头方向逆时针方向旋转时，在转子与定子中心连线的右半部的工作腔容积逐渐增大，形成局部真空，油液经配油盘的吸油口进入工作腔，此即为吸油过程。而在左半部的工作腔容积逐渐减小，将油液以一定的压力从配油盘的出油口排出，此即

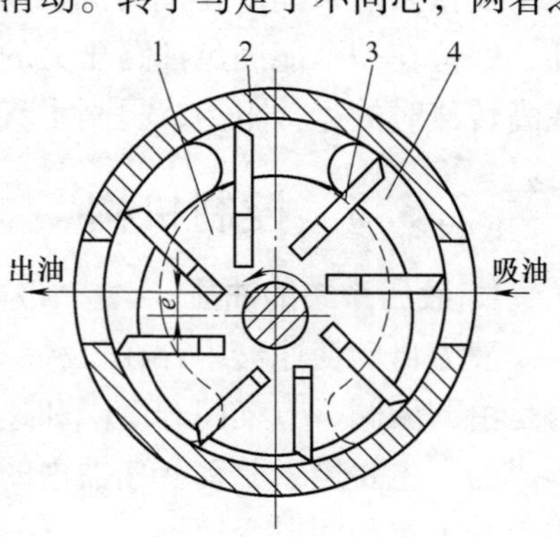


图 2-48　叶片泵

1—转子　2—定子　3—叶片　4—配油盘

为排油过程。

叶片泵具有运转平稳、噪声小、泵油油量均匀、容积效率高等优点，但它结构复杂，对液压油的污染比较敏感。

**4. 变量泵**

上述三种油泵的排量都是固定不变的，所以也称为定量泵。为保证自动变速器的正常工作，油泵的排量应足够大，以便在发动机怠速运转的低速工况下也能为自动变速器各部分提供足够大的流量和压力的液压油。定量泵的泵油量是随转速的增大而成正比地增加的。当发动机在中高速运转时，油泵的泵油量将大大超过自动变速器的实际需要，此时油泵泵出的大部分液压油将通过油压调节阀返回油底壳。由于油泵泵油量越大，其运转阻力也越大，因此这种定量泵在高转速时，过多的泵油量使阻力增大，从而增加了发动机的负荷和油耗，造成了一定的动力损失。

为了减少油泵在高速运转时由于泵油量过多而引起的动力损失，上述用于汽车自动变速器的叶片泵大部分都设计成排量可变的形式（称为变量泵或可变排量式叶片泵）。这种叶片泵的定子不是固定在泵壳上，而是可以绕一个销轴做一定的摆动，以改变定子与转子的偏心距，如图 2-49 所示，从而改变油泵的排量。

在油泵运转时，定子的位置由定子侧面控制腔内来自油压调节阀的反馈油压来控制。当油泵转速较低时，泵油量较小，油压调节阀将反馈油路关小，使反馈压力下降，定子在回位弹簧的作用下绕销轴向顺时针方向摆动一个角度，加大了定子与转子的偏心距，油泵的排量随之增大；当油泵转速增高时，泵油量增大，出油压力随之上升，推动油压调节阀将反馈油路开大，使控制腔内的反馈油压上升，定子在反馈油压的推动下绕销轴朝逆时针方向摆动，定子与转子的偏心距减小，油泵的排量也随之减小，从而降低了油泵的泵油量，直到出油压力降至原来的数值。

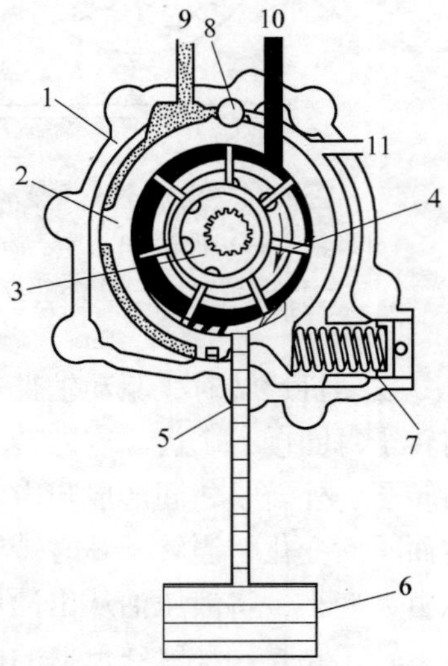


图 2-49　变量泵

1—泵壳　2—定子　3—转子　4—叶片　5—进油口　6—滤网　7—回位弹簧　8—销轴　9—反馈油道　10—出油口　11—卸压口

变量泵的泵油量在发动机转速超过某一数值后就不再增加，保持在一个能满足油路压力的水平上，从而减小了油泵在高转速时的运转阻力，提高了汽车的燃油经济性。

## 2.3.3　控制机构

**1. 液压系统的油压**

液力自动变速器中存在三种基本控制油压：主油压、节气门油压和速控油压。这些油压都是由调压阀、节气门开度阀和速控阀调节的。主油压是由主油路调压阀调节油泵输出压力形成的，主要用于驱动变速器内的制动器和离合器，同时，主油压经减压装置或节流通道后用于变矩器和润滑变速器。节气门油压是根据发动机负荷或节气门开度变化调节的油压。速控油压是根据车速变化调节的油压。在液力自动变速器中，节气门油压和速控油压综合控制变速器的换档。

在电控液力自动变速器中，由于采用电磁阀控制换档，一般没有节气门开度阀和速控阀，节气门油压由电磁阀调节产生。但有些半电控的自动变速器，还保留了节气门开度阀。

**2. 主油路系统**

液压油由油泵输出后，即进入主油路系统。而自动变速器油泵由发动机曲轴通过变矩器外壳驱动，因此油泵的泵油量和压力均受发动机转速的影响。当发动机在怠速附近工作时，转速仅为 1000r/min 左右，而在最高车速时，转速在 5000r/min 以上，从而引起油泵输出的流量和压力变化很大。当主油压太低时，将导致离合器、制动器等执行元件打滑；主油压过高时，又会引起换档冲击和功率消耗增加，两者均影响液压控制系统的正常工作。因此，在主油路系统中必须设置主油路调压阀，其作用是将油泵输出压力精确调节到所需值后再输入主油路。为了使主油压能满足自动变速器不同工况的需要，主油路调压阀还应具备下列功能：

1）主油压应能随发动机节气门开度的增大而升高。当节气门开度较大时，由于发动机输出功率和自动变速器所传递的转矩都较大，为了防止离合器、制动器等换档执行元件打滑，主油压要相应升高；反之，主油压可以相应降低。

2）汽车在高速档以较高车速行驶时，由于此时汽车传动系统处在高转速、低转矩状态下工作，因此可以相应地降低主油压，以减小油泵的运转阻力，节省燃油。

3）倒档时主油压应比前进档时的主油压大，通常可达 1～1.5MPa。这是因为倒档在汽车使用过程中所占的时间少，为了减小自动变速器的尺寸，倒档离合器或倒档制动器在设计上采用较少的摩擦片，因此在工作时需要有较高的油压，以防止其接合时打滑。

主油路调压阀的结构与工作原理如图 2-50 所示，它由上部的阀芯、下部的柱塞套筒及调压弹簧组成。在阀芯的上端 A 处，受到来自油泵的液压力作用，下端则受到柱塞下部 C 处来自发动机油门所控制的节气门阀的液压作用力及调压弹簧的作用力。A、C 两端的液压作用力的平衡，决定阀体所处的位置。

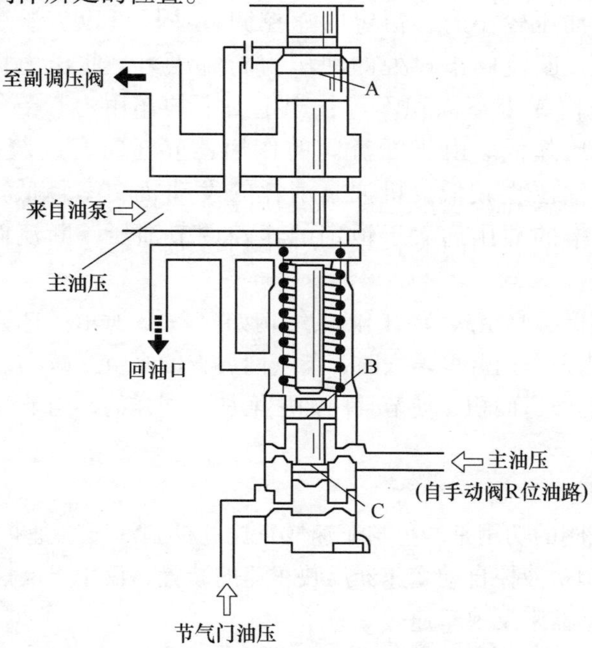


图 2-50　主油路调压阀的结构与工作原理

当油泵输出油压升高时，作用在阀体上部A处的油压升高，使阀体向下移动，回油通道的截面面积增大，从回油口排出的油液增加，使主油压下降；反之，阀体向上移动，主油压升高。当踩下加速踏板时，发动机转速升高，油泵转速随之加快，由油泵产生的液压压力升高，作用于A处向下的液压作用力增大。但此时，随着节气门开度的增大，节气门油压也会增加，作用在主油路调压阀下端的节气门油压使阀体向上移动，使主油压升高，满足了发动机的功率增加时主油压增大的要求。

当变速杆置于R位时，来自手动阀的主油压作用在阀体的B和C处，由于B处的面积大于C处的面积，使得阀体受到向上力的作用，阀体向上移动，主油压升高，满足倒档较大传动比的要求。

**3. 换档信号系统**

给液力自动变速器提供换档操纵指令的有两个换档信号，即所谓的两个控制参数：发动机负荷与车速。在液压控制系统中，这两个信号分别由节气门阀和速控阀提供。

（1）节气门阀　节气门阀的作用是产生与节气门开度（即发动机负荷）成正比的节气门油压，传给主调压阀、次级调压阀和换档阀，控制主油压、变矩器油压、润滑油压和换档。根据输入方式的不同，节气门阀分为机械式和真空式两种。

1）机械式节气门阀。机械式节气门阀的结构如图2-51所示，主要由上部的节气门阀阀体、复位弹簧及下部的强制降档柱塞和调压弹簧等组成。强制降档柱塞上装有滚轮，与节气门凸轮相接触。节气门凸轮经拉索与加速踏板相连。当踩下加速踏板节气门开度增加时，节气门拉索拉动节气门凸轮转动，将强制降档柱塞上推，并通过调压弹簧将节气门阀体上推，使节流口开大，输出的节气门油压增加，使节气门油压与节气门开度成正比。

断流阀的作用是使负荷油压与速控油压建立某种联系。在断流阀的上方作用着恒定的速控调节油压，中部环槽的进口处是负荷油压，由于环槽上下截面不等，环槽内的作用力向上。在负荷油压较小时，恒定的速控调节油压可以克服中部环槽内向上的作用力，将断流阀压下，断流阀出口处的油压为断流压力，此压力作用在节气门阀上部的环槽A内，由于环槽A上下面积不等，产生向下的作用力，节气门阀下移，进油口开度变小，节气门油压降低。由于断流阀的作用，节气门开度较小时负荷油压较低，受控于负荷油压的主油压也较低，机油泵消耗的发动机功率降低。当节气门油压较高时，在断流阀中部环槽的油压远大于恒定的速控调节油压，断流阀中部环槽处于关闭状态无断流压力。

2）真空式节气门阀。真空式节气门阀的结构如图2-52所示。真空气室与发动机节气门后的进气歧管相通，当节气门开度增大时，节气门后方的真空度减小，使推杆带动滑阀向下移动，增大的节流口的通道面积，使节气门油压增加。同样的，当节气门开度减小时，节气门油压会下降。

（2）速控阀和速控调节阀

1）速控阀。速控阀的功用是产生与车速成正比的控制油压（速控油压），传给换档阀，以便控制换档。速控阀是液控自动变速器反映车速的装置，仅用于液控自动变速器，电控自动变速器采用车速传感器来反映车速。

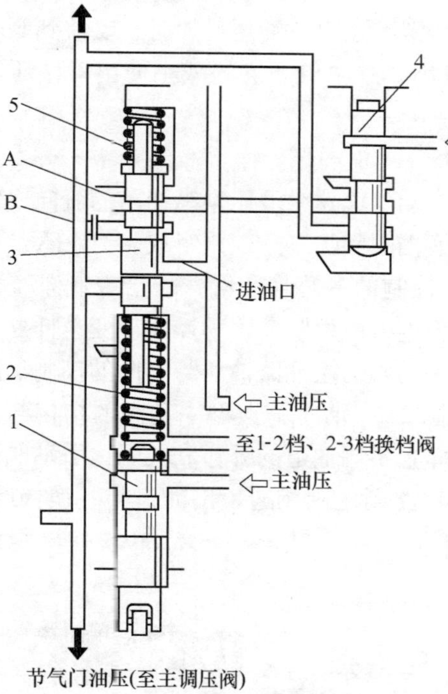


图2-51 机械式节气门阀的结构

1—强制降档柱塞 2—调压弹簧 3—节气门阀阀体 4—断流阀 5—复位弹簧

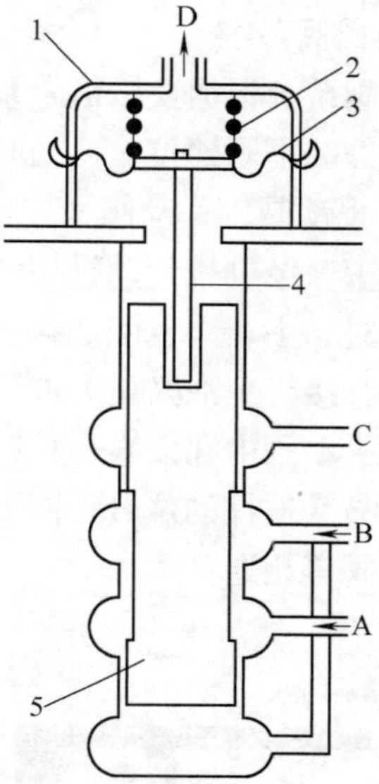


图2-52 真空式节气门阀的结构

1—真空气室 2—弹簧 3—膜片 4—推杆 5—滑阀 A—主油压 B—节气门油压 C—泄油口 D—真空接口

正确的速控油压对于自动变速器的正常工作非常重要，如果速控油压过高，会导致换档的车速提前，而速控油压过低，会导致换档的车速滞后。

速控阀的结构如图2-53所示。速控阀安装在变速器输出轴上，与输出轴同步旋转。作用在滑阀上的力包括向外的离心力和向内的速控油压力。当汽车低速行驶时，阀轴和滑阀构成一体，在重锤和滑阀的离心力作用下使滑阀向外移动，此时速控油压随着车速的增加而增加。当车速增加到一定程度时，阀轴被壳体内部台阶限位而不再向外移动，此时滑阀向外移动仅能靠自身的离心力，因此，速控油压随着车速的增加而缓慢增加。所以，速控油压与车速的关系分成两个阶段，一般把这种形式的速控阀称为二阶段速控阀，与此类似的还有三阶段速控阀。

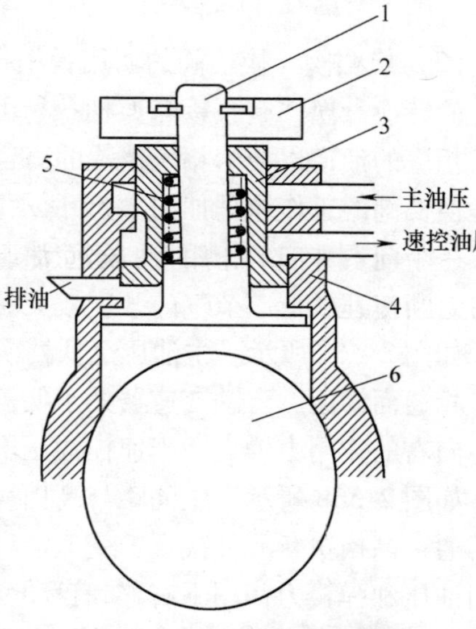


图2-53 速控阀的结构

1—阀轴 2—重锤 3—滑阀 4—壳体 5—弹簧 6—变速器输出轴

2）速控调节阀。速控调节阀用于将速控油压调节成为恒压力来控制断流阀，以减小低速时机油泵对发动机功率的消耗。速控调节阀的结构与工作原理如图2-54所示。速控调节阀的进油口为速控油压，出口油压在通向断流阀的同时还反馈到速控调节阀的右端并与左端的弹簧处于某个平衡位置。当出口油压增加时，反馈到阀右端的液压力大于弹簧力，阀向左移使进油口的开度减小。进油口开度的减小使出口油压降低，其结果是使出口油压保持恒定。

**4. 换档阀系统**

换档阀系统根据换档信号系统提供的信号，控制自动变速器中液压操纵油路的流向，由此决定所处的不同档位。换档阀系统主要由手动阀、换档阀和强制降档阀组成。

(1) 手动阀　手动阀又称选档阀，它是一种手动控制的多路换向阀，位于控制系统的阀板总成中，经机械传动机构和自动变速器的变速杆相连，由驾驶人手动操作。变速杆处于不同位置时，手动阀也随之移至相应的位置，使进入手动阀的主油路油压与不同的控制油路接通，或直接将主油路压力油送入不同的控制油路。图2-55所示为典型手动阀的结构与工作原理。手动阀由几段直径相同的阀芯组成，控制阀体上不同油道的开通和关闭，手动阀所处的位置与变速杆的位置相同，手动阀的进油口与主油路调压阀相通，出油口与各换档阀、顺序动作阀等相通。

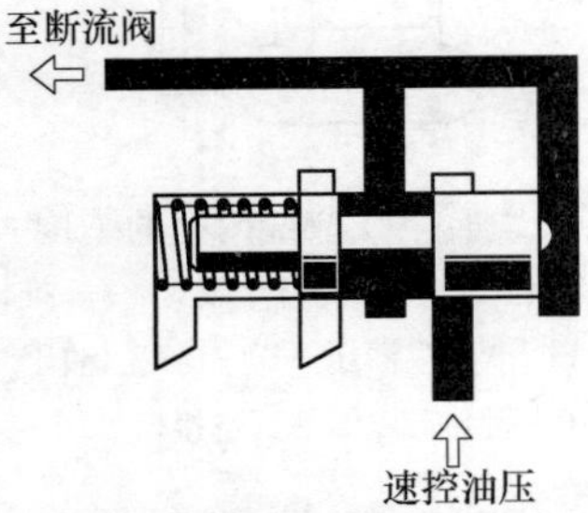


图2-54　速控调节阀的结构与工作原理

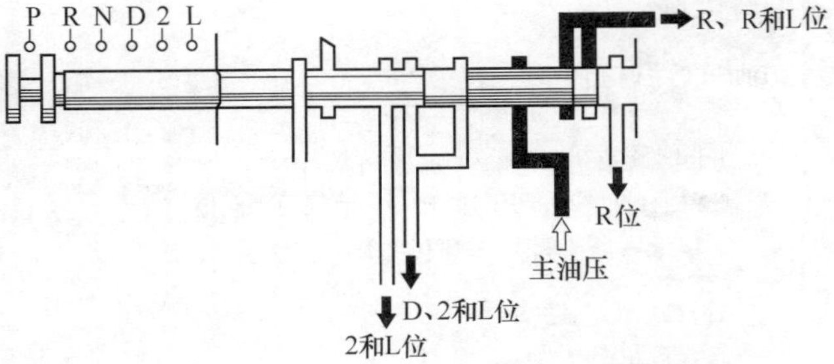


图2-55　典型手动阀的结构与工作原理

(2) 换档阀　换档阀的功用是根据换档控制信号或油压，切换档位油路，以实现两个档位的转换。换档阀直接与换档执行元件（离合器、制动器）相通，当换档阀动作后，会切换相应的油道以便给相应档位的离合器和制动器供油，得到所需要的档位。

换档阀的工作原理如图2-56所示，节气门油压作用在换档阀阀芯的左侧，连同弹簧给阀芯一个向右方向的作用力。速控油压作用在换档阀阀芯的右侧，给阀芯一个向左方向的作用力。当车速较低、节气门开度较大时，换档阀阀芯左侧的节气门油压较高，阀芯被推至右端，如图2-56a所示。主油压至低档换档执行元件的油路接通，高档换档执行元件油路与泄油口相通而卸压，自动变速器处于低档状态。当车速增高时，阀芯右侧的油压随之升高，对阀芯向右的作用力增大，当速控油压增加至大于节气门油压和弹簧作用力时，阀芯被推至左端，如图2-56b所示。主油路与高档换档执行元件油路接通，低档换档执行元件油路与泄油孔相通，高档执行元件接合，变速器升档。如车速下降，速控油压也降低，换档阀阀芯在节气门油压和弹簧力作用下右移，自动变速器又回到低档工作，即自动变速器的升、降档完全是由节气门阀和速控阀产生的油压大小来控制的。当节气门阀输出油压高（发动机负荷大）而速控阀输出油压低（车速低）时，自动变速器在低档工作，随着车速的提高，变速器逐渐升档。因每个换档阀只有两个工作位置，只能在两个档位之间变换，故三档自动变速器需要设置两个换档阀，四档自动变速器需要三个换档阀。图 2-57 所示为 2-3 档换档阀的工作原理。图 2-57a 所示为二档时的情况，此时在节气门油压、速控油压及弹簧作用下，2-3 档换档阀处于下方位置，主油压不能到达离合器 C2，所以自动变速器处于 $D_2$ 位。当车速增加到一定程度，速控油压大于节气门油压和弹簧力之和时，2-3 档换档阀上移处于上方位置，如图 2-57b 所示。此时主油压经过 2-3 档换档阀到达离合器 C2，自动变速器换至 $D_3$ 位。

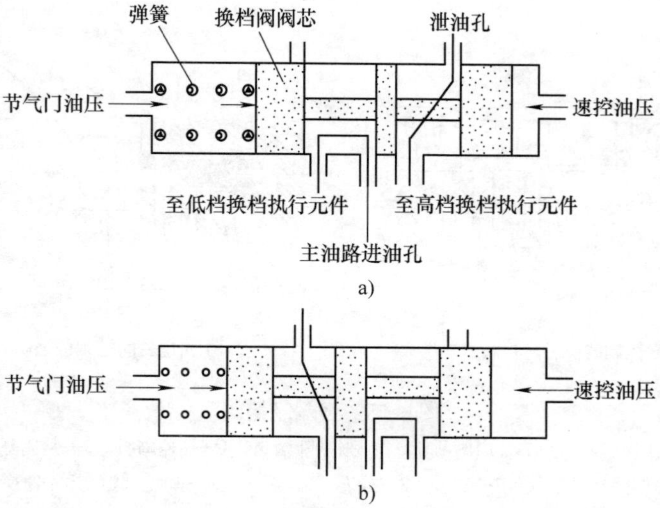


图 2-56　换档阀工作原理示意图

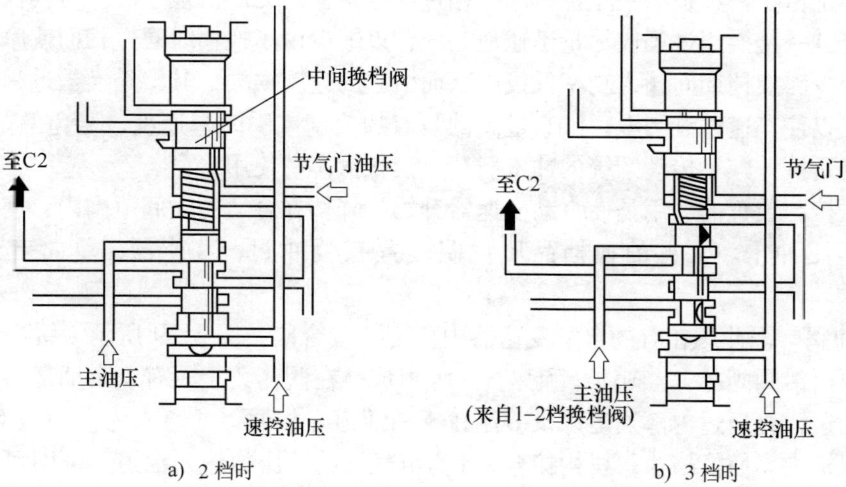


图 2-57　2-3 档换档阀的工作原理

（3）强制降档阀　强制降档阀用于节气门全开或接近全开时，强制性地将自动变速器降低一个档位，以获得良好的加速性能。强制降档阀主要有两种类型，一种类似于节气门阀，由控制节气门阀的节气门拉索和节气门阀凸轮控制其工作。在节气门接近全开时，节气门拉索通过节气门阀凸轮推动强制降档阀，使之打开一个通往各个换档阀的油路。该油路的压力油作用在换档阀上，迫使换档阀移至低档位置，使自动变速器降低一个档位，强制降档阀的结构如图2-58a所示。

另一种强制降档阀是一种电磁阀，由安装在加速踏板上的强制降档开关控制，如图2-58b所示。当加速踏板踩到底时，强制降档开关闭合，使强制降档电磁阀通电，电磁阀作用在阀杆上的推力消失，阀芯在弹簧弹力的作用下右移，打开油路，主油路压力油进入换档阀的左端（作用着节气门油压的一端），强迫换档阀右移，让自动变速器降低一个档位。

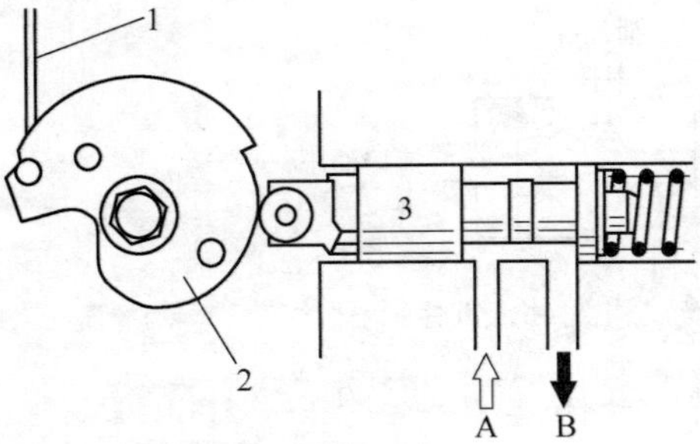


a) 由节气门拉索控制的强制降档阀

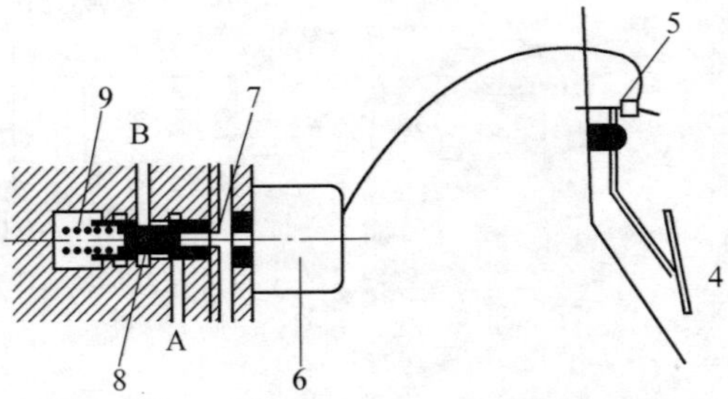


b) 由电磁阀控制的强制降档阀

图2-58 强制降档阀

1—节气门拉索 2—节气门阀凸轮 3—强制降档阀 4—加速踏板 5—强制降档开关
6—强制降档电磁阀 7—阀杆 8—阀芯 9—弹簧 A—通主油道 B—通换档阀

**5. 换档品质控制装置**

换档品质是指换档过程的平顺性，即换档过程能平稳而无冲击地进行。对换档过程的具体要求有两个：一是换档过程应尽量迅速地完成，以减少由于换档时间过长而使摩擦元件的磨损增加和减少因换档期间输入功率低或中断而引起的速度损失，其二是换档过程应尽量缓慢平稳过渡，以使车速过渡圆滑，没有过高的瞬时加速度或瞬时减速度，避免颠簸和冲击，以提高乘坐舒适性，减小传动系统的冲击载荷，延长汽车的使用寿命。

换档品质控制装置的功用是使自动变速器升档、降档在合适的时间范围内，使自动变速器换档平稳、无冲击。常见的换档品质控制装置有缓冲阀、蓄能器、单向节流阀、顺序阀等。

（1）缓冲阀　缓冲阀在有的自动变速器中称为软接合阀，图2-59所示为缓冲阀的结构简图。这主要由滑阀阀芯1、阀体2和弹簧3等组成。在阀体2上，有4个油道，油道c是主压力油进油道，并通过内部油道以及节流孔4和油道a相通，油道b为主油压的出油道，通往换档执行机构，使换档执行机构接合，d为节气门调节压力输入油道。由图可见，经节流后的油压作用在滑阀芯1的左端，节气门油压在滑阀芯的右端。在换档时，主油压经油道c进入滑阀的中间。同时也经节流孔4进入左端，并克服变化着的节气门油压的作用力和弹簧力使滑阀芯右移，使出油孔b开度减小，节制和缓冲了换档执行机构油压的升高。

（2）蓄能器　蓄能器又称蓄压器或减振器，自动变速器控制系统中一般采用弹簧式蓄能器，它由减振活塞、弹簧及壳体组成，其工作原理如图2-60所示。蓄能器与离合器或制动器油路并联安装，在工作油液进入离合器或制动器的活塞腔的同时，也进入蓄能器，蓄能器内的活塞受力下移，这减缓了工作压力的迅速增大，防止了因换档迅速而引起的换档冲击。为了使蓄能器的缓冲程度可控且与节气门开度有关，在蓄能器的弹簧端还同时作用着节气门油压。节气门油压的存在使离合器或制动器油压的建立过程加快。在节气门开度加大时，节气门油压升高，加快换档进程，防止在传递大转矩时换档执行元件打滑，从而满足汽车在各种行驶条件下对换档过程的不同要求。

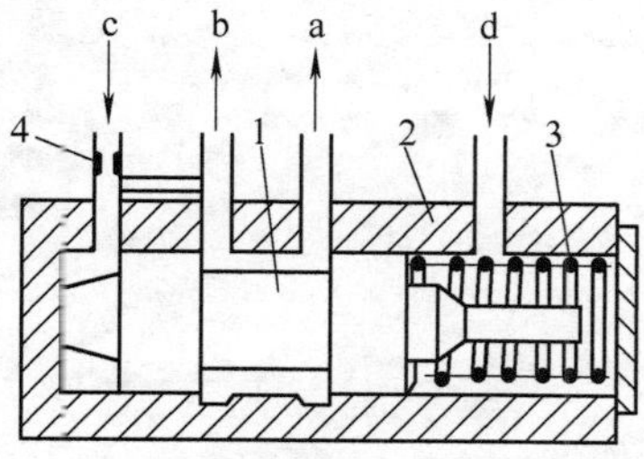


图 2-59　缓冲阀的结构简图

1—滑阀阀芯　2—阀体　3—弹簧　4—节流孔
a、c—主油压输入油道　b—主油压的出油道　d—节气门调节压力输入油道

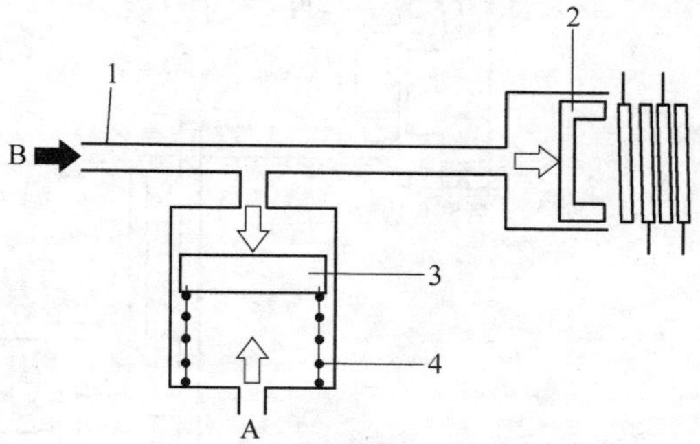


图 2-60　蓄能器的工作原理

1—进油口　2—离合器活塞　3—蓄能器活塞
4—蓄能器弹簧
A—节气门油压或主油压　B—工作油液

（3）单向节流阀　单向节流阀串联安装在换档阀至换档执行元件之间的油路中，作用是对流向换档执行元件的液压油产生节流作用，在换档执行元件接合时延缓油压增大的速率，以减小换档冲击。在换档执行元件分离时，单向节流阀对换档执行元件的泄油不产生节流作用，以加快泄油过程，使换档执行元件迅速分离。

单向节流阀有两种形式：一种是弹簧节流阀式，如图 2-61a 所示。在充油时，节流阀关闭，液压油只能从节流阀中的节流孔通过，从而产生节流效应。在回油时，液压油将节流阀推开，节流孔不起作用。另一种是球阀节流孔式，如图 2-61b 所示。在充油时，球阀关闭，液压油只能从球阀旁的节流孔经过，减缓了充油过程，在回油时，球阀开启，加快了回油过程。

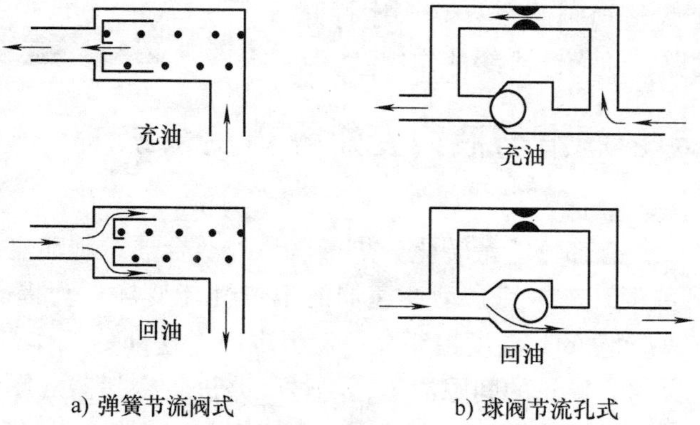


图 2-61　单向节流阀

（4）倒档离合器顺序阀　在一些自动变速器中装有倒档离合器顺序阀，用于自动变速器换倒档时减小换档冲击。图 2-62 所示为一自动变速器在倒档工作时需接合的倒档离合器（后离合器）。此时，自动变速器手动阀置于倒档位置，主油压经倒档离合器顺序阀作用在

后离合器的内活塞上，同时克服顺序阀的弹簧作用力，使阀芯左移，油口B与通往后离合器外活塞的管路A相同，即外活塞在内活塞工作后才开始工作，从而减小了换档冲击。

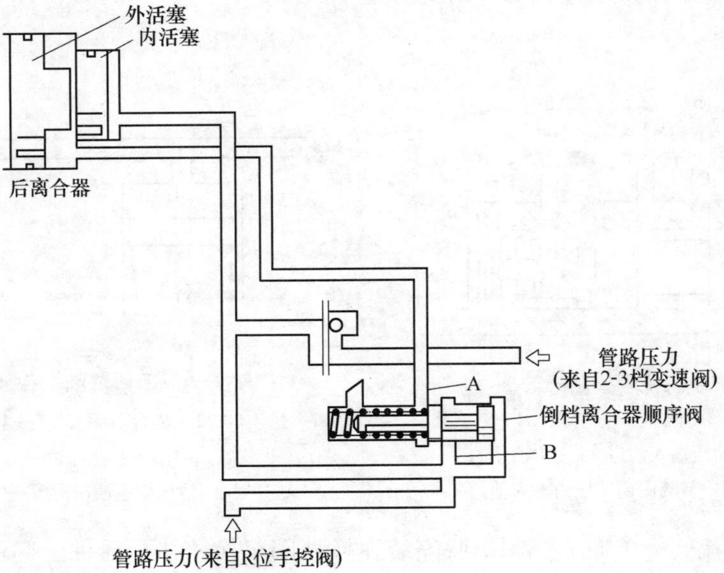


图2-62　倒档离合器顺序阀的工作原理

（5）调整阀　换档阀动作时，若主油压被立即加至执行元件，将产生较大的换档冲击。为进行缓冲，油路中设置了一些调整阀，如中间调整阀和滑行调整阀，其工作原理大体上相同，如图2-63所示的强制降档调整阀。来自油泵的压力油并不直接去强制低档阀，而是先进入调整阀，待克服弹簧预紧力，使调整阀阀芯左移后，才打开去往强制低档阀的油路，从而起到缓冲作用。

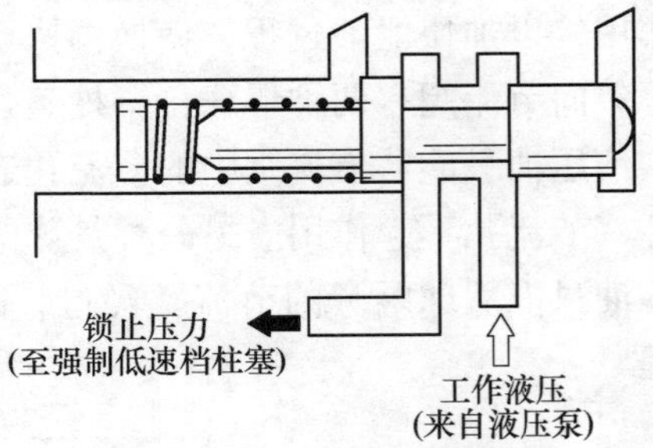


图2-63　强制降档调整阀

## 2.3.4　冷却、润滑与液力变矩器锁止系统

**1. 冷却系统**

液力变矩器工作时，有部分能量转化为热量。另外离合器、制动器及零件的滑动摩擦也会产生热量，使ATF温度升高，使自动变速器的工作性能变坏。为提高变矩器效率，保证自动变速器正常工作，应把ATF温度控制在一定范围内，这部分工作是由冷却系统完成的，变矩器的部分油液从涡轮与导轮的间隙流出，经过管路进入冷却器（图2-64），然后流回到油底壳或进入润滑油道。

自动变速器冷却器有管状和盘状两种类型。管状冷却器大多安装在发动机散热器出水腔内，如图2-64所示，采用水冷式冷却方式。ATF进入冷却中心油道，其热量被外围的冷却液吸收。由于贴近管壁的油液冷却速度较快，因而流速降低，黏在管壁上，管道中心的油液温度降低较慢，快速流出冷却器，所以冷却效果不理想。许多冷却器在中心管道内设置了导片，油液在流经导片时产生涡流，从而得到充分的混合，冷却效果大大提高。

除此之外，在冷却回路中串联一个辅助冷却器（图 2-64）也能改善冷却效果。辅助冷却器多采用空气冷却方式，通常安装在通风良好的位置，如发动机散热器前方。油液在冷却过程中依次经过辅助冷却器和主冷却器。当油液温度较高时，辅助冷却器可以进行预冷，确保冷却效果。若油温较低，主冷却器通过控制最终冷却温度防止油液过冷，保证自动变速器可靠工作。

自动变速器油液中常带有各种杂质，容易堵塞冷却器。目前，多数生产商提供安装于冷却回路中的滤清器可在油液进入冷却器之前将杂质滤出。

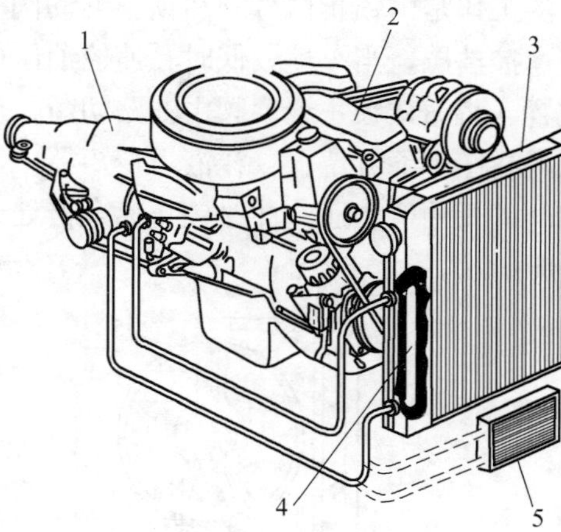


图 2-64　冷却系统

1—自动变速器　2—发动机　3—散热器　4—冷却器　5—辅助冷却器

**2. 润滑系统**

自动变速器壳体上加工有润滑油道，油液经过润滑油道进入输入轴衬套，并通过衬套上的油孔流至输出轴表面。输出轴上有径向油孔，油液通过这些油孔对支承衬套、垫圈及行星轮机构等元件进行润滑。

特别注意的是，装有自动变速器的轿车在发动机熄火的情况下不能长距离拖动。因为在这种情况下，液压系统无法提供润滑油。若拖车距离太长，会造成齿轮变速机构、衬套等元件干摩擦，影响自动变速器使用寿命，情况严重会造成元件烧蚀。在万不得已的情况下，拖车的最高速度不能超过 20～32km/h，最长距离不能超过 60km。同时，应断开传动轴。

**3. 液力变矩器控制装置**

液力变矩器控制装置的作用有两个：一是为液力变矩器提供具有一定压力的液压油，同时将液力变矩器内受热后的液压油送至散热器冷却，并让一部分冷却后的液压油流回到齿轮变速器，对齿轮变速器中的轴承和齿轮进行润滑；二是控制液力变矩器中锁止离合器（如果有的话）的工作。

变矩器控制装置由液力变矩器压力调节阀、锁止信号阀、锁止继动阀和相应的油路组成。

（1）压力调节阀　液力变矩器压力调节阀的作用是将主油路压力油减压后送入液力变矩器，使液力变矩器内的液压油的压力保持在 0.2～0.5MPa。许多车型的自动变速器将液力变矩器压力调节阀和主油路压力调节阀合并为一只阀，该阀让调节后的主油路压力油再次减压后进入液力变矩器。液力变矩器内受热后的液压油经液力变矩器出油道被送至自动变速器外部的液压油散热器，冷却后的液压油被送至齿轮变速器中，用于润滑行星轮及各部分的轴承，然后流回油底壳。图 2-65 所示即为液力变矩器压力调节阀的工作原理示意图。

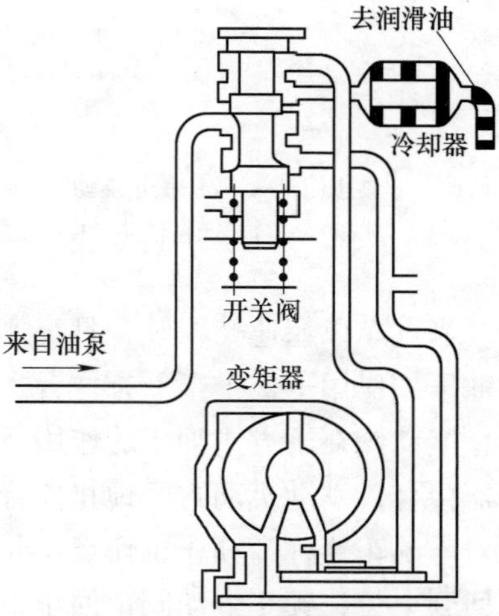


图 2-65　液力变矩器压力调节阀的工作原理示意图

（2）锁止信号阀和锁止继动阀　液力变矩器内锁止

离合器的工作是由锁止信号阀和锁止继动阀一同控制的。如图2-66所示，锁止信号阀上方作用着速控油压。当车速较低时，速控油压也较低，锁止信号阀在弹簧的作用下保持在图中上方位置，将通往锁止继动阀主油路切断，从而使锁止继动阀在上方弹簧弹力及主油压的作用下保持在图中下方位置，让液力变矩器中锁止离合器压盘左侧的油腔与来自液力变矩器压力调节阀的进油道相通。此时锁止离合器处于分离状态，发动机动力完全由液力来传递，如图2-66a所示。

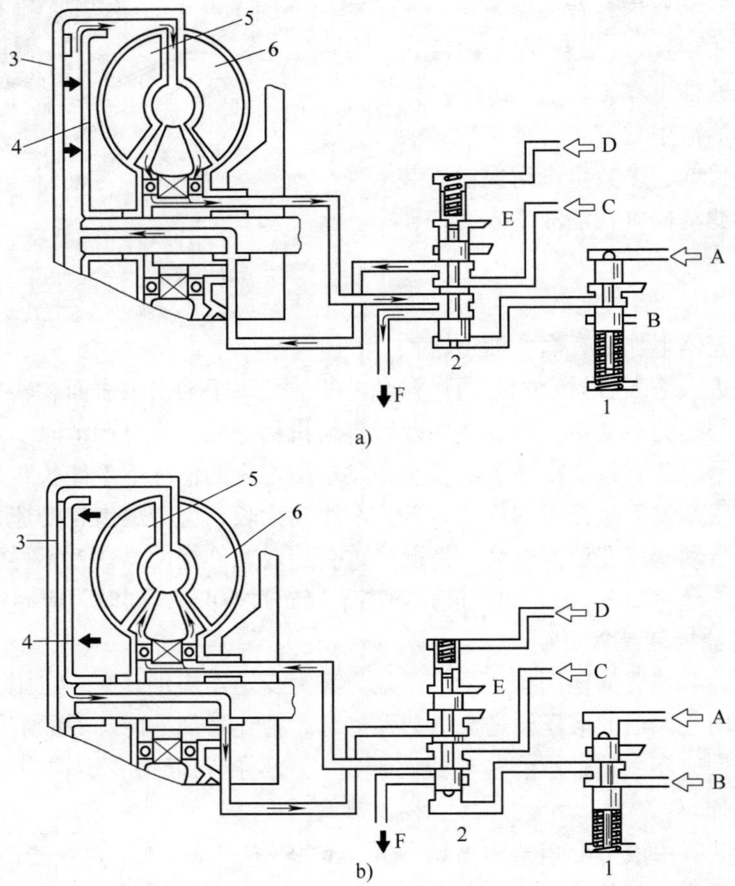


图2-66　锁止信号阀和锁止继动阀

1—锁止信号阀　2—锁止继动阀　3—变矩器壳　4—锁止离合器　5—涡轮　6—泵轮　A—来自速控阀　B—来自超速档油路　C—来自变矩器调节阀　D—来自主油路　E—泄油口　F—至油底壳

当汽车以超速档行驶，且车速及相应的速控阀油压升高到一定数值时，锁止信号阀在速控油压的作用下被推至下方位置，使来自超速档油路的主油路压力油进入锁止继动阀下端，锁止继动阀在下方主油压的作用下上升，让锁止离合器左侧的油腔与泄油口相通，使锁止离合器接合，发动机动力经锁止离合器直接传至涡轮输出，如图2-66b所示。锁止离合器闭锁时对应的车速称为锁止工作点。若车速下降，速控油压降低，锁止信号阀在回位弹簧的作用下回到上位，锁止继动阀也回至下位。锁止离合器左侧油腔通压力油，离合器解锁，即又处于分离状态。为防止锁止离合器车速在锁止工作点附近变化而出现反复闭锁、解锁，必须使锁止点与解锁点的车速不同，即有一个滞后。滞后是这样实现的：锁止信号阀阀芯中段上部直径较下部小，设上部的面积为$A$，下部面积为$B$，则$B>A$。作用在锁止信号阀上端的速控油压大于弹簧力，锁止信号阀下移，锁止离合器闭锁。由于此时锁止信号阀中部作用着来自超速档换档阀油压，作用力大小等于（$B-A$）$\times p_c$（$p_c$为超速档油压），方向朝下。正因为此油压力的作用，即使车速较锁止点略低，锁止信号阀的回位弹簧也不能将阀芯推至上位。只有当回位弹簧能克服其阀芯中部超速档油压力和上端的速控阀油压力时，锁止信号阀才回到上位，此时车速较锁止点低得多，从而避免了锁止离合器频繁地闭锁和解锁。

## 2.3.5　液压控制系统的检测

### 1. 油泵的检修

油泵故障将会对整个自动变速器液压控制系统产生影响，因为主油路油压不正确会导致整个系统工作不正常。

（1）油泵可能引起的故障

1）在前进档和倒档时，车辆均不能移动。

2）前进档和倒档起步无力。

3）自动变速器打滑。

4）叶片泵故障引起自动变速器换档冲击。

5）有异响。

（2）损坏形式及原因

1）油泵齿轮或叶片折断，泵壳裂纹。原因是有异物进入，疲劳断裂，装配时受伤或材料质量差。

2）转子的定位套磨损。转子的定位套直接和变矩器壳体连在一起，如出现滑移就不能带动转子工作，油泵也就不能工作。原因是使用时间长而磨损。

3）叶片泵回位弹簧折断或弹性不足，轴承传动轴损坏。原因是疲劳断裂，装配时受伤或材质太差。

4）叶片泵叶片发卡。原因是叶片和转子配合间隙过小，油质过脏等。

5）油泵磨损。观察磨损表面是否平整，若不平整，可能是油中有杂质造成的；若磨损表面平整，主要原因是自然磨损。

6）油泵泄漏，主要是密封垫或密封圈破损造成的。

（3）油泵的检查

1）检查油泵的磨损和测量间隙。观察磨损表面是否平整，检查齿轮与油泵部件是否有深的裂缝、毛刺或擦痕，泵壳是否磨损，轴与齿轮是否有擦痕及泵齿轮是否磨损，叶片泵回位弹簧是否折断或弹性是否不足。使用塞尺测量从动齿轮外圈与泵体之间的间隙（体隙），如图2-67所示。同时检查油泵从动齿轮和月牙形隔板或主动齿轮和月牙形隔板之间的间隙（齿隙），如图2-68所示。用直尺与塞尺检查齿轮端面间隙（侧隙），如图2-69所示。将测量结果与标准值（表2-13）比较，如果不符合标准，应更换齿轮、泵壳和油泵总成。

图2-67　检查间隙

1—塞尺　2—壳体　3—从动齿轮

图2-68 检查齿隙

1—塞尺 2—从动齿轮 3—月牙形隔板

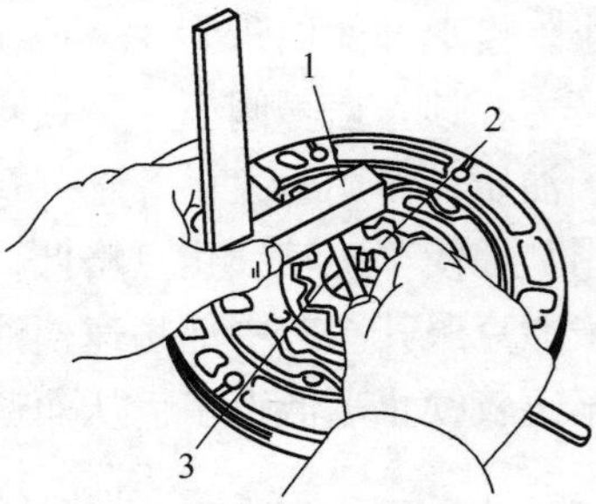


图2-69 检查侧隙

1—90°角尺 2—从动齿轮 3—塞尺

表2-13 油泵各间隙标准

| 检查项目 | 标准间隙/mm | 最大间隙/mm |
|---|---|---|
| 油泵从动齿轮外圈与油泵壳体之间的间隙 | 0.07～0.15 | 0.2 |
| 齿轮与月牙形隔板之间的间隙 | 0.11～0.14 | 0.3 |
| 齿轮端面与端盖平面之间的间隙 | 0.02～0.05 | 0.3 |

2）检查油泵主动齿轮、从动齿轮、泵壳端面有无肉眼可见的磨损痕迹，如果有，就应该更换新件。

3）检查油泵是否泄漏。检查反作用轴的密封圈，如果密封环由铸铁制成，检查它们是否有裂缝、毛刺、塑性变形或不平的磨损形式，如果损坏就应该更换。确保密封环在槽内能够旋转，检查反作用轴支架或环槽与密封环之间的间隙。

（4）油泵的检修实例 内啮合齿轮泵的检修以丰田凯美瑞A140E为例。

1）检查从动齿轮外圈与泵体之间的间隙。将齿轮推到泵体一侧，利用塞尺测量间隙。泵体间隙应为0.07～0.15mm，最大的泵体间隙为0.3mm。如果泵体间隙超过规定值，则需要更换泵体。

2）检查两个齿轮的齿顶间隙。在齿轮和泵体的月牙形隔板之间进行测量。齿顶间隙的值应为0.11～0.14mm，最大间隙为0.3mm。如果超过规定值，则需要更换泵体。

3）检查两个齿轮的断面间隙。用钢直尺和塞尺来测量间隙。端面间隙值应为0.02～0.05mm，最大间隙应为0.3mm。如果超过规定值，就需要更换泵体。

主动齿轮和从动齿轮可以提供三个不同的厚度，见表2-14。如果所有的齿轮都不符合规定的端面间隙，就需要更换泵体。

表2-14 主动齿轮和从动齿轮不同的厚度

| 识别标志 | 厚度/mm |
|---|---|
| A | 9.44～9.456 |
| B | 9.456～9.474 |
| C | 9.474～9.49 |

4）用千分表测量油泵轴衬套的内径，最大的内径为38.18mm。如果超过规定值，就应该更换泵体。

5）用千分表测量转子轴轴套的内径，前侧轴套的最大内径为21.57mm，后侧轴套的最大内径为27.07mm。如果超过规定值，则需要更换转子轴。

6）检查前油封是否有裂缝、损坏或磨损，必要时更换油封。用旋具拆下油封，安装一个新油封。当油封和泵体的外圈齐平时，安装正确。

**2. 控制阀体的故障诊断与排除**

阀体主要由液力控制系统、换档信号系统、换档控制系统和液力变矩器控制装置等组成。液压控制系统可满足自动变速器各种情况对油压的要求。换档信号系统由节气门阀和速控阀等元件组成。液力变矩器控制装置由锁止信号阀和锁止电磁阀等组成。

（1）阀体可能引起的故障　阀体是自动变速器最精密的部件之一，其性能的好坏直接影响自动变速器的换档规律。出现故障可能引起汽车不能行驶、打滑、驱动无力、挂档冲击等现象。

（2）常见的损坏形式及原因

1）阀体柱塞卡滞或拉伤。原因是变速器的磨屑导致油中有杂质。

2）弹簧长度变化或折断。原因是弹簧疲劳或受伤等。

3）隔板内的单向球与阀体密封不严。原因是磨损、油中有杂质等。

4）滤网堵塞或液压管路堵塞。原因是液压油中有杂质。

5）油路泄漏。原因是螺栓力矩不足、螺栓损坏和阀体变形等。

6）阀体磨损。原因是穿过阀体的驱动轴对阀体接触面的磨损。

阀体的维修工作主要是检查和清洗。更换堵塞的滤清器滤芯、损坏的密封件或弹簧以及磨损的阀体球等。一般阀体的损坏，不能维修，只能更换。

（3）阀体零件的检修

1）将上下阀体和所有控制阀的零件用清洁的煤油清洗干净。

2）检查控制阀阀芯表面，如果有轻微刮伤痕迹可以用砂纸抛光。

3）检查各控制阀的弹簧是否有损坏，测量弹簧的长度，应符合自动变速器维修手册的要求，如果不符合要求，就应该更换。

4）检查滤清器，如果有损坏或堵塞，就应该更换。

5）主调节阀卡滞可通过打磨清洗，主调节阀和阀孔的配合间隙为0.01～0.0254mm，不要打磨过量。

6）滑阀在立着的阀孔内，在干净、干燥的前提下，依靠自身重力不能移动，用手指轻推就可以下滑，配合间隙为0.01mm。在没有外力的情况下，仅靠自身的重力就可以缓缓地下移，配合间隙为0.02mm。

（4）检修阀体时的注意事项

1）检修阀体时，不能让阀芯等重要零件掉落，也不能将铁丝、旋具等硬物伸入阀孔中，以免损伤阀芯和阀孔的精密配合表面。

2）阀体分解后，所有的零件清洗后必须用压缩空气吹干，不能用棉布擦拭，以免沾上细小的纤维丝，造成控制阀卡滞。

3）装配阀体时应检查各控制阀阀芯是否能在阀孔内自由活动。如果有卡滞应拆下，经清洗后再重新安装。

4）不要在阀体衬垫及控制阀的任何零件上使用密封胶和粘结剂。

5）在更换隔板衬垫时要将新旧隔板衬垫进行对比，确认无误后再装入，以防止因零件规格不符而影响自动变速器的正常工作。

（5）阀体的检修实例　以本田雅阁自动变速器阀体为例。

1）将阀体解体后，先用清洗剂清洗部件，再用压缩空气吹干。只要主阀体中有零件磨损，就要更换主阀体。

2）确保所有的阀芯在阀孔中都能自由转动。如果不能自由滑动，就用在自动变速器油中浸泡了30min的1200号砂纸打磨毛刺或粗糙表面。

3）确保弹簧自由长度在规定范围内，如果不符合规范，就应该更换弹簧。

### 2.3.6　液压控制系统常见故障排除

**1. 自动变速器在倒档时不走车**

（1）故障原因

1）变速杆系统倒档制动带调整不当或制动带断裂。

2）倒档离合器活塞有裂纹、破损或油封漏油，或离合器片打滑、烧坏。

3）倒档离合器作用量孔堵塞。

4）倒档增压阀或低档超越离合器阀卡住。

5）直接档离合器片烧坏，活塞、壳体破裂，活塞油封损坏或壳体上的回油球阀卡住、漏油。

6）直接档离合器隔板处量孔堵塞或油道渗漏油。

7）前进档离合器没脱开，或控制阀垫片漏油。

8）油泵间隙超大，油泵调压器卡住，油封、垫片、油管接头等处漏油。

9）中间伺服机构与壳体之间的油封损坏或漏装。

（2）故障检修

1）重新调整，漏油处换垫片或拧紧或换新件修复。

2）量孔堵塞、球阀卡住时，用清洗或换件恢复其技术状况。

3）对裂纹、烧坏、磨损严重的，能修的修复，否则换件。

**2. 自动变速器无法挂档**

（1）故障原因

1）油压过低或油量不足。

2）变速杆系卡涩或调节不良。

3）油泵间隙过大、垫片损坏或密封不严而漏油。

4）变速杆系失调，变速调压器阀卡住，或变速阀卡在断开的位置。

5）调速器阀卡在断开位置，其支承座密封环磨损或断裂，调整不合适。

6）强制降档伺服机构、制动带、杆系失效，或离合器伺服机构卡住或失效。

（2）故障检修

1）对卡住件检查原因，对调整不当者重新调整，对漏油者应换垫、换环修复。

2）加足油量，提高油泵出油压力。

**3. 自动变速器在低速时不能加档**

（1）故障原因

1）真空管路漏气或变速器壳体渗漏。

2）控制阀总成安装不当，漏油或损坏。

3）节气门强制降档阀卡在开启位置。

4）节气门调压器阀卡住，造成节气门压力过大。

5）强制低档电磁阀卡在开启位置，或电磁阀松动、垫片漏油。

（2）故障检修　堵住漏气、漏油处，消除阀卡住因素。

**4. 自动变速器油变色或有焦味**

（1）故障原因

1）液压油污染过脏，或变矩器损坏。

2）变速器磨损严重。

（2）故障检修

1）更换液压油或变矩器。

2）分解检修变速器。

**5. 自动变速器仅在各前进档打滑**

（1）故障原因

1）油液不足；油液品牌号选择不当；油中含有空气（如油呈泡沫状），造成换档时有海绵感。

2）变速杆失调。

3）控制压力调整不当或油泵磨损，阀体变形、发卡或失效。

4）离合器油封伺服缸及密封圈等有泄漏处，或调速器阀发卡，密封圈泄漏。

5）冷却器或滤清器管路有堵塞造成系统油压过低；蓄能器活塞破损、弹簧折断或油封磨损。

6）单向离合器磨损、离合器盘磨损，不能（仅在 1 档打滑）锁止。

（2）故障检修

1）向自动变速器注油、查找泄漏部位，若油泵密封垫损坏、螺栓松动或加油管 O 形密封圈损坏，予以更换或拧紧。

2）调整拉杆长度，进行液压、气压试验，确定油压低的原因，检修或换下不合格的离合器。

3）核对自动变速器的用油品牌是否正确。

4）检查油泵工作压力和油泵的固定螺栓是否移动。

## 2.3.7　液压控制系统的案例分析

案例 1：广州本田雅阁自动变速器故障维修

**故障现象：**一辆 2005 年产广州本田雅阁 3.0 轿车（CM6），搭载 BAYA 型 5 速自动变速器。据车主反映，该车在行驶过程中曾经出现过变速器打滑的现象，但是故障现象出现的时间并不确定，所以一直没有进行彻底检查。该车在最近一次高速行驶过程中，大量变速器油从变速器壳体上部通气孔喷出，导致车辆无法继续行驶而被拖进修理厂。

**故障分析：** 根据多年自动变速器的检修经验，因为缺少变速器油而引发的故障是比较容易维修的，一般只需要检查出导致变速器油温过高的原因并更换烧蚀的摩擦片等部件，然后进行变速器内部清洗即可解决问题。

**故障检修及排除：** 首先检查变速器油，从变速器油中包含的杂质可以看出变速器内部已经严重烧蚀，于是决定解体变速器。解体变速器后检查各部件的状态，发现变速器油泵的主动齿轮和从动齿轮严重烧毁，而且有多个离合器摩擦片存在不同程度的烧蚀。更换变速器油泵、主阀体以及烧毁的摩擦片，并彻底清洗变速器内部特别是液力变矩器内部。检修完毕后装车路试，变速器的故障彻底排除了。

案例2：奔驰3.0轿车自动变速器无超速档

**故障现象：** 车主称，该车在高速公路上行驶时，很难挂进高速档位。挂进档位后，车辆不但不能升速，反而减速，无奈仍以D（前进）位运行。

**故障分析：** 该车装有5档液控自动变速器。变速器故障警告灯在试车中未闪亮，说明该车自动变速器没有传感器及电路故障，初步可以排除这部分原因。又鉴于该自动变速器仅为超速档故障，所以应着重检查超速档部件。可能故障原因有：

1）换档阀严重磨损或卡死在某一部位。

2）2档制动器磨损严重。

3）单向离合器故障。

4）直接离合器磨损严重。

**故障检修及排除：** 显然检查这些部件，需拆检自动变速器。拆检中发现油泵上漏装一侧滚针轴承滚道，致使滚针轴承撞击直接离合器头部，造成活塞环脱落损坏，密封不严造成离合器失效。更换活塞和油泵壳体。装复后试车，故障排除。

案例3：奔驰500SEL轿车自动变速器耗油异常

**故障现象：** 一辆奔驰500SEL轿车的自动变速器有耗油异常故障，每隔一个月就要大量补充自动变速器油。

**故障分析：** 经检查，自动变速器前后油封均无漏油现象，油底壳油封良好。常见漏油故障部位均正常。再经仔细检查后发现箱体左侧的真空控制换档延迟阀的真空输入管内有自动变速器油。这时才恍然大悟，原来自动变速器油全被吸进发动机内燃烧掉了，难怪排气管冒蓝烟。

**故障检修及排除：** 拆下真空控制换档延迟阀检查，判断是阀体内部密封失效所致。用拇指挤压阀体内部铅质作用柱塞，可看到产生“泵油”现象，即有自动变速器油从阀体的真空输入端喷出，于是更换了真空控制换档延迟阀，自动变速器耗油异常故障排除。

## 2.4　电子控制系统

### 2.4.1　电子控制系统的基本组成与工作原理

目前新款轿车多采用电子控制自动变速器，自动变速器电子控制系统主要由传感器、执行器及电子控制单元（ECU）三大部分组成，如图 2-70 所示。

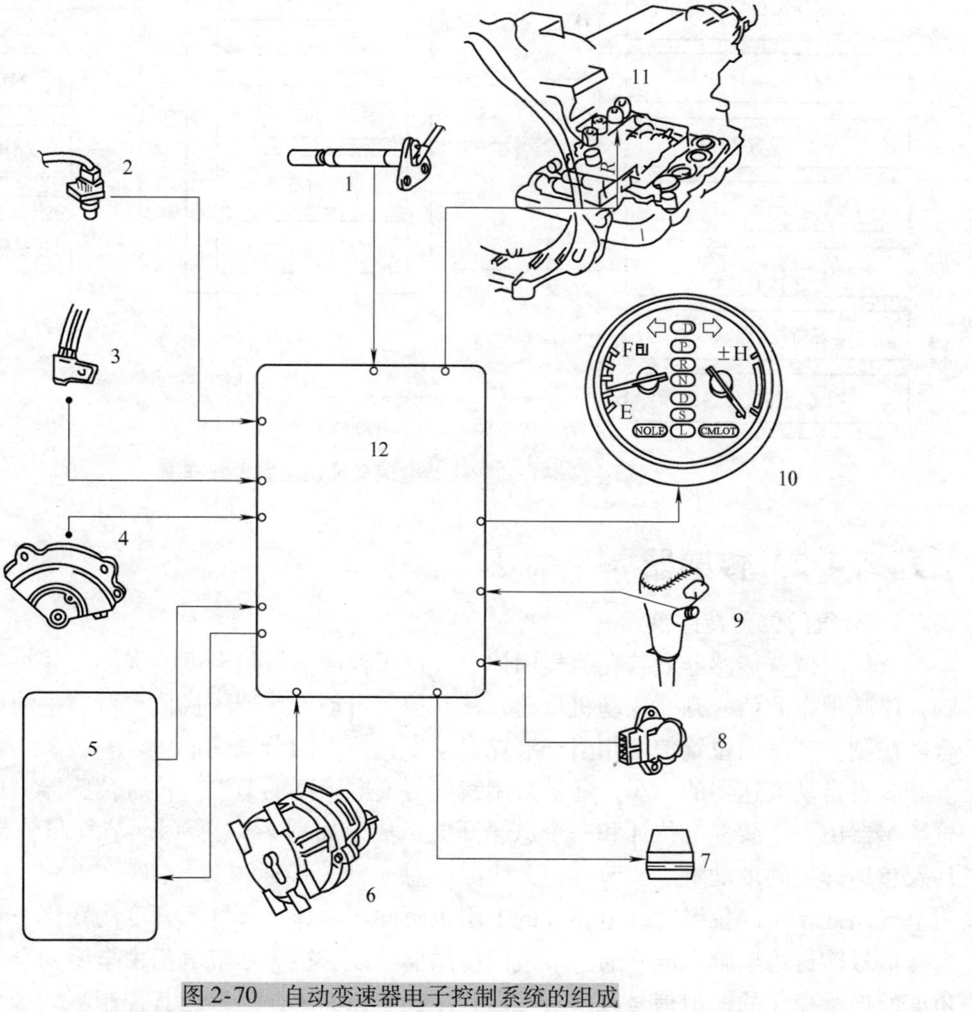


图 2-70　自动变速器电子控制系统的组成

1—输入轴转速传感器　2—车速传感器　3—液压油温度传感器　4—档位开关　5—发动机电脑
6—发动机转速传感器　7—故障检测插座　8—节气门位置传感器　9—模式开关
10—档位指示灯　11—电磁阀　12—自动变速器电控单元（ECU）

传感器部分主要包括节气门位置传感器、车速传感器、发动机转速传感器、输入轴转速传感器、冷却液温度传感器、ATF 温度传感器、空档起动开关、强制降档开关、制动灯开关、模式选择开关、O/D 开关等。

执行器部分主要包括各种电磁阀和故障指示灯等。

ECU 主要完成换档控制、锁止离合器控制、油压控制、故障诊断和失效保护等功能。

电控单元是整个控制系统的控制中心，它通过检测节气门开度和车速、发动机转速、控制开关信号等参数，按照特定的处理程序处理这些数据，并发出相应的控制信号，控制各种电磁阀的工作，使各种液压阀动作，用液压油驱动离合器、制动器、锁止离合器、单向离合器等执行机构，实现对自动变速器的自动换档等控制，其控制原理如图 2-71 所示。

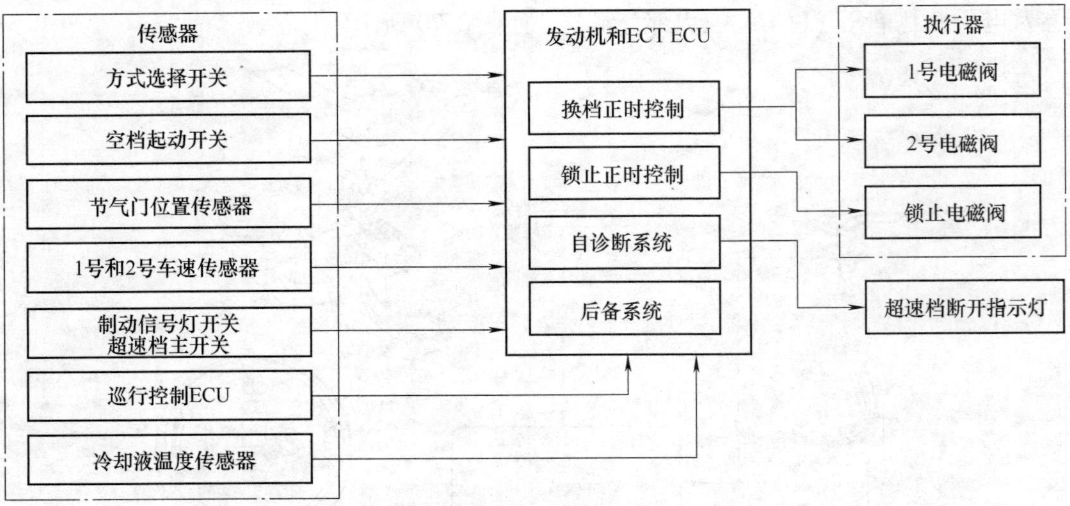


图 2-71　自动变速器电控系统控制原理方框图

## 2.4.2　传感器

### 1. 节气门位置传感器

节气门位置传感器安装在节气门体上，用于检测节气门开度的大小，并将数据传送给电脑，电脑根据此信号判断发动机负荷，从而控制自动变速器的换档、调节主油压和对锁止离合器控制。节气门位置信号相当于液控自动变速器中的节气门油压。

装备自动变速器的汽车，通常采用线性可变电阻型的节气门位置传感器。这种节气门位置传感器由一个线性电位计和一个怠速开关组成，如图 2-72 所示。节气门轴带动线性电位计及怠速开关的滑动触点。节气门关闭时，怠速开关接通；节气门开启时，怠速开关断开。当节气门处于不同位置时，电位计的电阻也不同。这样，节气门开度的变化被转变为电阻或电压信号输送给电脑。电脑通过节气门传感器可以获得表示节气门由全闭到全开的所有开启角度的连续变化的模拟信号以及节气门开度的变化速率，以作为其控制不同行驶条件下的档位变换的主要依据之一。

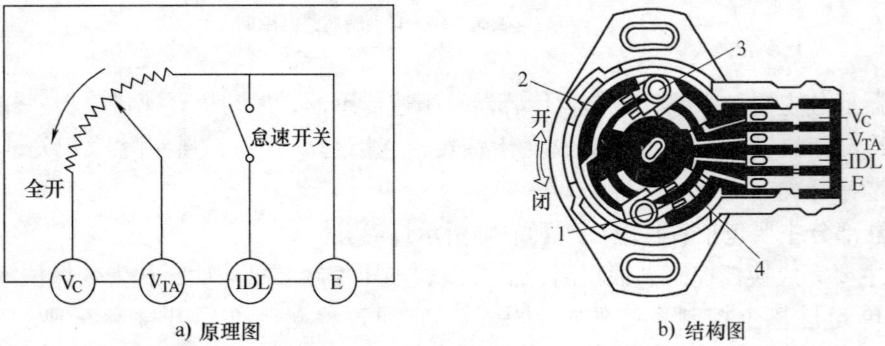


a) 原理图　　b) 结构图

图 2-72　节气门位置传感器的结构、原理

1—怠速信号触点　2—电阻器　3—节气门开度信号触点　4—绝缘体

**2. 车速传感器**

车速传感器用于检测自动变速器输出轴转速，自动变速器ECU根据车速传感器输入的信号计算出车速，并以此信号控制自动变速器的换档和锁止离合器的锁止。

常见的车速传感器有电磁式、舌簧开关式、光电式三种形式。一般自动变速器装有两个车速传感器，分为1号和2号传感器。2号车速传感器一般为电磁式的，它装在变速器输出轴附近的壳体上，为主车速传感器，1号车速传感器一般为舌簧开关式的，为副车速传感器，它装在车速表的转子附近，负责车速的传输，它同时也是2号车速传感器的备用件，当2号车速传感器失效后，由1号车速传感器代替工作。

下面以常见的电磁式车速传感器为例介绍其结构、原理和检修。

电磁式车速传感器主要由永久磁铁、电磁感应线圈、转子等组成，如图2-73a所示。转子一般安装在变速器输出轴上，永久磁铁和电磁感应线圈安装在变速器壳体上，如图2-73c所示。当输出轴转动时，转子也转动，转子与传感器之间的空气间隙发生周期性变化，使电磁感应线圈中磁通量也发生变化，从而产生交流感应电压，如图2-73b所示，并输送给电脑。交流感应电压随着车速变化（输出轴转速）具有两个响应特性：一是随着车速的增加，交流感应电压增高；二是随着车速的增加，交流感应电压脉冲频率也增高。电脑根据交流感应电压脉冲频率大小计算车速，并以此控制自动变速器的换档。车速传感器信号相当于液控自动变速器中的速控油压，电控自动变速器没有速控阀。

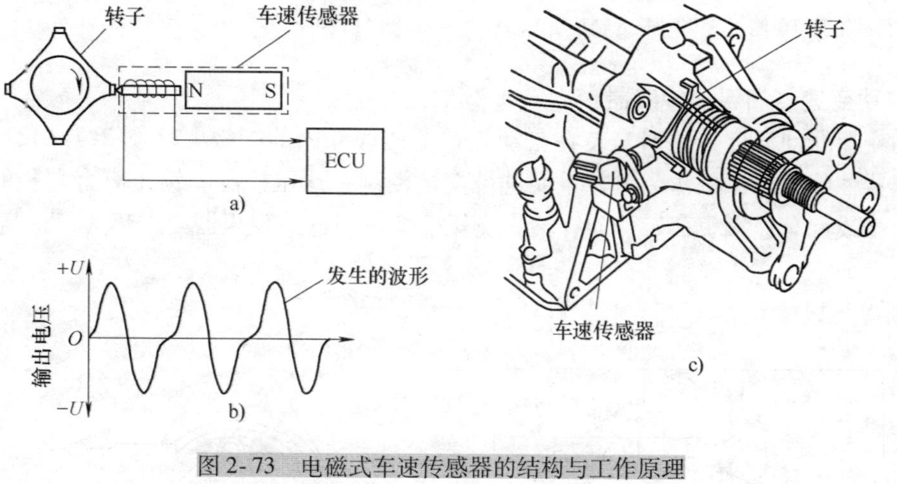


图2-73 电磁式车速传感器的结构与工作原理

**3. 输入轴转速传感器**

对于轿车自动变速器，一般在机械变速器输入轴附近的壳体上装有检测输入轴转速的输入轴转速传感器，如图2-74所示。该传感器一般也采用电磁式的，其结构、原理及检测方法与车速传感器相同。自动变速器ECU根据输入轴转速传感器的信号可以更精确地控制换档。此外，ECU还将该信号与发动机转速信号进行比较，计算出变矩器的转速比，使主油压和锁止离合器的控制得到优化，以改善换档、行驶性能。

**4. 冷却液温度传感器**

冷却液温度传感器的信号不仅用于发动机的控制，还用于自动变速器的控制。如图2-75

所示，当发动机冷却液温度低于设定温度（如60℃）时，发动机 ECU 会发送一个信号给自动变速器 ECU 的 $OD_1$ 端子，以防止自动变速器换入超速档，同时锁止离合器也不能工作。当发动机冷却液温度过高时，自动变速器 ECU 会让锁止离合器工作以帮助发动机降低冷却液的温度，防止变速器过热。如果冷却液温度传感器出现故障，发动机 ECU 会自动将冷却液温度设定为80℃，以便发动机和自动变速器可以工作。

冷却液温度传感器一般都是一个负温度系数的热敏电阻，即温度升高，电阻下降。如图 2-75所示，发动机 ECU 在 THW 端子接收到一个与冷却液温度成正比的电压，从而得到冷却液温度信号。

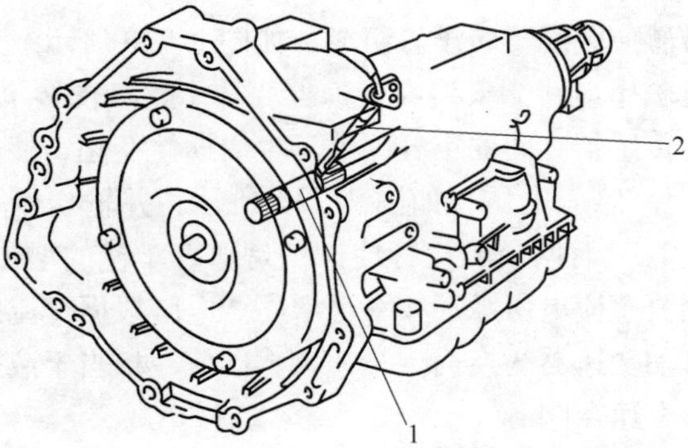


图 2-74　输入轴转速传感器

1—行星轮变速器输入轴　2—输入轴转速传感器

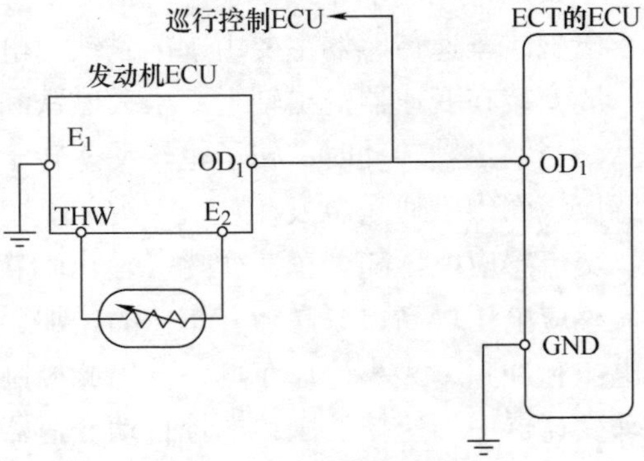


图 2-75　冷却液温度传感器电路图

**5. 自动变速器油温度传感器**

自动变速器油温度传感器安装在自动变速器油底壳内的阀板上（图 2-76a），用于检测自动变速器油的温度，以作为电控单元进行换档控制、油压控制和锁止离合器控制的依据。汽车在起步或低车速大负荷工作时，液力变矩器的效率低，变矩器内发热大，最高温度可达

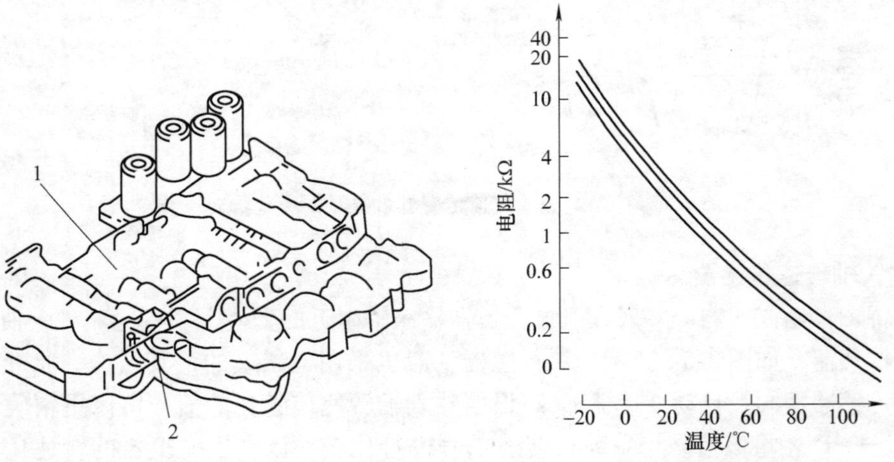


a) 安装位置　　b) 电阻变化曲线图

图 2-76　自动变速器油温度传感器的安装位置及电阻变化曲线图

1—阀板　2—自动变速器油温度传感器

190℃，变速器内阀体处的温度可达 130～140℃。随着车速的提高，变矩器锁止离合器的接合，油温会下降。当自动变速器 ECU 检测到油温高于一定值时（车型不同，此值也略有不同，如大众 01M 自动变速器为 150℃，大宇新典雅为 140℃），说明变速器内负荷过大或散热不良或油液过少，为防止变速器内部机件损坏，变速器 ECU 控制变矩器锁止离合器的接合，如果温度还降不下来，则变速器降低一个档位。

自动变速器油温度传感器与冷却液温度传感器相同，内部是一个具有负温度系数的热敏电阻（特性曲线如图 2-76b 所示），电脑根据其电阻的变化测出自动变速器油的温度。

**6. 空档起动开关**

空档起动开关有两个作用：一是感知变速杆位置并将此状态信号送给自动变速器 ECU，二是保证只有变速杆置于 P 位或 N 位才能起动发动机。

如图 2-77 所示，当变速杆置于不同的档位时，仪表板上相应的档位指示灯会点亮。当 ECU 的端子 N、2 或 L 与端子 E 接通时，ECU 便分别确定变速器位于 N、2 或 L 位，否则 ECU 便确定变速器位于 D 位。只有当变速杆置于 P 位或 N 位时，端子 B 与 NB 接通，才能给起动机通电，使发动机起动。

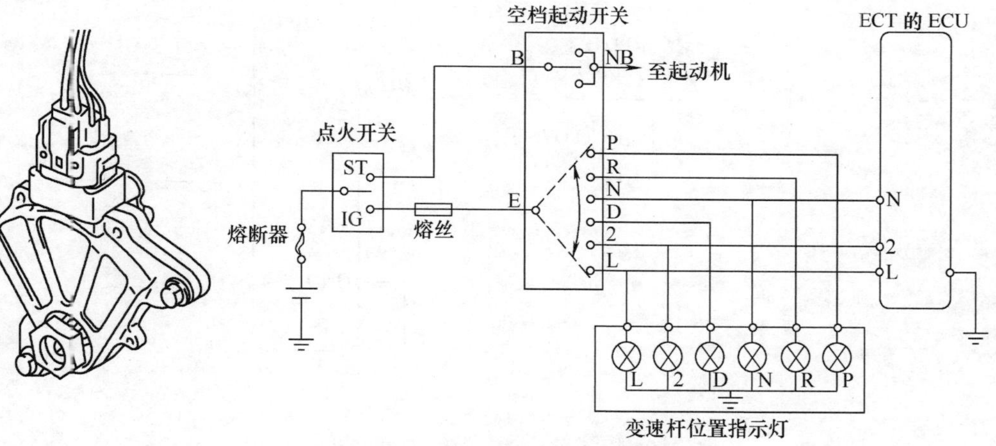


图 2-77　空档起动开关电路图

**7. 超速档控制开关**

超速档开关（O/D 开关）安装在自动变速器的变速杆上，由驾驶人操作控制，可以使自动变速器有或没有超速档。

如图 2-78 所示，当按下 O/D 开关（ON）后，O/D 开关的触点实际为断开，此时 ECU 的 $OD_2$ 端子的电压为 12V，自动变速器可以升至超速档，且“O/D OFF”指示灯不亮。

如图 2-79 所示，当再次按下 O/D 开关后，O/D 开关会弹起（OFF），O/D 开关的触点实际为闭合，此时 ECU 的 $OD_2$ 端子的电压为 0，自动变速器不能升至超速档，且“O/D OFF”指示灯点亮。

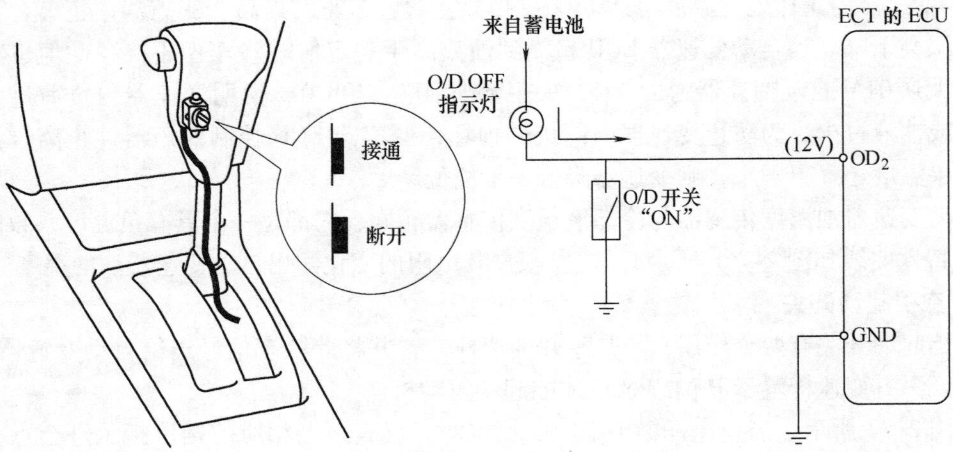


图 2-78 O/D 开关位置及 O/D 开关"ON"的电路图

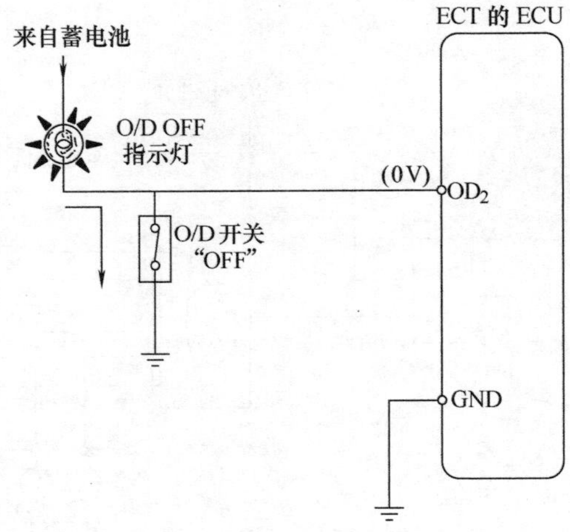


图 2-79 O/D 开关"OFF"的电路图

**8. 模式选择开关**

模式选择开关又称程序选择开关，用于选择变速器控制模式。模式选择开关一般安装在操纵手柄旁边，常见的模式选择开关有常规模式（Normal）、动力模式（Power）、经济模式（Economy）、雪地模式（Snow）、保持模式（Hold）和手动模式（Manual）。自动变速器ECU 根据所选择的行驶模式执行不同的换档程序，控制换档和锁止正时。如选择动力模式，自动变速器会推迟升档，以提高动力性，而选择经济模式，自动变速器会提前升档，以提高经济性，常规模式介于两者之间。

图 2-80 所示为常见的具有常规和动力两种模式的模式选择开关电路图，当开关接通NORM（常规模式），仪表板上"NORM"指示灯点亮，同时自动变速器 ECU 的 PWR 端子的电压为 0，ECU 从而知道选择了常规模式。当开关接通 PWR（动力模式）时，仪表板上"PWR"指示灯点亮，同时自动变速器 ECU 的 PWR 端子的电压为 12V，ECU 从而知道选择了动力模式。

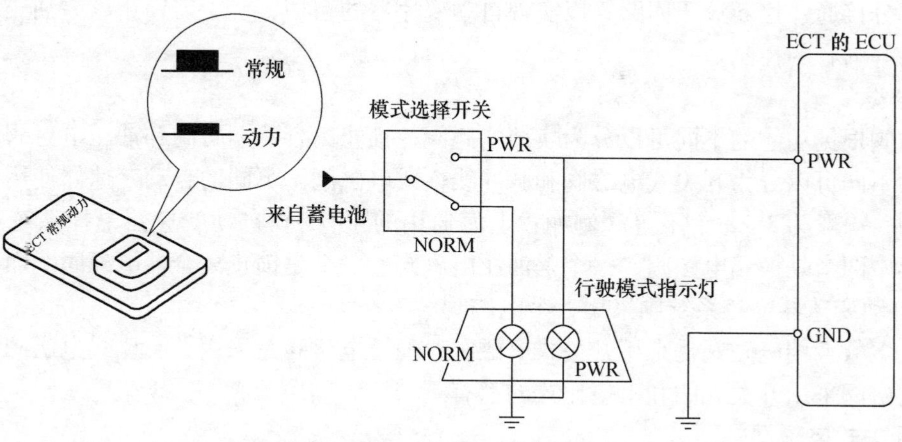


图 2-80　模式选择开关及其电路图

**9. 制动灯开关**

制动灯开关用以判断制动踏板是否踩下。如果踩下，则该开关便将信号输给电控单元，以解除锁止离合器的接合，防止突然制动时发动机熄火。

如图 2-81 所示，制动灯开关安装在制动踏板支架上。当踩下制动踏板时，开关接通，ECU 的 STP 端子电压为 12V；当松开制动踏板时，开关断开，STP 端子电压为 0。ECU 根据 STP 端子的电压变化了解制动踏板的工作情况。

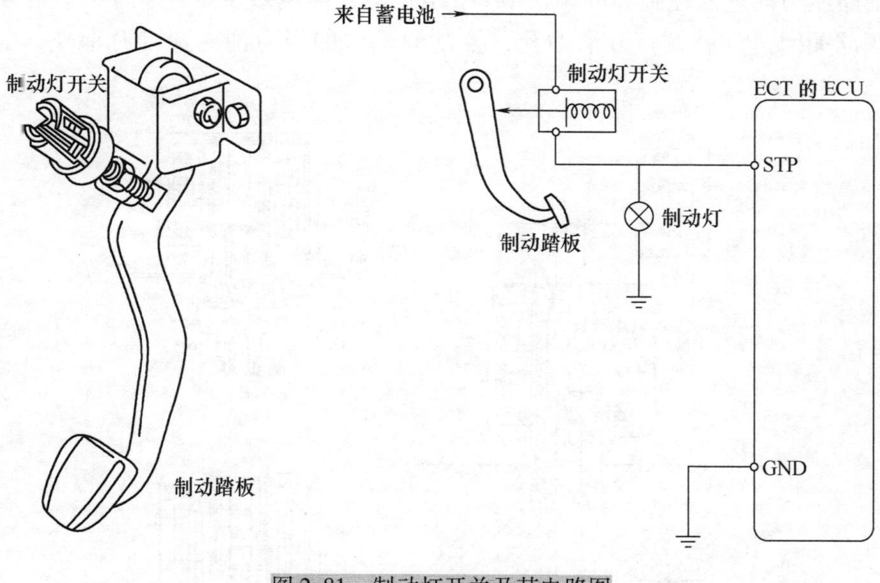


图 2-81　制动灯开关及其电路图

**10. 强制降档开关**

强制降档开关安装在节气门拉索上，当节气门开度达到一定值时，此开关闭合，这表示驾驶人要求较高的动力，变速器控制 ECU 接收到此信号后，将降低一个档位。

## 2.4.3　执行器

电控自动变速器的执行器主要是指各电磁阀，其功用是根据变速器 ECU 的指令接通、切断或部分接通、切断液压回路，以实现自动变速器的换档、变矩器锁止、主油压调节、发动机制动等内容的控制。

**1. 分类**

电磁阀根据功能的不同可以分为换档电磁阀、锁止离合器电磁阀和油压电磁阀。根据工作原理的不同可以分为开关式电磁阀和脉冲线性式电磁阀。不同的自动变速器使用的电磁阀数量不同，一般为3~8个不等。例如：上海通用的4T65-E自动变速器电控系统有四个电磁阀，其中两个是换档电磁阀、一个是油压电磁阀、一个是锁止离合器电磁阀。而一汽大众的01M自动变速器电控系统则采用七个电磁阀。

绝大多数换档电磁阀是采用开关式电磁阀，油压电磁阀是采用占空比式电磁阀，而锁止离合器电磁阀采用开关式的和占空比式的都有。

**2. 开关式电磁阀**

开关式电磁阀的作用是开启或关闭液压油路，通常用于控制换档阀及变矩器锁止控制阀的工作。

开关式电磁阀由电磁线圈、阀球、衔铁和阀芯等所组成，如图2-82所示。它有两种工作方式：一种是让某一条油路保持油压或泄空，如图2-82a所示，即当电磁线圈不通电时，阀芯被油压推开，打开泄油孔，该油路的液压油经电磁阀泄空，油路压力为零；当电磁阀线圈通电时，电磁阀使阀芯下移，关闭泄油孔，使油路油压上升。另一种是开启或关闭某一条油路，即当电磁线圈不通电时，油压将阀芯推开，阀球在油压作用下关闭泄油孔，打开进油孔，使主油路压力油进入控制油道，如图2-82b所示；当电磁线圈通电时，电磁力使阀芯下移，推动阀球关闭进油孔，打开泄油孔，控制油道内的压力油由泄油孔泄空，如图2-82c所示。

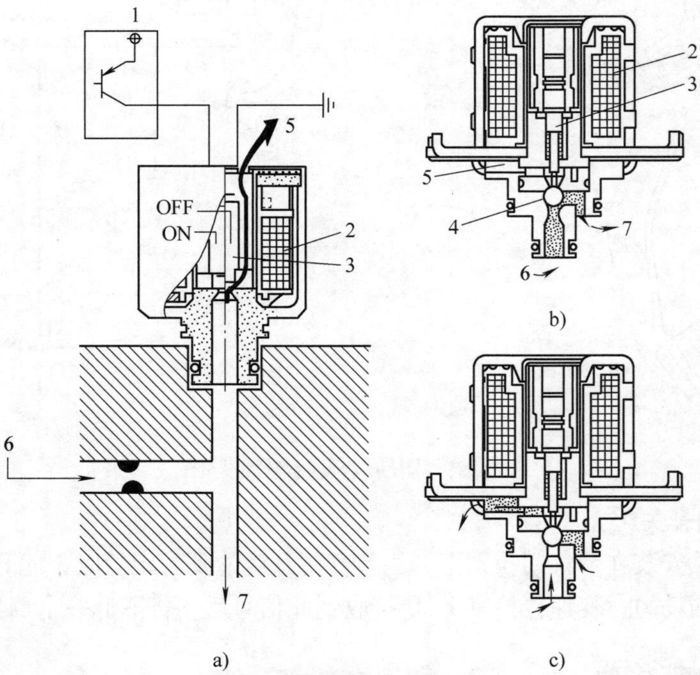


图2-82　开关式电磁阀

1—电脑　2—电磁线圈　3—衔铁和阀芯　4—阀球　5—泄油孔　6—主油道　7—控制油道

如图 2-83 所示为换档电磁阀控制换档阀的工作原理图。当换档电磁阀断电时，阀芯及球阀在回位弹簧作用下升起，主油压不能到达换档阀的左侧，则换档阀处于左端位置，主油压经过换档阀给换档执行元件供油，得到相应的档位，如图 2-83a 所示。当换档电磁阀通电时，电磁吸力使阀芯及球阀下移，主油压经过换档电磁阀到达换档阀的左侧，换档阀右移，主油压到达换档阀后被截止，不能给换档执行元件供油，得到另外的档位，如图 2-83b 所示。

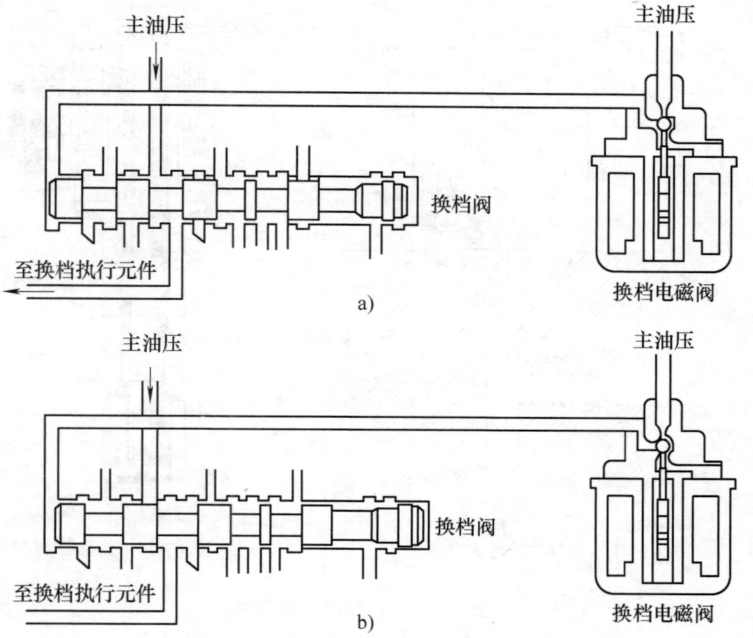

图 2-83　换档电磁阀控制换档阀的工作原理图

**3. 脉冲线性式电磁阀**

脉冲线性式电磁阀的结构与电磁式相似，也是由电磁线圈、衔铁、阀芯和滑阀等组成的，如图 2-84 所示。它通常用来控制油路中的油压。当电磁线圈通电时，电磁力使阀芯或滑阀开启，液压油经泄油孔排出，油路压力随之下降。当电磁线圈断电时，阀芯或滑阀在弹簧弹力的作用下将泄油孔关闭，使油路压力上升。和开关式电磁阀的不同之处在于脉冲线性式电磁阀的电压信号是一个固定频率的脉冲信号。电磁阀在脉冲电信号的作用下不断反复地开启和关闭泄油孔，ECU 通过改变每个脉冲周期内电流接通和断开的时间比率（即占空比，变化范围为 0% ~100%），改变电磁阀开启和关闭时间的比率，来控制油路的压力。占空比越大，经电磁阀泄出的液压油越多，油路压力就越低；反之，占空比越小，油路压力就越大。图 2-85 所示为脉冲线性式电磁阀控制的主油路调压阀的工作原理图。

脉冲线性式电磁阀一般安装在主油路或减振器背压油路上，ECU 通过这种电磁阀在自动变速器升档或降档的瞬间使油压下降，进一步减小换档冲击，使档位的变换更加平顺。

## 2.4.4　电子控制单元

电子控制单元的英文缩写为 ECU，俗称电脑。电控自动变速器可以使用独立的 ECU，也可与发动机电子控制燃油喷射系统共用一个ECU（发动机和变速器ECU)。电子控制单元是电控自动变速器电子控制系统的控制中心，它由电源、输入电路、信号转换器、微机和输出电路等组成。

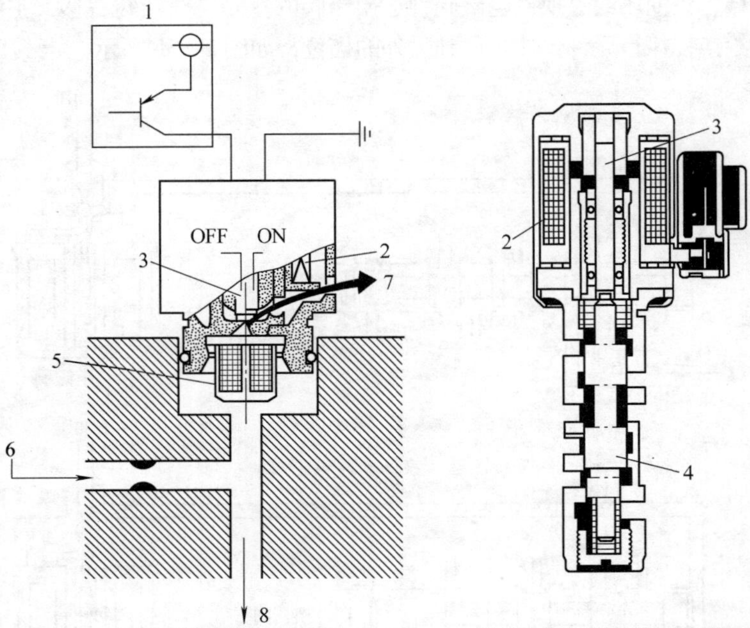


a) 普通脉冲线性式电磁阀　　b) 带滑阀的脉冲线性式电磁阀

图2-84　脉冲线性式电磁阀

1—ECU　2—电磁线圈　3—衔铁和阀芯　4—滑阀
5—滤网　6—主油道　7—泄油孔　8—控制油道

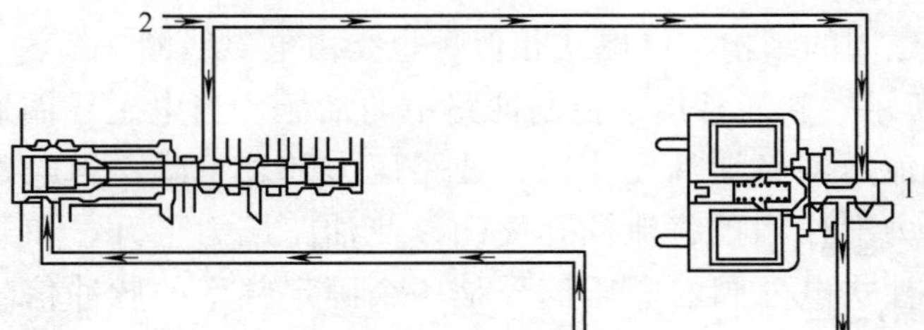


图2-85　脉冲线性式电磁阀控制的主油路调压阀的工作原理图

1—调压电磁阀　2—主油路压力油

自动变速器电子控制单元通常有以下控制功能：

**1. 换档控制**

换档控制即换档时刻控制，是电控自动变速器电子控制单元最基本的控制内容。汽车在某个特定工况下都有一个与之对应的最佳的换档时机或换档车速，ECU应使自动变速器在汽车任何行驶条件下都按最佳换档时刻进行换档，从而使汽车的动力性和燃料经济性等各项指标达到最优。

汽车的最佳换档车速主要取决于汽车行驶时的节气门开度。不同节气门开度下的最佳换档车速可以用自动换档图来表示，如图 2-86 所示。

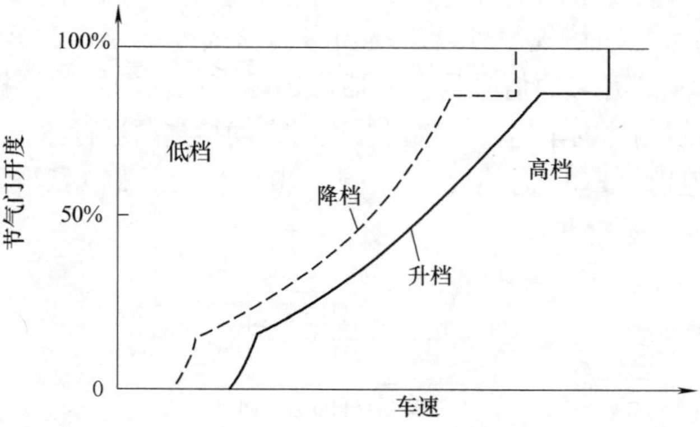


图 2-86 自动换档图

节气门开度越小，汽车的升档车速和降档车速越低；反之，节气门开度越大，汽车的升档车速和降档车速越高。这种换档规律十分符合汽车的实际使用要求。例如：当汽车在良好的路面上缓慢加速时，行驶阻力较小，节气门开度也小，升档车速可相应降低，即可以较早地升入高档，从而让发动机在较低的转速范围内工作，减小汽车油耗；反之，当汽车急加速或上坡时，行驶阻力较大，为保证汽车有足够的动力，节气门开度应较大，换档时刻相应延迟，也就是升档车速相应提高，从而让发动机工作在较高的转速范围内，以发出较大的功率，提高汽车的加速和爬坡能力。

图 2-87 所示为典型四档自动变速器的自动换档图，其具有如下特点：

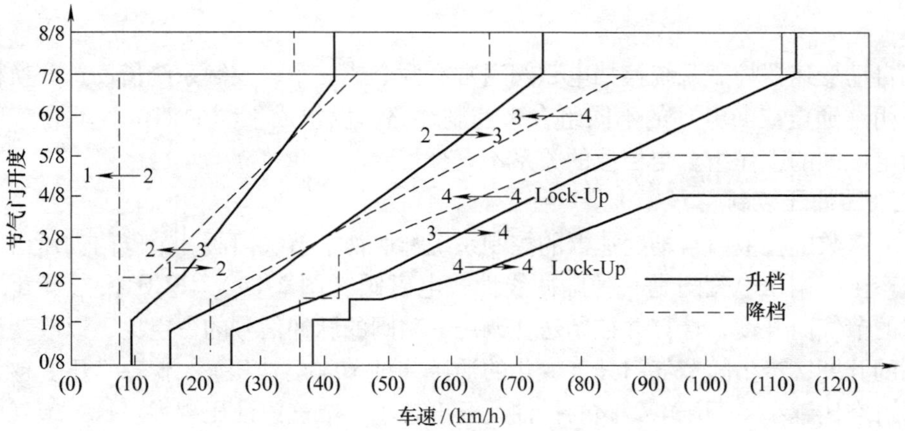


图 2-87 典型四档自动变速器的自动换档图

1）随着节气门开度增加，升档或降档车速增加。以 2 档升 3 档为例，当节气门开度为 2/8 时，升档车速为 35km/h，降档车速为 12km/h。当节气门开度为 4/8 时，升档车速为 50km/h，降档车速为 25km/h。

2）升档车速高于降档车速，以免自动变速器在某一车速附近频繁升档、降档而加速自动变速器的磨损。

汽车的行驶条件多变，在不同的条件下对汽车的使用要求也有所不同。当汽车自动变速器的变速杆或模式开关处于不同位置时，要求其换档规律也应做相应的调整。ECU 将汽车在不同使用要求下的最佳换档规律以自动换档图的形式存储在存储器中。在汽车行驶中，ECU 根据档位开关和模式开关的信号从存储器内选择出相应的自动换档图，再将车速传感器和节气门位置传感器测得的车速、节气门开度与自动换档图进行比较，根据比较结果，在达到设定的换档车速时，ECU 向换档电磁阀发出电信号，以实现档位的自动变换，如图 2-88所示。

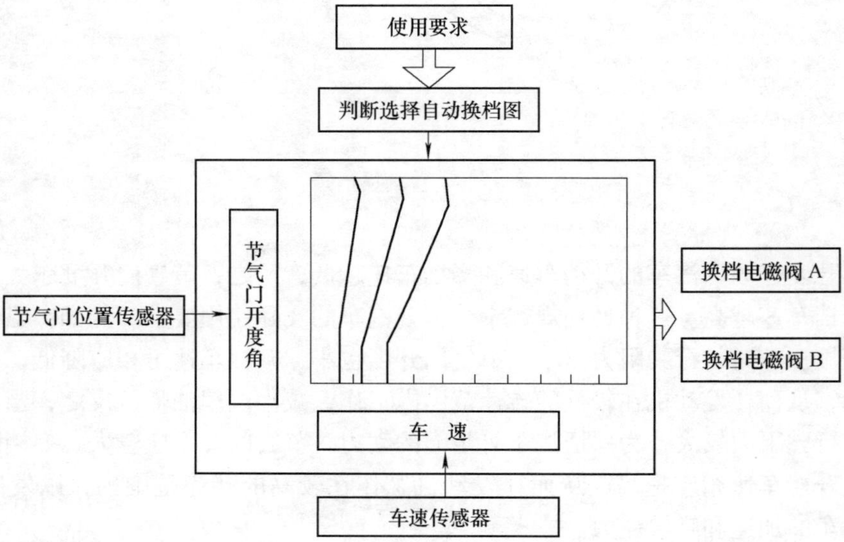


图 2-88　自动换档控制图

四档自动变速器控制系统换档电磁阀通常有两个或三个，控制系统借助这些换档电磁阀开启和关闭（通电或断电）的不同组合来控制油路，以组成不同的档位。不同车型自动变速器换档电磁阀的工作组合与档位的关系不完全相同。

**2. 主油路油压控制**

现代大多数电控液力自动变速器的控制系统都取消了节气门阀，节气门油压由一个调压电磁阀来产生。调压电磁阀是一种脉冲线性式电磁阀（图 2-84），ECU 根据节气门位置传感器测得的节气门开度，计算并控制送往调压电磁阀的脉冲信号的占空比，以改变调压电磁阀排油孔的开度，产生随节气门开度变化的油压（即节气门油压）。节气门开度越大，脉冲电信号的占空比越小，调压电磁阀的排油孔开度越小，节气门油压越大。这一节气门油压被反馈到主油路调压阀，作为主油路调压阀的控制压力，使主油路调压阀随着节气门开度的变化改变所调节的主油路油压，以获得不同的发动机负荷下主油路油压的最佳值，并将驱动油泵的动力损失降低到最小。此外 ECU 还能根据档位开关的信号，在变速杆处于倒档位置时提高节气门油压，使倒档时的主油路油压升高，以满足倒档时对主油路油压的需要，如图 2-89所示。

除正常的主油路油压控制外，ECU 还可以根据各个传感器测得的自动变速器的工作条件，在一些特殊情况下对主油路油压做适当的修正，使油路压力的控制获得最佳效果。例如：在变速杆位于前进低档（S、L 或 2、1）位置时，由于汽车的驱动力相应较大，ECU 自动使主油路油压高于前进档时的油压，以满足动力传递的需要。为减小换档冲击，ECU 还在自动变速器换档过程中按照换档时节气门开度的大小，通过调压电磁阀适当减小主油路油压，以改善换档感觉。ECU 还可以根据自动变速器油温度传感器的信号，在自动变速器油温度未达到正常工作温度（低于 60℃）时，将主油路油压调整为低于正常值，以防止因自动变速器油在低温下黏度较大而产生换档冲击。当自动变速器油温度过低（低于 -30℃）时，ECU 使主油路油压升到最大值，以加速离合器、制动器的接合，防止温度过低时因自动变速器油黏度过大而导致换档过程过于缓慢。在海拔较高时，发动机输出功率降低，ECU 将主油路油压控制为低于正常值，以防止换档时产生冲击。

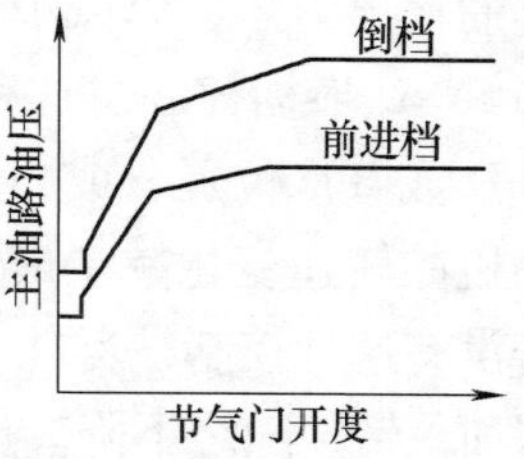

图 2-89　主油路油压调节特性

**3. 液力变矩器锁止离合器控制**

电控自动变矩器中的锁止离合器的工作是由 ECU 控制的。ECU 按照设定的控制程序，通过一个电磁阀（称为锁止电磁阀）来控制锁止离合器的接合或分离。电控自动变速器在各种工作条件下的最佳锁止离合器控制程序被事先存储在 ECU 的存储器内。ECU 根据自动变速器的档位、控制模式等工作条件从存储器内选择出相应的锁止控制程序，再将车速、节气门开度与锁止控制程序进行比较。当车速足够高，且其他各种因素均满足锁止条件时，ECU 即向锁止电磁阀输出电信号，使锁止离合器接合，实现变矩器的锁止。

ECU 在对锁止离合器进行控制时，还要根据自动变速器的工作条件，在下述一些特殊工况下禁止锁止离合器接合，以保证汽车的行驶性能。这些禁止锁止离合器接合的条件有：自动变速器收到制动信号时（有些自动变速器是在 ECU 收到制动信号且车速降到一定车速时），当发动机冷却液温度低于某值时，自动变速器油温低于某值时，当节气门完全关闭时，在其他情况如 ECU 检测到锁止离合器控制电路故障时。

早期的电子控制自动变速器中，控制锁止离合器工作的锁止电磁阀采用的是开关式电磁阀，即通电时锁止离合器接合，断电时锁止离合器分离。目前新生产的车型多数采用脉冲线性式电磁阀作为锁止电磁阀，ECU 在控制锁止离合器接合时，通过改变脉冲电信号的占空比，让锁止电磁阀的开度缓慢增大，以减小锁止离合器接合时所产生的冲击，使锁止离合器的接合过程变得更加柔和。

**4. 换档品质控制**

为了提高汽车舒适性，自动变速器换档需平顺柔和，为此，电控自动变速器 ECU 都有换档品质控制程序。目前常见的改善换档品质的控制功能有以下几个方面：

1）换档油压控制。在自动变速器升档或降档的瞬间，ECU 通过油路压力电磁阀适当降低主油路油玉，以减小换档冲击，改善换档质量。也有一些控制系统是通过电磁阀在换档时减小减振器活塞的背压，以减缓离合器或制动器液压缸内油压的增长速度，达到减小换档冲击的目的。以上换档油压的控制，有些自动变速器由油压控制电磁阀来完成，有些自动变速器由专门的换档平顺电磁阀来控制。

2）减力矩控制。在换档的瞬间，通过延迟发动机的点火时间或减少喷油量，暂时减小发动机的输出力矩，以减小换档冲击和输出轴的转矩波动。

3）N-D 换档控制。这种控制是在变速杆由停车档或空档（P 或 N）位置换至前进档或倒档（D 或 R）位置，或相反地由 D 位或 R 位换至 P 位或 N 位时，通过调整发动机喷油量，将发动机的转速变化减至最低程度，以改善换档质量。

若没有这种控制，当自动变速器的变速杆由 P 位或 N 位换至 D 位或 R 位时，由于发动机负荷增加，转速随之下降。反之，由 D 位或 R 位换至 P 位或 N 位时，由于发动机负荷减小，转速将上升。具有 N-D 换档控制功能的自动变速器的 ECU 在变速杆由 P 位或 N 位换至 D 位或 R 位时，若输入轴传感器所测得的输入轴转速变化超过规定值，即向发动机 ECU 发出 N-D 换档控制信号，发动机 ECU 根据这一信号增加或减小喷油量，以防止发动机转速变化过大。

**5. 自动模式选择控制**

ECU 通过各个传感器测得汽车行驶情况和驾驶人的操作方式，经过运算分析，自动选择采用经济模式、普通模式或动力模式进行换档控制，以满足不同的驾驶人操作要求。

ECU 在进行自动模式选择控制时，主要参考变速杆的位置及加速踏板被踩下的速率，以判断驾驶人的操作目的，自动选择控制模式。

1）在前进低档（S、L 或 2、1）时，ECU 只选择动力模式。

2）在前进档 D 位且加速踏板被踩下的速率较低时，ECU 选择经济模式。当加速踏板被踩下的速率超过控制程序中所设定的速率时，ECU 由经济模式转变为动力模式。

3）在前进档 D 位中，ECU 选择动力模式之后，一旦节气门开度低于 1/8 时，ECU 即由动力模式转换为经济模式。

**6. 发动机制动功能控制**

一些新型的电控自动变速器的强制离合器或强制制动器的工作也由 ECU 通过电磁阀来控制。ECU 按照设定的发动机制动控制程序，当变速杆位置、车速、节气门开度等因素满足一定条件（如变速杆位于前进低档位置，且车速大于 10km/h，节气门开度小于 1/8）时，向强制离合器电磁阀或强制制动器电磁阀发出电信号，打开强制离合器或强制制动器的控制油路，使之接合或制动，让自动变速器具有反向传递动力的能力，在汽车滑行时以实现发动机制动。

**7. 使用输入轴转速传感器的控制**

电控自动变速器 ECU 通过输入轴转速传感器可以检测出自动变速器输入轴的转速，并由此计算出变矩器的传动比（泵轮和涡轮的转速之比）以及发动机曲轴和自动变速器输入轴的转速差，从而使 ECU 更精确地控制自动变速器的工作。特别是 ECU 在进行换档油路压力控制、减力矩控制、锁止离合器控制时，利用这一参数进行计算，可使这些控制的持续时间更加精确，从而获得最佳的换档品质和乘坐舒适性。

**8. 故障自诊断与失效保护功能**

电控自动变速器 ECU 具有故障自诊断和失效保持功能。ECU 在汽车行驶过程中不停地监测自动变速器电子控制装置中所有传感器和部分执行器的工作，一旦发现某个传感器或执行器有故障，它立即采取以下几种保护措施：

1）在汽车行驶时，仪表板上的自动变速器故障警告灯亮起，提醒驾驶人立即将汽车送至维修厂检修。目前，大部分汽车是以超速档指示灯“O/D OFF”作为自动变速器故障警告灯。若超速档指示灯亮起后，按超速档开关也不能将它熄灭，即说明电子控制装置出现故障。

2）传感器出现故障时，ECU 所采取的控制方式和保护措施如下：

① 当节气门位置传感器出现故障时，ECU 根据怠速开关的状态进行控制。当怠速开关断开时（加速踏板被踩下），按节气门开度为1/2 进行控制，同时节气门油压为最大值。当怠速开关接通时（加速踏板完全放松），按节气门处于全闭状态进行控制，同时节气门油压为最小值。

② 当车速传感器出现故障时，ECU 不能进行自动换档控制，此时自动变速器的档位由变速杆的位置决定。在 D 位和 S（或 2）位固定为超速档或 3 档，在 L（或 1）位固定为 2 档或 1 档，或不论变速杆在任何前进档位，都固定为 1 档，以保持汽车最基本的行驶能力。许多车型的自动变速器有两个车速传感器，其中一个用于自动变速器的换档控制，另一个为仪表板上车速表的传感器。这两个传感器都与 ECU 相连，当用于换档控制的车速传感器损坏时，ECU 可利用车速表传感器的信号来控制换档。

③ 输入轴转速传感器出现故障时，ECU 停止减转矩控制，换档冲击有所增大。

④ 自动变速器油温度传感器出现故障时，ECU 按自动变速器油温度为 80℃ 的设定进行控制。

3）执行器出现故障时，ECU 所采取的控制方式和保护措施如下：

① 换档电磁阀出现故障时，不同的 ECU 有两种不同的失效保护功能：一种是不论有几个换档电磁阀出现故障，ECU 都将停止所有换档电磁阀的工作，此时自动变速器的档位将完全由变速杆的位置决定。在 D 位和 S（或 2）位时被固定为 3 档，在 L（或 1）位时被固定为 2 档。另一种是几个换档电磁阀中有一个出现故障时，ECU 控制其他无故障的电磁阀工作，以保证自动变速器仍能自动升档或降档，但会失去某些档位，而且升档或降档规律有所变化，如可能直接由 1 档升到 3 档或超速档。

② 强制离合器或强制制动器电磁阀出现故障时，ECU 停止电磁阀的工作，让强制离合器或强制制动器始终处于接合状态，这样汽车减速时总有发动机制动作用。

③ 锁止电磁阀出现故障时，ECU 停止锁止离合器控制，使锁止离合器始终处于分离状态。

④ 油压电磁阀出现故障时，ECU 停止锁止离合器控制，使油路压力保持为最大。

## 2.4.5 电控系统的检修

### 1. 主要电控元件的检修

电控自动变速器的传感器、控制开关、执行器等产生故障，都会对自动变速器工作产生影响。利用故障诊断仪读取故障码，可以找出控制系统大部分故障的大致范围，但要确定故障所在的具体部位，还必须进一步用万用表等简单工具，按照维修手册中提供的检测方法、步骤及标准数据，对各零部件进行检测。另外，一些执行器的机械故障（如卡滞、泄漏等）无法被故障自诊断检测出来，只有通过实际检测才能发现。

（1）节气门位置传感器的检修与调整

1）节气门位置传感器的检测：

① 拔去节气门位置传感器的线束插头。

② 用万用表在节气门位置传感器接线插座上测量怠速开关的导通情况（图 2-90）。当节气门全闭时，怠速开关应导通；当节气门开启时，怠速开关应不导通。否则，应调整或更换节气门位置传感器。

③ 用万用表测量节气门位置传感器各端子的电阻（图 2-91），将测量结果与表 2-15 进行比较。如有不符，应调整或更换节气门位置传感器。

2）节气门位置传感器的调整：

① 旋松节气门位置传感器的两个固定螺钉，如图 2-92a 所示。

② 把厚度为 0.5mm 的塞尺插入节气门摇臂和限位螺钉之间，同时用万用表测量怠速开关的导通情况，如图 2-92b 所示。

③ 朝节气门闭合方向转动节气门位置传感器，使怠速开关触点断开，然后朝节气门开启方向慢慢地转动节气门位置传感器，直至怠速开关闭合为止。

表 2-15　雷克萨斯 LS400 轿车节气门位置传感器的检测标准

| 测量端 | 节气门开度或节气门摇臂与限位钉之间的间隙/mm | 电阻/kΩ |
|---|---|---|
| IDL—E | 0.40 | 0 |
| | 0.65 | ∞ |
| $V_{TA}$—$E_2$ | 全闭 | 0.34～6.3 |
| | 全开 | 2.4～11.2 |
| $V_C$—$E_2$ | 任意开度 | 3.1～7.2 |

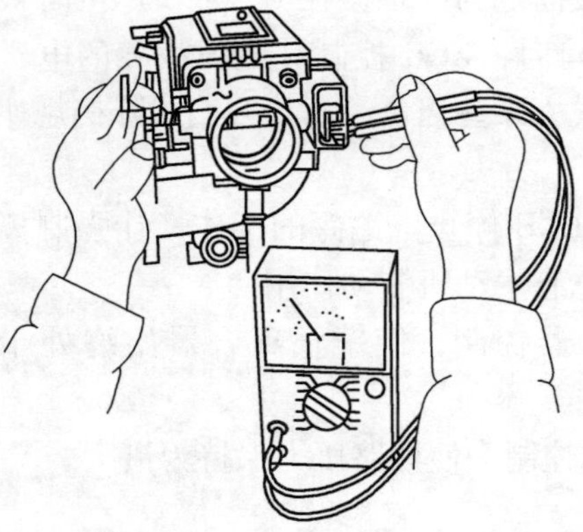

图 2-90　节气门位置传感器的检测

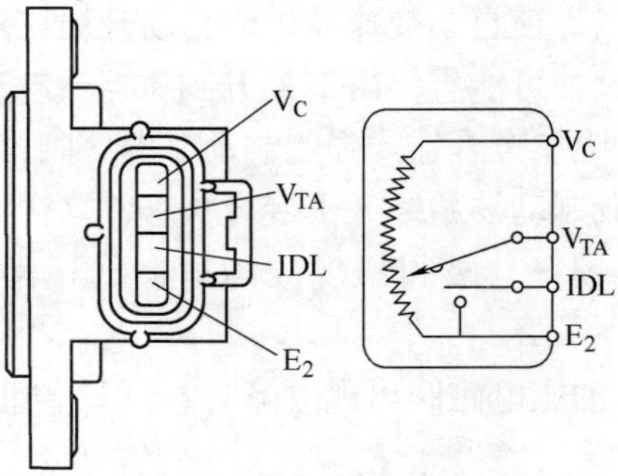


图 2-91　雷克萨斯 LS400 节气门位置传感器电路

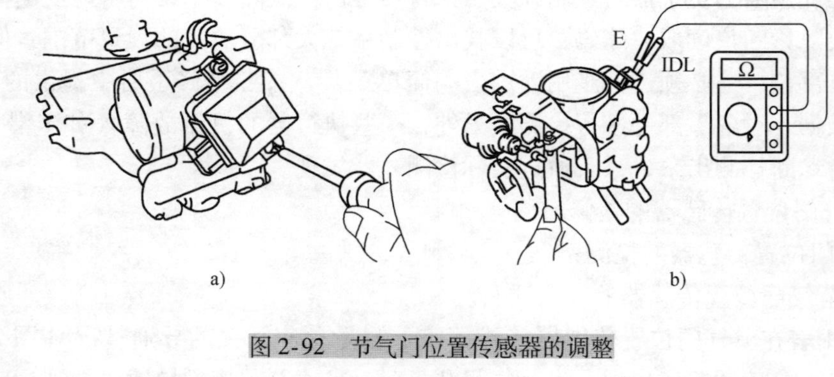


图 2-92　节气门位置传感器的调整

④ 拧紧节气门位置传感器的两个固定螺钉。

⑤ 分别用0.40mm和0.65mm的塞尺插入节气门限位螺钉和节气门摇臂之间，同时测量怠速开关的导通情况。当塞尺为0.40mm时，怠速开关应导通；当塞尺为0.65mm时，怠速开关应断开。否则，应重新调整节气门位置传感器。

（2）车速传感器和输入轴转速传感器的检修　车速传感器与输入轴转速传感器的结构和工作原理相同，其检修方法也是一样的。

1）车速传感器或输入轴转速传感器感应线圈电阻的测量：

① 拔下车速传感器或输入轴转速传感器线束插头。

② 用万用表测量车速传感器或输入轴转速传感器两接线端之间的电阻（图2-93）。不同车型自动变速器的这种传感器感应线圈的电阻不完全相同，通常为几百欧到几千欧。若感应线圈短路、断路或电阻值不符合标准，应更换传感器。

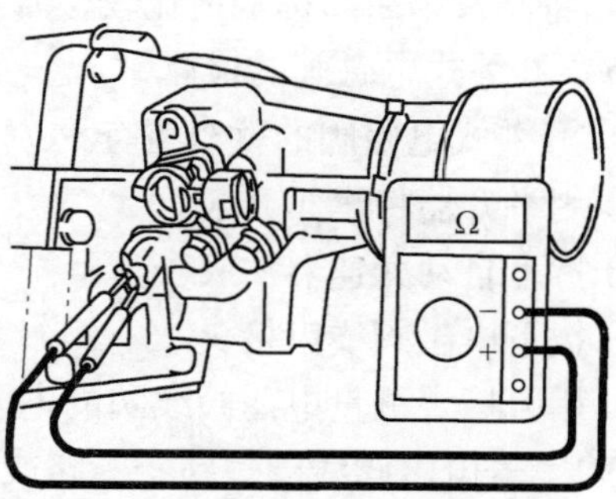

图2-93　车速传感器感应线圈电阻的测量

2）车速传感器或输入轴转速传感器的输出脉冲的测量：

① 测量车速传感器输出脉冲时，可用千斤顶将汽车一侧的驱动轮顶起，让换档手柄位于空档位置，用手转动悬空的驱动轮，同时用万用表测量车速传感器两接线柱之间有无脉冲感应电压。测量时，应将万用表选择开关转至1V以下的直流电压档位置或电阻档位置。若在转动车轮时万用表指针有摆动，说明传感器有输出脉冲，其工作正常；否则，应更换传感器。

② 测量输入轴转速传感器输出脉冲时，应将传感器拆下，用一根铁棒或一块磁铁迅速靠近或离开传感器（图2-94）。同时用万用表测量传感器两接线柱之间有无脉冲感应电压。如果没有感应电压，说明传感器有故障，应更换。

（3）自动变速器油温传感器和冷却液温度传感器的检测　自动变速器油温传感器和冷却液温度传感器的内部都是一个半导体热敏电阻，其检修方法相同。

1）拆下自动变速器油温传感器或冷却液温度传感器。

2）将传感器置于盛有水的烧杯中，加热杯中的水，同时测量在不同温度下传感器两接线端之间的电阻（图2-95）。

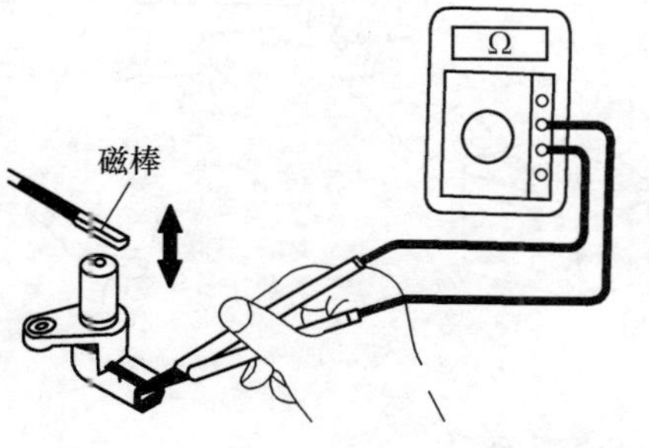

图2-94　输入轴转速传感器输出脉冲检测

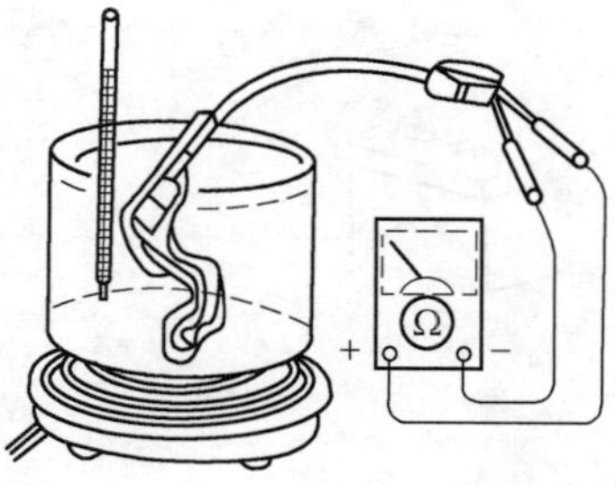

图2-95　自动变速器油温传感器的检测

3）将测量的电阻值与标准相比较，如果不符合标准，应更换传感器。

（4）档位开关的检修

1）用举升器将汽车升起。

2）拆下连接在自动变速器手动阀摇臂和换档手柄之间的连杆。

3）拔下档位开关的线束插头。

4）将手动阀摇臂拨至各个档位，同时用万用表测量档位开关线束插座内各插孔之间的导通情况。

5）将测量结果与标准值比较，若有不符，应重新调整档位开关。

（5）开关式电磁阀的检修

1）开关式电磁阀的就车检查：

① 用举升器将汽车升起。

② 拆下自动变速器油底壳。

③ 拔下电磁阀线束接头。

④ 用万用表测量电磁阀线圈的电阻值。自动变速器的开关式电磁阀线圈的电阻一般为 10～30Ω。若电磁阀线圈短路、断路或电阻值不符合标准，应更换。

⑤ 将 12V 电源加在电磁阀线圈上，应能听到电磁阀工作的“咔嗒”声；否则，说明阀芯卡住，应更换电磁阀。

2）开关式电磁阀的性能试验：

① 拆下电磁阀。

② 将压缩空气吹入电磁阀进油口。

③ 当电磁阀线圈不接电源时，进油孔和泄油孔之间应不通气；否则，说明电磁阀损坏，应更换电磁阀，如图 2-96a 所示。

④ 接上电源后，进油孔和泄油孔之间应相通；否则，说明电磁阀损坏，应更换电磁阀，如图 2-96b 所示。

（6）脉冲线性式电磁阀的检修

1）脉冲线性式电磁阀的就车检查：

① 用举升器将汽车升起。

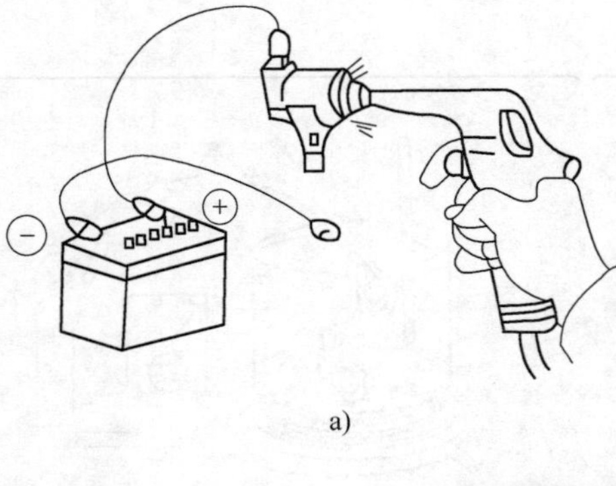


a)

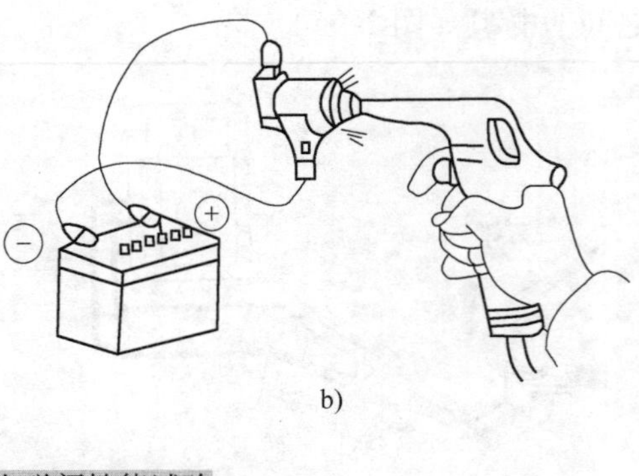


b)

图 2-96　开关式电磁阀性能试验

② 拆下自动变速器油底壳。

③ 拔下电磁阀线束接头。

④ 用万用表测量电磁阀线圈的电阻值。脉冲线性式电磁阀的线圈电阻值较小，一般为2～6Ω。若电磁阀线圈短路、断路或电阻值不符合标准，应更换电磁阀。

2）脉冲线性式电磁阀的性能检验：

① 拆下脉冲线性式电磁阀。

② 将蓄电池电源串联一个8～10W的灯泡，然后与电磁阀线圈连接（脉冲线性式电磁阀线圈电阻较小，不可直接与12V电源连接，否则会烧毁电磁阀线圈）。

③ 在通电时，电磁阀阀芯应向外伸出；断电时，电磁阀阀芯应向内缩入，如图2-97所示，如果异常，说明电磁阀损坏，应更换。

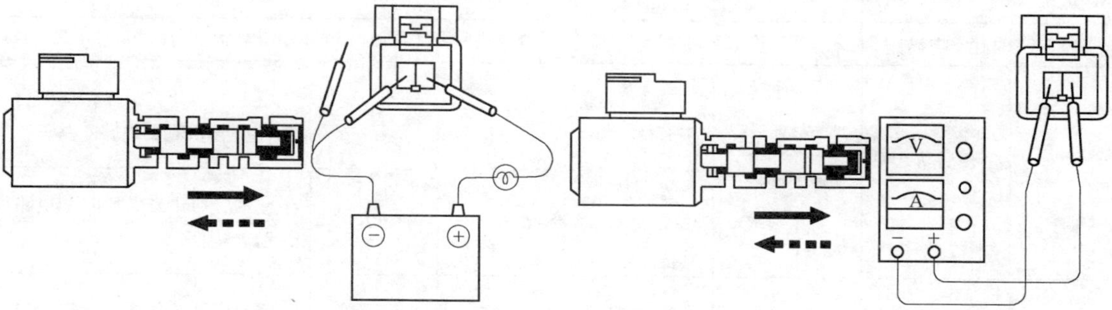


图 2-97 脉冲线性式电磁阀性能的检验

**2. ECU 及控制电路的检修**

ECU 及控制电路的故障可以使用故障诊断仪来检测。如果无法使用故障诊断仪，也可以采用另一种检测方法：通过测量ECU线束插头内各端子的工作电压来判断ECU及其控制电路工作是否正常。采用此方法检测故障时，必须以被测车型的详细维修技术资料为依据。要掌握自动变速器的控制电路、ECU各端子的连接电路图，不同工况下各端子的标准电压值、检测条件等。图2-98所示为丰田CROWN3.0轿车A340E自动变速器和发动机ECU连接器，表2-15所示为丰田CROWN3.0轿车A340E自动变速器和发动机ECU各端子的检测标准。

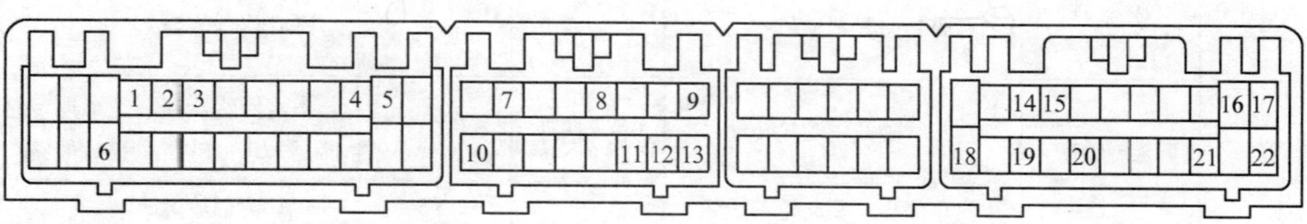


图 2-98 丰田 CROWN3.0 轿车 A340E 自动变速器和发动机 ECU 连接器

1—换档电磁阀A 2—换档电磁阀B 3—锁止电磁阀 4、5、18—空档启动开关 6、13—搭铁 7—故障诊断接口 8—冷却液温度传感器 9、11、12—节气门位置传感器 10—车速传感器 14—超速档开关和超速档指示灯 15—车速传感器 16—蓄电池 17、22—主继电器 19—模式开关和模式指示灯 20—巡航控制单元 21—制动灯开关在检测 ECU 线束各端子工作电压时，应注意以下几点：

1）在检测之前，应先检查自动变速器控制系统及其他电气系统各熔断器、熔丝及有关的线束连接器是否正常。在点火开关处于开启位置时，蓄电池电压应不低于 11V，过低的蓄电池电压将影响测量结果。

**表 2-16　丰田 CROWN3.0 轿车 A340E 自动变速器和发动机 ECU 各端子的检测标准**

| 接线端 | 所连接的电路或元件 | 检测条件 | | 标准电压/V | 不正确电压/V | 可能的故障原因 |
| --- | --- | --- | --- | --- | --- | --- |
| 1 | 换档电磁阀 A | 汽车行驶于 1 档或 2 档 | | 12 | | |
| | | 汽车行驶于 3 档或 4 档 | | 0 | | |
| 2 | 换档电磁阀 B | 汽车行驶于 2 档或 3 档 | | 12 | | |
| | | 汽车行驶于 1 档或 4 档 | | 0 | | |
| 3 | 锁止电磁阀 | 汽车行驶中 | | 7～12 | 0 | ECU 内部故障 |
| 4 | 空档启动开关 | 点火开关置“ON” | 变速杆置于 L 位 | 12 | 0 | 空档启动开关损坏；空档启动开关至 ECU 的电路断路 |
| | | | 变速杆置于 L 之外的其他位置 | 0 | 12 | 空档启动开关至 ECU 的电路接错 |
| 5 | 空档启动开关 | 点火开关置“ON” | 变速杆置于 L 位 | 12 | 0 | 空档启动开关损坏；空档启动开关至 ECU 的电路断路 |
| | | | 变速杆置于 L 之外的其他位置 | 0 | 12 | 空档启动开关至 ECU 的电路接错 |
| 8 | 冷却液温度传感器 | 点火开关置“ON”，冷却液温度为 80℃ | | 0.2～1.0 | 0 | 冷却液温度传感器损坏；冷却液温度传感器至 ECU 的电路短路 |
| | | | | | >4 | 冷却液温度传感器损坏；冷却液温度传感器至 ECU 的电路断路 |
| 9 | 节气门位置传感器 | 点火开关置“ON” | | 4.5～5.5 | <4.5 或 >5.5 | ECU 内部故障 |
| 10 | 车速传感器 | 汽车行驶或驱动轮转动 | | 0～3 摆动 | 0 | 车速传感器损坏；车速传感器至 ECU 的电路断路或短路 |
| | | 汽车停止或驱动轮不转 | | 0 | >5 | ECU 内部故障 |
| 11 | 节气门位置传感器 | 点火开关置“ON” | 节气门全关 | 0 | 7.5～12 | 怠速开关调整不当或损坏；怠速开关至 ECU 的电路断路 |
| | | | 节气门开启 | 7.5～12 | 0 | 怠速开关损坏；怠速开关至 ECU 的电路短路 |

（续）

| 接线端 | 所连接的电路或元件 | 检测条件 | | 标准电压/V | 不正确电压/V | 可能的故障原因 |
|---|---|---|---|---|---|---|
| 12 | 节气门位置传感器 | 点火开关置 ON | 节气门全关 | 0.3～0.8 | 0 或 >1.0 | 节气门位置传感器调整不当或损坏；节气门位置传感器至 ECU 的电路短路或断路 |
| | | | 节气门全开 | 3.2～4.9 | 0 或 >5.5 | 节气门位置传感器调整不当或损坏；节气门位置传感器至 ECU 的电路短路或断路 |
| 14 | 超速档开关和超速档指示灯 | 点火开关置 ON | 超速档开关置 ON | 12 | 0 | 超速档开关损坏；超速档开关至 ECU 的电路短路 |
| | | | 超速档开关置 OFF | 0 | 12 | 超速档开关损坏；超速档开关至 ECU 的电路断路 |
| 15 | 车速传感器 | 汽车行驶或驱动轮转动 | | 0～3 摆动 | 0 | 车速表传感器损坏；车速表传感器至 ECU 的电路短路或断路 |
| | | 汽车停止或驱动轮不转 | | 0 | >5 | 车速表传感器损坏；车速表传感器至 ECU 的电路接错 |
| 16 | 蓄电池 | — | | 12 | 0 | 熔丝烧断；蓄电池至 ECU 的电路断路 |
| 17、22 | 主继电器 | 点火开关置 ON | | 12 | 0 | 熔丝烧断；主继电器损坏；主继电器至 ECU 的电路断路 |
| 18 | 空档启动开关 | 点火开关置 ON | 变速杆置 N 位 | 12 | 0 | 空档启动开关损坏；空档启动开关至 ECU 的电路断路 |
| | | | 变速杆置 N 位之外的其他位置 | 0 | 12 | 空档启动开关至 ECU 的电路接错 |
| 19 | 模式开关和模式指示灯 | 模式开关置于动力模式（PWR）位置 | | 12 | 0 | 模式开关损坏；模式开关至 ECU 的电路断路 |
| | | 模式开关置于普通模式（NORM）位置 | | 0 | 12 | 模式开关损坏 |
| 20 | 巡航控制单元 | 点火开关置 ON | | 5 | 0 | 发动机及自动变速器 ECU 与巡航控制 ECU 之间的电路断路、短路 |
| 21 | 制动灯开关 | 点火开关置 ON | 踩下制动踏板 | 12 | 0 | 制动灯开关损坏；熔丝烧断；制动灯开关至 ECU 的电路断路 |
| | | | 松开制动踏板 | 0 | 12 | 制动灯开关损坏；制动灯开关安装不当 |

2）必须使用高阻抗的电压表，低阻抗的电压表可能会损坏 ECU。

3）必须在 ECU 和线束处于连接的状态下测量 ECU 各端子的电压。

4）应从线束连接器的线束一侧插入测试笔来测量各端子的电压，如图 2-99 所示。

5）不可在拔下 ECU 线束连接器的状态下，直接测量各端子电阻，否则可能损坏 ECU。

6）测量各控制电路，若要拔下 ECU 的线束连接器，应先拆下蓄电池搭铁线。不可在蓄电池连接完好的状态下拔下 ECU 的线束连接器，否则会损坏电脑。

7）应可靠地连接 ECU 的线束连接器，否则可能损坏 ECU 内的集成电路。

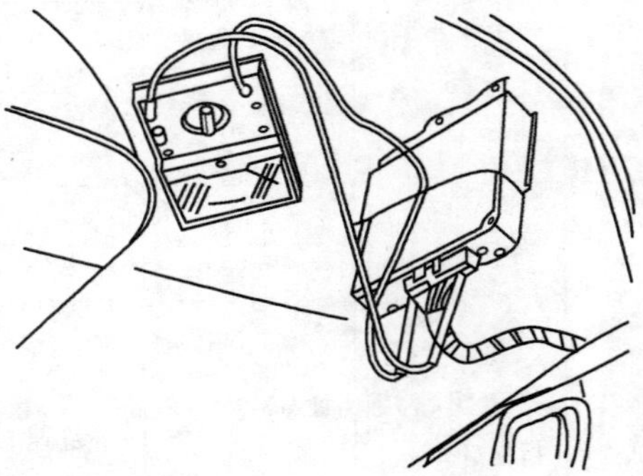

图 2-99　ECU 各端子电压的测量方法

**3. 控制系统工作过程的检验**

电控自动变速器控制系统中的 ECU 是通过向各个电磁阀发出控制信号来完成换档控制、锁止控制、油压控制等各种控制任务的。控制系统工作过程的检验就是要检查 ECU 向各个电磁阀发出的控制信号是否正常。只要这些控制信号正常，就可以说明控制系统中的 ECU、传感器及其控制电路的工作是正常的。控制系统的工作过程可以用故障诊断仪来检验，如美国的通用、福特等车型可用这种方法。只要将汽车故障诊断仪和汽车故障检测插座连接，就可以通过观察诊断仪显示屏上的数值，检查电控自动变速器 ECU 发出的换档控制、锁止控制等各种控制信号是否正常。

在汽车行驶过程中，检查 ECU 发出换档控制信号的时刻，可以准确地判断电脑的换档控制是否正常。若换档控制不正常，如发出升档信号的时刻太早、太迟或没有发出升档信号，则说明控制系统的 ECU、传感器或控制电路有故障；或换档控制正常，但 ECU 发出换档信号后自动变速器没有响应，则说明换档电磁阀或控制电路有故障；若 ECU 发出升档信号后自动变速器有响应，但出现打滑现象，则可以准确地判断出打滑的是哪一个档位或哪一个换档执行元件，从而有针对性地进行拆修。

如果被修车型的电控自动变速器控制系统无法使用故障诊断仪来进行检验，则可以采用以下几种方法来检验控制系统的工作过程。

（1）用电压表通过故障自诊断座进行检测　在某些丰田车故障自诊断座内有一个 TT 插孔，是专门用于检测电控自动变速器控制系统的。将直流电压表的正极测笔接 TT 插孔，负极测笔接 $E_1$ 插孔，就可以按以下方法对节气门位置传感器、制动灯开关和换档控制信号进行检测。

1）节气门位置传感器的检测：

① 打开点火开关，不起动发动机。

② 缓慢踩下加速踏板，同时观察电压表指针的指示情况。

③ 若电压表指示的电压能随着加速踏板的逐渐被踩下而呈阶跃性增大（图 2-100），说明节气门位置传感器工作正常。

2）制动灯开关的检测：

① 打开点火开关，不起动发动机。

② 将加速踏板踩到底。

③ 踩下或松开制动踏板，同时观察电压表指针的指示情况。

④ 若踩下制动踏板时，电压表读数为0V；松开制动踏板时，电压表读数为8V，则说明制动灯开关工作正常。

3）换档控制信号的检测：

① 起动发动机并运转至正常工作温度。

② 将超速档开关置于“ON”位置。

③ 使模式开关处于普通模式或经济模式。

④ 将换档手柄拨至前进档 D 位，踩下加速踏板，让汽车行驶并加速。

⑤ 观察电压表指针指示情况。此时电压表指示的电压与 ECU 发出的换档信号的关系见表 2-17。由表中可知，随着档位的升高，电压将阶跃性增大。每次电压增大的时刻即为 ECU 发出升档信号的时刻。

**表 2-17　电压与换档信号的关系**

| 档位信号 | 电压/V |
|---|---|
| 1 档 | 0 |
| 2 档 | 2 |
| 2 档、锁止离合器接合 | 3 |
| 3 档 | 4 |
| 3 档、锁止离合器接合 | 5 |
| 4 档 | 6 |
| 4 档、锁止离合器接合 | 7 |

（2）通过电磁阀控制电路进行检测　ECU 是通过电磁阀来控制自动变速器工作的，因此只要检测 ECU 输送给各个电磁阀的控制信号，就可以检测到控制系统的工作状态。由于电磁阀的控制信号通常是 12V 的直流电压或脉冲电压，因此检测电磁阀控制信号最简便的方法是采用自制的 12V 二极管试灯（图 2-101）。12V 二极管试灯串联了一个 1kΩ 左右电阻的发光二极管。

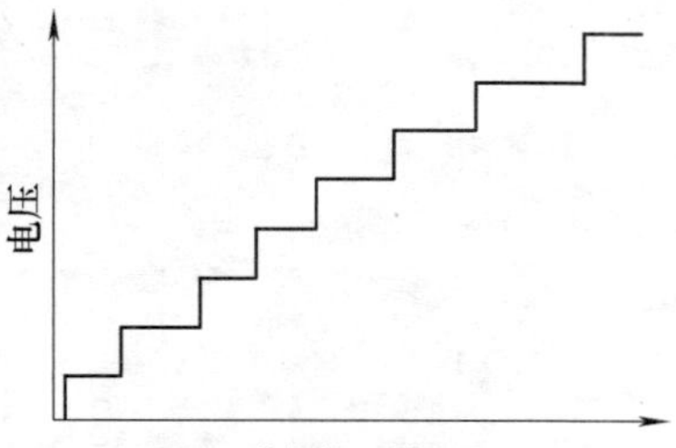


图 2-100　电压与节气门位置关系

图 2-101　自制发光二极管试灯

将试灯正极与电磁阀控制电路连接，负极一端接地，通过观察发光二极管点亮情况来检测电磁阀的工作状态。若在自动变速器工作过程中，与某个电磁阀连接的信号指示灯点亮，则说明该电磁阀正在工作。

这种方法可以不受任何条件的限制，适于检测任何车型电子控制自动变速器的控制系统，特别适于检测控制系统的换档信号。只要将测得的各个换档电磁阀的工作状态与不同档位下换档电磁阀的工作规律情况进行比较，就可以知道控制系统向换档电磁阀发出的控制信号是哪个档位。

### 2.4.6　电控系统的案例分析

**故障现象：**一辆奥迪A6行驶了20万km左右，该车出现原地踩制动踏板入R位和D位时严重冲击现象，同时出现仪表板档位无显示（即不知挂在哪个档位，全部呈现红色）、起步无力和不换档故障。

**故障检修：**接车后验证故障现象确实如车主所述。使用大众检测仪V. A. G1552进行检测，在变速器系统中存在一个故障码DTC18233，其含义为压力控制阀3-N217对正极短路。将故障码清除后，档位指示立即正常。但将点火开关关掉，再进行起动时故障依旧，仍然显示故障码DTC18233，说明变速器确实存在故障。在将其把变速器电脑从乘客侧地毯下拿出来时，发现电脑盒里进去了水，将变速器电脑打开也未发现任何问题。把电脑吹干后，装上试车，故障依旧。测得四个压力电磁阀阻值为7.0Ω，三个换挡电磁阀阻值为30Ω左右，一切正常。怀疑电脑有故障，找一同型号的电脑，输入通道号060，做自适应匹配后，故障消失。

**故障排除：**车主确认该车没有被水浸泡过，而且驾驶人侧地毯下面是干的，只能怀疑该车空调系统排水不畅。将杂物箱拆下，打开空调果然发现水从排水管道溢出来了，说明排水口堵塞，用硬铁丝将空调排水口疏通后，更换新的电脑，经长时间试车，故障彻底排除。

## 思考与练习题

1. 液力偶合器与液力变矩器的构造和原理有何异同？
2. 液力变矩器的性能有哪些？
3. 辛普森3速齿轮变速机构中的双行星排有什么特点？
4. 行星轮变速机构的换档执行元件有哪些？各有什么作用？
5. 自动变速器液压控制系统由哪些部分组成？
6. 自动变速器主油路调压阀起什么作用？
7. 自动变速器换档阀起什么作用？
8. 自动变速器电子控制系统由哪几部分组成？
9. 自动变速器电子控制系统的输入装置包括哪些？
10. 自动变速器电子控制系统的执行元件有哪些？各起什么作用？
11. 自动变速器的控制内容一般有哪些？
12. 何为换档图？自动变速器是如何进行换档控制的？
13. 自动变速器中主油路油压如何控制？
14. 锁止控制的目的是什么？自动变速器如何进行锁止控制？

# 第3章 典型电控液力自动变速器构造与检修

**学习思路：**

本章针对我国常用并具有代表性车型的自动变速器，按照“变速→自动→电控→拆装→测量→检修”的思路，采用“积木法原理”把握住关键问题和主要线路对有关变速器进行系统、全面的分析。变速部分以力的传递路线为基础把各变速机构和变速执行机构有机组合成一体，自动部分则以液体的流动路线或流动趋势把各液压阀、液压缸及活塞连成一体；电控系统根据电的回路原则从传感器→ECU→执行器控制各液压阀进行系统分析；做的问题主要把握拆装步骤、工具的使用、测量设备的使用、注意事项及检修的思路，可按照有关典型电控自动变速器的分析对照实物进行操作，能取得事半功倍、触类旁通、举一反三的作用。

## 3.1 捷达、宝来轿车01M自动变速器构造与检修

### 3.1.1 基本参数与结构特点

**1. 自动变速器的基本参数**

大众生产的01M型自动变速器结构先进，性能优良，采用计算机“模糊逻辑”控制技术，用于捷达、宝来轿车。01M型自动变速器的基本参数见表3-1。

表3-1 01M型自动变速器的基本参数

| 变速器型号 | 01M | | |
|---|---|---|---|
| 1档传动比 | 2.714:1 | 自动变速器油型号（黄色） | 大众零件号：G 052 162 A1（0.5L/桶）<br>大众零件号：G 052 162 A2（0.5L/桶） |
| 2档传动比 | 1.441:1 | | |

（续）

| 变速器型号 | 01M | | |
|---|---|---|---|
| 3 档传动比 | 1. 000∶1 | 自动变速器油容量 | 5. 3L（总容量）<br>3. 0L（保养更换量） |
| 4 档传动比 | 0. 743∶1 | | |
| R 位传动比 | 2. 884∶1 | 主传动齿轮油量 | 0. 75L（齿轮油，永久使用） |

**2. 自动变速器的结构特点**

01M 型自动变速器的总体构造如图 3-1 所示，主要由以下几个部分组成：

1）液力元件。包括液力变矩器及油泵等，用于动力传递及提供液压元件的动力源。

2）齿轮变速机构。包括行星轮机构和换档执行元件。换档执行元件由三个离合器（K1、K2、K3）、两个制动器（B2、B1）和一个单向离合器（F）组成。行星轮机构为拉维娜式行星轮机构，齿圈为动力输出端，通过对大、小太阳轮及行星架的不同驱动、制动组合，实现四个前进档及一个倒档。

3）控制机构。采用电液混合控制，电控部分包括电子控制单元 J217 及其相应的传感器和执行元件，液压控制部分包括滑阀箱等。

4）主传动机构。主传动机构由主动轮、从动轮、小齿轮轴及差速器等部件组成。

5）变速器壳体及相关部件。变速器内部有两个分割的箱体，上部是变速器，内装 ATF；下部为差速器，内装齿轮油，在小齿轮轴上有一个油封，把两种油分开。

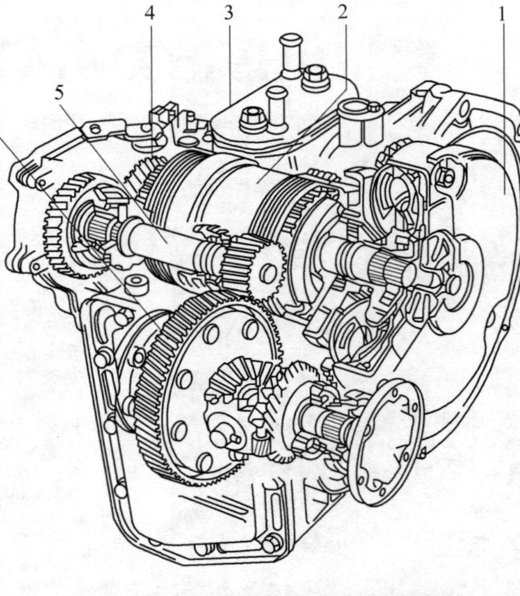


图 3-1　01M 型自动变速器的总体构造

1—变矩器　2—齿轮变速机构　3—ATF 冷却器　4—主动轮（齿圈）　5—小齿轮轴　6—差速器

## 3.1.2　动力传递路线分析

**1. 行星齿轮变速机构**

01M 型自动变速器采用拉维娜式行星齿轮变速机构，有三个离合器、两个制动器和一个单向离合器，各换档执行元件所控制的部件见表 3-2，换档执行元件的布置如图 3-2 所示，不同档位时换档执行元件的状态见表 3-3。

**表 3-2　各换档执行元件所控制的部件**

| 换档执行元件 | 所控制的部件 | 换档执行元件 | 所控制的部件 |
|---|---|---|---|
| 离合器 K1 | 驱动小太阳轮 | 制动器 B1 | 制动行星架 |
| 离合器 K2 | 驱动大太阳轮 | 制动器 B2 | 制动太阳轮 |
| 离合器 K3 | 驱动行星架 | 单向离合器 F | 单向制动行星架 |

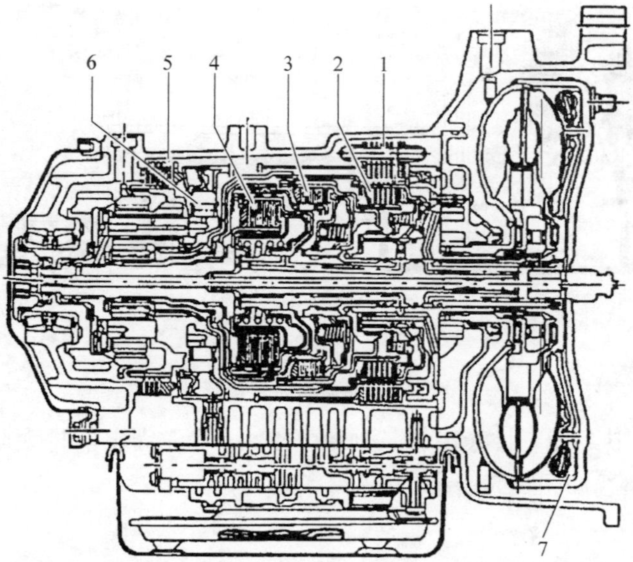


图 3-2　换档执行元件的布置

1—2 档和 4 档制动器 B2　2—倒档离合器 K2　3—1-3 档离合器 K1　4—4 档离合器 K3
5—倒档制动器 B1　6—单向离合器 F　7—变矩器锁止离合器 K0

**表 3-3　不同档位时换档执行元件的状态**

| 档　位 | B1 | B2 | K1 | K2 | K3 | F | K0 |
|---|---|---|---|---|---|---|---|
| 1H | | | ○ | | | ○ | |
| 1M | | | ○ | | | ○ | ○ |
| 2H | | ○ | ○ | | | | |
| 2M | | ○ | ○ | | | | ○ |
| 3H | | | ○ | | ○ | | |
| 3M | | | ○ | | ○ | | ○ |
| 4H | | ○ | | | ○ | | |
| 4M | | ○ | | | ○ | | ○ |
| R | ○ | | | ○ | | | |

注：○表示元件工作。

### 2. 动力传递路线分析

01M 型变速器动力传递路线示意图如图 3-3 所示。

（1）1 档动力传递路线　1 档时，离合器 K1 工作，驱动后排太阳轮。单向离合器 F 锁止或制动器 B1 工作，固定行星架，则齿圈同向减速输出，动力传递路线如图 3-4 所示。

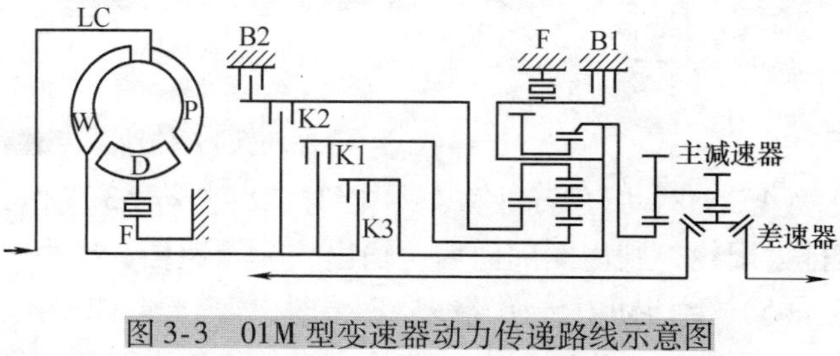


图 3-3　01M 型变速器动力传递路线示意图

（2）2 档动力传递路线　2 档

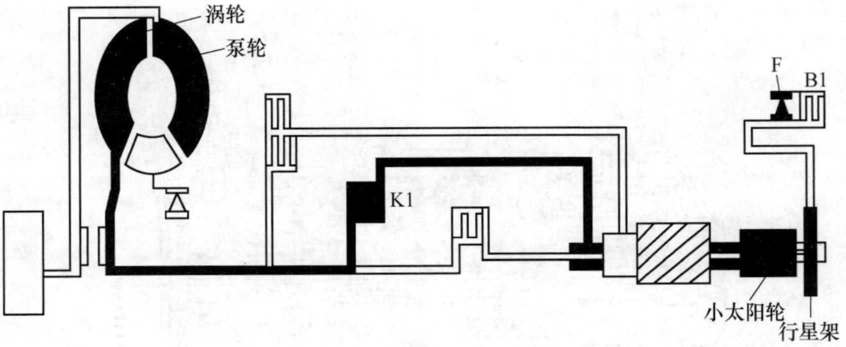


图 3-4　1 档动力传递路线

时，离合器 K1 工作，驱动后排太阳轮。制动器 B2 工作，固定前排太阳轮，则齿圈同向减速输出，动力传递路线如图 3-5 所示。

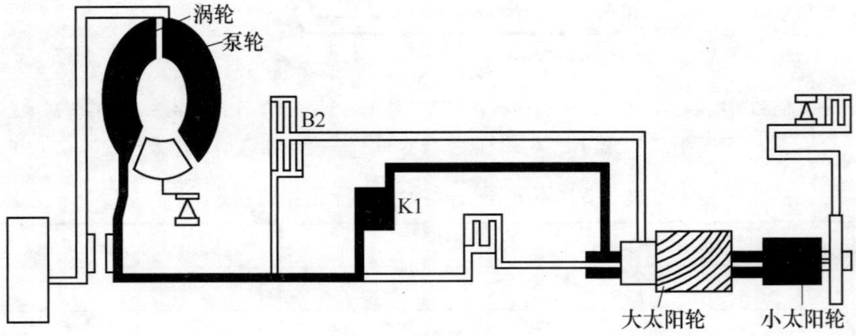


图 3-5　2 档动力传递路线

（3）3 档动力传递路线　3 档时，离合器 K1 工作，驱动后排小太阳轮。离合器 K3 工作，驱动行星架，因太阳轮与行星架同时被驱动，整个行星轮变速器机构以一个整体旋转，为直接传动档，动力传递路线如图 3-6 所示。

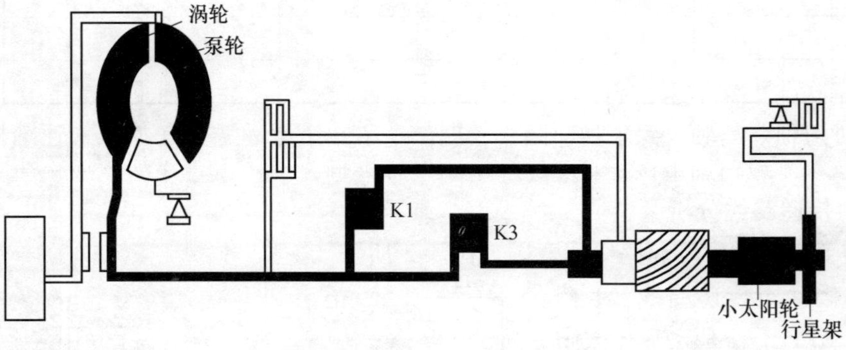


图 3-6　3 档动力传递路线

（4）4 档动力传递路线　4 档时，离合器 K3 工作，驱动行星架。制动器 B2 工作，固定前排太阳轮，则齿圈同向增速输出，为超速档，动力传递路线如图 3-7 所示。

（5）倒档动力传递路线　R 位时，离合器 K2 工作，驱动前排太阳轮。制动器 B2 工作，固定行星架，则齿圈反向减速输出，动力传递路线如图 3-8 所示。

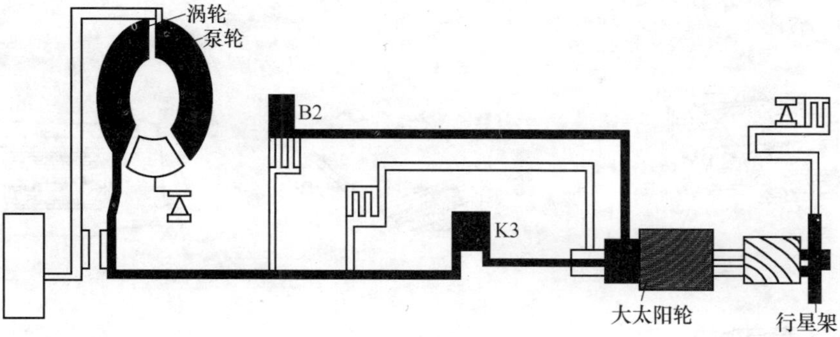


图 3-7　4 档动力传递路线

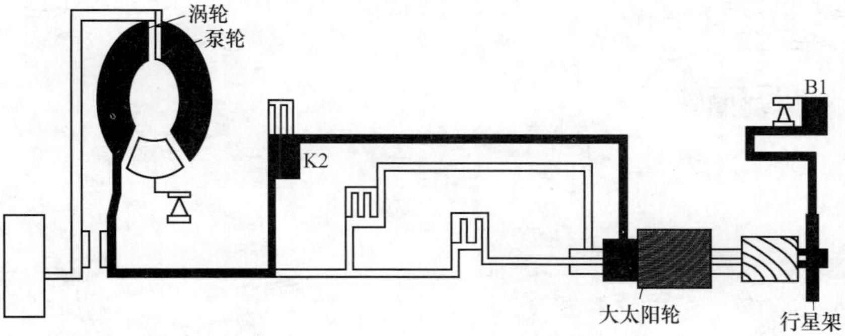


图 3-8　R 位动力传递路线

## 3.1.3　电、液控制系统

**1. 电子控制系统的特点**

（1）采用计算机“模糊逻辑”控制技术　01M 自动变速器采用计算机“模糊逻辑”控制技术，它取消了“Eco/Sport”开关，“模糊逻辑”的英文含义为“目标确定不精确”，电控单元根据以下因素确定最佳换档时刻：

1）行驶阻力。即路面状况，如上坡、下坡及风向造成的不同空气阻力等。

2）行车状况。如车速、节气门开度、发动机转速，自动变速器油温度等。

3）驾驶习惯。驾驶人踩下加速踏板，就产生了一个运动系数（如踩加速踏板的速度及加速度），模糊逻辑识别出该系数，即能识别驾驶类型，适配出最佳的换档规律，从而按驾驶人的意愿确定最佳换档时刻，这是模糊逻辑控制的关键。

（2）应急程序和自诊断　自动变速器电控单元不断对各传感器及执行元件的工作状态进行监控，如某个重要元件出现故障，电控单元起动应急程序，自动变速器进入应急状态，此时可通过操纵变速杆，1 档液压、3 档液压及倒档仍然有效，车辆可以行驶到最近的维修站维修。在应急状态，变速杆位于 D 位时，车辆以 3 档直接起步，最高档 4 档失效，因此起步稳定性受到影响，最高车速受到限制。有关故障信息可通过大众公司专用故障诊断仪 V. A. G1551 来读取。

**2. 电子控制系统的组成与工作原理**

01M 型自动变速器电控系统主要包括电控单元、各传感器和执行元件。电控系统的组成如图3-9所示。

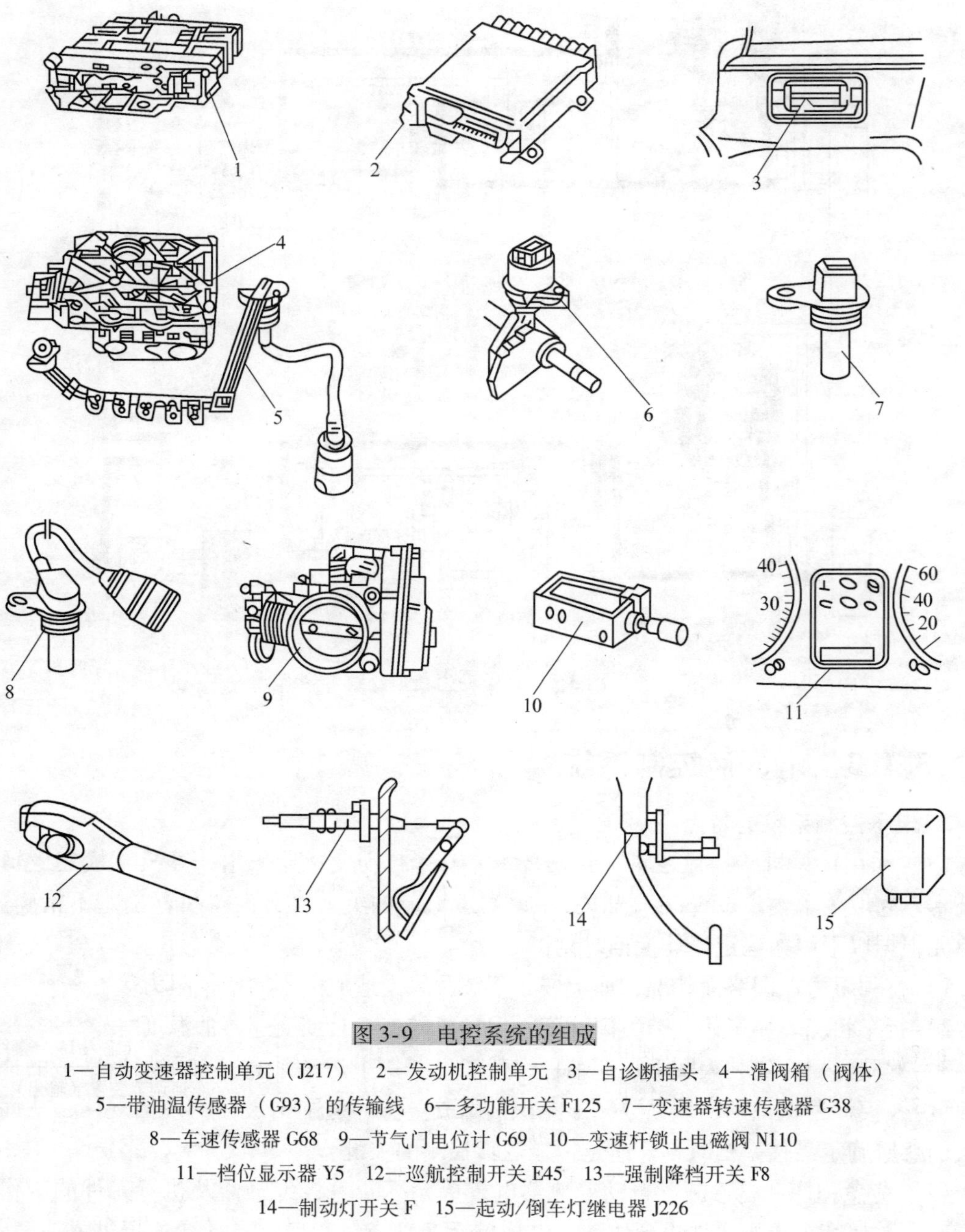


图3-9　电控系统的组成

1—自动变速器控制单元（J217）　2—发动机控制单元　3—自诊断插头　4—滑阀箱（阀体）
5—带油温传感器（G93）的传输线　6—多功能开关F125　7—变速器转速传感器G38
8—车速传感器G68　9—节气门电位计G69　10—变速杆锁止电磁阀N110
11—档位显示器Y5　12—巡航控制开关E45　13—强制降档开关F8
14—制动灯开关F　15—起动/倒车灯继电器J226

（1）自动变速器电控单元（J217）　电控单元由模糊逻辑控制，满足不同驾驶人的驾驶要求并可识别如上坡、带挂车、顶风及下坡等行驶阻力。在控制单元出故障的应急状态下，可操纵变速杆使用1档液压、3档液压及倒档的有效档位，这些档位可通过操纵变速杆在滑阀箱内换档，在变速杆置D位时，汽车通过液压以3档起动。自动变速器电控单元有68个端子，各端子的作用见表3-4。

表 3-4 电控单元（J217）各端子的作用

| 接线端子 | 功能 | 接线端子 | 功能 |
|---|---|---|---|
| 1 | 接地（接线柱 31） | 35 | 未使用 |
| 2 | 未使用 | 36 | 自诊断 L 线 |
| 3 | 未使用 | 37 | 未使用 |
| 4 | 未使用 | 38 | 未使用 |
| 5 | 节气门电位计 G69 信号 | 39 | 未使用 |
| 6 | 变速器油温度传感器 G93 | 40 | 多功能开关 F125 |
| 7 | 未使用 | 41 | 从发动机控制单元来的负荷信号 |
| 8 | 未使用 | 42 | 柴油发动机转速传感器（屏蔽） |
| 9 | 电磁阀 3-N90 | 43 | 车速传感器 G68（屏蔽） |
| 10 | 电磁阀 7-N94 | 44 | 变速器转速传感器 G38（屏蔽） |
| 11 | 停车/空档信号 | 45 | 电源电压（接线柱 30） |
| 12 | 使用空调时挂低速档 | 46 | 未使用 |
| 13 | 点火时刻控制 | 47 | 电磁阀 4-N91 |
| 14 | 未使用 | 48 | 未使用 |
| 15 | 制动灯开关 F 信号电压 | 49 | 未使用 |
| 16 | 强制降档开关 F8 | 50 | 节气门电位计 G69（5V） |
| 17 | 未使用 | 51 | 未使用 |
| 18 | 多功能开关 F125 | 52 | 未使用 |
| 19 | TD（转速）信号 | 53 | 未使用 |
| 20 | 车速传感器 G68 | 54 | 电磁阀 2-N89 |
| 21 | 变速器转速传感器 G38 | 55 | 电磁阀 1-N88 |
| 22 | 电磁阀 6-N93-电压 | 56 | 电磁阀 5-N92 |
| 23 | 点火电压（接线柱 15） | 57 | 变速杆位置指示 |
| 24 | 自诊断 K 线 | 58 | 电磁阀 6-N93 |
| 25 | 未使用 | 59 | 未使用 |
| 26 | 未使用 | 60 | 车速调节装置（输入 15 号接线柱） |
| 27 | 未使用 | 61 | 车速调节装置（输出） |
| 28 | 节气门电位计 G69 地线 | 62 | 多功能开关 F125 |
| 29 | 变速杆锁止电磁阀 N110 | 63 | 多功能开关 F125 |
| 30 | 未使用 | 64 | 发动机转速传感器 G28（柴油机） |
| 31 | 未使用 | 65 | 车速传感器 G68 |
| 32 | 未使用 | 66 | 变速器转速传感器 G38 |
| 33 | 未使用 | 67 | 电磁阀电压 |
| 34 | 未使用 | 68 | 接线柱 30（输出） |

（2）节气门电位计G69　节气门电位计与节气门连成一体，不断地将节气门位置和加速踏板踩下速度的信号传给发动机电控单元（J220），然后由发动机ECU再传至自动变速器电控单元（J217）。该信号作用有两个：一是确定换档曲线；二是进行油压控制。如果信号中断，变速器ECU进入应急状态，替代值为中等负荷。

（3）车速传感器G68　车速传感器采用电磁式传感器，它感应变速器内主动轮（即齿圈，行星轮机构的输出端）的转速，位置如图3-10所示。车速传感器的作用有两个：一是与节气门电位计一起确定换档曲线；二是感知变矩器锁止离合器的滑差。对于装有自动定速巡航装置的车辆，它还用于速度调节。如果信号中断，变速器控制单元以发动机转速传感器G28的信号作为参考，不进入应急状态，但是锁止离合器不能锁止。

（4）变速器转速传感器G38　变速器转速传感器也采用电磁式传感器，用以感应变速器内大太阳轮的转速，如图3-11所示。其作用有两个：一是识别换档时刻，在换档过程中推迟点火提前角，以降低发动机转矩，减小换档冲击；二是换档过程中控制离合器的油压，使换档平顺。该信号中断，控制单元无替代信号，进入应急状态。

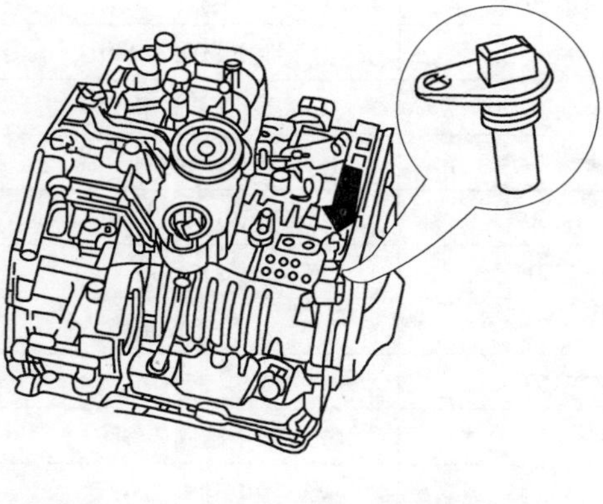

图3-10　车速传感器G68

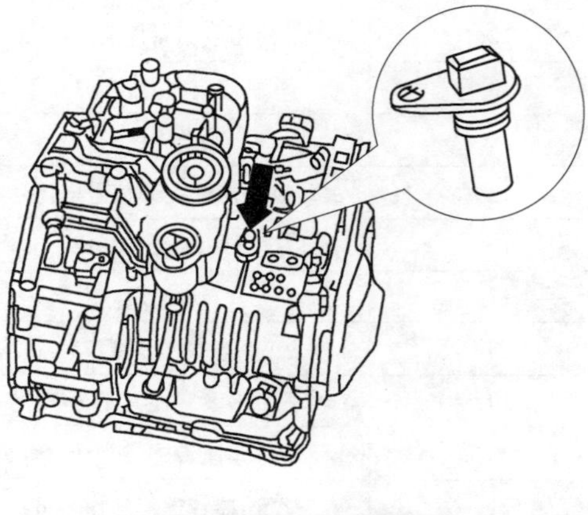

图3-11　变速器转速传感器G38

车速传感器G68与变速器转速传感器G38在变速器后端位置离得很近，且两者的插头互换后也能插上，如果检修时不慎插反，会造成变速器不能升入高档的故障。如图3-12所示，G68插头是黑色的，G38插头是白色的。

（5）发动机转速传感器G28　发动机转速传感安装于发动机缸体后部，也是电磁式，它把发动机转速信号先传递给发动机电控单元J220，再传给变速器电控单元J217，J217将发动机转速信号与车速信号进行比较，根据转速差，J217识别锁止离合器的打滑状态，如果滑动过大，J217将增大锁止离合器压力，使滑动相对减小。G28损坏后，变速器进入应急状态。

（6）变速器油温度传感器G93　变速器油温度传感器位于变速器内阀体上的传输线上，用于感应变速器内的机油温度，如图3-13所示。其为一负温度热敏系数电阻，随温度升高，阻值降低，机油温度达到最高值150℃时，锁止离合器接合。液力变矩器卸荷，自动变速器油开始冷却。若机油温度还降不下来，则ECU控制变速器降低一个档位。该信号中断，无替代值，自动变速器也不进入应急状态。

（7）强制低速档开关F8　强制低速档开关也称强制降档开关，与节气门拉索为一体，如图3-14所示。当加速踏板踩到一定程度时，触动此开关，当车速低于120km/h时，变速器会降低一个档位，以增大输出转矩；当车速低于80km/h时，切断空调工作8s。该信号中断，当加速踏板开度达到95%时，起动此功能。

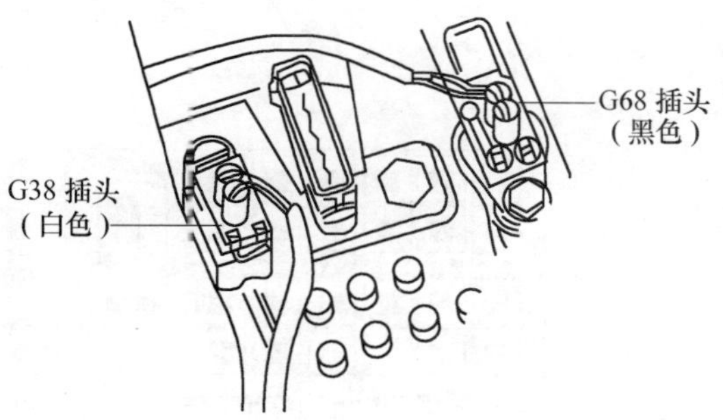

图 3-12　G68 插头与 G38 插头

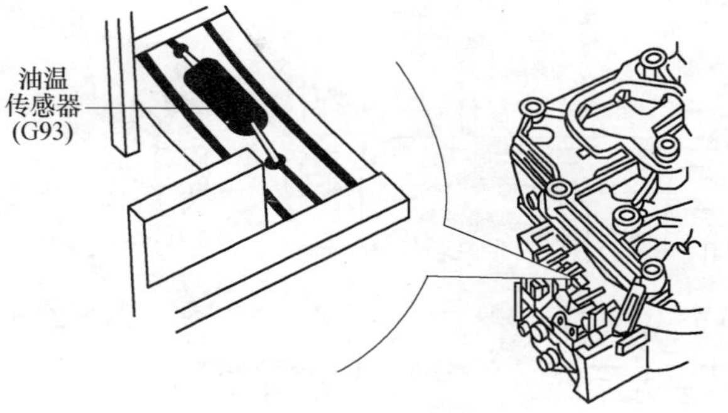

图 3-13　自动变速器油温度传感器 G93

（8）制动开关 F　制动开关安装在制动踏板上（图 3-15），自动变速器 ECU 通过该开关判断汽车是否制动。制动灯开关信号用于锁止变速杆，静止的车辆只有踩下制动踏板，变速杆才能脱离 P 位或 N 位。对于装有自动定速巡航装置的车辆，该信号用于解除定速巡航。该信号中断，变速杆不能移出，故障存储器中无故障记录。

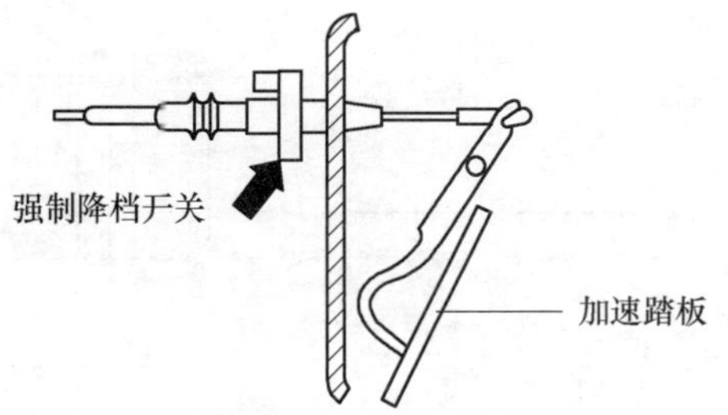

图 3-14　强制低速档开关 F8

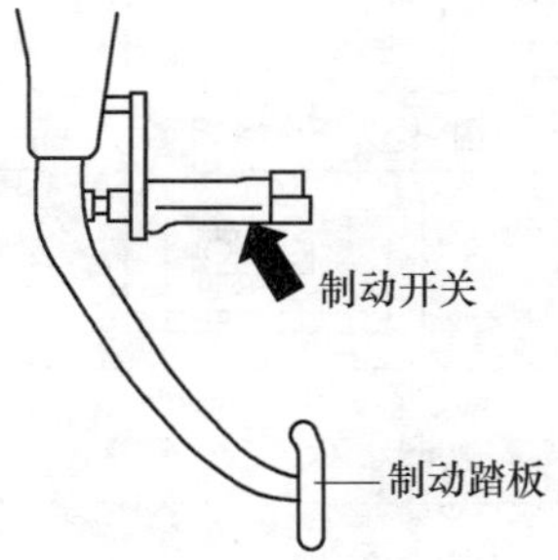

图 3-15　制动开关 F

（9）多功能开关 F125　多功能开关 F125 位于变速器壳体内，如图 3-16 所示。多功能开关由变速杆拉索控制，其作用是感知变速杆的位置并将状态信号传给自动变速器控制单元 J217 和起动倒车继电器 J226。如果该信号中断，变速器控制单元认为变速杆处于 D 位，变速器进入应急状态。

（10）起动锁和倒车灯继电器 J226　起动锁和倒车灯继电器 J226 是一个组合继电器，装在中央继电器盘上，接收多功能开关 F125 的信号，如图 3-17 所示。该继电器的作用：一是防止车辆在挂档状态下起动发动机；二是挂上倒档可接通倒车灯。

01M 型自动变速器电控系统电路图如图 3-18 所示。

**3. 滑阀箱**

自动变速器电控单元 J217 收到与换档有关的传感器信息后，经计算向位于滑阀箱上的电磁阀发出动作指令，电磁阀操纵滑阀箱内的滑阀运动，从而控制各离合器和制动器能动作。滑阀箱外形如图 3-19 所示，它是三层结构，每层都有弯弯曲曲的油道，解体时注意层间钢珠的位置，不要丢失或记错位置，装配时一定要按规定顺序和力矩，如果受力不均，会产生变形和应力，各阀的动作受阻，造成人为故障。图 3-19 中标出了由变速器控制单元控制的七个电磁阀，各电磁阀的作用、类型、用途见表 3-5。

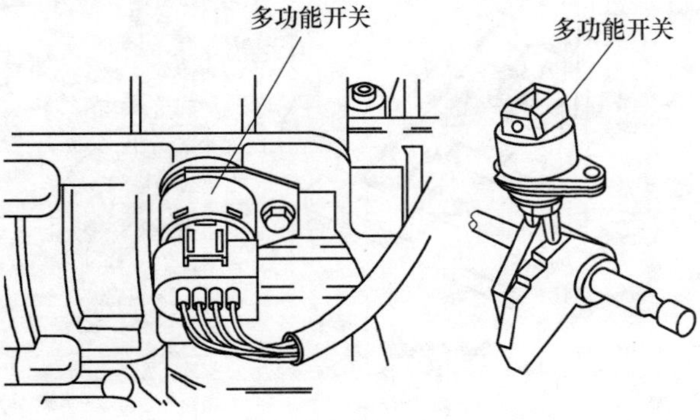


图 3-16　多功能开关 F125

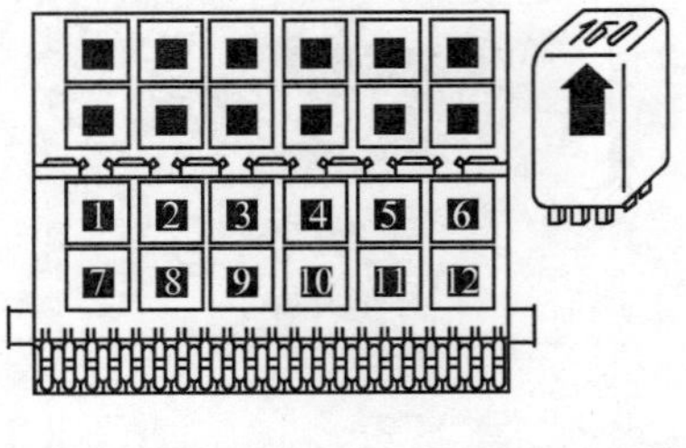


图 3-17　起动锁和倒车灯继电器 J226

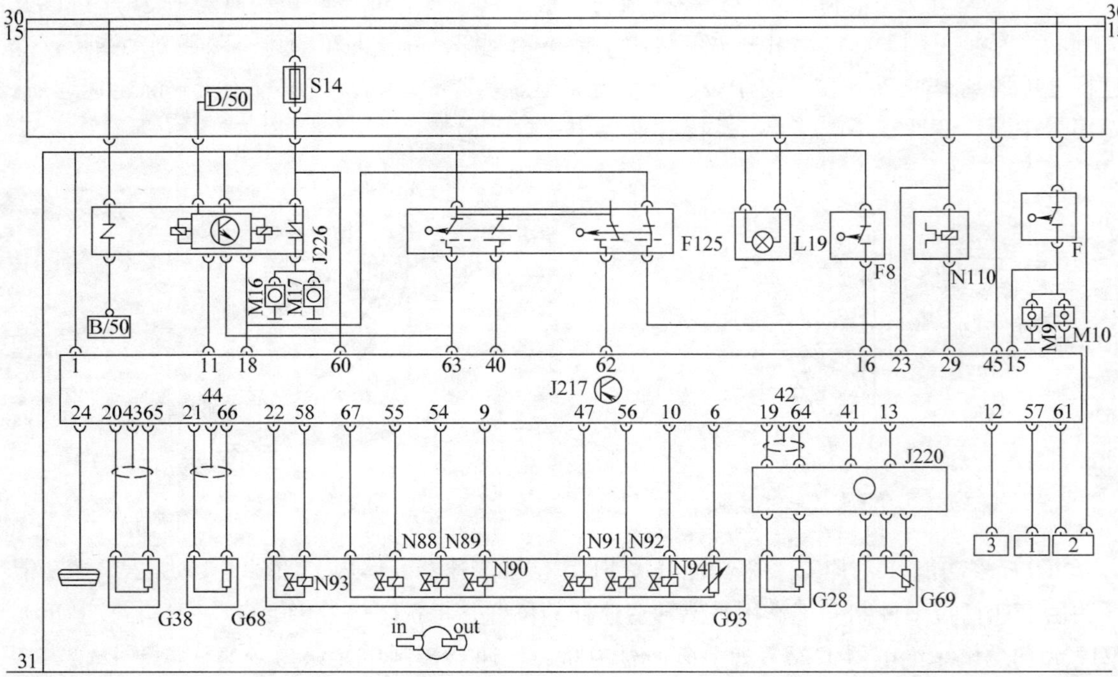


图 3-18　01M 型自动变速器电控系统电路图

B/50—起动机（接线柱 50）　D/50—点火开关（接线柱 50）　F—制动开关　F8—强制低速档开关　F125—多功能开关　G28—发动机转速传感器　G38—变速器转速传感器　G68—车速传感器　G69—节气门电位计　G93—变速器油温度传感器　J226—起动锁和倒车灯继电器　J220—发动机 ECU　J217—自动变速器 ECU　L19—档位指示板照明灯　M16/M17—倒车灯　M9/M10—制动灯和尾灯　N88—电磁阀 1　N89—电磁阀 2　N90—电磁阀 3　N91—电磁阀 4　N92—电磁阀 5　N93—电磁阀 6　N94—电磁阀 7　N110—变速杆锁止电磁阀　S14—熔断器

由表 3-5 可见，七个电磁阀都不控制离合器 K2 和制动器 B1，它们由手动阀控制。七个电磁阀中，只有 N88 和 N90 起断电作用，这是因为变速器电控单元 J217 进入应急状态后，给各电磁阀全部断电，此时 N88 和 N90 起作用，即 K1 和 K3 工作，变速器处于 3 档。变速杆位于 R 位时工作，变速器处于倒档。这就是为什么变速器进入应急状态后，R 位仍然有效，并且挂 D 位时仍以 3 档起步且不能挂入 4 档。除以上七个电磁阀外，在滑阀箱上还有十几个机械阀，它们在图中没有标出，分别起协调、调节油压和供油、卸压转化等作用。

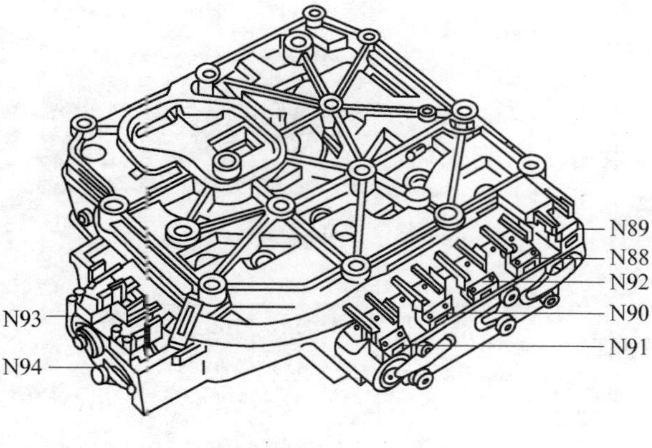

图 3-19　滑阀箱外形

表 3-5　各电磁阀的作用、类型、用途

| 电磁阀 | 作　用 | 类型 | 用途 |
|---|---|---|---|
| N88 | 控制离合器 K1 | 开关阀 | 断电 |
| N89 | 控制制动器 B2 | 开关阀 | 供电 |
| N90 | 控制离合器 K3 | 开关阀 | 断电 |
| N91 | 控制锁止离合器 | 渐进阀 | 供电 |
| N92 | 控制换档平顺 | 开关阀 | 供电 |
| N93 | 控制主油压 | 渐进阀 | 供电 |
| N94 | 控制换档平顺 | 开关阀 | 供电 |

## 3.1.4　自动变速器的检修

### 1. 自动变速器电控系统的故障诊断

（1）故障码及含义　自动变速器电控单元 J217 内设有一个故障存储器，当被监控的传感器或执行器出现故障，ECU 能立刻识别并将故障以故障码的形式存入故障存储器，可以使用大众公司专用故障诊断仪 V. A. G1551 查询故障码及数据流（V. A. G1551 的使用方法见有关资料）。

连接 V. A. G1551，输入 02（选择自动变速器地址）-02（查询故障记忆功能），由 V. A. G1551 打印出的故障码及含义见表 3-6。

表 3-6　01M 型自动变速器故障码及其含义

| 故障码 | 含义 | 故障码 | 含义 |
|---|---|---|---|
| 00258 | 电磁阀 1-N88 导线断路或对地短路 | 00300 | 变速器油温传感器 G93，无法识别故障类型 |
| 00260 | 电磁阀 2-N89 导线断路或对地短路 | 00518 | 节气门电位计 G69 信号超出允许值 |
| 00262 | 电磁阀 3-N90 导线断路或对地短路 | 00529 | 无转速信号 |
| 00264 | 电磁阀 4-N91 导线断路或对地短路 | 00532 | 电源电压过低 |
| 00266 | 电磁阀 5-N92 导线断路或对地短路 | 00545 | 发动机/变速器电气连接断路/对地短路 |
| 00268 | 电磁阀 6-N93 导线断路或对地短路 | 00596 | 传输线间短路 |
| 00270 | 电磁阀 7-N94 导线断路或对地短路 | 00638 | 发动机/变速器电气连接无信号 |
| 00281 | 车速传感器 G68 无信号 | 00641 | ATF 温度信号太强（温度过高） |
| 00293 | 多功能开关 F125，开关状态不稳定 | 00652 | 档位监控不可靠信号 |
| 00297 | 变速器转速传感器 G38 无信号 | 00660 | 强制低速档开关/节气门电位计不可靠信号 |
| 65535 | 控制单元 J217 损坏 | | |

（2）数据流分析　通过 V. A. G1551 查询有关运行参数并进行分析，可以帮助快速判断故障所在。连接 V. A. G1551，输入 02（选择自动变速器地址）-08（选择读取数据

流功能)-01～07（输入不同显示组），各显示组及每个显示组显示区的含义见表3-7。

**表3-7　01M型自动变速器数据流的含义**

| 显示组号 | 各显示区内容 | 显示组号 | 各显示区内容 |
|---|---|---|---|
| 01 | 1—变速杆位置<br>2—节气门电位计电压<br>3—加速踏板位置值<br>4—开关位置 | 05 | 1—ATF温度<br>2—换档输出<br>3—将要挂入档位<br>4—发动机转速 |
| 02 | 1—电磁阀6-N93实际电流<br>2—电磁阀6-N93额定电流<br>3—蓄电池电压<br>4—车速传感器G68电压 | 06 | 无需考虑 |
| 03 | 1—车速<br>2—发动机转速<br>3—挂入档位<br>4—加速踏板位置值 | 07 | 1—挂入档位<br>2—锁止离合器打滑<br>3—发动机转速<br>4—加速踏板位置值 |
| 04 | 1—电磁阀<br>2—挂入档位<br>3—变速杆位置<br>4—车速 | | |

下面是各显示小组测量值的正常范围及异常数值的原因分析：

1）显示组1：

```
Read measuring value block（读取测量数据块）        1
P        0.8V      3%          xxxxxxxx
```

显示区1：分别将变速杆拨至P、R、N、D、3、2、1各档，屏幕上有相应的显示，如果显示不正常或恒显示“D”，检查多功能开关是否损坏。

显示区2：节气门电位计电压在怠速时为0.156～0.8V，全开时为3.5～4.68V。

显示区3：怠速时节气门开度应在2%～5%，如果显示不正常，并且有怠速不稳，起步或加速变速器发闯的故障，应检查节流阀是否脏污，节气门阀是否发卡，如果太脏，应拆下节流阀清洗并重新进行基本设定。

显示区4：显示区4是八位数的状态位，各状态位的含义及规定值见表3-8。

**表3-8　显示组1显示区4的含义及规定值**

| 状态位 | 含义 | 检测条件 | 规定指示值 | 状态位 | 含义 | 检测条件 | 规定指示值 |
|---|---|---|---|---|---|---|---|
| 1 | 制动灯开关 | 踩下制动踏板<br>未踩下制动踏板 | 1<br>0 | 5 | 多功能开关F125 | 变速杆RND32<br>变速杆P1 | 1<br>0 |
| 2 | 驱动或滑动调节 | 本车未用 | | 6 | 多功能开关F125 | 变速杆PR21<br>变速杆ND3 | 1<br>0 |
| 3 | 未用 | | | 7 | 多功能开关F125 | 变速杆PRND<br>变速杆321 | 1<br>0 |
| 4 | 强制降档开关 | 起作用<br>未起作用 | 1<br>0 | 8 | 多功能开关F125 | 变速杆PRN<br>变速杆D321 | 1<br>0 |

2）显示组2：

| | | | | |
|---|---|---|---|---|
| Read measuring value block（读取测量数据块） | | | | 2 |
| 0.983A | 0.985A | 13.5V | 2.5V | |

显示区1：电磁阀6-N93的实际电流值。

显示区2：电磁阀6-N93的额定电流，在节气门全开时为0.0A，怠速时为最大，约为1.1A。

显示区3：蓄电池电压，正常范围为1.8~16.0V。

显示区4：车速传感器G68电压，正常值为2.20~2.52V。

3）显示组3：

| | | | | |
|---|---|---|---|---|
| Read measuring value block（读取测量数据块） | | | | 3 |
| 0km/h | 860r/min | 0 | 3% | |

显示区1：车速，视行驶工况确定。

显示区2：发动机转速，视发动机工况确定。

显示区3：是行驶中挂入的档位，检查条件及意义见表3-9。

显示区4：节气门开度，视加速踏板位置确定，怠速时节气门开度应在2%~5%。

**表3-9 显示组3显示区3的含义**

| 档 位 | 显示值 | 档 位 | 显示值 |
|---|---|---|---|
| 空档 | 0 | 3档液压 | 3H |
| 倒档 | R | 3档刚性 | 3M |
| 1档液压 | 1H | 4档液压 | 4H |
| 2档液压 | 2H | 4档刚性 | 4M |
| 2档刚性 | 2M | | |

4）显示组4：

| | | | | |
|---|---|---|---|---|
| Read measuring value block（读取测量数据块） | | | | 4 |
| xxxxxx | 0 | P | 0km/h | |

显示区1：显示五个电磁阀的工作状态，“0”表示电磁阀未接合，“1”表示电磁阀接合。各档位的规定值见表3-10。

显示区2：是行驶中挂入的档位，检查条件及意义见表3-9。

显示区3：分别将变速杆拨至P、R、N、D、3、2、1各档，屏幕上有相应的显示，如果显示不正常或恒显示“D”，检查多功能开关是否损坏。

显示区4：行驶车速，视行驶工况确定。

表3-10 显示组4显示区1的含义

| 状态位 | 1 | 2 | 3 | 4 | 5 | 6 |
|---|---|---|---|---|---|---|
| 意义 | N88 | N89 | N90 | 不需考虑 | N92 | N94 |
| P | 1 | 0 | 1 | 0 | 0 | 0 |
| R | 0 | 0 | 1 | 0 | 0 | 0 |
| N | 1 | 0 | 1 | 0 | 0 | 0 |
| 1 | 0 | 0 | 1 | 0 | 0 | 0 |
| 2 | 0 | 1 | 1 | 0 | 0 | 0 |
| 3 | 0 | 0 | 0 | 0 | 0 | 1 |
| 4 | 1 | 1 | 0 | 0 | 0 | 0 |

5）显示组5：

| | | | | |
|---|---|---|---|---|
| Read measuring value block（读取测量数据块） | | | | 5 |
| 45℃ | 0011011 | 0 | 860r/min | |

显示区1：变速器油温度，只有温度在30℃以上时才能精确显示，在35～45℃时检查ATF油面。

显示区2：换档输出，含义见表3-11。

表3-11 显示组5显示区2的含义

| 状态位 | 含义 | 检测条件 | 规定指示值 | 状态位 | 含义 | 检测条件 | 规定指示值 |
|---|---|---|---|---|---|---|---|
| 1 | 发动机控制系统点火时刻控制 | 行驶中：接通<br>断开 | 1<br>0 | 5 | 变速调节装置 | 接通<br>断开 | 1<br>0 |
| 2 | 状态位1、2总是显示1或0 | 接通<br>断开 | 1<br>0 | 6 | 空调 | 接通<br>断开 | 1<br>0 |
| 3 | 变速杆锁止电磁阀 | 接通<br>断开 | 1<br>0 | 7 | 驻车/空档信号 | 变速杆PRND<br>变速杆321 | 1<br>0 |
| 4 | | 接通<br>断开 | 1<br>0 | 8 | 多功能开关F125 | 变速杆PRN<br>变速杆D321 | 1<br>0 |

显示区3：将挂入档位，见表3-9。

显示区4：发动机转速，视发动机工况确定。

6）显示组6：无需考虑。

7）显示组7：

显示区1：将挂入档位，见表3-9。

显示区2：变矩器锁止离合器（TCC）打滑，在TCC未锁止时，显示值为0～发动机转速；当TCC锁止时且发动机转速在2000～3000r/min时，显示值为0～130r/min。

显示区3：发动机转速，视发动机工况确定。

显示区4：视加速踏板位置确定。

（3）电气电路故障诊断　大众公司专用电气电路诊断工具V. A. G1598/18可以与变速

器电控单元连接，从而可以方便测量控制单元与各传感器等电子部件间的电路是否正常。01M 自动变速器电控单元位于前风窗玻璃前下部的导水槽盖板下面，用 V. A. G1598 检测的项目见表 3-12，检测数据见表 3-13。

**表 3-12　V. A. G1598 检测项目表**

| 检测部件 | 步骤 | 检测部件 | 步骤 |
|---|---|---|---|
| 控制单元 J217 供电 | 步骤 1 | 电磁阀 4-N91 | 步骤 9 |
| 变速杆锁上电磁阀 N110 | 步骤 2、13 | 电磁阀 5-N92 | 步骤 10 |
| 制动灯开关 F | 步骤 3 | 电磁阀 6-N93 | 步骤 11 |
| 节气门电位计 G69 | 步骤 4 | 电磁阀 7-N94 | 步骤 12 |
| 多功能开关 F125 | 步骤 5 | 强制降档开关 F8 | 步骤 14 |
| 电磁阀 1-N88 | 步骤 6 | 变速器油温传感器 G93 | 步骤 15 |
| 电磁阀 2-N89 | 步骤 7 | 车速传感器 G68 | 步骤 16 |
| 电磁阀 3-N90 | 步骤 8 | 变速器转速传感器 G38 | 步骤 17 |

**表 3-13　V. A. G1598 检测数据表**

| 检测步骤 | V. A. G1598 接口 | 检测内容 | 检测条件 | 规定值 |
|---|---|---|---|---|
| 1 | 23 + 1 | 控制单元 J217 供电 | 接通点火开关 | 约为蓄电池电压 |
| 2 | 29 + 15 | 变速杆锁止电磁阀 N110 | 接通点火开关，不踩制动踏板<br>接通点火开关，踩下制动踏板 | 约为蓄电池电压<br>0.2V |
| 3 | 15 + 1 | 制动灯开关 F | 接通点火开关，不踩制动踏板<br>接通点火开关，踩下制动踏板 | 0V<br>约为蓄电池电压 |
| 4 | 5 + 28 | 不适用本车 | | |
| 5 | 63 + 1 | 多功能开关 F125 | 变速杆位于 R、N、D、3、2<br>变速杆位于 P、1 | ∞<br>0.8 ~ 1.0Ω |
| | 40 + 1 | | 变速杆位于 P、R、2、1<br>变速杆位于 N、D、3 | ∞<br>0.8 ~ 1.0Ω |
| | 62 + 1 | | 变速杆位于 P、R、N、D<br>变速杆位于 3、2、1 | ∞<br>0.8 ~ 1.0Ω |
| | 18 + 1 | | 变速杆位于 P、R、N<br>变速杆位于 D、3、2、1 | 约为蓄电池电压<br>0V |
| 6 | 55 + 67<br>55 + 1 | 电磁阀 1-N88 | 关闭点火开关 | 55 ~ 65Ω<br>∞ |
| 7 | 54 + 67<br>54 + 1 | 电磁阀 2-N89 | 关闭点火开关 | 55 ~ 65Ω<br>∞ |
| 8 | 9 + 67<br>9 + 1 | 电磁阀 3-N90 | 关闭点火开关 | 55 ~ 65Ω<br>∞ |
| 9 | 47 + 67<br>47 + 1 | 电磁阀 4-N91 | 关闭点火开关 | 55 ~ 65Ω<br>∞ |

（续）

| 检测步骤 | V. A. G1598 接口 | 检测内容 | 检测条件 | 规定值 |
|---|---|---|---|---|
| 10 | 56+67<br>56+1 | 电磁阀5-N92 | 关闭点火开关 | 55~65Ω<br>∞ |
| 11 | 58+22<br>58+1<br>22+1 | 电磁阀6-N93 | 关闭点火开关 | 4.5~6.5Ω<br>∞<br>∞ |
| 12 | 10+67<br>10+1 | 电磁阀7-N94 | 关闭点火开关 | 55~65Ω<br>∞ |
| 13 | 23+29 | 变速杆锁止电磁阀N110 | 关闭点火开关 | 14~25Ω |
| 14 | 1+16 | 强制降档开关F8 | 关闭点火开关，未踏加速踏板<br>踏加速踏板直至触动开关 | ∞<br><1.5Ω |
| 15 | 6+67 | 变速器油温传感器G93 | 关闭点火开关，20℃<br>关闭点火开关，60℃<br>关闭点火开关，120℃ | 247kΩ<br>48.8kΩ<br>7.4kΩ |
| 16 | 20+655 | 车速传感器G68 | 关闭点火开关 | 0.8~0.9kΩ |
| 17 | 21+66 | 变速器转速传感器G38 | 关闭点火开关 | 0.8~0.9kΩ |

（4）基本调整　基本调整也称基本设定，在进行下述修理后，必须进行基本调整：

1）更换发动机。

2）更换发动机ECU。

3）更换节气门体。

4）更换自动变速器ECU。

5）变速器大修。

6）更换强制降档开关F8。

基本调整的步骤如下：连接V. A. G1551，输入“02”（选择自动变速器地址码）—“04”（选择基本设置功能）—“000”（显示组000），V. A. G1551屏幕显示“System in basic setting”，此时将加速踏板踩到底，直到强制降档开关并保持3s，系统基本设置完成。

**2. 换档执行元件与行星轮机构的解体**

1）拆卸变矩器。

2）拆卸自动变速器机油冷却器和加油管，如图3-20所示。

3）卸放变速器油。

4）拆卸变速器后端盖。

5）拆卸变速器油底壳，拆卸传输线和滑阀箱（见滑阀箱的拆卸）。

6）取出制动器B1油道密封圈，如图3-21中箭头所示。

7）拆卸图3-22中箭头所指的七个油泵螺栓，将两个M8螺栓A拧入带有螺纹的两个自动变速器油泵螺栓孔中，交叉均匀拧入螺栓，将油泵从变速器壳体中压出，取下油泵总成。

8）向上提涡轮轴，将隔离管、倒档离合器K2、1-3档离合器K1和带涡轮轴的4档离合器K3一同拔出，如图3-23所示。

拆下油泵后，也可单独拆卸制动器B2、离合器K2、K1、K3及隔离管，步骤见9）~12）。

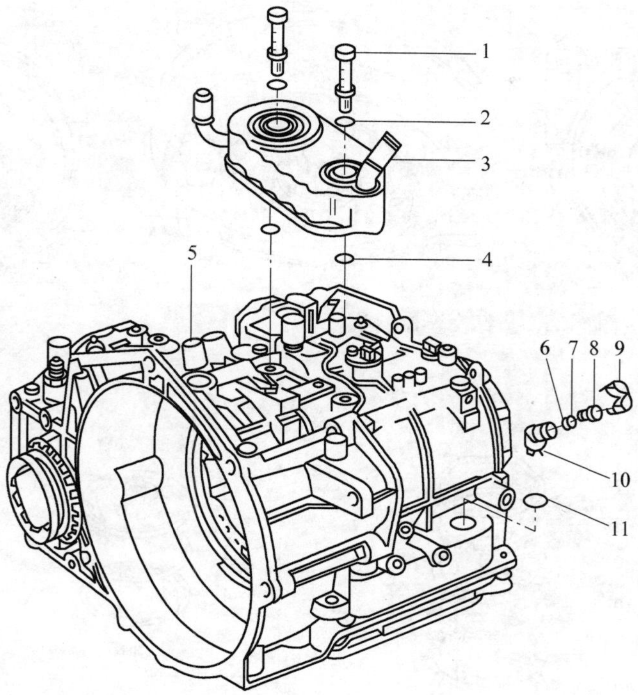


图 3-20　拆卸自动变速器机油冷却器和加油管

1—空心螺栓　2、4、6、7、11—密封圈　3—自动变速器油冷却器
5—变速器壳体　8—油塞　9—端盖　10—自动变速器油加油管

9）拆卸带制动器 B2 活塞的变速器油泵 2，废弃油泵密封圈 3 和密封垫 4，如图 3-24 所示。

10）拆卸制动器 B2 的内、外片，注意不要丢失三个弹簧 6 和六个弹簧盖 5。制动器 B2 首片 8 是间隙调整片，制动器 B2 外片 10 是 2mm 厚的钢片，与隔离管 12 相邻的外片 11 厚度为 3mm。

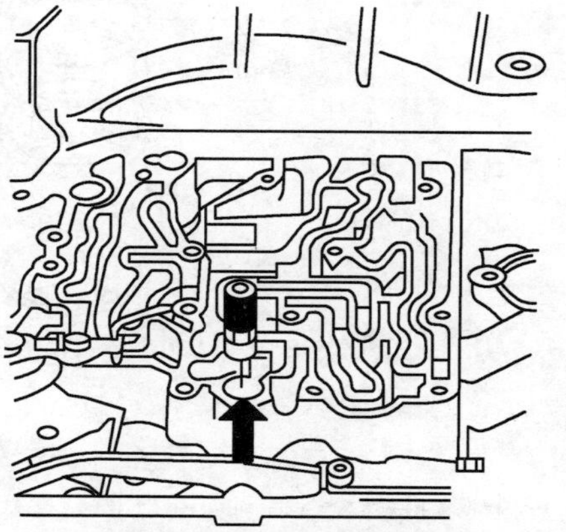

图 3-21　取出制动器 B1 油道密封圈

11）取出隔离管 12。

12）将倒档离合器 K2、1-3 档离合器 K1 和带涡轮轴的 4 档离合器 K3 一同取出，如图 3-25 所示。

如需解体离合器 K2、K1、K3，见分总成的解体。

13）用螺钉旋具插入大太阳轮孔内，以固定行星轮机构，从变速器后端松开输入轴螺栓，如图 3-26 所示。

14）取出小输入轴 7（驱动行星架），取出大输入轴 10（驱动后排太阳轮），取出前排太阳轮 13，注意不要丢失滚针轴承和垫圈，参见图 3-25 所示。

15）如需拆卸单向离合器，在拆卸单向离合器前，需拆卸滑阀箱和制动器 B1 的密封圈（图 3-21），然后进行本步骤拆卸，如图 3-27 所示。拆卸隔离管弹性挡圈 a、单向离合器弹性挡圈 b，拆卸变速器转速传感器（G38），用钳子夹住单向离合器外座圈上的凸耳，拉出单向离合器。

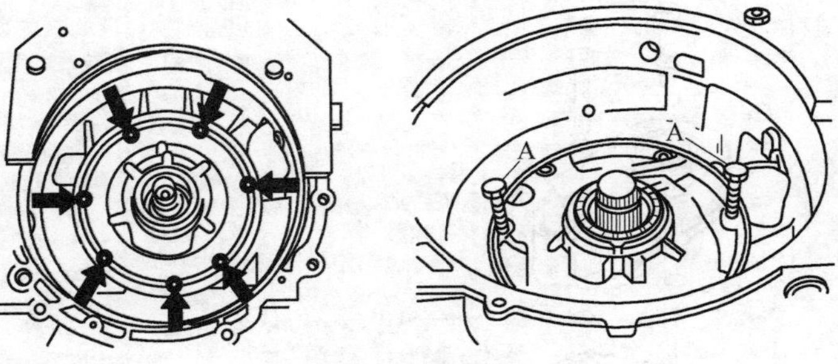


图3-22　拆卸变速器油泵

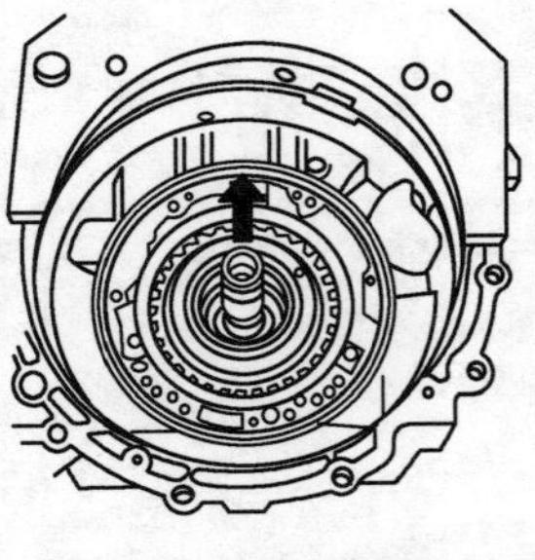

图3-23　拆卸隔离管、K2、K1和K3

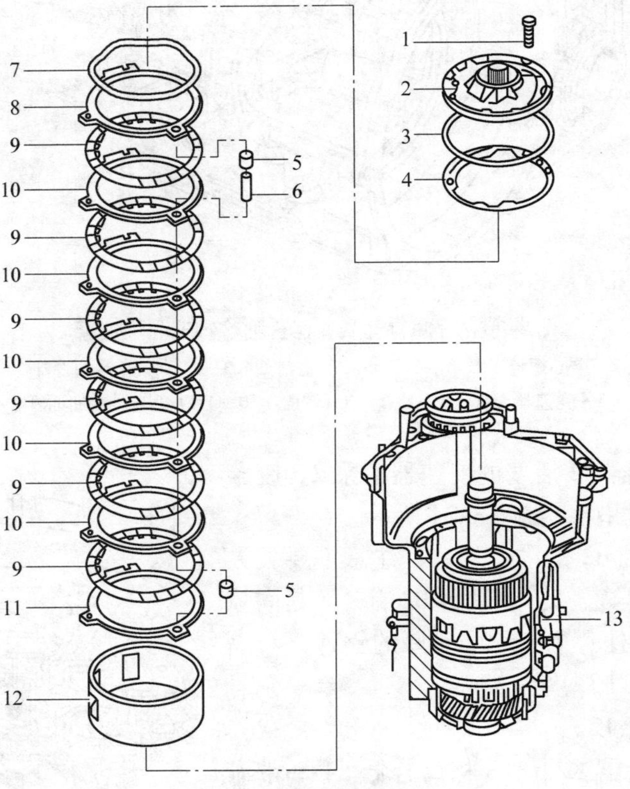


图3-24　拆卸油泵与制动器B2

1—螺栓　2—油泵（带B2活塞）　3—密封圈　4—密封垫　5—弹簧盖　6—弹簧（3个）　7—波形弹簧垫圈　8—制动器B2首片　9—制动器B2内片　10—制动器B2外片（2mm）　11—制动器B2推板（3mm）　12—隔离管　13—变速器壳

16）拔下带碟形弹簧的行星轮架。

17）取出制动器B1的压盘片与摩擦片，如图3-28所示。

**3. 换档执行元件与行星轮机构的装配**

1）将新的圆形密封圈装入行星轮支架，如图3-29中箭头所示。

2）将行星轮支架、垫圈和滚针轴承装入主动轮（齿圈），如图3-30所示。

图3-30中1为主动轮，是行星轮机构的齿圈，已安装在变速器壳体上；2是推力滚针

轴承的垫圈. 光滑面装入主动轮；3是推力滚针轴承；4是推力滚针轴承的垫圈；5是已安装好圆形密封圈的行星轮架。

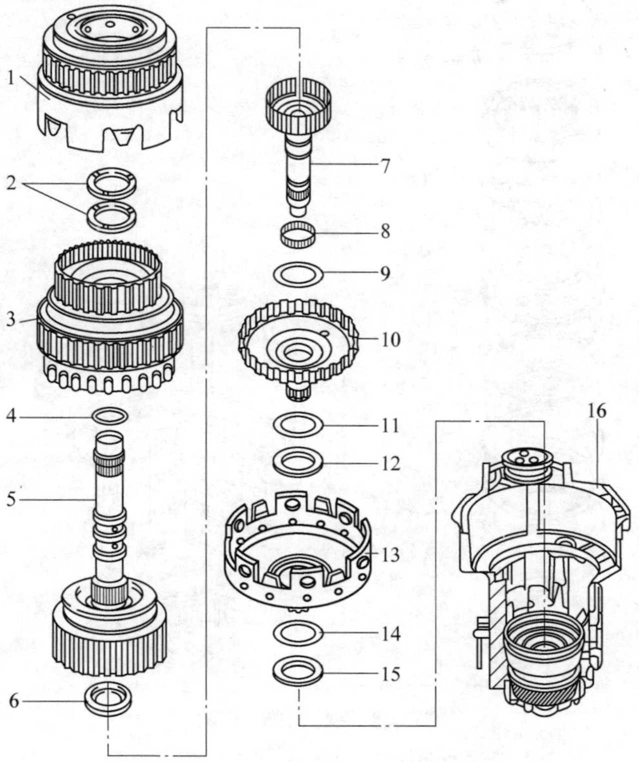


图3-25　拆卸离合器K2、K1和K3

1—倒档离合器K2　2—间隙调整垫圈　3—1-3档离合器K1　4—密封圈　5—带涡轮轴的4档离合器K3
6、9、11、14—推力滚针轴承　7—小输入轴　8—滚针轴承　10—大输入轴
12—滚针轴承垫圈　13—大太阳轮　15—滚针轴承垫圈　16—变速器壳体

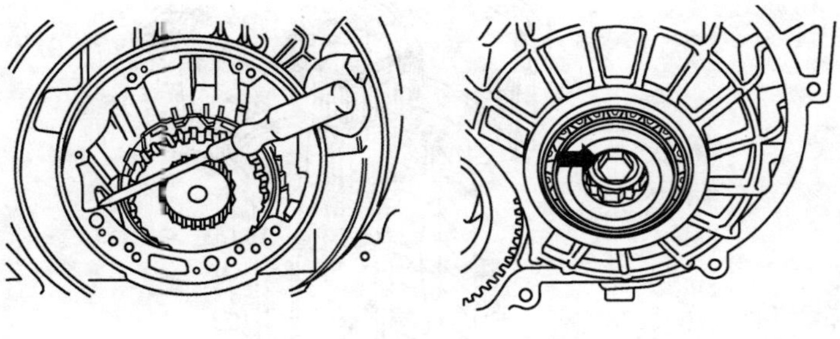

图3-26　松开输入轴螺栓

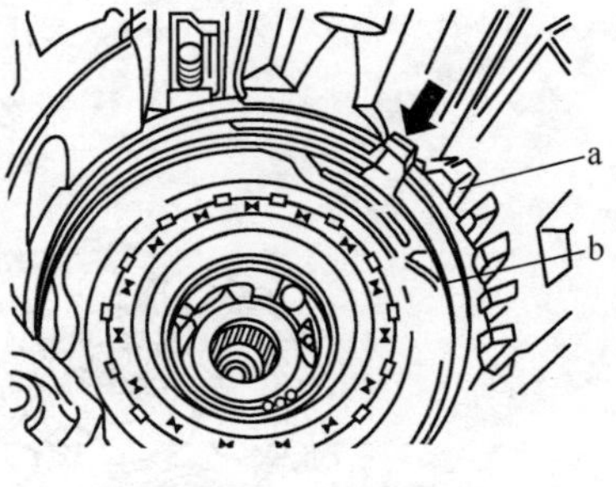


图3-27　拆卸单向离合器

3）将垫圈和推力滚针轴承安装到行星轮支架的小太阳轮上，与小太阳轮中心对齐，如图3-31所示。

4）安装制动器B1时注意：最里面的是调整垫圈8，压盘5的扁平面面向制动片。碟形弹簧4的凸起面朝向单向离合器，如图3-28所示。

5）用专用工具或适当工具张开单向离合器滚子并安装单向离合器，注意凸耳（定位楔）与壳体的相对位置，如图3-27箭头所示。

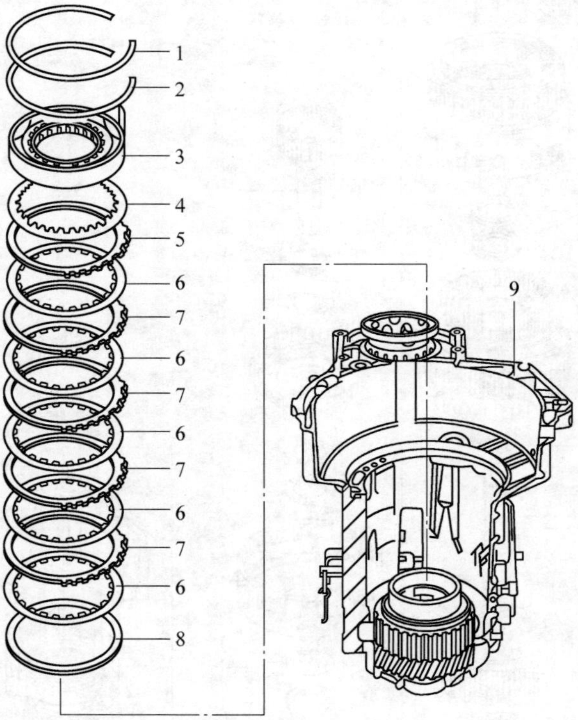


图3-28　取出制动器B1

1—隔离管弹性挡圈　2—单向离合器弹性挡圈

3—单向离合器（带B1活塞）　4—碟形弹簧

5—压盘　6—内片　7—外片　8—调整垫圈　9—变速器壳体

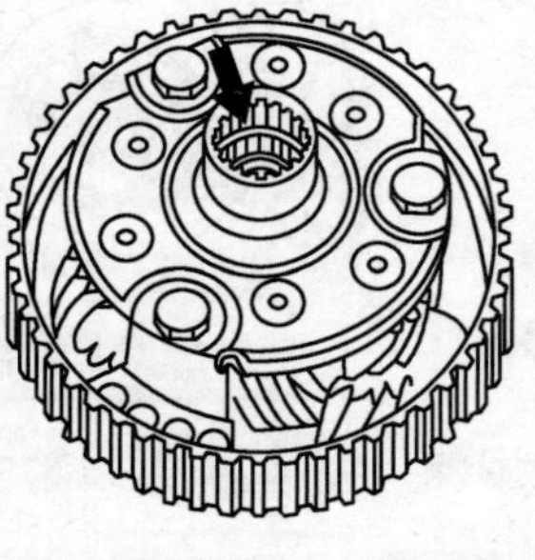

图3-29　将密封圈装入行星轮支架

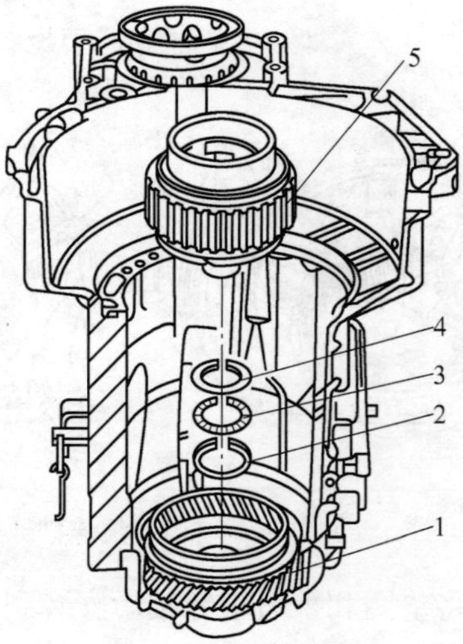


图3-30　安装行星轮支架、垫圈和滚针轴承

1—齿圈（主动轮）　2、4—垫圈

3—推力滚针轴承　5—行星轮架

6）安装单向离合器的弹性挡圈，弹性挡圈的开口对在单向离合器凸耳（定位楔）上，如图3-27所示。安装隔离管弹簧卡圈。

7）将大太阳轮、大输入轴和小输入轴安装到变速器壳体内，如图3-32所示。

8）安装小输入轴螺栓1、垫圈2、调整垫圈3，紧固螺栓1至30N·m，如图3-33所示。

9）将已组装好的离合器K2、K1、K3装入变速器壳体，安装前将带垫圈的推力滚针轴承粘在离合器K3上，如图3-34所示。

10）安装隔离管，注意使隔离管上的槽进入单向离合器的凸起定位楔内。

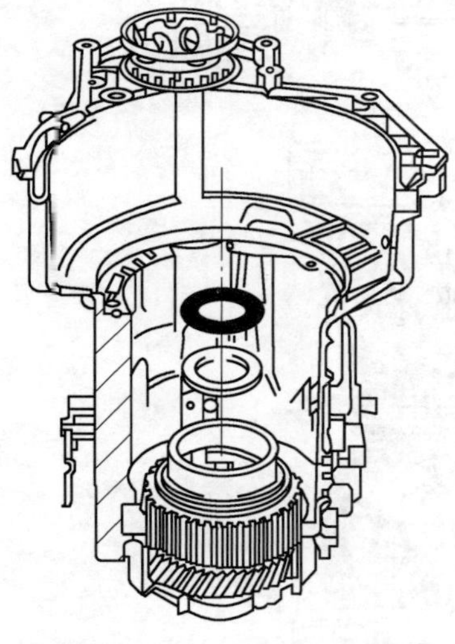

图3-31　安装小太阳轮垫圈和推力滚针轴承

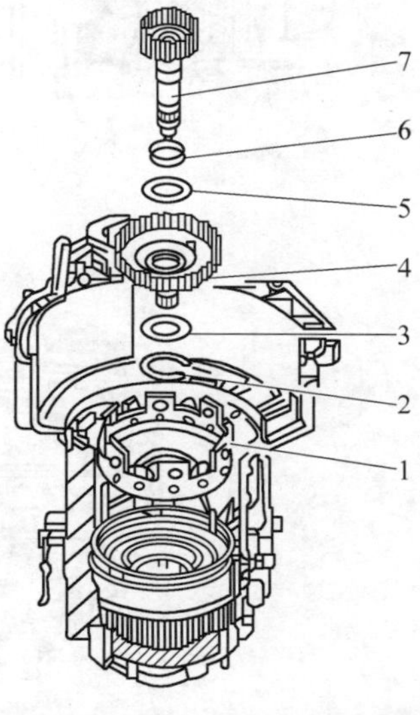


图3-32　安装大太阳轮、大输入轴和小输入轴

1—大太阳轮　2—垫圈　3、5、6—滚针轴承　4—大输入轴　7—小输入轴

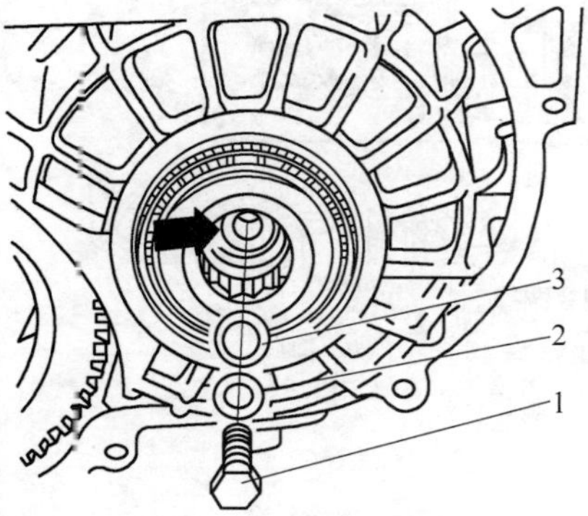


图3-33　安装小输入轴螺栓

1—螺栓　2—垫圈　3—调整垫圈

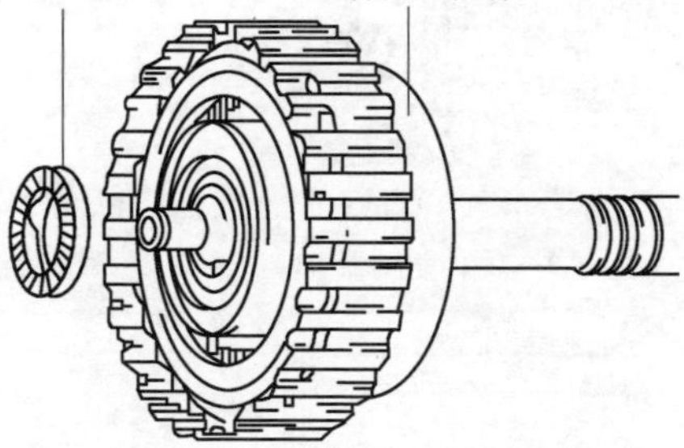


图3-34　安装离合器K3推力滚针轴承

11）安装制动器B2，先安装3mm厚的外片，将三个弹簧盖装入外片，插入弹簧，安装摩擦片与钢片，在装最后一个外片前，应把三个弹簧盖装到压力弹簧上，如图3-24所示。

12）安装自动变速器油泵密封垫，将圆形密封圈装到自动变速器油泵上，安装油泵，交叉拧紧油泵螺栓至 8N · m。

13）安装滑阀箱与油底壳，安装变速器后盖，参见有关内容。

**4. 换档执行元件与行星轮机构各部件间隙的调整**

换档执行元件与行星轮机构有四处间隙需要测量与调整，它们分别是倒档制动器 B1 间隙、2 档和 4 档制动器 B2 间隙、行星轮支架间隙和离合器间隙，如图 3-35 所示。

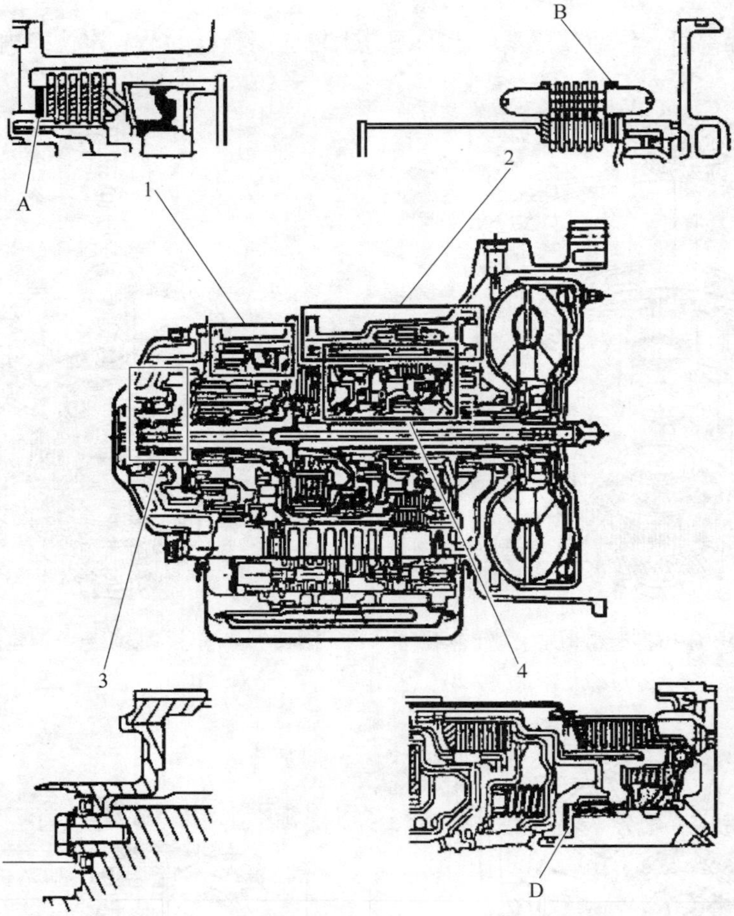


图 3-35　换档执行元件与行星轮机构需调整的间隙

1—倒档制动器 B1　2—2/4 档制动器 B2　3—行星轮架　4—离合器间隙

A、C、D—调整垫圈　B—外片（调整片）

（1）调整行星轮支架的间隙　行星轮机构部件分解图如图 3-36 所示，测量行星轮支架的间隙时，需安装好除图中调整垫圈 17 之外的所有部件，紧固小输入轴螺栓至 19 ~ 30N · m。按图 3-37 所示安装千分表，以 1mm 的预紧量将千分表安装到螺栓头中间，用力压小输入轴并测量读数值，根据测量值选择合适的调整垫圈，调整垫圈的规格见表 3-14。

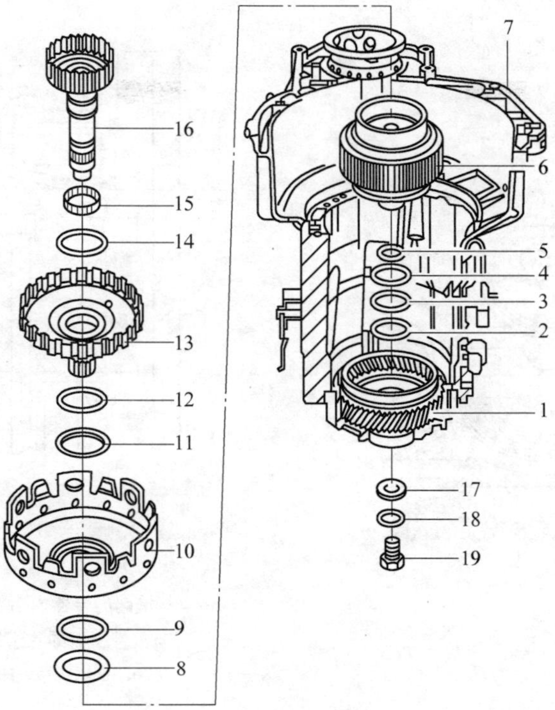


图 3-36　行星轮机构部件分解图

1—主动轮（齿圈）　2、4、8、11、18—垫圈　3、9、12、14、15—滚针轴承
5—密封圈　6—行星轮支架　7—变速器壳体　10—大太阳轮　13—大输入轴
16—小输入轴　17—调整垫圈　19—小输入轴螺栓

**表 3-14　调整垫圈的规格**　（单位：mm）

| 测 量 值 | 垫圈规格 | 测 量 值 | 垫圈规格 | 测 量 值 | 垫圈规格 |
|---|---|---|---|---|---|
| 1.26 ~ 1.35 | 1.0 | 1.96 ~ 2.05 | 1.7 | 2.66 ~ 2.75 | 2.4 |
| 1.36 ~ 1.45 | 1.1 | 2.06 ~ 2.15 | 1.8 | 2.76 ~ 2.85 | 2.5 |
| 1.46 ~ 1.55 | 1.2 | 2.16 ~ 2.25 | 1.9 | 2.86 ~ 2.95 | 2.6 |
| 1.56 ~ 1.65 | 1.3 | 2.26 ~ 2.35 | 2.0 | 2.96 ~ 3.05 | 2.7 |
| 1.66 ~ 1.75 | 1.4 | 2.36 ~ 2.45 | 2.1 | 3.06 ~ 3.15 | 2.8 |
| 1.76 ~ 1.85 | 1.5 | 2.46 ~ 2.55 | 2.2 | 3.16 ~ 3.25 | 2.9 |
| 1.86 ~ 1.95 | 1.6 | 2.56 ~ 2.65 | 2.3 | | |

示例：测量值为 2.00mm 时，从表中可知，需选择厚度为 1.7mm 的调整垫片。将已确定厚度的调整垫圈 3、垫圈 2 及螺栓 1（图 3-33）安装到小输入轴上，拧紧力矩为 30N·m。安装完毕后，再次测量行星轮支架，如图 3-37 所示，确保间隙在规定值范围 0.23 ~ 0.37mm。

（2）调整倒档制动器 B1 的间隙　倒档制动器的零部件分解图如图 3-28 所示，其中 8 为调整垫圈。间隙测量示意图如图 3-38 所示。

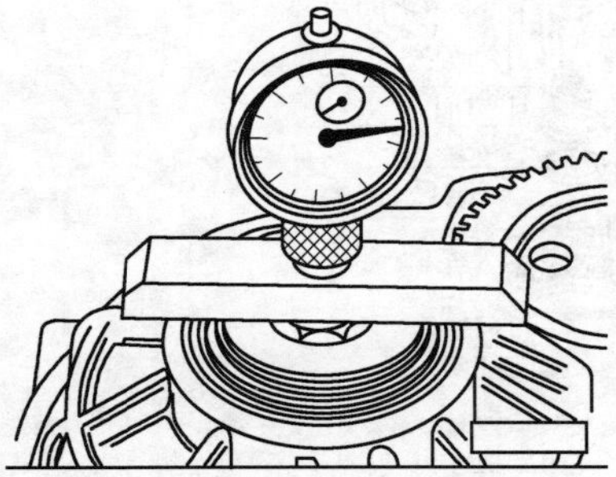

图3-37　测量行星轮支架的间隙

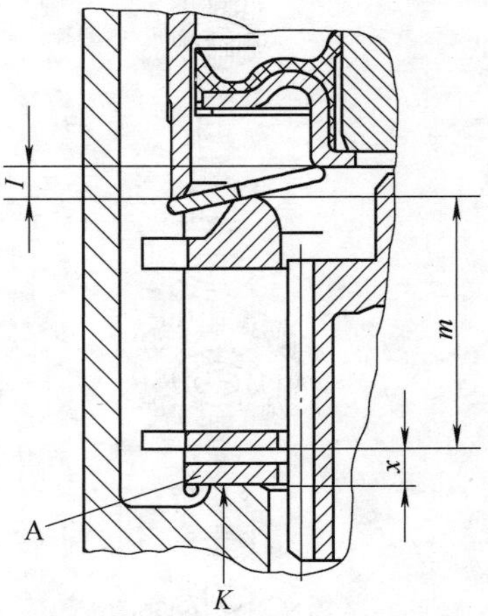


图3-38　倒档制动器B1间隙测量示意图

A—调整垫圈　x—测量间隙尺寸

I—单向离合器内活塞位置

m—带压盘的片组厚度

K—恒定值（26.8mm，由变速器的结构确定）

根据图3-38所示的测量原则，则有 $x = K + I/2 - m$。测量步骤如下：

1）尺寸 $I$ 的确定：如图3-39所示，按箭头方向将活塞压到挡块处，将导板A放到单向离合器的外环上，用游标深度卡尺B测量活塞内棱。

示例：测量值为51.8mm，导板厚度为48.2mm，则 $I = 51.8\text{mm} - 48.2\text{mm} = 3.6\text{mm}$。

2）尺寸 $m$ 的确定：如图3-40所示，将导板A放到压板上，按图中箭头方向压缩带压板的片组并用游标深度卡尺B测量厚度。

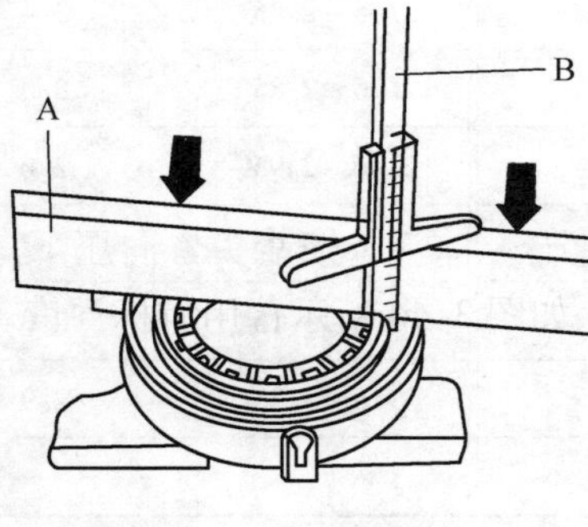


图3-39　确定尺寸 $I$

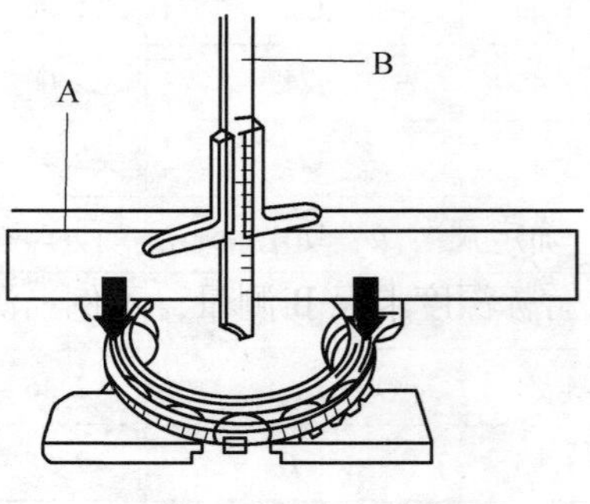


图3-40　确定尺寸 $m$

示例：测量值为73.5mm，导板厚度为48.2mm，则 $m = 73.5\text{mm} - 48.2\text{mm} = 25.3\text{mm}$。

3）计算间隙尺寸，选择调整垫片：$x = K + I/2 - m = 26.8\text{mm} + 3.6\text{mm}/2 - 25.3\text{mm} = 3.3\text{mm}$，根据测量间隙值确定调整垫圈厚度，见表3-15。确定调整垫圈厚度后，如图3-41所示，装配制动器B1并测量间隙值，规定值为1.20～1.80mm。

表3-15　调整垫圈规格　（单位：mm）

| 测量值 | 垫圈规格 | 测量值 | 垫圈规格 | 测量值 | 垫圈规格 |
|---|---|---|---|---|---|
| 2.36～2.45 | 1.0 | 3.06～3.15 | 1.7 | 3.76～3.85 | 1.2+1.2 |
| 2.46～2.55 | 1.1 | 3.16～3.25 | 1.8 | 3.86～3.95 | 1.2+1.3 |
| 2.56～2.65 | 1.2 | 3.26～3.35 | 1.9 | 3.96～4.05 | 1.3+1.3 |
| 2.66～2.75 | 1.3 | 3.36～3.45 | 1.0+1.0 | 4.06～4.15 | 1.3+1.4 |
| 2.76～2.85 | 1.4 | 3.46～3.55 | 1.0+1.1 | 4.16～4.25 | 1.4+1.4 |
| 2.86～2.95 | 1.5 | 3.56～3.65 | 1.1+1.1 | | |
| 2.96～3.05 | 1.6 | 3.66～3.75 | 1.1+1.2 | | |

（3）调整离合器K1和K2的间隙　图3-25所示为离合器K2、K1、K3部件分解图，图中部件2是间隙调整垫圈。间隙测量示意图如图3-42所示，图中A为调整垫圈，$x$为测量间隙值，则$x=a-b$。

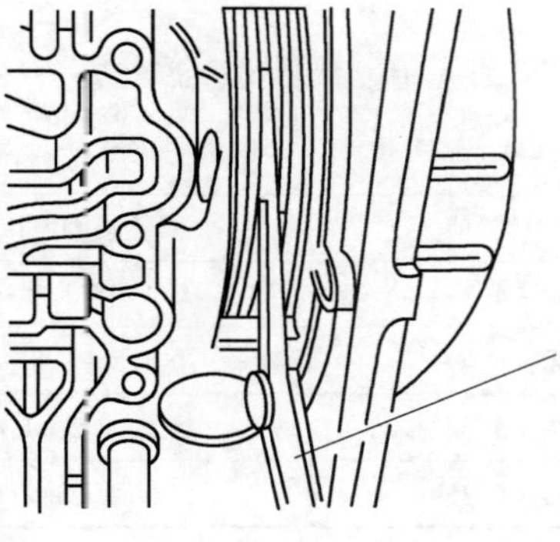


图3-41　测量制动器B1的间隙

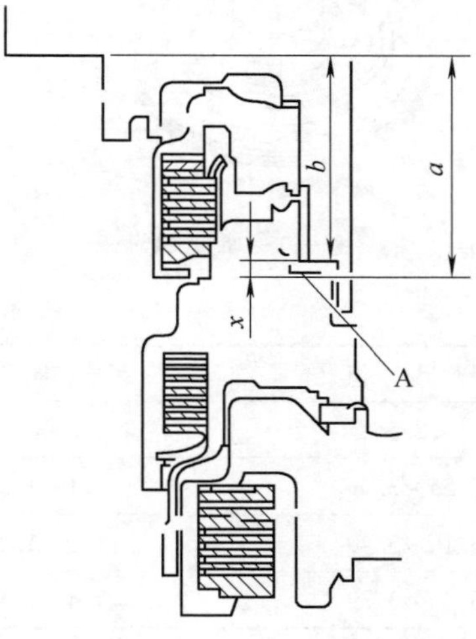


图3-42　间隙测量示意图

测量步骤如下：

1）确定尺寸$a$：如图3-43所示，将导板A放到变速器壳体上，按箭头方向压下离合器K1并用游标深度卡尺B测量，示例：测量值为88.5mm。如图3-44所示，用游标深度卡尺B测量变速器壳体上的油泵法兰，示例：测量值为34.3mm。则$a=88.5\text{mm}-34.3\text{mm}=54.2\text{mm}$。

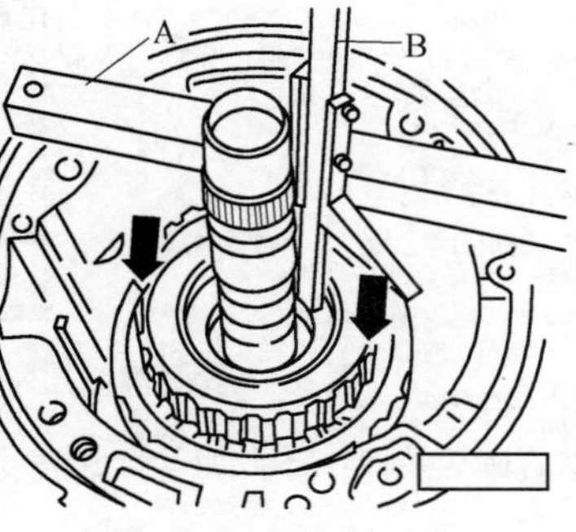


图3-43　确定尺寸$a$（一）

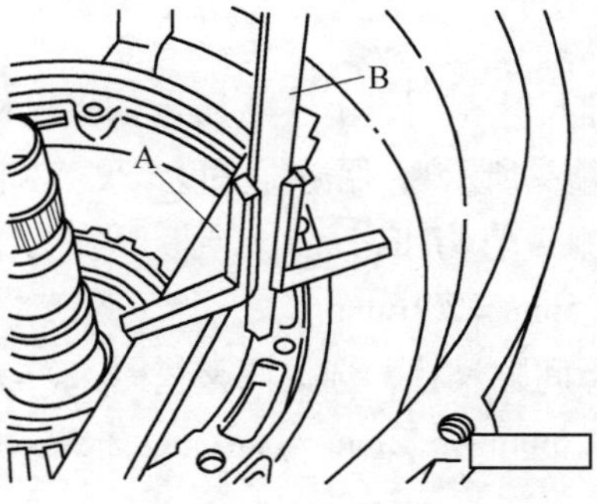


图3-44　确定尺寸$a$（二）

2）确定尺寸 $b$：如图3-45所示，将导板装到导轮支座（箭头所示）上，用游标深度卡尺测量油泵法兰密封垫，示例：测量值70.5mm，法兰厚度为19.5mm，则 $b$ = 70.5mm − 19.5mm = 51.0mm。

3）计算间隙尺寸，选择调整垫圈：$x = a - b$ = 54.2mm − 51.0mm = 3.2mm。根据测量间隙值确定调整垫圈厚度，见表3-16。

4）测量离合器间隙。只有安装变速器油泵后才能测量离合器间隙，如图3-46所示，将千分表支座固定到变速器壳体上，并以1mm预紧量将千分表装到涡轮轴上，将千分表置0，移动涡轮轴并读出测量值，规定间隙值为0.5~1.2mm。

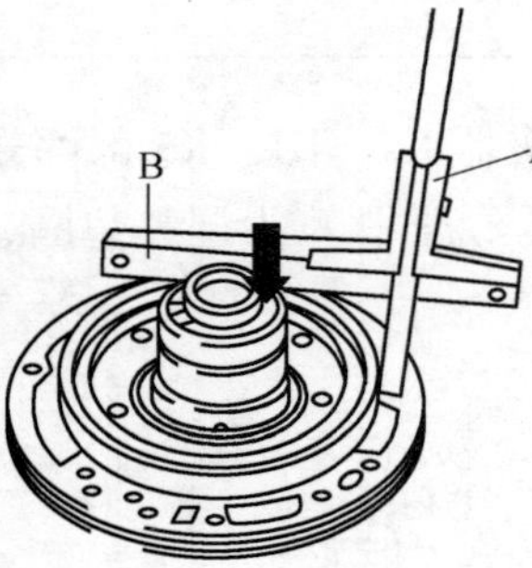


图3-45　确定尺寸 $b$

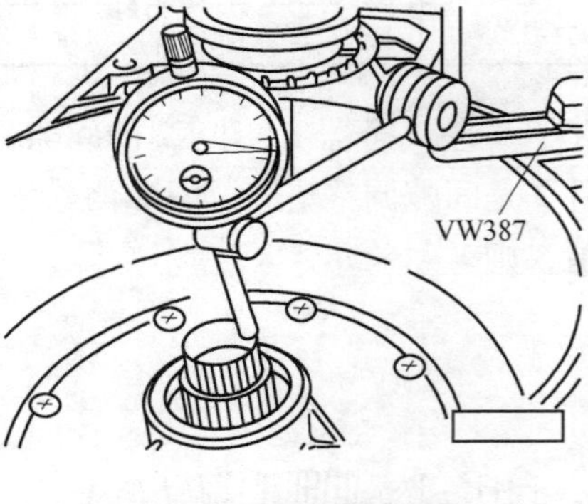


图3-46　测量离合器间隙

**表3-16　调整垫圈厚度（一）**　（单位：mm）

| 测　量　值 | 调整垫圈厚度 | 测　量　值 | 调整垫圈厚度 |
|---|---|---|---|
| <2.54 | 1.4 | 3.90~4.29 | 1.6+1.6 |
| 2.55~3.09 | 1+1 | 4.30~4.69 | 1.8+1.8 |
| 3.10~3.49 | 1.2+1.2 | 4.70~5.04 | 1.2+1.2+1.6 |
| 3.50~3.89 | 1.4+1.4 | 5.05~5.25 | 1.2+1.2+1.8 |

（4）调整2档和4档制动器B2的间隙　制动器B2的部件分解图如图3-24所示，调整垫圈厚度确定示意图如图3-47所示，图中A为调隙外片，箭头所指是第一个外片，厚度固定为3mm，则间隙值 $x = a - b$ = 3.2mm。

1）确定尺寸 $a$：如图3-48所示，从变速器壳体上油泵法兰处用游标深度卡尺A测量最后一个内片厚度，示例 $a$ = 30.2mm。

2）确定尺寸 $b$：如图3-49所示，将导板B安装到导轮支架下部（箭头所示），用游标深度卡尺A测量油泵法兰密封圈，示例：测量值为40.1mm，导板厚度为19.5mm，则 $b$ = 40.1mm − 19.5mm = 20.6mm。

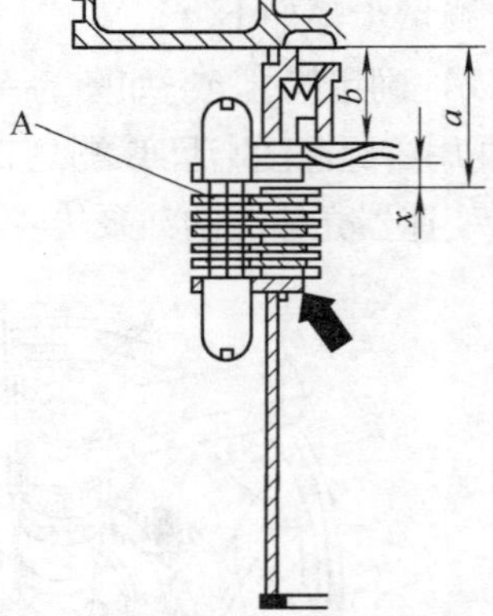


图3-47　调整垫圈厚度确定示意图

3）计算间隙尺寸，选择调整垫圈：$x = a - b$ − 3.2mm = 30.2mm − 20.6mm − 3.2mm = 6.4mm。根据测量间隙值确定调整垫圈厚度，见表3-17。

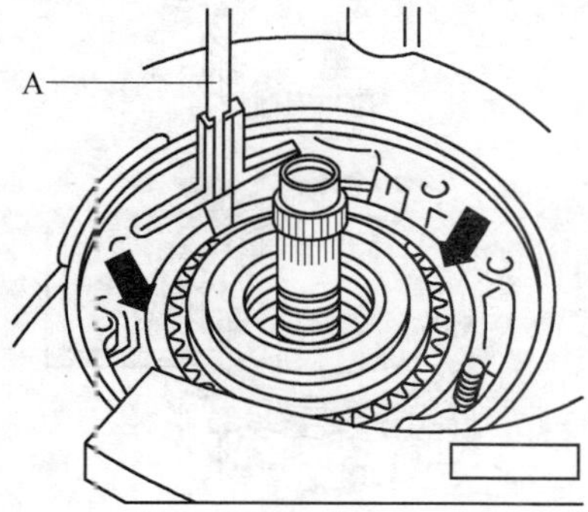


图3-48　确定尺寸$a$

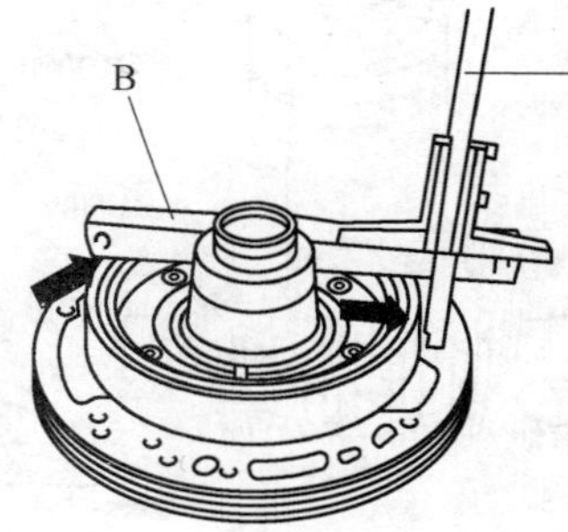


图3-49　确定尺寸$b$

**表3-17　调整垫圈厚度（二）**　（单位：mm）

| 间隙$x$ | 调整垫圈厚度 | 间隙$x$ | 调整垫圈厚度 | 间隙$x$ | 调整垫圈厚度 |
|---|---|---|---|---|---|
| 4.25～4.49 | 2.75 | 5.25～5.49 | 3.75 | 6.25～6.49 | 2.25＋2.50 |
| 4.50～4.74 | 3.00 | 5.50～5.74 | 2.00＋2.00 | 6.50～6.74 | 2.50＋2.50 |
| 4.75～4.99 | 3.25 | 5.75～5.99 | 2.00＋2.25 | 6.75～7.00 | 2.50＋2.75 |
| 5.00～5.24 | 3.50 | 6.00～6.24 | 2.25＋2.25 | | |

**5. 离合器K1、K2、K3的分解、检查与组装**

（1）分解与组装1-3档离合器K1　离合器K1的部件分解图如图3-50所示，分解后检查离合器摩擦片是否有烧损、剥落，钢片是否有烧损变形。离合器K1的装配比较特殊，拆装需注意如下事项：

1）拆装离合器K1活塞回位弹簧的弹性挡圈：如图3-51所示，用图示专用工具或适当的工具压缩带弹性垫圈的活塞盖，直至图中箭头所示的弹性挡圈能够取出或进入槽内。

2）组装离合器K1内片支架：离合器K1要分两部分组装，如图3-52所示，先将压盘a、内片b和外片c装到内片支架，压盘a的光滑面朝向内片，阶梯面朝向内片支架，将带棱的立式轴向推力轴承装配到位，并且需注意图中箭头所示的轴向止推垫的装配定位。

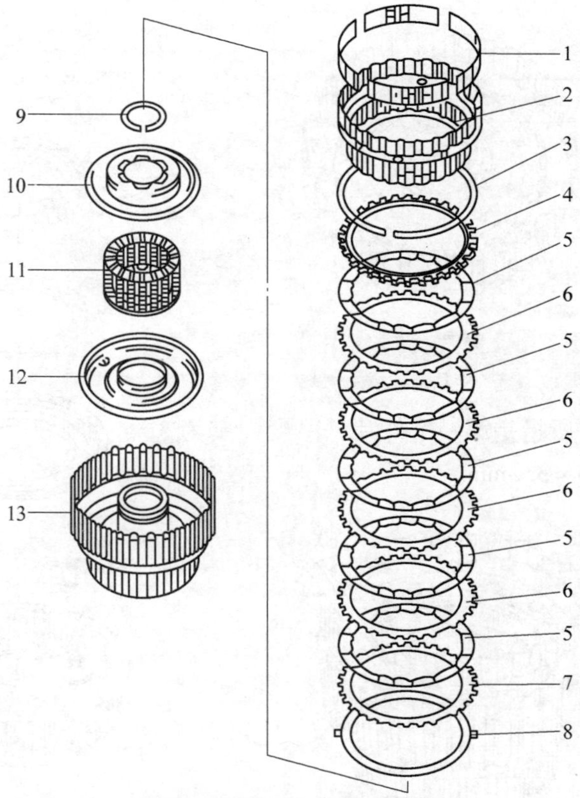


图3-50　离合器K1部件分解图

1—立式推力轴承　2—内片支架　3、9—弹性挡圈　4—压盘
5—内片　6—外片（1.5mm）　7—外片（2.0mm）　8—波形弹簧垫圈
10—活塞盖　11—弹簧垫圈　12—活塞　13—离合器壳

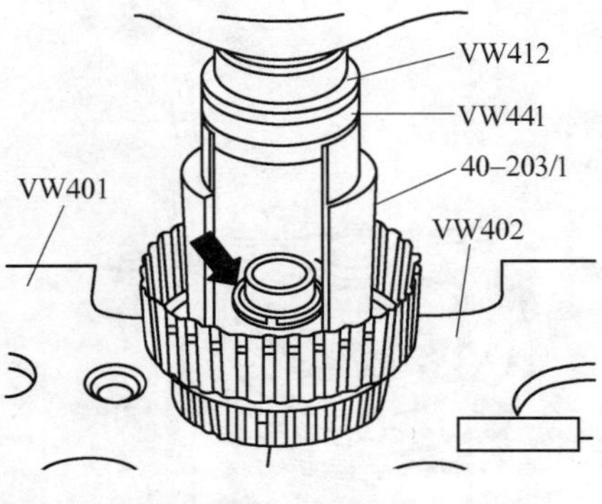


图3-51　拆卸弹性挡圈

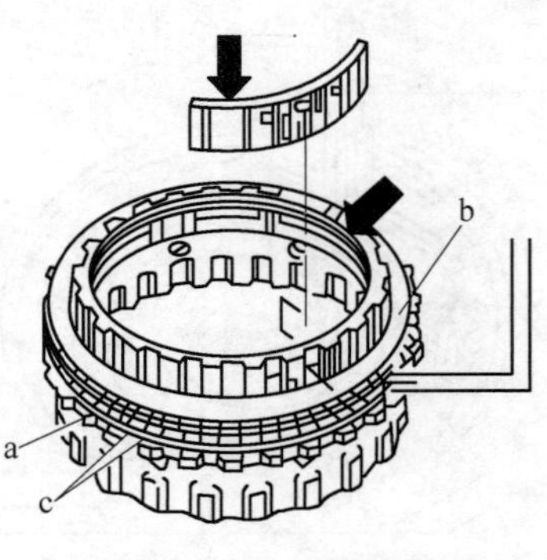


图3-52　组装内片支架

3）将其余的内、外片装入离合器壳：如图3-53所示，将波形弹簧垫圈（图3-50中部件8）安装到离合器壳13中，再装上2mm厚的外片7，装上其他的内、外片。

4）将内片支架装入离合器壳：如图3-54所示，稍抬起内片支架，以便安装弹性卡簧。

（2）分解和组装倒档离合器K2　倒档离合器K2部件分解图如图3-55所示，分解后检查离合器摩擦片是否有烧损、剥落，钢片是否有烧损变形。拆装离合器活塞回位弹簧弹性挡圈时，用专用工具或合适的工具压缩回位弹簧支承板，直到可以拆装弹性挡圈。注意拆装时不要损坏球阀，如图3-56中箭头所示。安装后需检查弹簧支承板是否位于轮毂的中间。

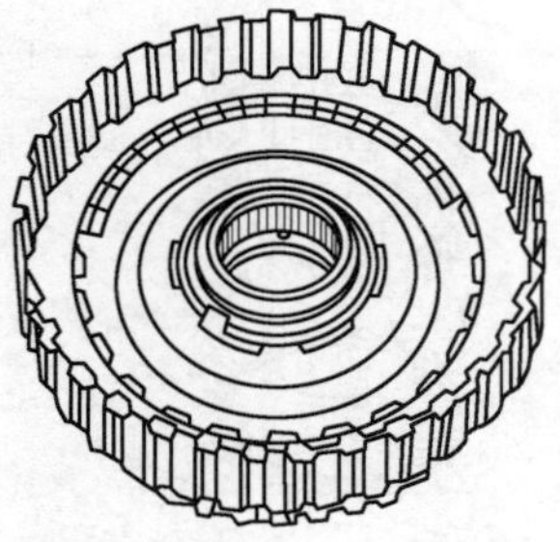

图3-53　将其余的内、外片装入离合器壳

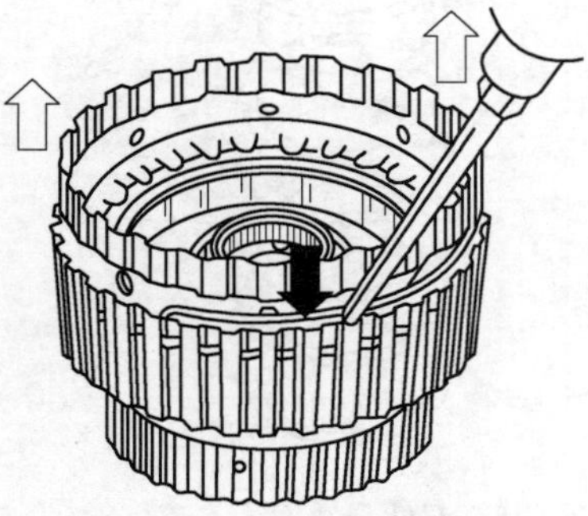

图3-54　将内片支架装入离合器壳

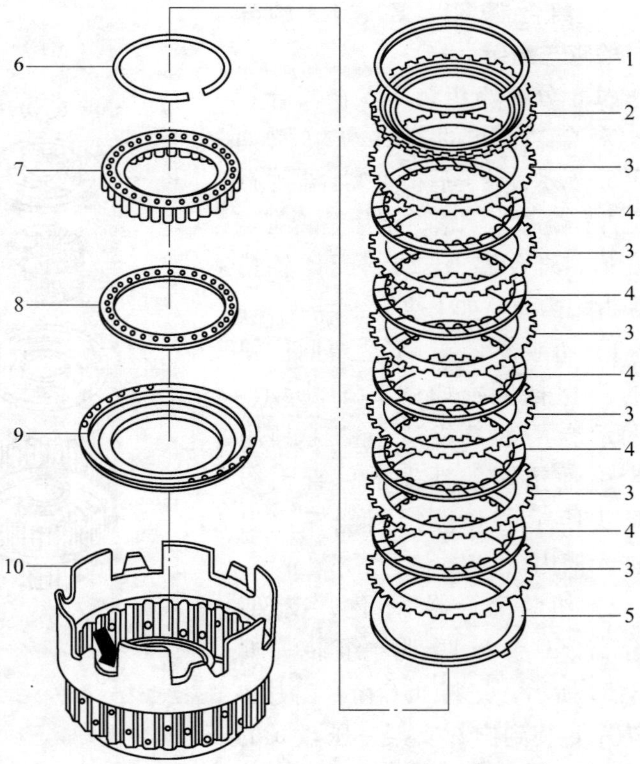


图3-55　倒档离合器K2部件分解图

1、6—弹性挡圈　2—压盘　3—外片　4—内片　5—波形弹簧垫圈　7—弹簧支承板　8—弹簧支承圈　9—活塞　10—离合器壳

（3）分解和组装带涡轮轴的4档离合器K3　4档离合器K3的部件分解图如图3-57所示，分解后检查摩擦片是否有烧损、剥落，钢片是否有烧损变形，如图3-58所示。拆装离合器活塞回位弹簧弹性挡圈时，用专用工具或合适的工具压缩回位弹簧支承板，直到可以拆装弹性挡圈。在涡轮轴上安装有活塞密封环，检查是否有损坏，安装时需注意将活塞环的开口挂上。另外，在组装离合器K2时，需更换图3-57中的圆形密封圈12，将新的密封圈安装到涡轮轴槽中，位置如图3-59所示。

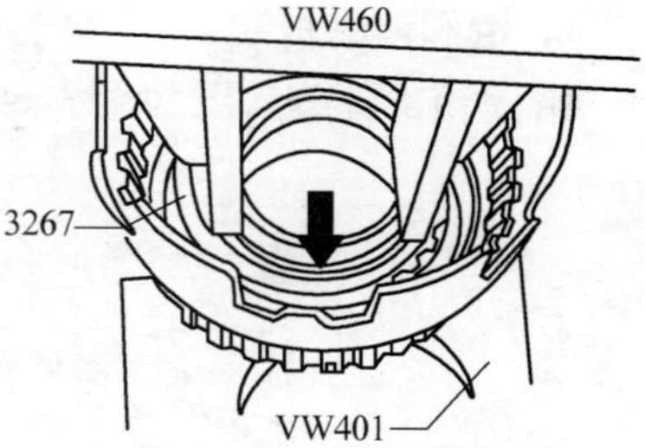

图3-56　拆装K2活塞回位弹簧弹性挡圈

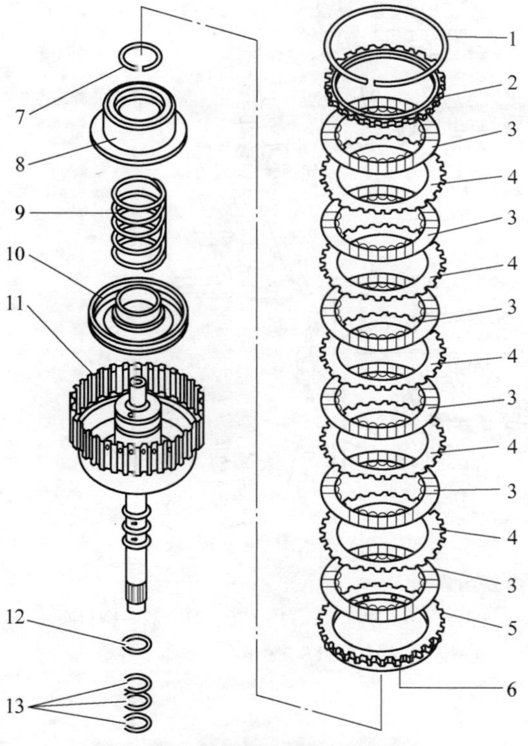

图3-57　离合器K3部件分解图

1、7—弹性挡圈　2—压盘　3—内片　4—外片　5—压板　6—波形弹簧垫圈　8—活塞盖　9—弹簧　10—活塞　11—带涡轮轴的离合器壳　12—圆形密封圈　13—活塞环

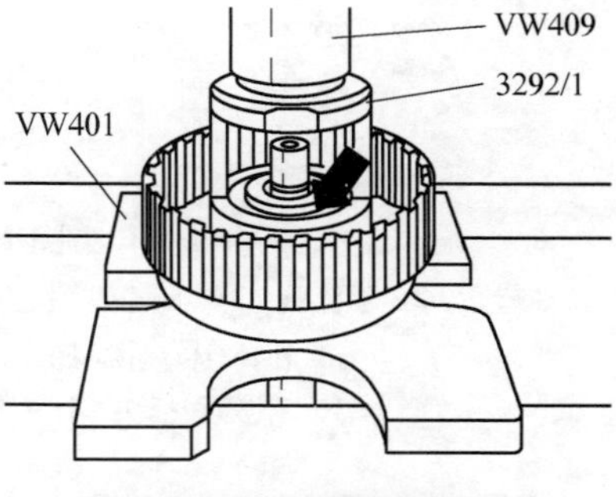

图3-58　拆装K3活塞回位弹簧弹性挡圈

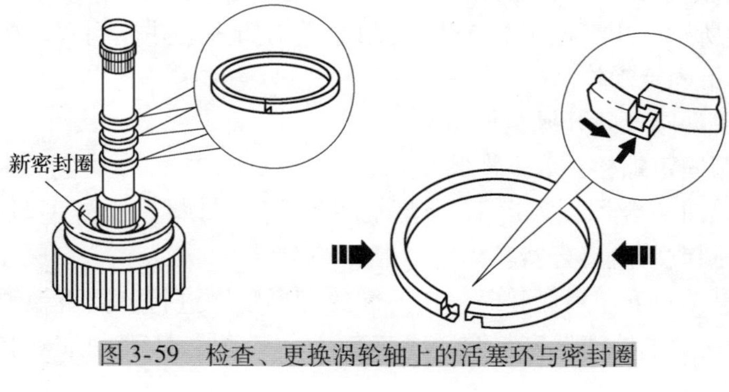

图3-59　检查、更换涡轮轴上的活塞环与密封圈

**6. 滑阀箱的拆装**

滑阀箱部件分解图如图3-60所示。滑阀箱的拆装注意如下事项：

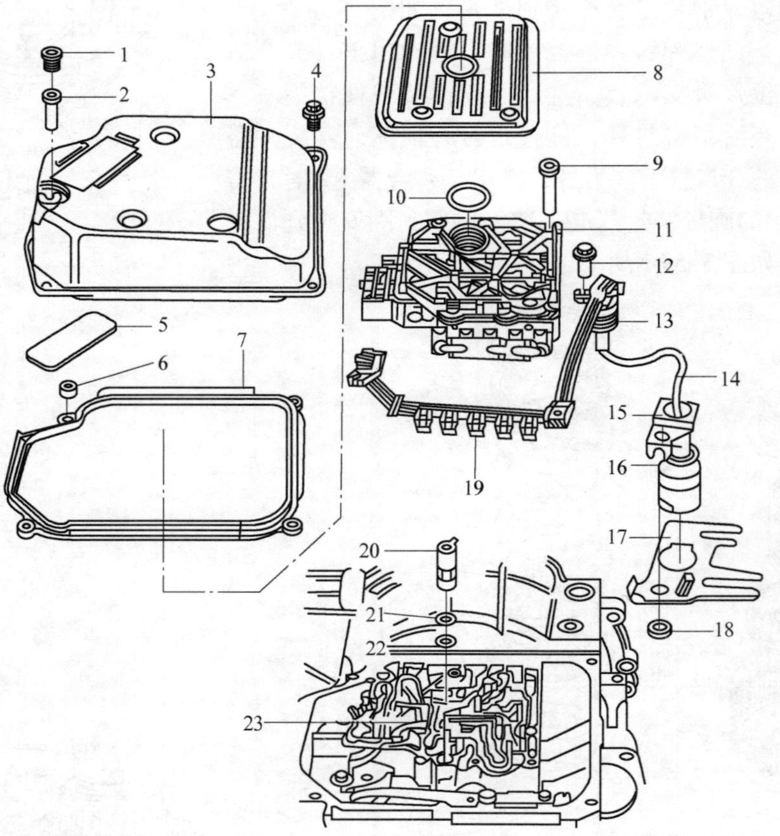


图3-60　滑阀箱部件分解图

1—换油螺塞　2—溢流管　3—油底壳　4、9、12—螺栓　5—磁铁　6—隔套　7、10、20、21、22—密封圈
8—滤清器　11—滑阀箱　13—线束套管　14—传输线　15、17—固定夹
16—传输线插头　18—螺母　19—电磁阀插头　23—手动阀操纵杆

1）将机油收集器放在变速器下面，拆卸螺塞，拆下溢流管，泄放自动变速器油。然后安装溢流管，并将其拧至台肩处。更换油塞上的密封垫，装复油塞。

2）拆卸变速器油底壳。

3）拆卸自动变速器油滤清器，如图3-61所示。

4）如图3-62所示，用专用工具3373插入电磁阀插头上并插到底，按图中箭头方向取出电磁阀插头，拆下固定螺栓。

5）往外拉出手动阀，断开操纵杆。

6）拆卸滑阀箱固定螺栓，取下滑阀箱。

7）如需拆卸单向离合器，需拆下制动器B1油道密封圈，如图3-21中箭头所示，否则，可能损坏密封圈或单向离合器。

8）装配注意事项：安装滑阀箱时，按拆卸的相反顺序进行，需更换油塞密封圈、变速器油底密封圈、变速器油滤清器密封圈、线束套管、制动器B1密封圈。装配手动阀时，带台阶的一面朝向操纵杆，安装后需调整手动阀操纵杆，方法如图3-63所示。将变速杆拨至P位，将带手动阀的操纵杆插入滑阀箱并插到底，然后紧固图中箭头所示的固定螺栓，滑阀箱相关部件的螺栓紧固力矩见表3-18。

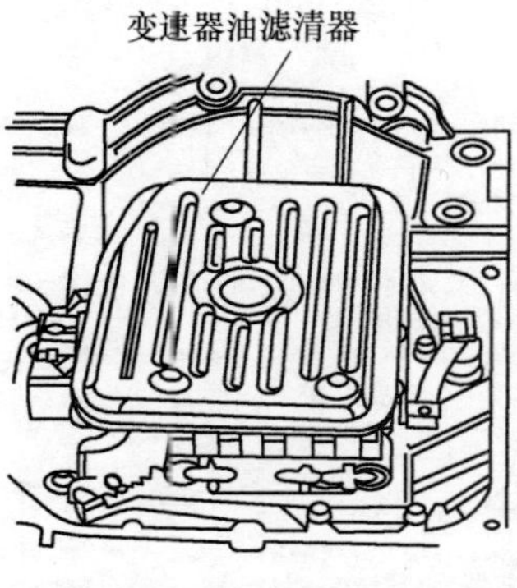


图3-61　拆卸自动变速器油滤清器

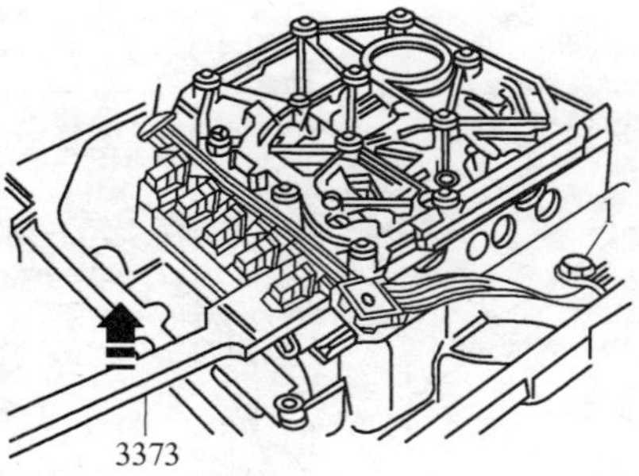


图3-62　拆卸传输线

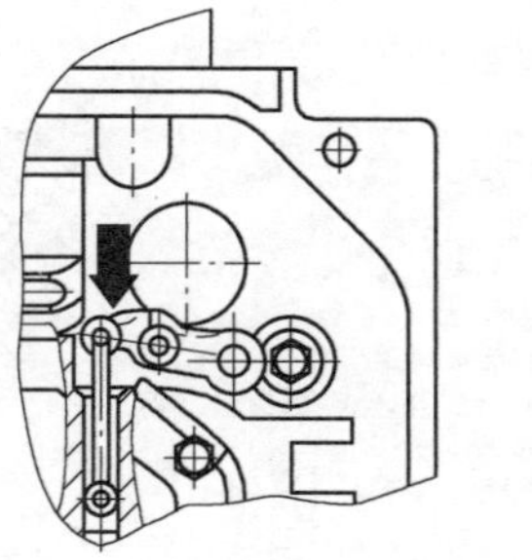

图3-63　调整手动阀操纵杆

表3-18　滑阀箱相关部件的螺栓紧固力矩　　（单位：N·m）

| 螺　　栓 | 紧固力矩 | 螺　　栓 | 紧固力矩 |
|---|---|---|---|
| 放油螺栓 | 15 | 螺栓12 | 10 |
| 油底壳螺栓 | 12 | 螺母18 | 10 |
| 阀体固定螺栓 | 5 | | |

**7. 主传动部件的拆装**

主传动部件包括变速机构、小齿轮、差速器与主减速器等部件。变速机构包括换档执行元件和行星轮机构，其拆装步骤见有关内容，下面介绍主传动其他部件的拆装。

（1）停车锁止装置分解和组装　在拆卸主传动部件时，需先拆卸停车锁止装置的相关部件，如图3-64所示。停车锁止装置螺栓紧固力矩见表3-19。

表3-19　停车锁止装置螺栓紧固力矩　　（单位：N·m）

| 螺　　栓 | 力　　矩 | 螺　　栓 | 力　　矩 |
|---|---|---|---|
| 螺栓1 | 4 | 螺栓23 | 10 |
| 螺栓8 | 10 | 螺栓27 | 10 |
| 螺栓10 | 10 | 螺栓28 | 10 |
| 螺栓17 | 14 | | |

（2）主动轮拆装（齿圈）　主动轮部件分解图如图3-65所示。拆装主动轮注意事项：

1）拆装主动轮时，不需拆下小齿轮轴和差速器。拆装紧固螺栓1时，可挂上停车锁止装置。安装紧固螺栓1前，先装上推力滚针轴承7，紧固力矩为250N·m。

2）安装碟形弹簧2时，凸起面朝向紧固螺栓1。

3）安装圆锥滚子轴承内圈4时，应在图3-66中箭头所示处涂密封胶，密封胶的大众零件号为AMV 185 101 A1。

4）圆锥滚子轴承外圈5、8可用冲子敲出，用专用工具20－205或合适的工具压入，压入前涂密封胶。

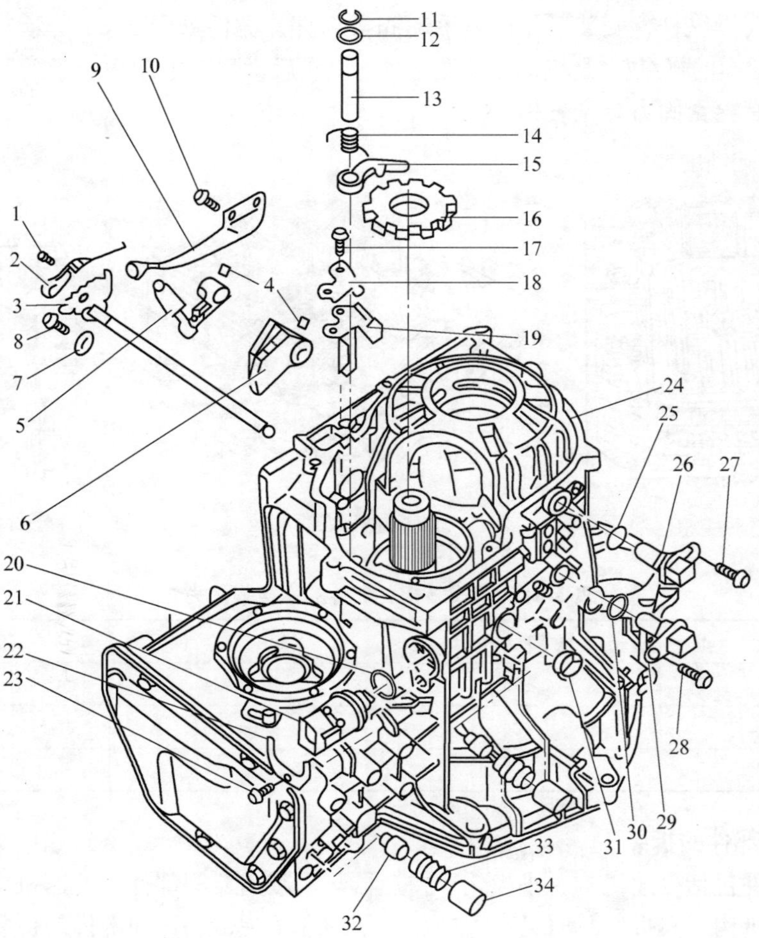


图3-64　停车锁止装置部件分解图

1、8、10、17、23、27、28—螺栓　2—手动阀操纵杆　3—带换档扇形板的选档换档轴　4—紧固套　5—推杆　6—切口扇形板　7—安全垫圈　9—换档扇形板弹簧　11—弹性挡圈　12—垫圈　13—带槽杠杆轴　14—回位弹簧　15—带槽杠杆　16—停车锁止齿轮　18—支承板　19—导板　20、25、30、31—密封圈　21—多功能开关　22—支架　24—变速器壳体　26—车速传感器G68　29—变速器转速传感器G38　32—通风管　33—通风轴　34—盖

5）安装推力滚针轴承7时，扁平面朝向主动轮，安装紧固螺栓1前先安装推力滚针轴承7。

6）圆锥滚子轴承内圈9的拆卸方法及使用的工具如图3-67所示，安装如图3-68所示，安装圆锥滚子轴承内圈9时也应涂密封胶。为防止损坏主动轮，应在主动轮下面放置一块垫板。

7）更换主动轮时，也一同更换从动轮，并调整行星轮支架的间隙，在主动轮上安装着车速传感器G68的脉冲轮，见相关内容。主动轮的拆卸如图3-69所示，先不拆碟形弹簧、调整垫圈和推力滚针轴承，拧上紧固螺栓，使紧固螺栓和圆锥滚子轴承间有 $a=3$mm 的间隙。用专用工具VW771将主动轮压出至圆锥滚子轴承的台肩处，然后拆下VW771和主动轴。

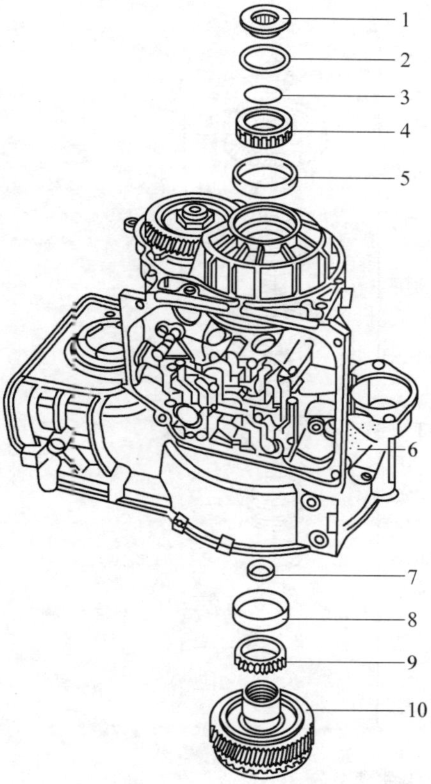


图3-65 主动轮部件分解图

1—紧固螺栓 2—碟形弹簧 3—调整垫圈 4、9—圆锥滚子轴承为圈 5、8—圆锥滚子轴承外圈 6—变速器壳体 7—推力滚针轴承 10—主动轮

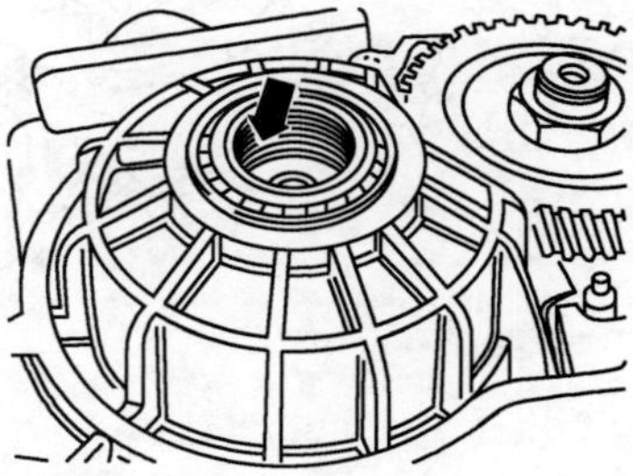

图3-66 圆锥滚子轴承内圈涂密封胶

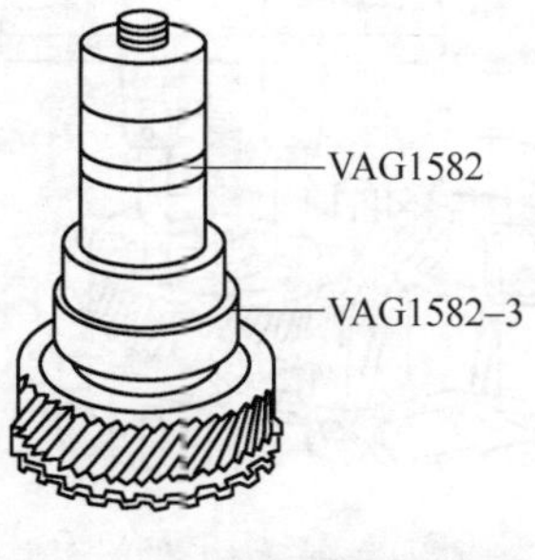


图3-67 拆卸圆锥滚子轴承

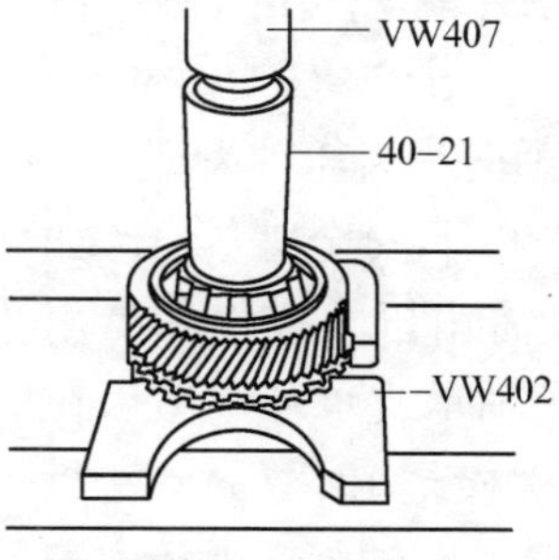


图3-68 安装圆锥滚子轴承

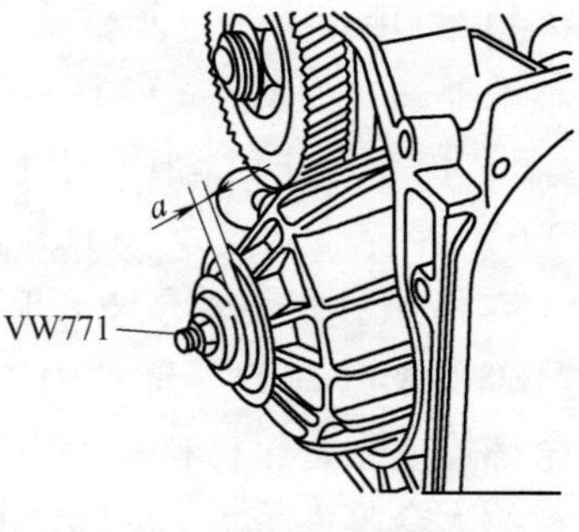


图3-69 主动轮的拆卸

（3）拆装小齿轮轴 小齿轮轴及从动轮部分的分解如图3-70所示，拆装小齿轮轴及从动轮部件的注意事项如下：

1）先挂上停车锁止装置，再拆卸六角螺母4。

2）主、从动轮中如有任何一个损坏，需同时更换。用专用工具或合适的拉器拆卸从动轮，如图3-71所示。

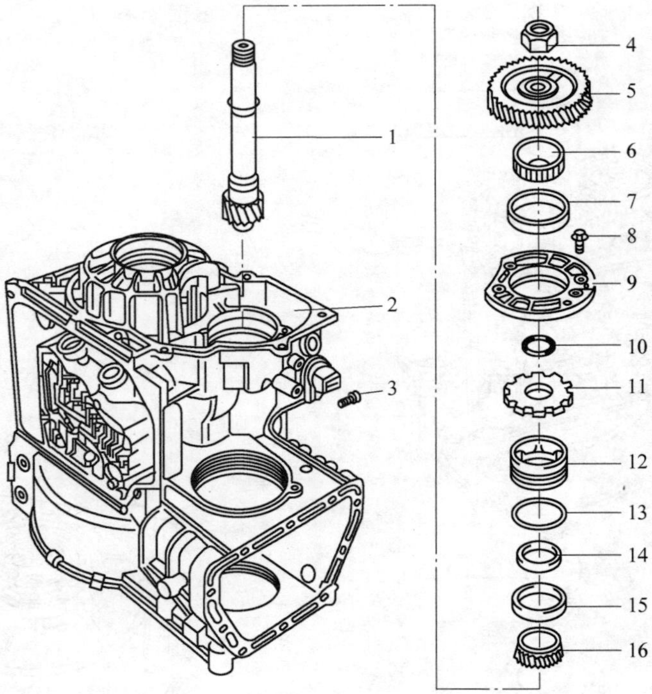


图3-70　小齿轮轴及从动轮部件分解图

1—小齿轮轴　2—变速器壳体　3、8—螺栓　4—六角螺母　5—从动轮　6、16—圆锥滚子轴承　7、15—圆锥滚子轴承外圈　9—轴承盖　10—调整垫圈　11—停车锁止齿轮　12—轴承支承环　13—密封圈　14—小齿轮轴密封圈

3）圆锥滚子轴承6的拉出与压入如图3-72所示。

4）可用冲头敲出圆锥滚子轴承外圈7，压入圆锥滚子轴承外圈，如图3-73所示。

5）停车锁止齿轮11圆倒角面朝向小齿轮轴齿部。

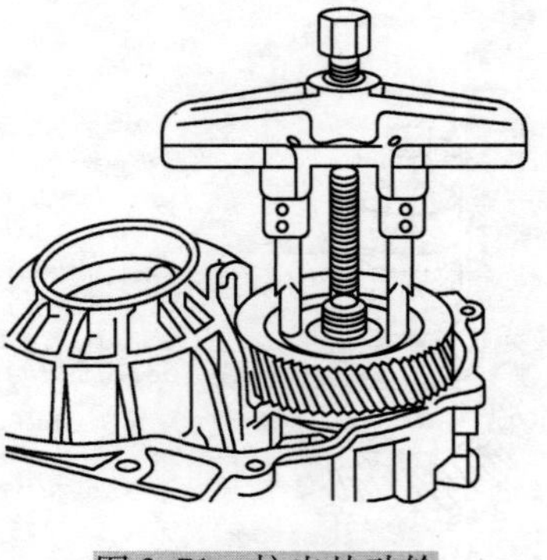

图3-71　拉出从动轮

6）拆装轴承支承环12前需先拆下安全螺栓3，如图3-74所示。安装轴承支承环时，需用扭力扳手和专用工具3183A以200N·m的力矩拧紧轴承支承环，然后在安全螺栓上涂密封材料，紧固安全螺栓至12N·m。密封材料的大众零件号为AKD 456 000 01。在轴承支承环中安装有油封，此油封将01M自动变速器中的ATF和齿轮油分开。此油封的开口端朝向圆锥滚子轴承外圈，安装位置如图3-75所示，安装时注意不要损坏油封和O形密封圈。

7）小齿轮轴的拆卸如图3-76所示。

8）圆锥滚子轴承外圈15的安装如图3-77所示。

9）圆锥滚子轴承16的安装如图3-78所示。

10）小齿轮轴及从动轮部件螺栓紧固力矩见表3-20。

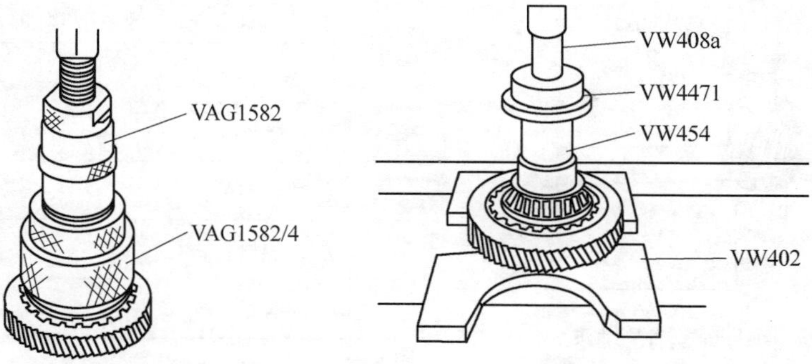


a) 拉出圆锥滚子轴承　　b) 压入圆锥滚子轴承

图 3-72　拆装圆锥滚子轴承

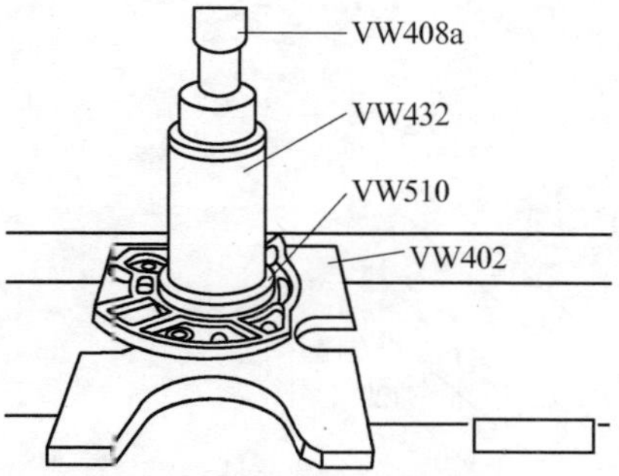


图 3-73　压入圆锥滚子轴承外圈

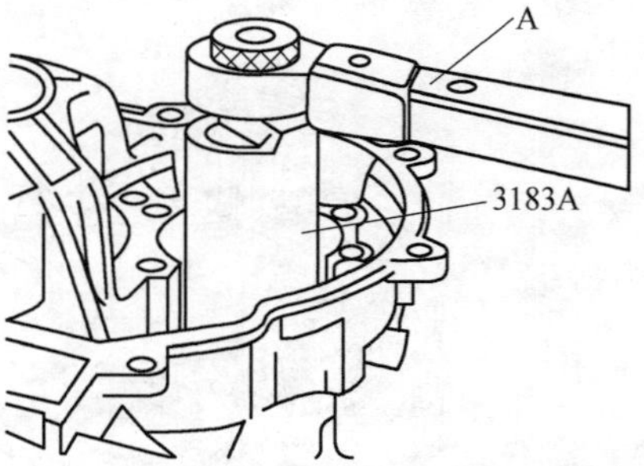


图 3-74　拆装轴承支承环

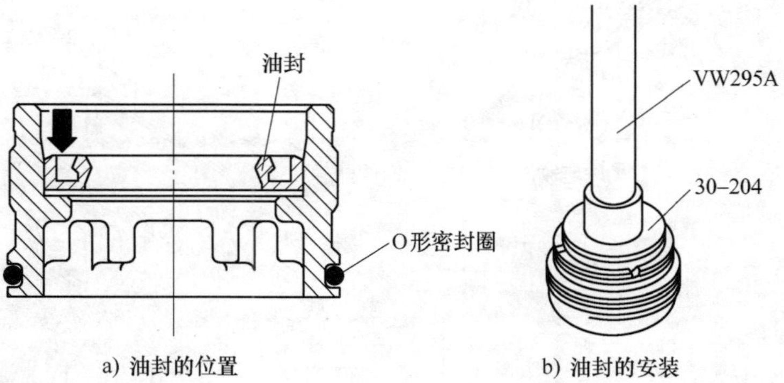


a) 油封的位置　　b) 油封的安装

图 3-75　安装轴承支承环内的油封

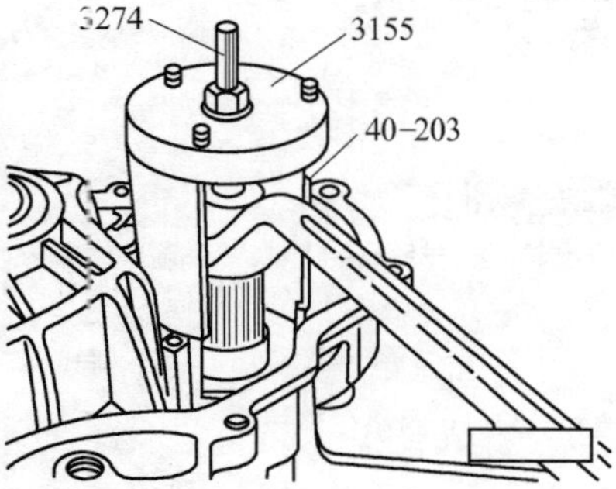


图 3-76　小齿轮轴的拆卸

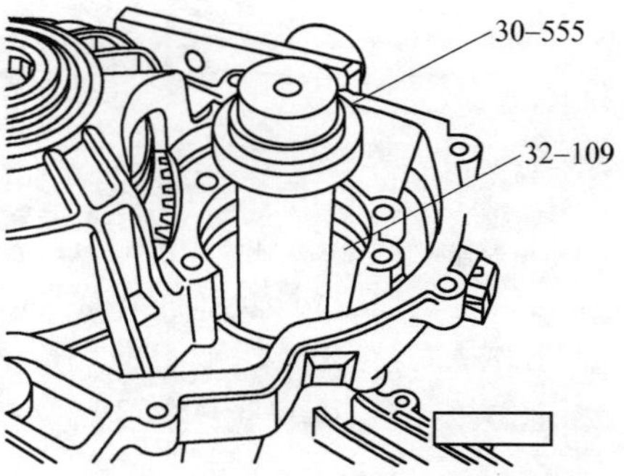


图 3-77　压入圆锥滚子轴承外圈

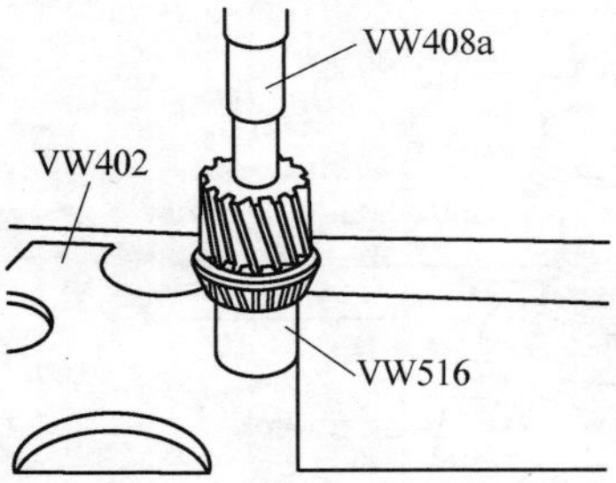


图3-78 压入圆锥滚子轴承

表3-20 小齿轮轴及从动轮部件螺栓紧固力矩

| 螺 栓 | 力矩/N·m |
|---|---|
| 螺栓3 | 12 |
| 六角螺母4 | 250 |
| 螺栓8 | 25 |
| 轴承支承环 | 200 |

（4）差速器总成的拆装 差速器总成部件分解图如图3-79所示，拆装差速器总成时应注意如下事项：

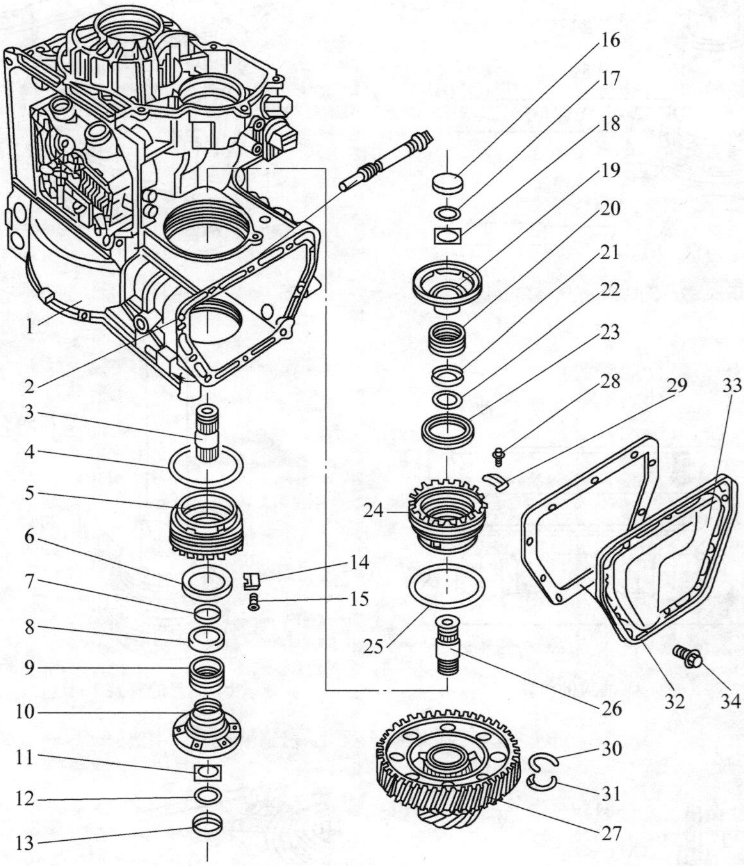

图3-79 差速器总成部件分解图

1—变速器壳体 2—车速表驱动轴 3、26—驱动法兰输出轴 4、25—密封圈 5—调整套圈 6、23—法兰油封 7、22—锥形环 8、21—止推垫圈 9、20—压力弹簧 10、19—驱动法兰 11、18—碟形弹簧 12、17、30、31—弹性挡圈 13、16—密封盖 14、29—安全锁块 15、28、34—螺栓 24—轴承体 27—差速器 32—密封垫 33—盖

1）拆装驱动轴法兰及法兰油封。装上专用工具3109或合适夹具，先拆下弹性挡圈，如图3-80所示，用专用工具VW391拉出驱动法兰，如图3-81所示。如需拆卸法兰油封，则使用专用工具VW681或合适的工具取出法兰油封，用3319安装新油封至台肩处，在密封唇处涂润滑脂，如图3-82所示。安装驱动法兰时，用专用工具3109压入驱动法兰，装上弹性挡圈和密封盖，如图3-79所示。

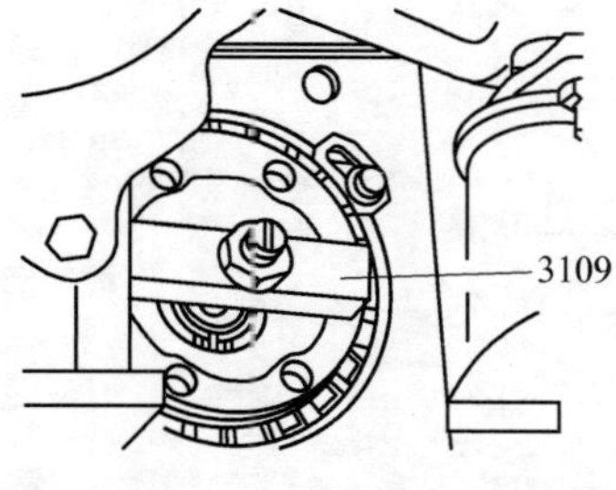


图3-80　拆装驱动法兰弹性挡圈

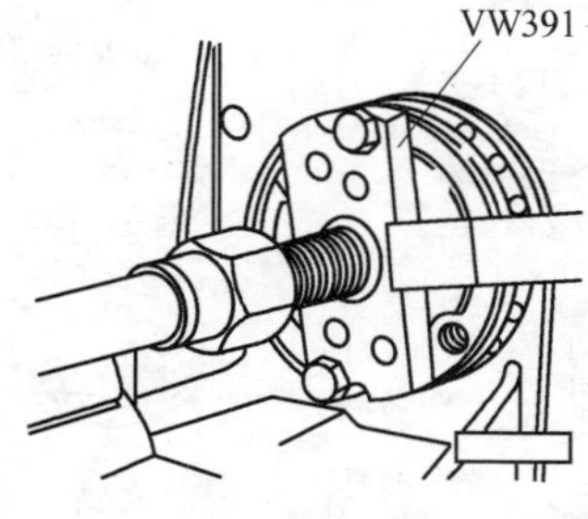


图3-81　拉出驱动法兰

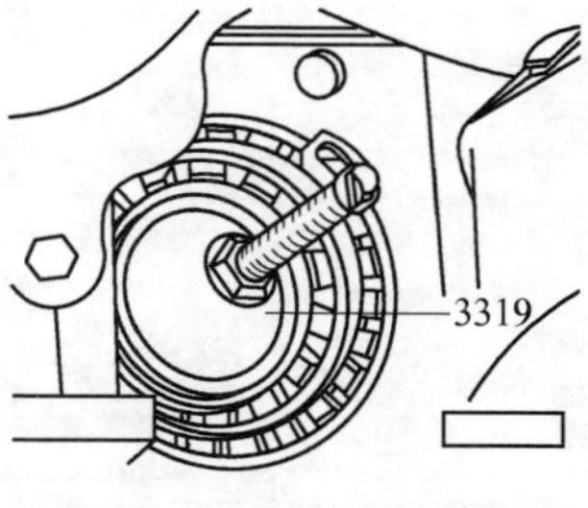


图3-82　安装驱动法兰油封

2）拆卸差速器总成。用专用工具3155拆卸调整套圈，如果仍使用原轴承，在拆卸调整套圈前，需在调整套圈上做标记，重新安装时对齐标记即可，如图3-83所示。如果更换差速器轴承，需重新调整轴承间隙。

3）如图3-84所示，安装差速器（图3-79中部件27）与轴承体（图3-79中部件24），用专用工具3155与扭力扳手将轴承拧紧至150N·m，直至靠到台肩处，差速器间隙靠调整套圈调整。

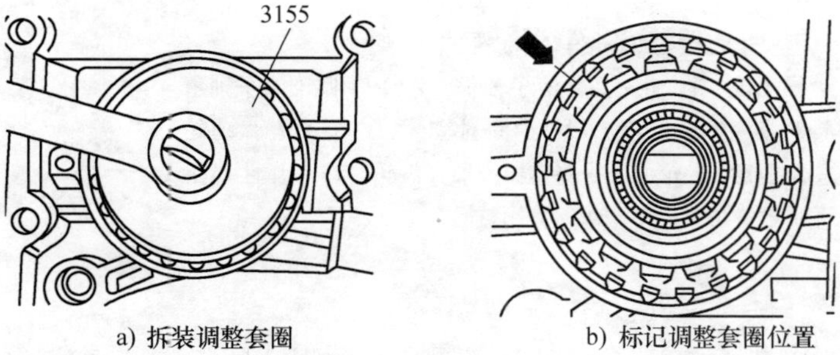


a）拆装调整套圈　　b）标记调整套圈位置

图3-83　拆卸、标记调整套圈

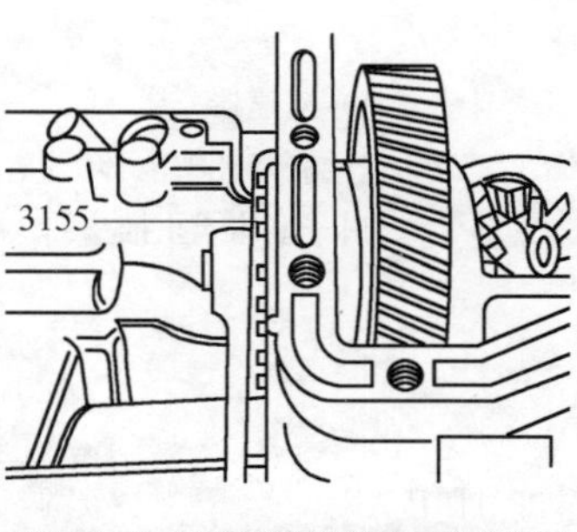


图3-84　安装差速器与轴承体

（5）差速器总成部件的分解与组装　差速器总成部件的分解图如图3-85所示，拆卸差速器部件时应注意以下事项：

1）主动轮铆接在差速器壳体上，如果差速器或主动轮损坏，差速器壳体和铆接的主动轮必须一同更换。

2）用专用工具或适当工具拆卸圆锥滚子轴承，如图3-86所示。安装时需将圆锥滚子轴承加热到100℃，如图3-87所示。

3）拆卸圆锥滚子轴承外圈时可用冲头冲出，安装时将圆锥滚子轴承外圈加热至100℃，如图3-88所示。

**8. 主传动部件的调整**

主传动部件的调整如图3-89所示。在检修、组装01M变速器时，只有更换了影响主传动调整间隙的部件时，才需重新调整主动轮、带从动轮的小齿轮轴和差速器壳体的部件间隙。更换部件与所需调整的间隙见表3-21。

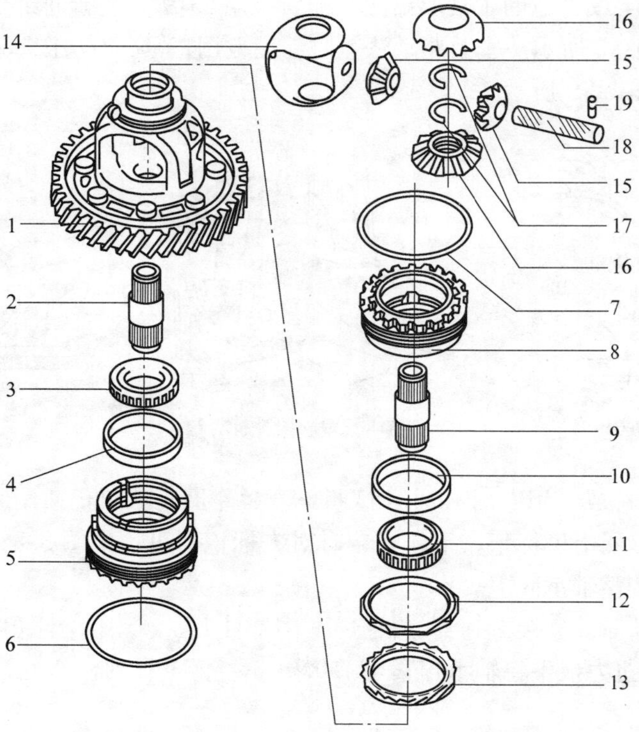


图3-85 差速器总成部件的分解

1—差速器壳体 2、9—驱动法兰输出轴 3、11—圆锥滚子轴承 4、10—圆锥滚子轴承外圈 5—轴承体 6、7—密封圈 8—调整套圈 12—中间衬套 13—车速表驱动轮 14—整体式止推垫圈 15—差速器锥形小齿轮 16—差速器锥形大齿轮 17—弹性挡圈 18—差速器锥形齿轮轴 19—紧固盖

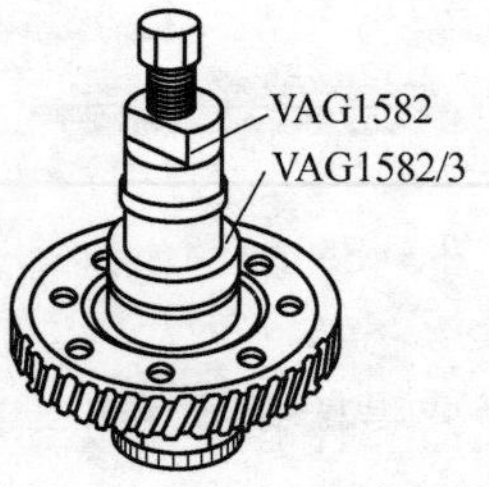


图3-86 拆卸圆锥滚子轴承

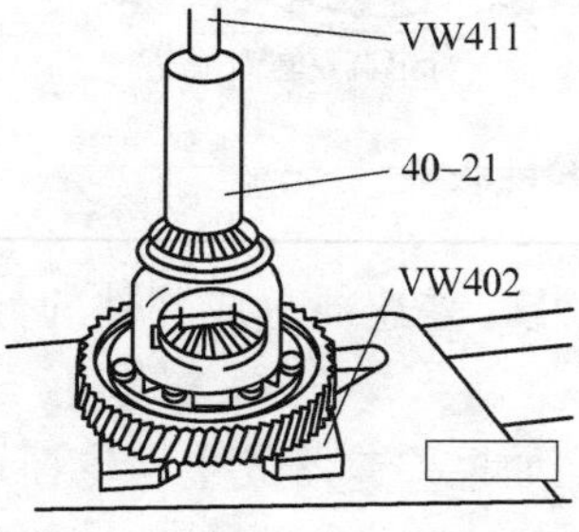


图3-87 安装圆锥滚子轴承

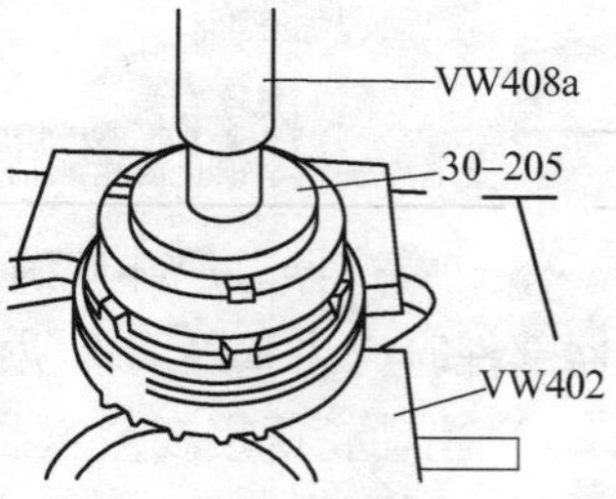


图3-88 安装圆锥滚子轴承外圈

（1）调整小齿轮轴

1）测量间隙值。测量调整前，小齿轮轴轴承环已安装并固定好，停车锁止操纵机构锁止齿轮已装好。如图3-90所示，将两个调整垫圈（每个厚1.5mm）按箭头所示装到小齿轮轴上，将带圆锥滚子轴承的从动轮装到小齿轮轴上并用250N·m的力矩拧紧螺母。如图3-91所示，装上千分表，设置1mm的预紧量，将千分表置零。来回摆动小齿轮轴，读出测量间

隙值，示例：测量值为 0.93mm。**注意：测量时不要转动小齿轮轴，否则轴承会下沉，导致测量不准确。**

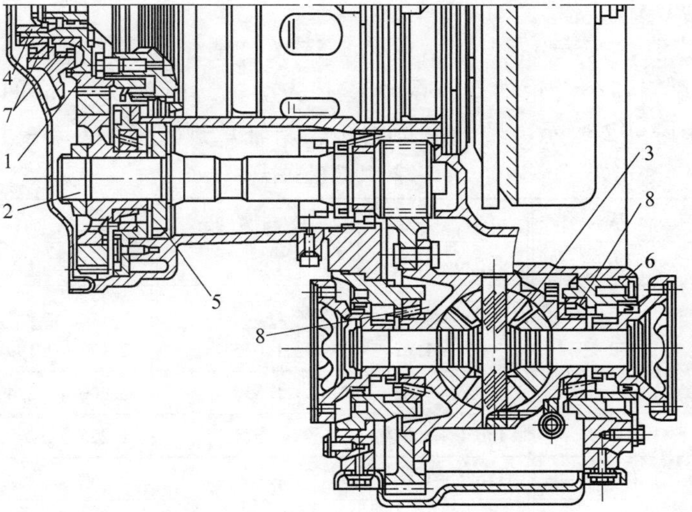


图 3-89　主传动部件的调整示意图

1—主动轮　2—小齿轮轴　3—差速器　4—主动轮调整垫圈　5—小齿轮轴调整垫圈　6—差速器调整垫圈　7—主动轮圆锥滚子轴承　8—差速器圆锥滚子轴承

**表 3-21　更换部件与所需调整的间隙**

| 更换部件 | 差速器 | 主动齿轮 | 小齿轮轴 |
|---|---|---|---|
| 变速器壳体 | ○ | ○ | ○ |
| 主动轮 | | ○ | ○ |
| 主动轮圆锥滚子轴承 | | ○ | |
| 从动轮 | | ○ | ○ |
| 小齿轮轴 | | | ○ |
| 小齿轮轴圆锥滚子轴承 | | | |
| 差速器壳体 | ○ | | |
| 差速器圆锥滚子轴承、轴承体或调整套圈 | ○ | | |
| 轴承支承环、停车锁止齿轮或轴承盖 | | | ○ |

注：○表示更换某一部件时，另一部件需做相应的调整。

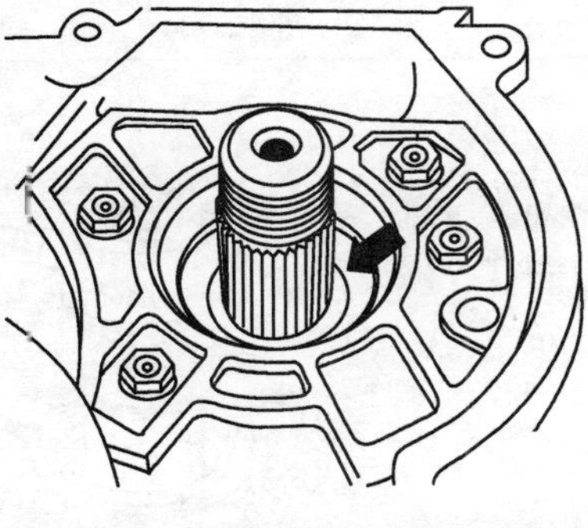

图 3-90　装入两个调整垫片到小齿轮轴上

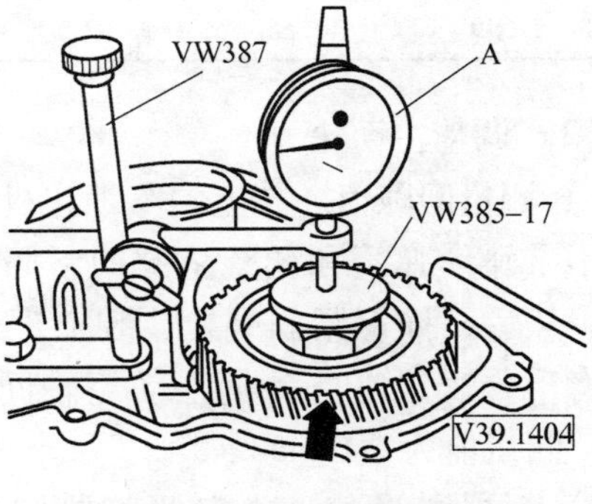


图 3-91　测量小齿轮轴间隙

2）根据测量值，确定调整垫圈厚度。两个调整垫圈厚度减去测量间隙值（0.93mm）、轴承预紧量（0.12mm）和下沉量（0.10mm），即为调整垫圈厚度（3.0mm－0.93mm－0.12mm－0.10mm＝1.85mm）。

根据测量间隙值，按表3-22所示规格，选择合适的调整垫圈厚度。拆下从动轮，把选定的调整垫圈装到小齿轮轴上，重新装上从动轮，用250N·m的力矩拧紧螺母并用销子紧固。按图3-92所示，测量摩擦力矩，新轴承规定值为0.8～1.2N·m。

**表3-22 调整垫圈规格** （单位：mm）

| 测量值 | 垫圈厚度 | 测量值 | 垫圈厚度 | 测量值 | 垫圈厚度 |
|---|---|---|---|---|---|
| 0.975～0.999 | 1.000 | 1.550～1.574 | 1.575 | 2.125～2.149 | 2.150 |
| 1.000～1.024 | 1.025 | 1.575～1.599 | 1.600 | 2.150～2.174 | 2.175 |
| 1.025～1.049 | 1.050 | 1.600～1.624 | 1.625 | 2.175～2.199 | 2.200 |
| 1.050～1.074 | 1.075 | 1.625～1.649 | 1.650 | 2.200～2.224 | 2.225 |
| 1.075～1.099 | 1.100 | 1.650～1.674 | 1.675 | 2.225～2.249 | 2.250 |
| 1.100～1.124 | 1.125 | 1.675～1.699 | 1.700 | 2.250～2.274 | 2.275 |
| 1.125～1.149 | 1.150 | 1.700～1.724 | 1.725 | 2.275～2.299 | 2.300 |
| 1.150～1.174 | 1.175 | 1.725～1.749 | 1.750 | 2.300～2.324 | 2.325 |
| 1.175～1.199 | 1.200 | 1.750～1.774 | 1.775 | 2.325～2.349 | 2.350 |
| 1.200～1.224 | 1.225 | 1.775～1.799 | 1.800 | 2.350～2.374 | 2.375 |
| 1.225～1.249 | 1.250 | 1.800～1.824 | 1.825 | 2.375～2.399 | 2.400 |
| 1.250～1.274 | 1.275 | 1.825～1.849 | 1.850 | 2.400～2.424 | 2.425 |
| 1.275～1.299 | 1.300 | 1.850～1.874 | 1.875 | 2.425～2.449 | 2.450 |
| 1.300～1.324 | 1.325 | 1.875～1.899 | 1.900 | 2.450～2.474 | 2.475 |
| 1.325～1.349 | 1.350 | 1.900～1.924 | 1.925 | 2.475～2.499 | 2.500 |
| 1.350～1.374 | 1.375 | 1.925～1.949 | 1.950 | 2.500～2.524 | 2.525 |
| 1.375～1.399 | 1.400 | 1.950～1.974 | 1.975 | 2.525～2.549 | 2.550 |
| 1.400～1.424 | 1.425 | 1.975～1.999 | 2.000 | 2.550～2.574 | 2.575 |
| 1.425～1.449 | 1.450 | 2.000～2.024 | 2.025 | 2.575～2.599 | 2.600 |
| 1.450～1.474 | 1.475 | 2.025～2.049 | 2.050 | 2.600～2.624 | 2.625 |
| 1.475～1.499 | 1.500 | 2.050～2.074 | 2.075 | 2.625～2.649 | 2.650 |
| 1.500～1.524 | 1.525 | 2.075～2.099 | 2.100 | 2.650～2.674 | 2.675 |
| 1.525～1.549 | 1.550 | 2.100～2.124 | 2.125 | 2.675～2.700 | 2.700 |

（2）调整主动轮

1）测量间隙值。挂上停车锁止机构，用100N·m的力矩将不带碟形弹簧和调整垫圈的紧固螺栓拧紧，如图3-93所示。然后，拧下紧固螺栓，装上千分表，设置3mm预紧量，将千分表置零。测量主动轮轴间隙，如图3-94所示。示例：测量值为1.00mm。

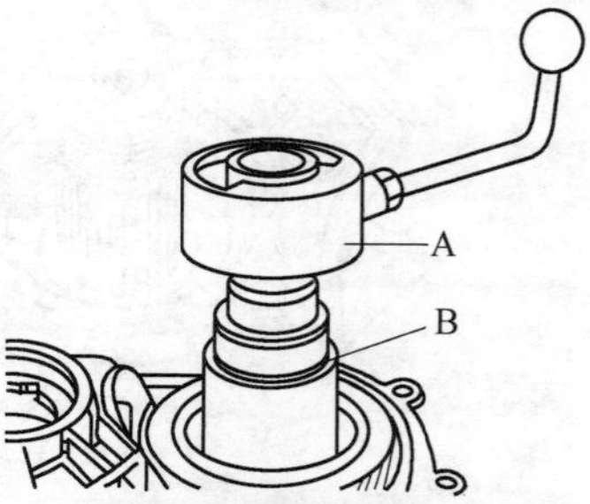

图3-92 测量摩擦力矩

2）根据测量值，确定调整垫圈厚度。碟形弹簧厚度

1.5mm，轴承预紧量为 0.18mm，则调整垫圈厚度 = 测量值 + 碟形弹簧厚度 − 轴承预紧常量 = 1.00mm + 1.50mm − 0.18mm = 2.32mm。

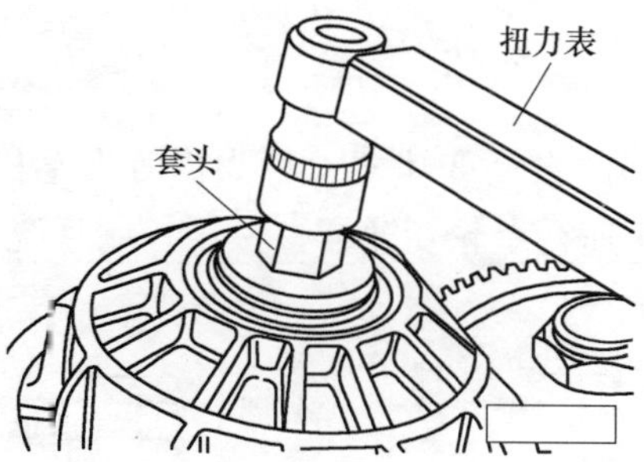

图 3-93　拧紧紧固螺栓

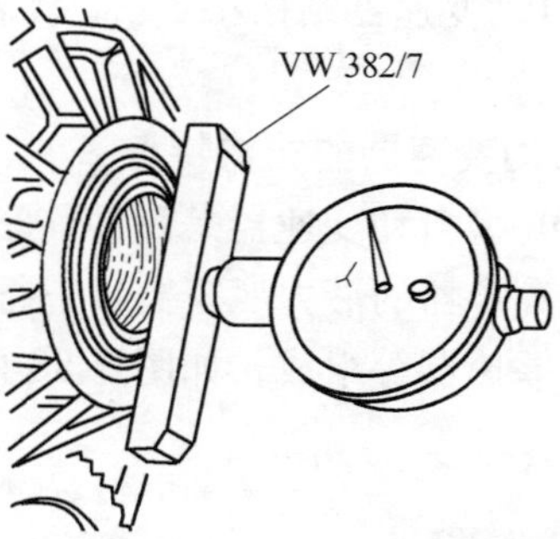

图 3-94　测量主动轮轴间隙

根据测量间隙值，按表 3-22 所示规格，选择合适的垫圈厚度。将合适的垫圈装到输入轴上，装上推力滚子轴承，用 250N · m 的力矩拧紧带碟形弹簧的紧固螺栓，按图 3-95 所示，测量摩擦力矩，使用新圆锥滚子轴承时，摩擦力矩规定值应比小齿轮轴大 1.8 ~ 2.2N · m。测量前，先用变速器油润滑轴承。

（3）调整差速器　用专用工具 3155 以 150N · m 力矩将轴承体拧靠到台肩处并固定，再用 50N · m 拧紧力矩拧紧调整套圈并做标记，再拧调整套圈五个凸缘，以此调节圆锥滚子轴承的预紧量，如图 3-96 所示。按图 3-97 所示测量摩擦力矩，使用新圆锥滚子轴承时，摩擦力矩规定值应比小齿轮轴大 0.6 ~ 0.8N · m。测量前，先用变速器油润滑轴承。

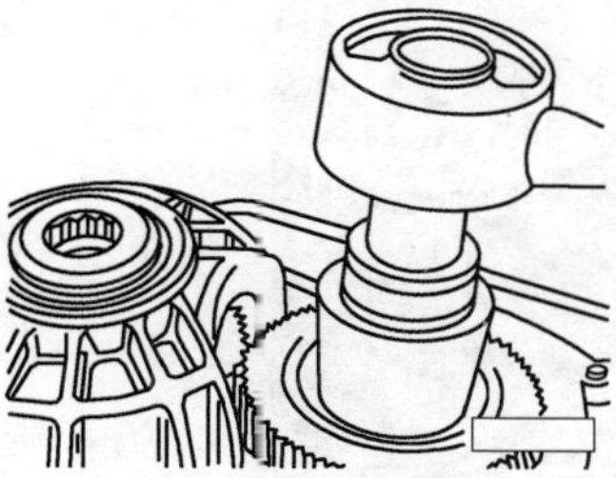
图 3-95　测量摩擦力矩

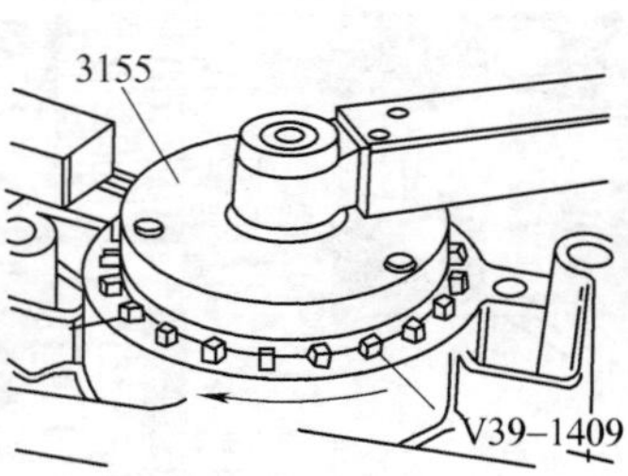

图 3-96　紧固轴承体

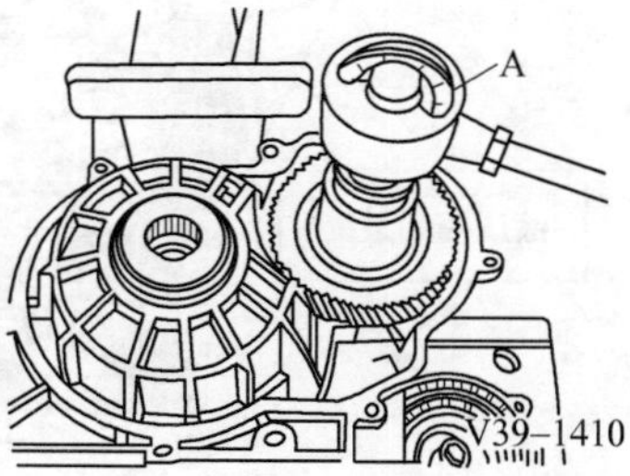

图 3-97　测量摩擦力矩

## 3.2　丰田 A140E 型自动变速器构造与检修

### 3.2.1　自动变速器的结构

丰田公司六大系列自动变速器共有 30 余个型号。不同型号自动变速器的结构特点在其代号上有所反映。例如：A140E 型自动变速器代号中字母与数字含义是：

A—自动变速器。

1—应用该自动变速器的汽车驱动方式：1、2、5 代表前轮驱动；3、4 代表后轮驱动。

4—自动变速器 D 位档数：3 代表三速；4 代表四速。

L—自动变速器结构特点：L 代表带有锁止离合器，E 代表具有电子控制系统和锁止离合器。

**1. 自动变速器的结构特点**

A140E 型自动变速器是一种前驱 4 速电液控制的自动变速器，特为横置发动机而研制。由带锁止离合器的液力变矩器、三行星排辛普森 4 速行星轮变速器、液压控制系统、电子控制系统和差速器等组成，如图 3-98 所示。

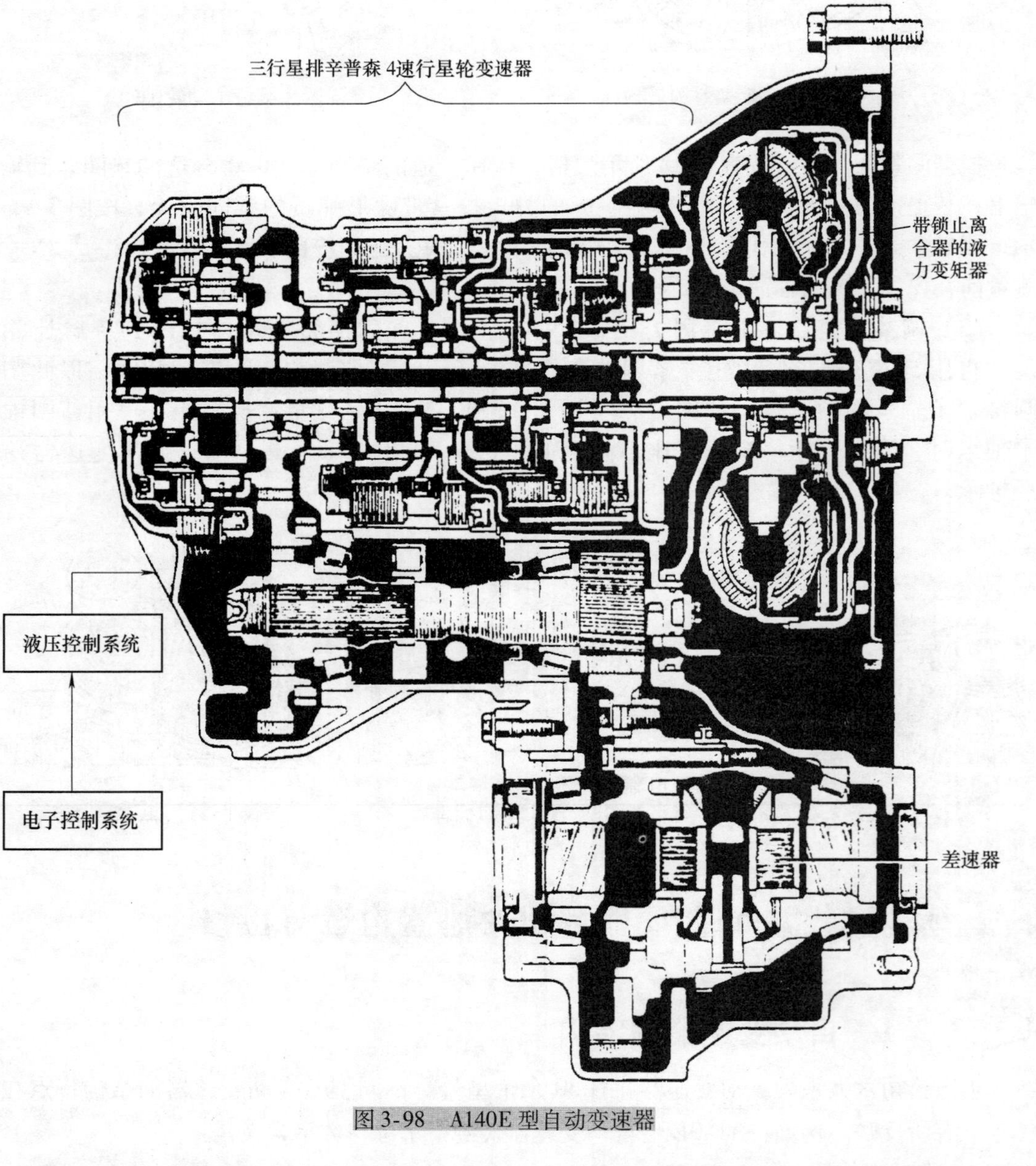


图 3-98　A140E 型自动变速器

A140E 型自动变速器液力变矩器为三元件式，4 速行星轮变速器的三个行星排和十个换档执行元件布置在同一轴线上，超速行星排布置在前后行星排之后，动力由前后行星排输入，超速行星排上的圆柱齿轮传给主减速器的主动轴。十个换档执行元件包括三个离合器（超速离合器 C0，前进离合器 C1，高速、倒档离合器 C2）、三个片式制动器（超速制动器 B0，2 档制动器 B2，低速、倒档制动器 B3）、一个带式制动（2 档强制制动器 B1）和三个单向离合器（超速单向离合器 F0、单向离合器 F1、单向离合器 F2）。

A140E 型自动变速器液压控制系统主要由供油调压、换档控制和锁止离合器控制三部分组成，其中，换档阀和变矩器锁止继动阀的工作是由控制单元通过电磁阀来控制的。

A140E 型自动变速器的电子控制系统和发动机电子控制系统共用一个控制单元。控制单元主要依据节气门位置传感器所测得的节气门开度信号和车速传感器所测得的车速信号进行换档控制和锁止离合器控制，并通过两个换档电磁阀和一个锁止电磁阀来操纵三个换档阀和锁止离合器控制阀，以实现档位变换及锁止离合器的接合与分离。

**2. 自动变速器基本参数**

A140E 型自动变速器的主要技术参数见表 3-23。

**表 3-23　A140E 型自动变速器的主要技术参数**

| | | | |
|---|---|---|---|
| 变速器型号 | | | A140E |
| 发动机型号 | | | 5S-FE |
| 变矩器 | 失速变矩系数 | | 2.0:1 |
| | 锁定机构 | | 装备 |
| 行星轮变速器传动比 | 1 档 | | 2.810 |
| | 2 档 | | 1.549 |
| | 3 档 | | 1.000 |
| | 超速档 | | 0.706 |
| | 倒档 | | 2.296 |
| 离合器和制动器的摩擦片数（摩擦片数/钢片数） | C0 | 超速离合器 | 2/1 |
| | C1 | 前进离合器 | 4/4 |
| | C2 | 高速、倒档离合器 | 3/3 |
| | B2 | 2 档制动器 | 3/3 |
| | B3 | 1、倒档制动器 | 6/5 |
| | B0 | 超速档制动器 | 3/3 |
| 2 档制动器 B1 制动带宽度/mm | | | 25 |
| 自动变速器油 | 牌号 | | ATF DEXRON Ⅱ |
| | 容量/L | A/T | 5.6 |
| | | D/F | 0.8 |

## 3.2.2　动力传递路线分析

**1. 行星轮变速机构**

A140E 型自动变速器行星轮变速机构的三个行星排和十个换档执行元件布置在同一轴线上，超速行星排布置在前后行星排之后，动力由前后行星排输入，超速行星排上的圆柱齿轮传给主减速器的主动轴。各换档执行元件和行星排布置如图 3-99 所示，换档执行元件功能及各档工作情况见表 3-24 和表 3-25。

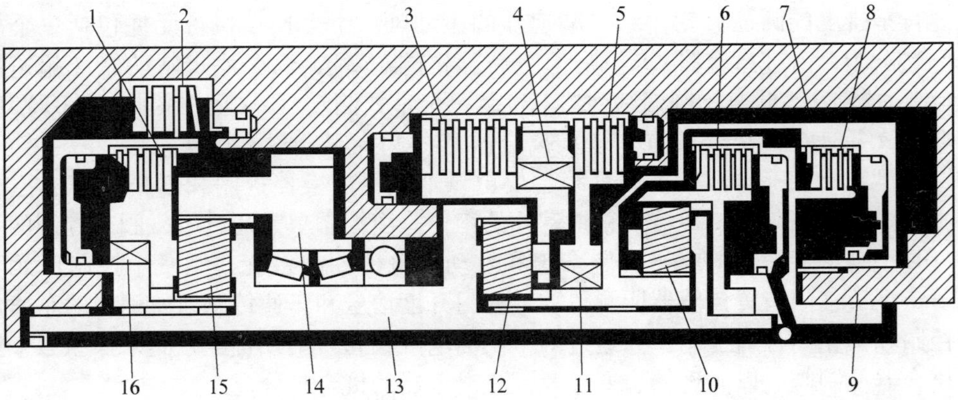


图3-99　A140E型自动变速器行星排布置

1—超速离合器C0　2—超速制动器B0　3—低速、倒档制动器B3　4—单向离合器F2　5—2档制动器B2　6—前进离合器C1　7—2档制动器B1　8—高速、倒档离合器C2　9—输入轴　10—前行星排行星轮　11—单向离合器F1　12—后行星排行星轮　13—中间轴　14—自动变速器输出齿轮　15—超速行星排　16—超速离合器F0

**表3-24　换档执行元件功能表**

| 换档执行元件 | 功　能 |
|---|---|
| 超速离合器C0 | 连接前后排输出轴和超速排行星架 |
| 前进离合器C1 | 连接输入轴和前排齿圈 |
| 高速、倒档离合器C2 | 连接输入轴和前后太阳轮组件 |
| 超速制动器B0 | 制动超速排太阳轮 |
| 2档强制制动器B1 | 制动前后排太阳轮组件 |
| 2档制动器B2 | 制动单向离合器F1的外圈 |
| 低速、倒档制动器B3 | 制动后排行星架 |
| 单向离合器F0 | 当发动机动力传到超速排主动轴时，连接超速排的行星架与太阳轮 |
| 单向离合器F1 | 在制动器B2起作用时，防止前后排太阳轮逆转 |
| 单向离合器F2 | 防止后排行星架逆转 |

**表3-25　A140E型自动变速器换档执行元件工作表**

| 变速杆位置 | 档　位 | 换档执行元件 | | | | | | | | | |
|---|---|---|---|---|---|---|---|---|---|---|---|
| | | C0 | C1 | C2 | B0 | B1 | B2 | B3 | F0 | F1 | F2 |
| P | 停车档 | ○ | | | | | | | | | |
| R | 倒档 | ○ | | ○ | | | | ○ | | | |
| N | 空档 | ○ | | | | | | | | | |
| D | 1档 | ○ | ○ | | | | | | ○ | | ○ |
| | 2档 | ○ | ○ | | | | ○ | | ○ | ○ | |
| | 3档 | ○ | ○ | ○ | | | ○ | | ○ | | |
| | 超速档 | | ○ | ○ | ○ | | ○ | | | | |

（续）

| 变速杆位置 | 档　位 | 换档执行元件 | | | | | | | | | |
|---|---|---|---|---|---|---|---|---|---|---|---|
| | | C0 | C1 | C2 | B0 | B1 | B2 | B3 | F0 | F1 | F2 |
| 2 | 1 档 | ○ | ○ | | | | | | ○ | | ○ |
| | 2 档 | ○ | ○ | | | ○ | ○ | | ○ | ○ | |
| | *3 档 | ○ | ○ | ○ | | | ○ | | ○ | | |
| L | 1 档 | ○ | ○ | | | | | ○ | ○ | | ○ |
| | *2 档 | ○ | ○ | | | ○ | ○ | | ○ | ○ | |

注：○表示元件工作；* 表示只能降档，不能升档。

**2. 动力传递路线分析**

A140E 型自动变速器传动示意图如图 3-100 所示。

（1）1 档动力传递路线　在 D 位 1 档或 2 位 1 档时，超速离合器 C0、前进离合器 C1 接合，单向离合器 F0、F2 起作用。L 位 1 档时，制动器 B3 接合，可以利用发动机制动。动力传递路线如下：

输入轴→离合器 C1→前排齿圈→前排行星轮→{前排行星架→ ; 太阳轮→后排行星轮→后排齿圈→}→超速排→输出轴

（2）2 档动力传递路线　D 位 2 档时，超速离合器 C0、前进离合器 C1、2 档制动器 B2 接合，单向离合器 F0、F1 起作用。2 位和 L 位 2 档时，增加了 2 档强制制动器 B1，可以利用发动机制动，动力传递路线如下：

输入轴→离合器 C1→前排齿圈→前排行星轮→前排行星架→超速行星排→输出轴

（3）3 档动力传动路线　超速离合器 C0、前进离合器 C1、高速、倒档离合器 C2 接合，超速离合器 F0 起作用，自动变速器升入 3 档。动力传动路线如下：

输入轴→离合器 C1、C2→前后行星排（直接传动）→超速行星排→输出轴

（4）超速档动力传递路线　超速档时，前进离合器 C1、高速、倒档离合器 C2 接合，超速制动器 B0 接合，动力传递路线如下：

输入轴→离合器 C1、C2→前后行星排→超速排行星架→超速排行星轮→超速排齿圈→输出轴

（5）倒档动力传递路线　超速离合器

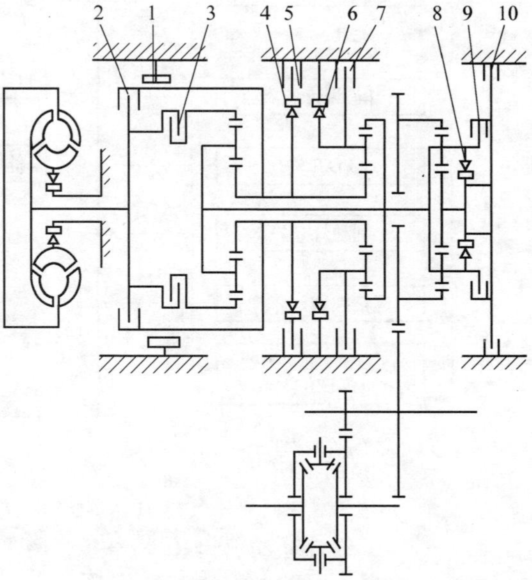


图 3-100　A140E 型自动变速器传动示意图

1—2 档强制制动器 B1　2—高速、倒档离合器 C2　3—前进离合器 C1　4—单向离合器 F1　5—2 档制动器 B2　6—单向离合器 F2　7—低速、倒档制动器 B3　8—超速离合器 F0　9—超速离合器 C0　10—超速制动器 B0

C0、高速、倒档离合器 C2 及低速、倒档制动器 B2 接合，自动变速器换入倒档。动力传递路线如下：

输入轴→离合器 C2→后排太阳轮→后排行星轮→后排齿圈→超速排→输出轴

## 3.2.3　电子控制系统

A140E 型自动变速器电子控制系统由传感器、电控单元（ECU）和执行元件三部分组成。其电控系统采用车速传感器和节气门位置传感器将车速和节气门开度转换成电信号，输入到 ECU，由 ECU 根据换档程序进行计算比较，确定换档点和锁止离合器的锁止时间，向电磁阀发出控制信号，再由电磁阀控制换档阀动作，改变换档执行元件的油路，实现自动换档。图 3-101 所示为电控系统框图，控制电路如图 3-102 所示，ECT ECU 各端子含义见表 3-26，各元件在车上的位置如图 3-103 所示。

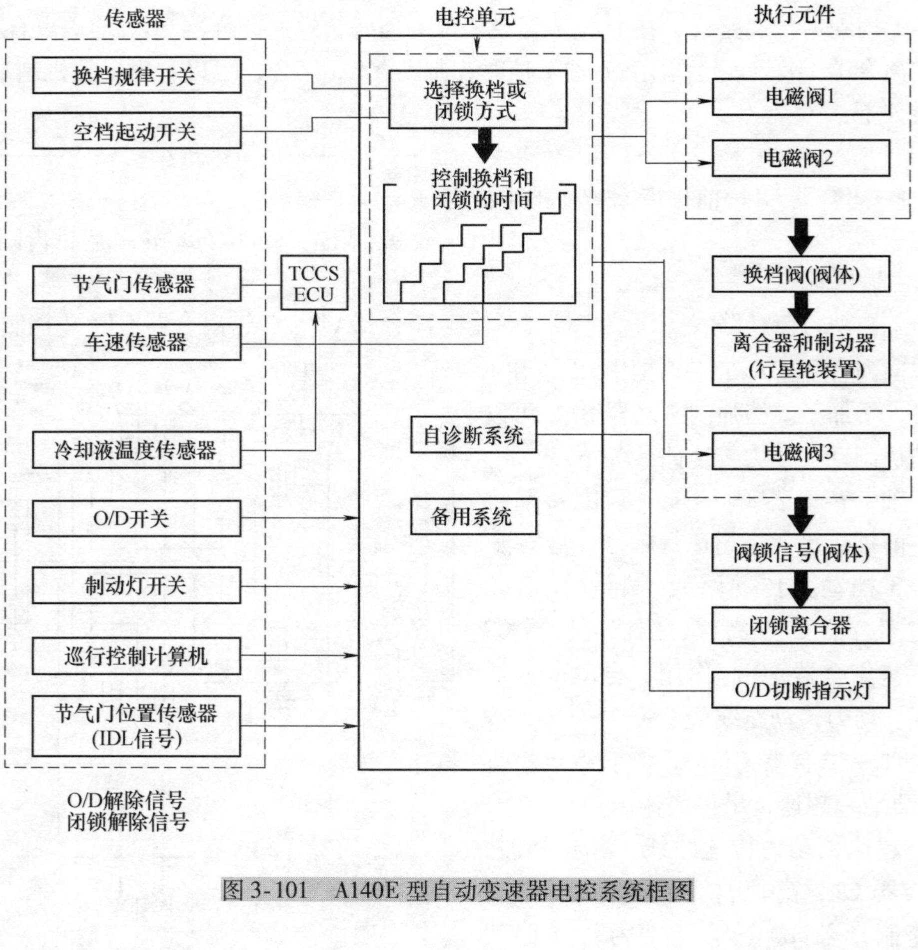


图 3-101　A140E 型自动变速器电控系统框图

## 3.2.4　自动变速器的检修

### 1. 检修注意事项

1）操作时要保持车辆清洁，防止零部件损伤，拆卸时按顺序摆放好零部件。

2）带有“◆”标记的一次性零件如销子、衬垫、O 形密封圈、油封等不能重复使用。

带有外涂层的零件（零部件上标有“＊”标记）需要重新拧紧时，应将零件表面的旧涂层清除干净，用压缩空气吹干，再涂上专用密封锁止粘结剂。

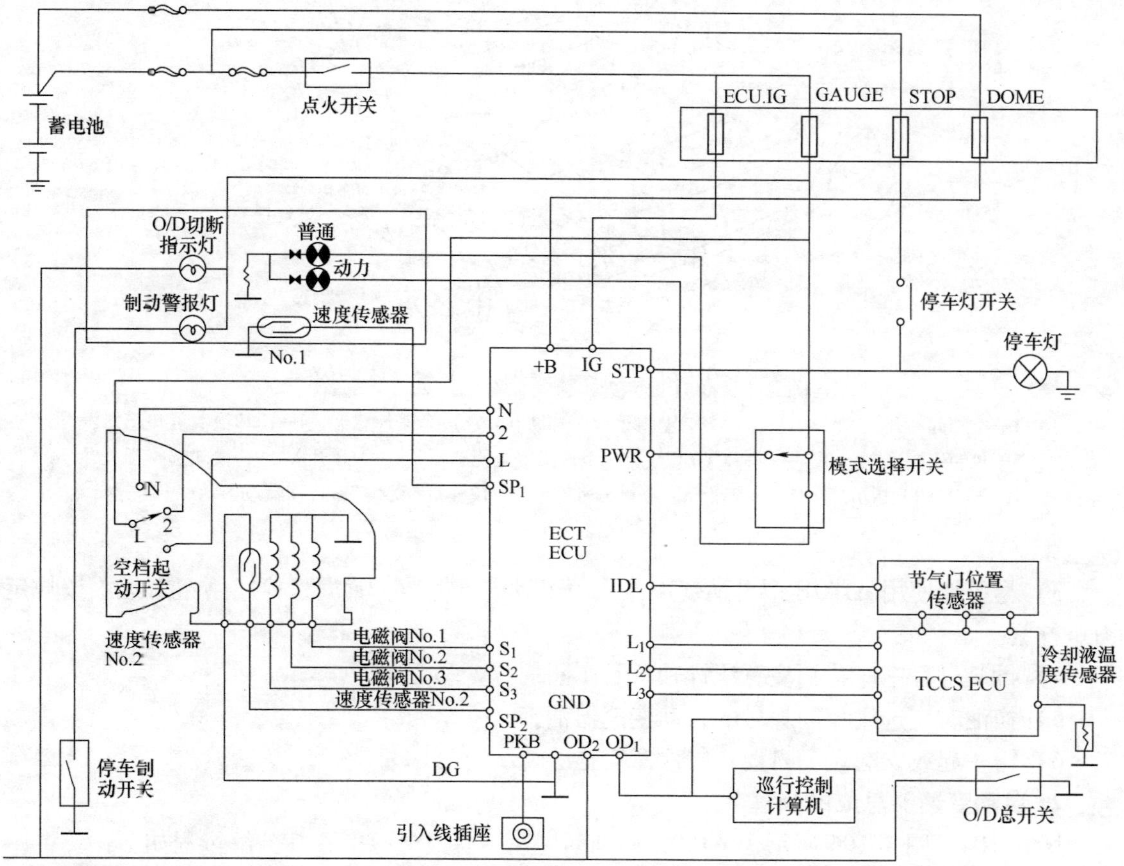


图 3-102　A140E 型自动变速器电控系统线路图

**表 3-26　A140E 型自动变速器电控单元各端子功能**

| 端子名称 | 功　能 | 端子名称 | 功　能 |
|---|---|---|---|
| +B | ECU 诊断存储器供电 | $OD_1$ | 接收由 TCCS ECU 输出的“超速和锁止解除”信号 |
| STP | 接收制动信号，该信号通知 ECU，制动踏板已踩下 | $OD_2$ | 接收由 O/D 总开关来的“超速通断”信号 |
| DG | 输出故障自诊断结果 | PWR | 输入驱动方式选择开关信号 |
| IDL | 接收节气门位置传感器送来的“全关闭信号” | $S_1$、$S_2$、$S_3$ | ECU 输出控制三个电磁阀通电或断电信号 |
| IG | 为 ECU 接通电源 | $SP_1$、$SP_2$ | 接收车速信号 |
| $L_1$、$L_2$、$L_3$ | 接收节气门位置传感器经 TCCS ECU 传来的“开启角度电信号” | PKB | 接收停车制动信号 |
| L、2、N | 接收空档起动开关信号 | GBD | ECU 搭铁 |

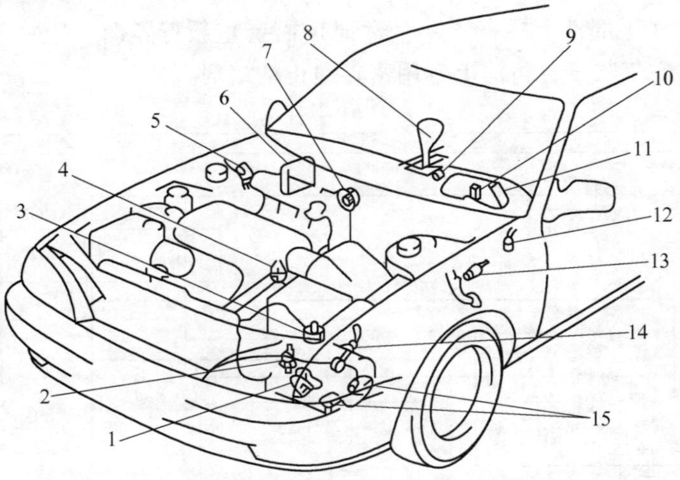


图 3-103 A140E 型自动变速器电控元件位置图

1—空档起动开关 2—锁止（3号）电磁阀 3—辅助（1号）车速传感器 4—冷却液温度传感器 5—控制连接器 6—发动机和 ECT ECU 7—节气门位置传感器 8—O/D 开关 9—模式选择开关 10—O/D OFF 指示灯 11—仪表板（1号）车速传感器 12—TDCL 13—停车制动开关 14—主（2号）车速传感器 15—1号、2号电磁阀

3）尽可能使用 A140E 型自动变速器专用工具进行拆装，紧固螺栓应用扭力扳手按规定力矩拧紧。

4）拆装过程中应特别注意滚针轴承及座圈的位置和方向。

5）换油时应选用相同牌号的自动变速器油。

6）需举起或支起车辆时要特别注意安全。

**2. 自动变速器总成的分解**

图 3-104 ~ 图 3-106 所示为 A140E 型自动变速器总成分解图，其分解过程如下：

1）依次拆卸散热器进、回油管接头，空档起动开关、锁止（SL）电磁阀、2号车速传感器等，如图 3-104 所示。

2）拆下油底壳并检查、分析盘中的微粒杂质。铁质（有磁性的）：轴承、齿轮和压盘等磨损，黄铜（非磁性的）：止推垫片磨损。拆下油管保护支架和滤网，断开1号、2号电磁阀连接器，用大螺钉旋具撬起油管两端，拆下四根油管。

3）拆下手控阀限位弹簧片，取出手控阀。

4）旋松 12 个螺栓，拆下阀体，并拆下节气门拉索和电磁阀线束。

5）拆下蓄压器盖板，取出蓄压器 C1、C2 的活塞和弹簧，从油孔吹入低压空气（98kPa），将蓄压器 B1 活塞吹出，取出弹簧。

6）检查 2 档强制制动器 B1 的活塞行程：在活塞推杆与壳体接触点处涂上少许颜料，从活塞进油孔充入压缩空气（392 ~ 785kPa），用专用工具测量活塞行程。标准值为 1.5 ~ 3.0mm，若行程超限，则应更换活塞推杆或制动带。

7）拆下 2 档强制制动器 B1 的活塞。

8）拆下油泵和高速、倒档离合器 C2，从油泵上取下高速、倒档离合器 C2，取出油泵后的座圈和离合器上的止推垫圈，如图 3-105 所示。注意：在拆油泵前，应先拆下 2 档强制制动器活塞，将制动带推入壳体内，小心不要勾挂到高速、倒档离合器上。

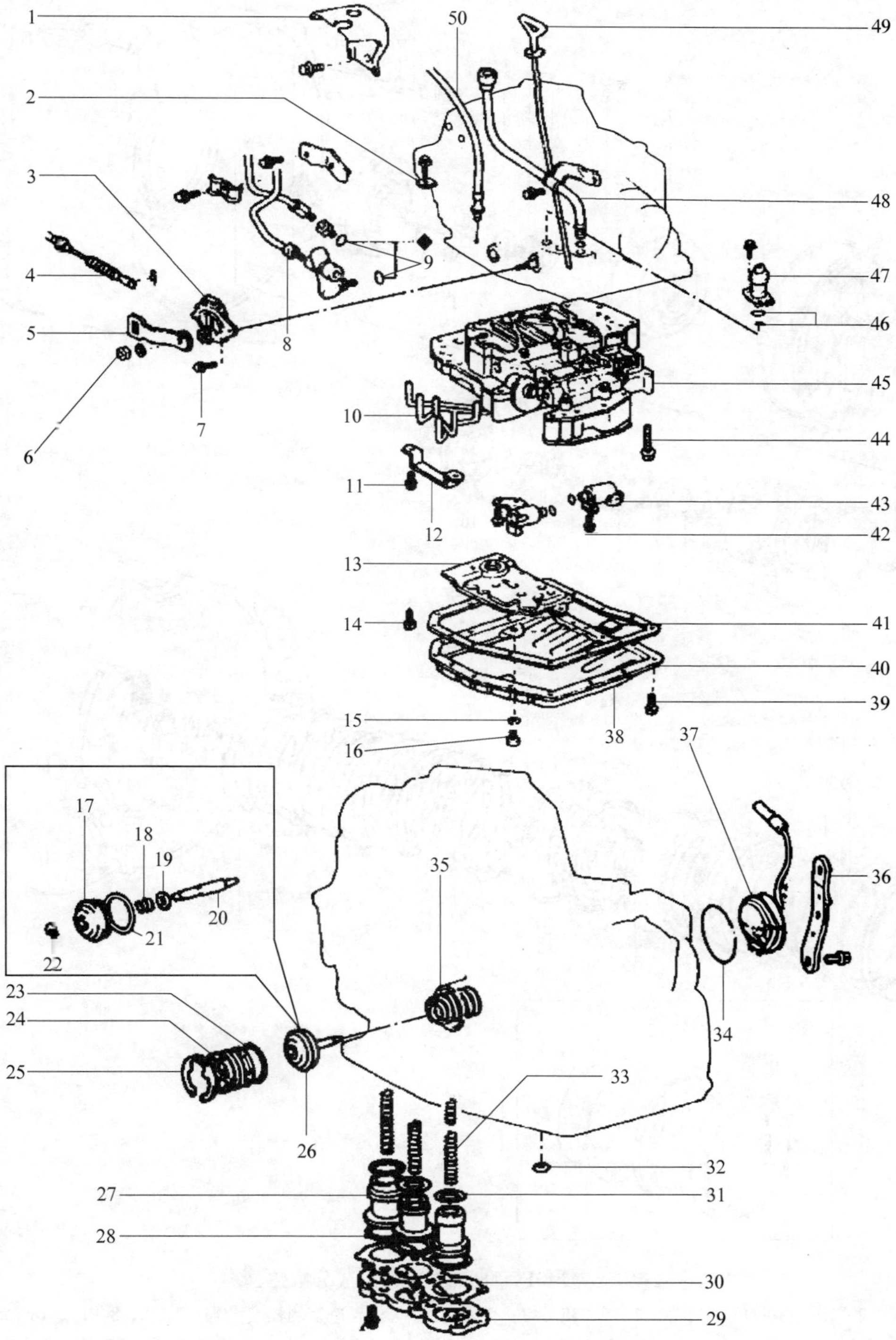


图 3-104　A140E 型自动变速器总成分解图（一）

1—拉索支架　2—定位板　3—空档起动开关　4—手控阀拉索　5—手控阀摇臂　6—螺母　7、11、14、39、44—螺栓　8—散热器油管　9、15、23、34、46—O 形密封圈　10—阀体油管　12—油管保护支架　13—滤网　16—放油螺栓　17—2 档强制制动器 B1 活塞　18—制动带活塞内弹簧　19—垫圈　20—制动带活塞推杆　21—密封油环　22、25—卡环　24—活塞端盖　26—制动带活塞组件　27—蓄压器活塞　28、31—密封环　29—蓄压器端盖　30、40—衬垫　32—2 档制动器密封圈　33—蓄压器弹簧　35—制动带活塞外弹簧　36—保护支架　37—车速传感器　38—油底壳　41—磁铁　42—1 号电磁阀　43—2 号电磁阀　45—阀体　47—锁止电磁阀　48—油管　49—油尺　50—节气门拉索

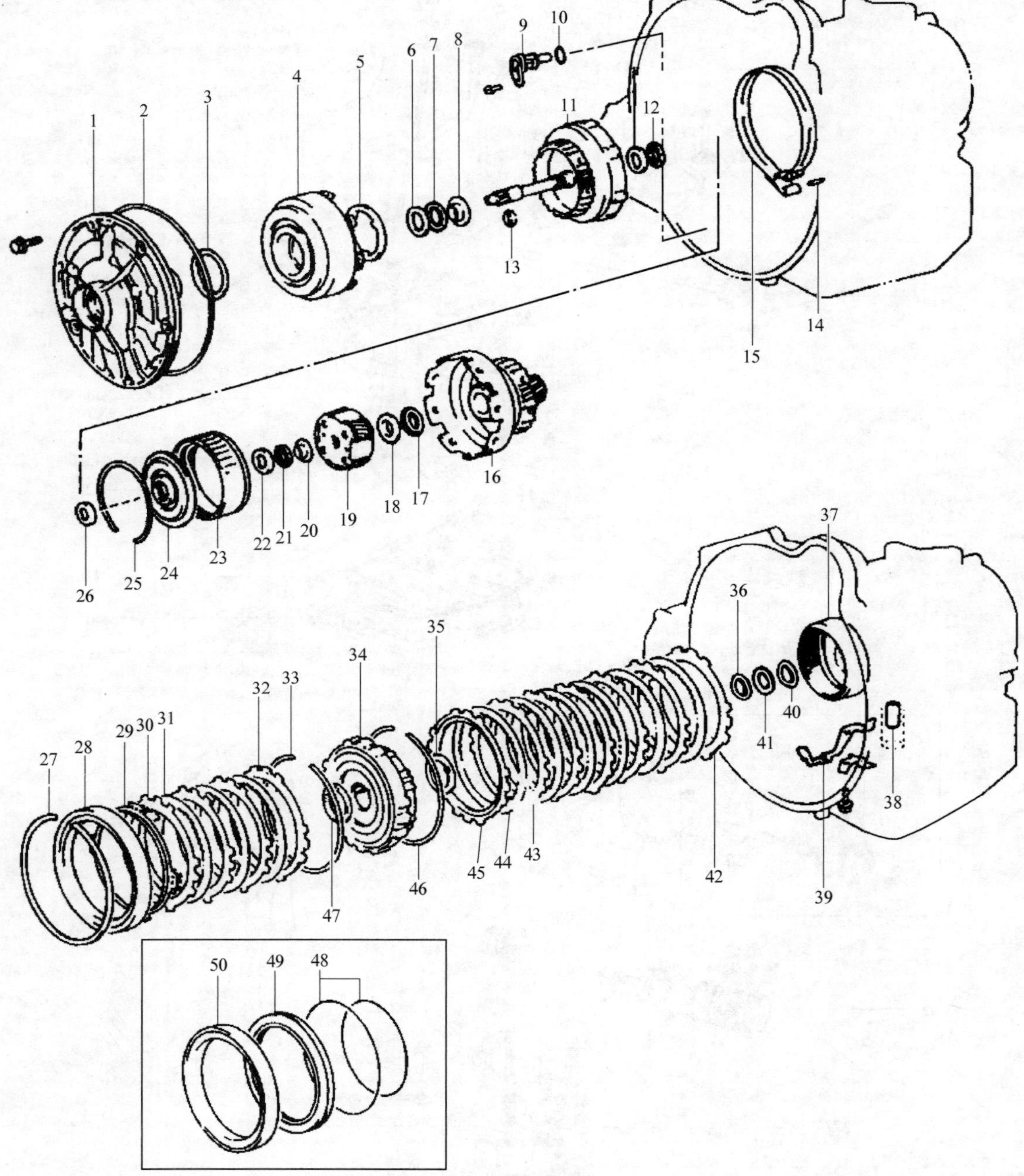


图 3-105　A140E 型自动变速器总成分解图（二）

1—油泵　2、10、48—O 形密封圈　3、5、35、47—止推垫圈　4—高速、倒档离合器 C2　6、8、11、18、20、22、26、36、40—轴承座圈　7、12、17、21、41—滚针轴承　9—主动轮　13—密封油环　14—制动带销　15—2 档强制制动器 B1　16—太阳轮及太阳轮输入毂　19—前排行星轮　23—前排齿圈　24—凸缘盘　25、27、33、46—卡环　28—2 档制动器毂组件　29—活塞回位弹簧　30、43—压盘　31、44—摩擦片　32、42、45—凸缘盘　34—单向离合器 F2 和后排行星轮　37—后排齿圈　38—2 档制动器毂定位销　39—2 档制动器导向装置　49—2 档制动器活塞　50—2 档制动器毂

9）取出前进离合器 C1，取下滚针轴承和座圈。

10）用小螺钉旋具从油泵底座的螺栓孔中将销子推出，拆下制动带。

11）拆下前排齿圈，取出前排行星架、滚针轴承和座圈。

12）取出太阳轮输入毂、太阳轮和单向离合器 F1。

13）竖起变速器壳体，拆下 2 档强制制动器的导向装置和卡环，拆出 2 档制动器毂、活塞复位弹簧、压盘、摩擦片和凸缘盘等。

14）拆下 2 档制动器 B2 制动毂定位销。

15）拆下卡环，取出单向离合器 F2、后排行星架及两侧止推垫片、后排齿圈、滚针轴承及座圈等。

16）检查低速、倒档制动器 B3 活塞的工作情况：从壳体油道吹入压缩空气，活塞应能正常工作，否则需进行拆检。

17）拆下凸缘盘卡环，取出制动器 B3 的凸缘盘、压盘和摩擦片。

18）翻转变速器壳，拆下后端的 11 个螺栓，用塑料锤敲击超速排四周，拆下超速排总成，如图 3-106 所示。

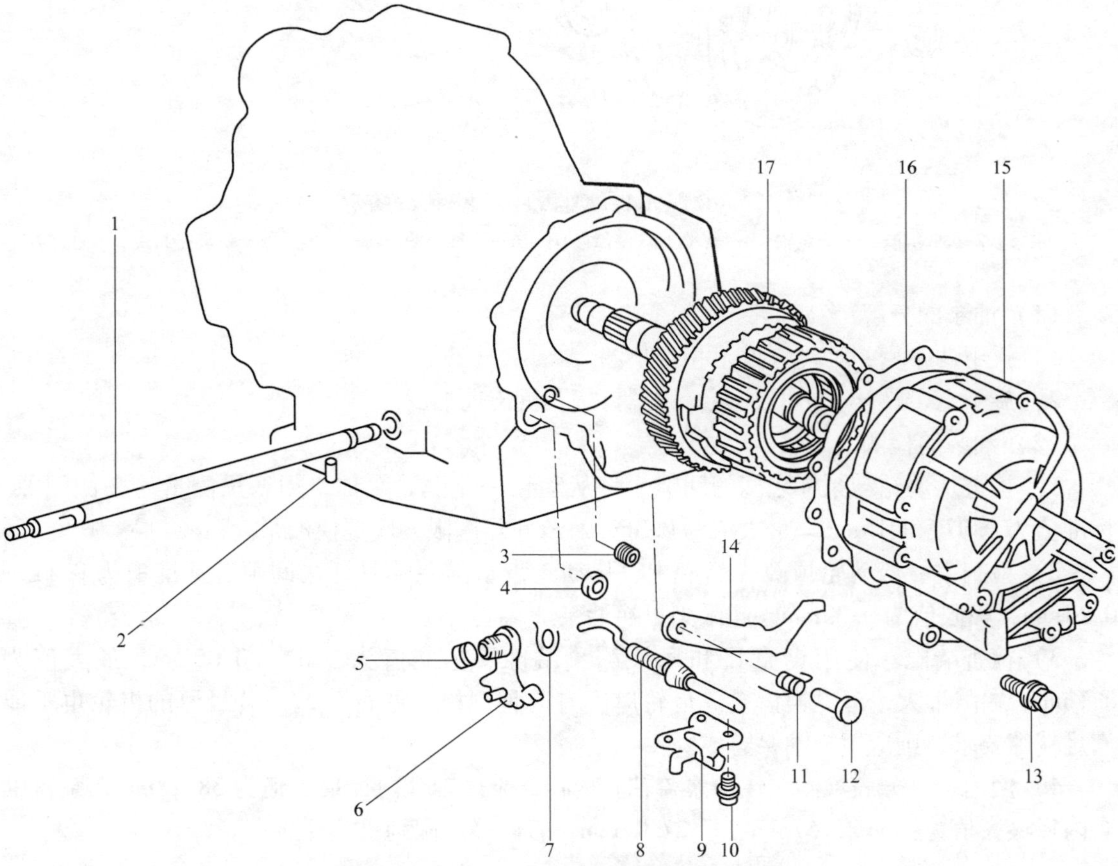


图 3-106　A140E 型自动变速器总成分解图（三）

1—手控阀轴　2—销　3—超速制动器密封垫圈　4—超速离合器密封垫圈　5—轴套　6—手控阀拨板　7、11—弹簧　8—闭锁控制杆　9—闭锁支架　10、13—螺栓　12—闭锁销　14—闭锁爪　15—超速排壳体　16—衬垫　17—超速排行星轮和中间轴

19）取出超速排制动器毂、超速排行星轮和中间轴总成。

20）用专用工具拆下活塞复位弹簧，从壳体油道吹入压缩空气，吹出低速、倒档制动器活塞。注意：不要使活塞倾斜。

21）拆下停车闭锁爪支架、控制杆，取出锁销、弹簧和闭锁爪。

22）拆卸手控阀轴及油封。

23）拆下差速器盖，分解差速器总成。

**3. 油泵的检修**

A140E型自动变速器油泵分解图如图3-107所示。

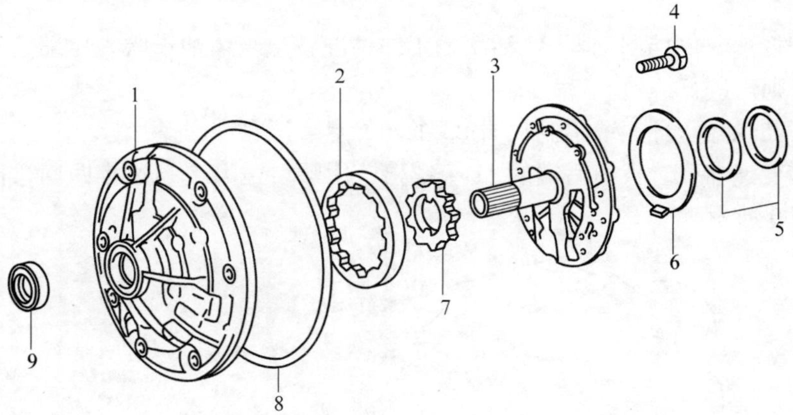


图3-107　A140E型自动变速器油泵分解图

1—泵体　2—从动轮　3—固定轴　4—螺栓　5—密封油环　6—止推垫圈　7—主动轮　8—O形密封圈　9—油封

（1）油泵的分解

1）拆下两个密封油环，取下止推垫圈。

2）旋下七个螺栓，拆开油泵，用螺钉旋具拆出前油封。

（2）油泵的检测

1）检查从动轮与泵体之间的间隙。将从动轮一侧贴紧泵体，用塞尺测量另一侧间隙。标准值为0.07～0.15mm，最大值为0.3mm。若间隙超限，应更换油泵。

2）检查主、从动轮顶隙。测量主、从动轮齿顶与泵体月牙之间隙。标准值为0.11～0.14mm，极限值为0.33mm。超限则更换油泵。

3）检查端隙：使用钢直尺和塞尺测量端隙。标准值为0.02～0.05mm，最大值为0.1mm。端隙过大，可更换齿轮。齿轮厚度有三种规格，见表3-27。若最厚的齿轮也不能满足端隙要求，则应更换油泵总成。

4）用内径百分表检测泵体、泵盖轴套内径。泵体轴套内径最大值为38.18mm，泵盖轴套内径最大值为：前21.57mm，后27.07mm，若内径超限则更换油泵。

**表3-27　A140E型油泵主从动轮规格**　（单位：mm）

| 规　格 | 齿轮厚度 | 规　格 | 齿轮厚度 |
|---|---|---|---|
| A | 9.440～9.456 | C | 9.474～9.490 |
| B | 9.456～9.474 | | |

（3）泄泵的组装

1）清洗油泵组件，并用压缩空气疏通油道，油泵上的油孔位置如图 3-108 所示。

2）用专用工具和锤子安装油封，油封端面应与泵体外边缘平齐。

3）安装主、从动轮，对准螺栓孔，装上泵盖，并用 10N · m 的力矩将螺栓拧紧。

4）安装好止推垫圈和密封油环。

5）检查主、从动轮。用螺钉旋具转动主、从动轮，确保其转动平顺。注意不要损坏油封。

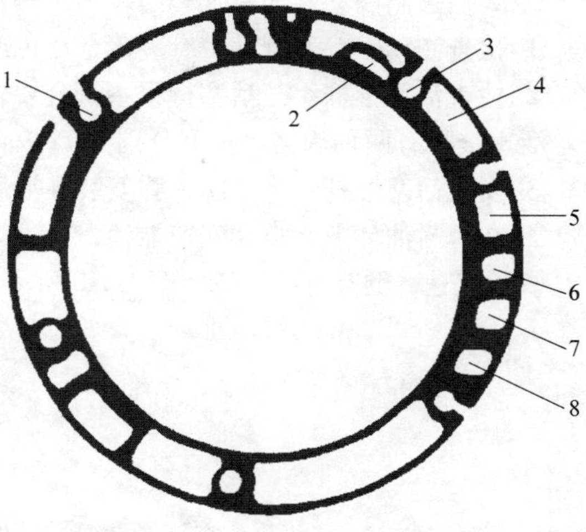


图 3-108　A140E 型自动变速器油泵油孔位置

1—螺栓孔　2—通高速、倒档离合器 C2　3—泄油孔　4—油泵进油口　5—油泵出油口　6、8—通润滑油道　7—通前进离合器 C1

**4. 行星轮组件的检修**

（1）2 档强制制动器 B1　2 档强制制动器 B1 分解图如图 3-109 所示。

1）2 档强制制动器分解。

① 从活塞上拆下密封油环。

② 用尖嘴钳拆下 E 形卡环，取出弹簧、垫圈和活塞推杆。

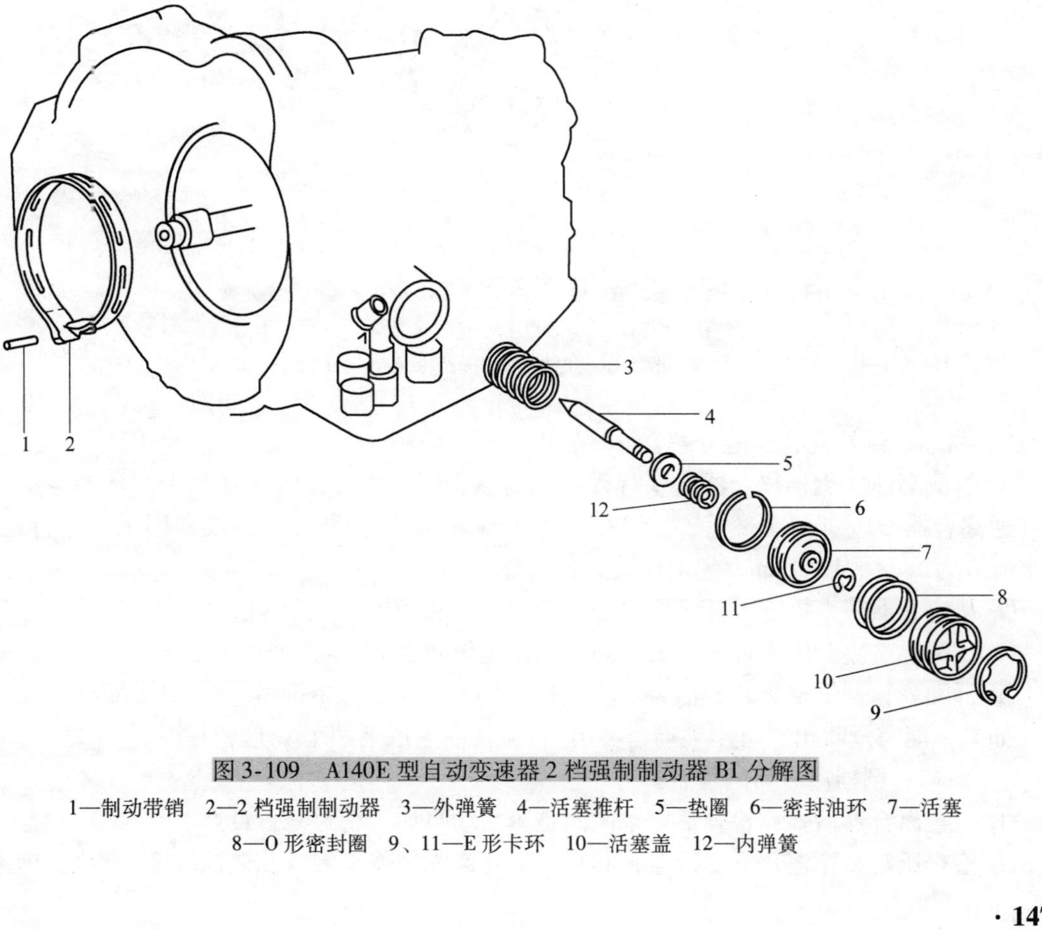


图 3-109　A140E 型自动变速器 2 档强制制动器 B1 分解图

1—制动带销　2—2 档强制制动器　3—外弹簧　4—活塞推杆　5—垫圈　6—密封油环　7—活塞　8—O 形密封圈　9、11—E 形卡环　10—活塞盖　12—内弹簧

2）2档强制制动器的检查和组装。

① 检查制动带，若制动带有剥落、褪色或打印的号码部分磨掉，则应更换。

② 检查活塞推杆。若活塞行程不符合要求（标准值为1.5~3.0mm），则应更换活塞推杆。活塞推杆有两种规格，长度分别为72.9mm和71.4mm。

③ 安装活塞推杆：将垫圈，弹簧装到活塞推杆上，安装E形卡环。

④ 在密封油环上涂自动变速器油，装上油环。

（2）高速、倒档离合器C2　图3-110所示为A140E型自动变速器高速、倒档离合器分解图。

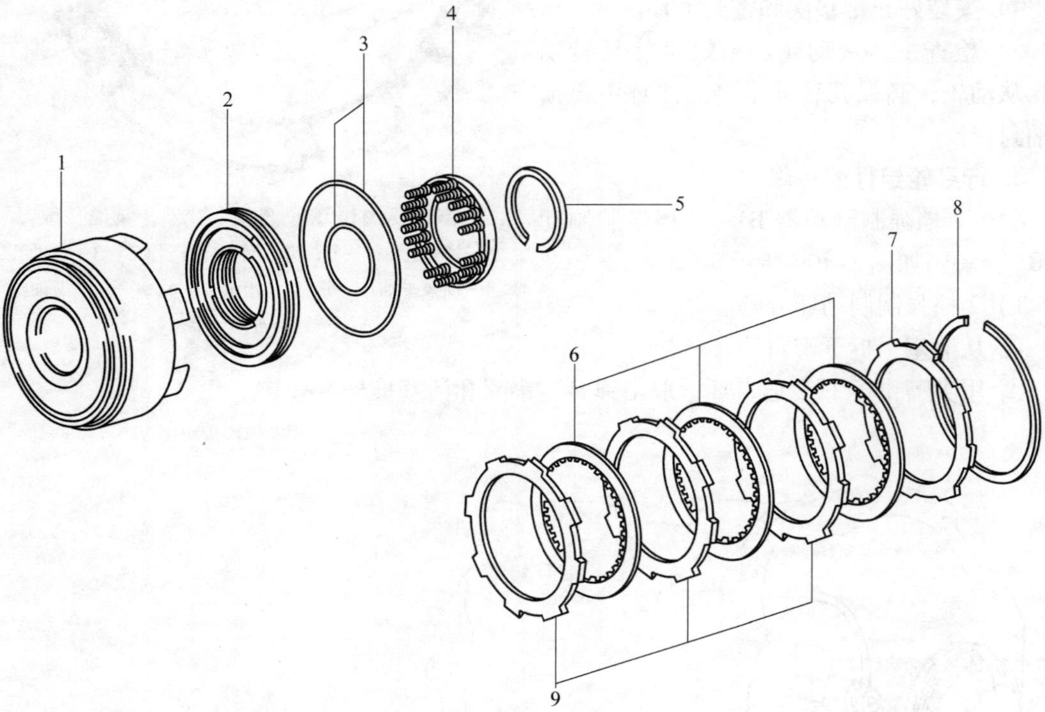


图3-110　A140E型自动变速器高速、倒档离合器分解图

1—高速、倒档离合器毂　2—活塞　3—O形密封圈　4—活塞复位弹簧
5、8—卡环　6—摩擦片　7—凸缘盘　9—压盘

1）高速、倒档离合器的分解。

① 检测高速、倒档离合器活塞行程：将高速、倒档离合器装在油泵上，从油泵上的油孔（通离合器C2）吹入压缩空气（392~785kPa），用长杆型百分表或专用工具进行检测。间隙值应为1.11~1.44mm，超限应检查各组件。

② 从离合器毂上拆下卡环，取出凸缘盘、压盘和摩擦片。

③ 压下弹簧座，用卡环钳拆下卡环，取出复位弹簧。

④ 拆卸高速、倒档离合器活塞：将高速、倒档离合器放在油泵上，用压缩空气吹出活塞（如果不能完全吹出，可用尖嘴钳夹出），从活塞上取下两个O形密封圈。

2）高速、倒档离合器的检查。

① 检查离合器活塞：检查活塞单向阀是否活动自如、密封是否良好。

② 检查压盘、摩擦片、凸缘盘，其平面应光滑无损伤、裂纹和烧蚀现象，否则应更换。

③ 用内径百分表检测离合器轴套内径，最大值为47.07mm，超限则更换离合器。

3）高速、倒档离合器的组装。

① 在活塞上装上新的O形密封圈（涂自动变速器油），压入活塞。

② 装上活塞复位弹簧，压下弹簧，用卡环钳装上卡环，确保卡环端口不与弹簧座凸起相对。

③ 装入压盘、摩擦片和凸缘盘，顺序为：P（压盘）—D（摩擦片）—P—D—P—D—凸缘盘（平面朝下）。

④ 装入卡环，卡环末端不要与凹槽相对。

⑤ 检查高速、倒档离合器活塞行程：将高速、倒档离合器装到油泵上，从泵体油孔吹入压缩空气（392~785kPa），用长杆型百分表检测，标准值为1.11~1.44mm，若不符合标准，应更换凸缘盘。凸缘盘有两种规格，厚度分别为2.60mm和3.00mm。

**5. 前进离合器C1**

图3-111为A140E型自动变速器前进离合器C1分解图。

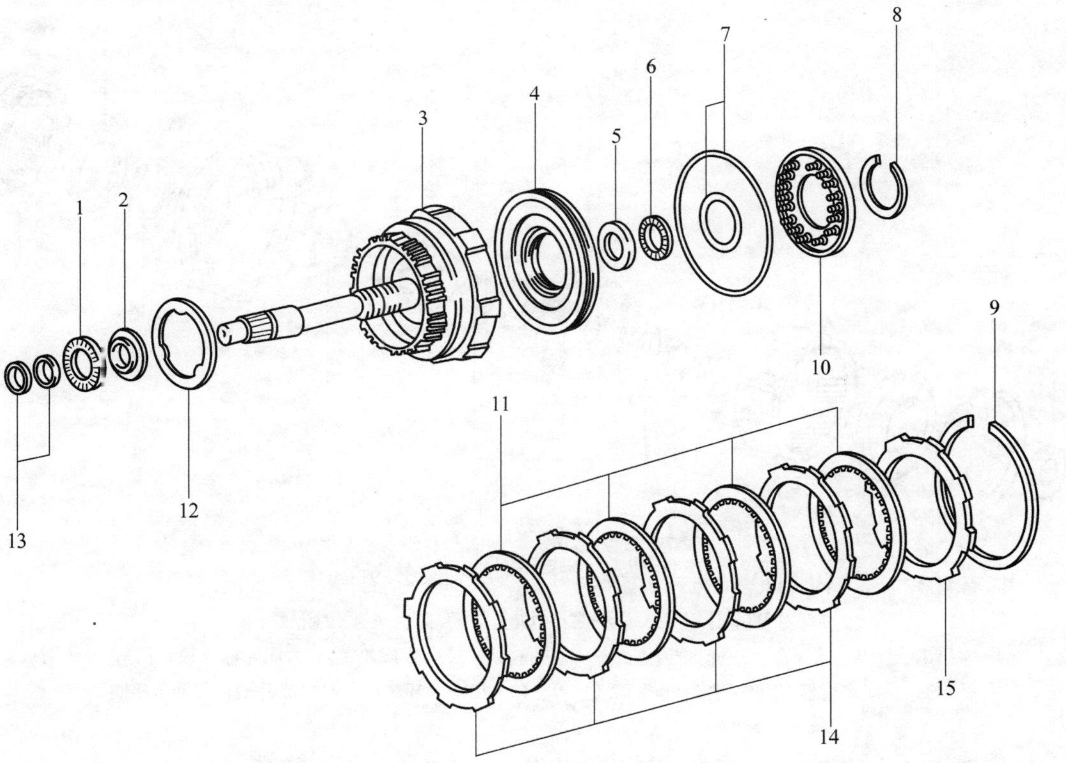


图3-111　A140E型自动变速器前进离合器C1分解图

1、6—滚针轴承　2、5—轴承座圈　3—前进离合器毂　4—离合器活塞　7—O形密封圈　8、9—卡环　10—复位弹簧　11—摩擦片　12—止推垫圈　13—密封油环　14—压盘　15—凸缘盘

1）前进离合器的分解。

① 检测前进离合器活塞行程：吹入压缩空气，用长杆型百分表进行检测，标准值为1.41~1.82mm，超限应检查各组件。

② 拆下卡环，取出凸缘盘、压盘和摩擦片，然后拆出复位弹簧。

③ 用压缩空气吹出活塞，取下两个 O 形密封圈。

2）前进离合器的检查。

① 检查活塞单向阀：应活动自如，密封良好。

② 检查压盘、摩擦片、凸缘盘有无裂纹、烧蚀等现象，必要时更换。

3）前进离合器的组装。

① 将两个油环装到离合器轴上。注意：环口不要过度扩张，且环应能转动自如。

② 安装活塞和活塞复位弹簧，装入压盘、摩擦片和凸缘盘，顺序为：P（压盘）—D（摩擦片）—P—D—P—D—P—D—凸缘盘（平面朝下）。

③ 检查活塞行程：吹入压缩空气（392～785kPa），用长杆百分表进行检测，标准值为 1.41～1.82mm。若行程不符合要求，应更换凸缘盘。凸缘盘有五种规格，厚度分别为 2.8mm、3.0mm、3.2mm、3.4mm 和 3.6mm。

（1）前行星排　A140E 型自动变速器前行星排分解图如图 3-112 所示。

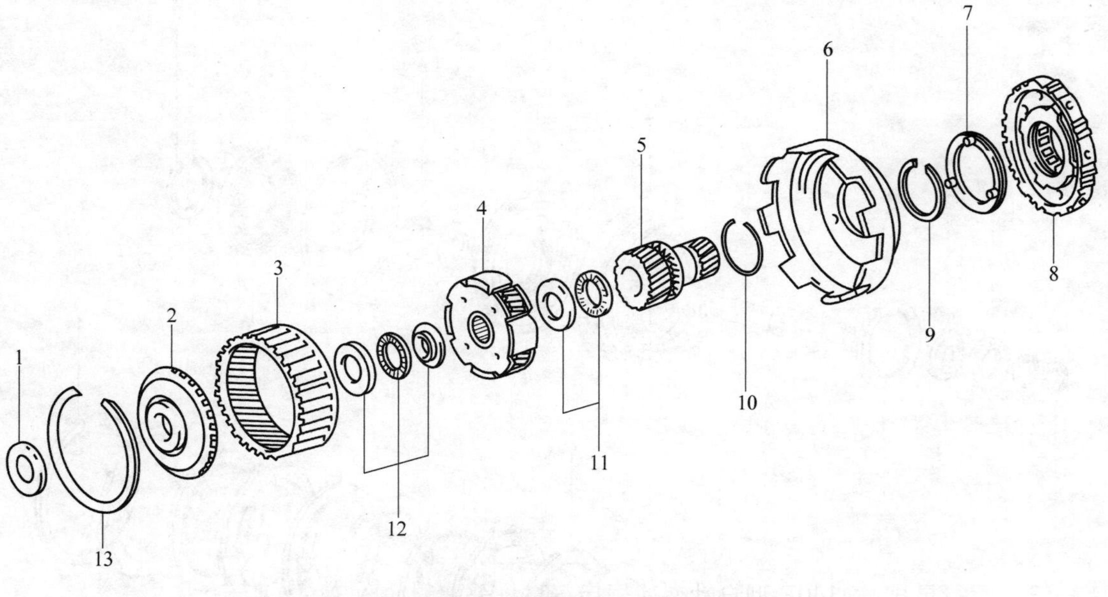


图 3-112　A140E 型自动变速器前行星排分解图

1—轴承座圈　2—凸缘盘　3—前排齿圈　4—前排行星轮　5—太阳轮　6—太阳轮输入毂　7—止推垫圈　8—单向离合器 F1 和 2 档制动器 B2 毂　9、10、13—卡环　11、12—滚针轴承和轴承座圈

1）单向离合器 F1 和太阳轮的拆检与组装。

① 检查单向离合器的工作情况：用左手握住太阳轮，右手转动 2 档制动器毂，应能顺时针方向转动而逆时针方向锁止。

② 拆下 2 档制动器毂和单向离合器 F1，取下止推垫圈。

③ 拆下卡环，取下太阳轮，用卡环钳拆下太阳轮轴上的卡环。

④ 按分解的逆顺序组装太阳轮和单向离合器。

⑤ 检查单向离合器的动作情况：握住太阳轮，转动单向离合器毂，应能顺时针方向转动而逆时针方向锁止。

2）前行星排齿圈的拆检。

① 用内径百分表检测齿圈凸缘盘轴孔内径，标准值为19.025～19.050mm，超限则更换凸缘盘。

② 用螺钉旋具拆下卡环，取出凸缘盘。

③ 组装前排齿圈和凸缘盘，装入卡环。

④ 前排行星轮的检查：用塞尺测量行星轮轴向间隙，标准值为0.20～0.50mm。

（2）2档制动器B2　图3-113为A140E型自动变速器2档制动器B2分解图。

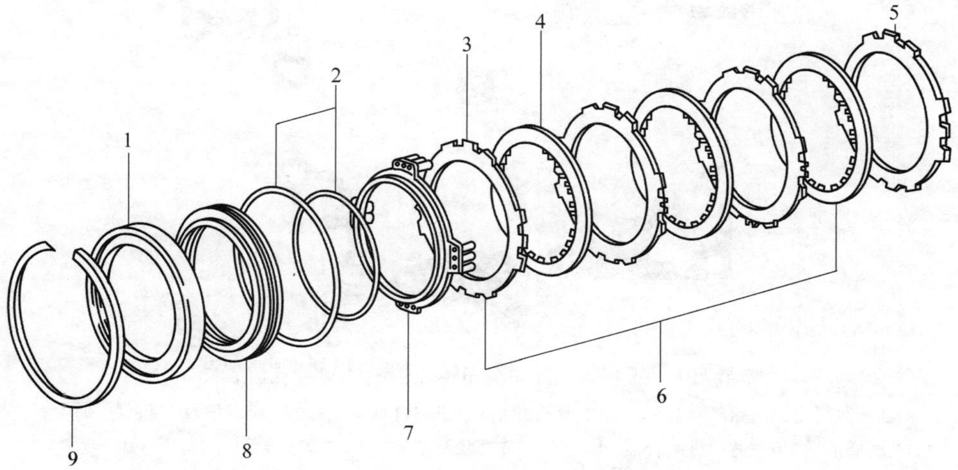


图3-113　A140E型自动变速器2档制动器B2分解图

1—2档制动毂　2—O形密封圈　3—压盘　4—摩擦片　5—凸缘盘　6—压盘和摩擦片组　7—活塞复位弹簧　8—活塞　9—卡环

1）拆卸2档制动器活塞：从油孔吹入压缩空气，吹出活塞，取下两个O形密封圈。2档制动器油孔位置如图3-114所示。

2）检查2档的压盘、摩擦片、凸缘盘有无破损、烧蚀等现象，必要时更换。

3）安装2档制动器活塞：将两个新O形密封圈压入活塞。

（3）后行星排　A140E型自动变速器后行星排分解图如图3-115所示。

1）检查单向离合器的工作情况：左手握住单向离合器外座圈，右手转动后排行星架，应顺时针方向转动自如，逆时针方向转动锁止。

2）拆解单向离合器F2和行星架，从行星架两侧取下两个止推垫圈。

3）从外座圈两侧拆下两个卡环，取下两个保护垫圈，取出单向离合器F2。

4）检查后行星轮：用塞尺测量行星轮轴向间隙，标准值为0.20～0.50mm。

5）将单向离合器装入外座圈（单向离合器的凸缘侧朝向外座圈的光亮端面），将行星架安装到单向离合器上（行星架与单向离合器外座圈黑色端面相对）。

6）检查单向离合器的工作情况：握住外座圈，转动行星架，应顺时针方向转动自如而逆时针方向转动锁止。

7）将止推垫圈涂上凡士林安装在行星架两侧，止推垫圈的凸耳应和行星架凹孔对正。

8）拆检并组装后排齿圈和凸缘盘。

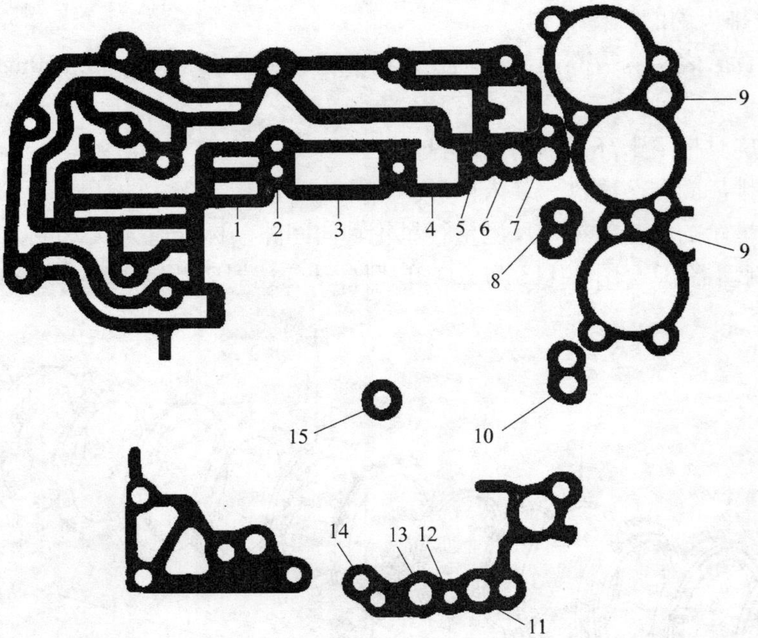


图3-114　A140E型自动变速器2档制动器油孔位置图

1—通高速、倒档离合器C2　2—泄油孔　3—油泵进油口　4—油泵出油口　5、7—通润滑油道　6—通前进离合器C1　8—通2档强制制动器B1　9—通蓄压器背压　10—通锁止电磁阀　11—通超速离合器C0　12—通蓄压器压力调节器　13—通超速离合器B0　14—通低速、倒档制动器B3　15—通2档制动器B2

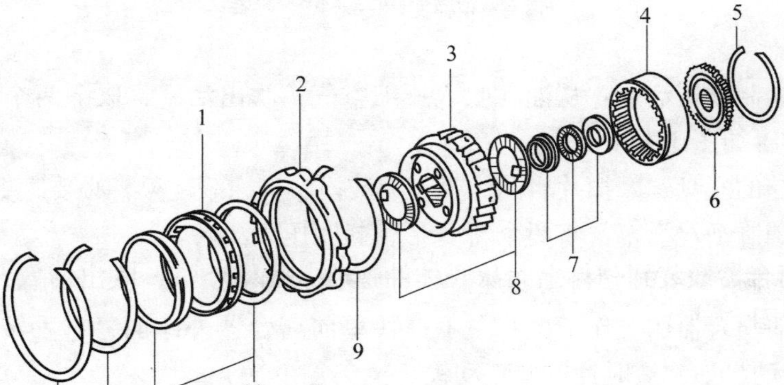


图3-115　A140E型自动变速器后行星排分解图

1—单向离合器F2　2—单向离合器外座圈　3—后排行星轮　4—后行星排齿圈　5、9、11—卡环　6—凸缘盘　7—滚针轴承和轴承座圈　8—止推垫圈　10—单向离合器保护垫圈

（4）低速、倒档制动器B3　图3-116为A140E型自动变速器低速、倒档制动器B3的分解图。

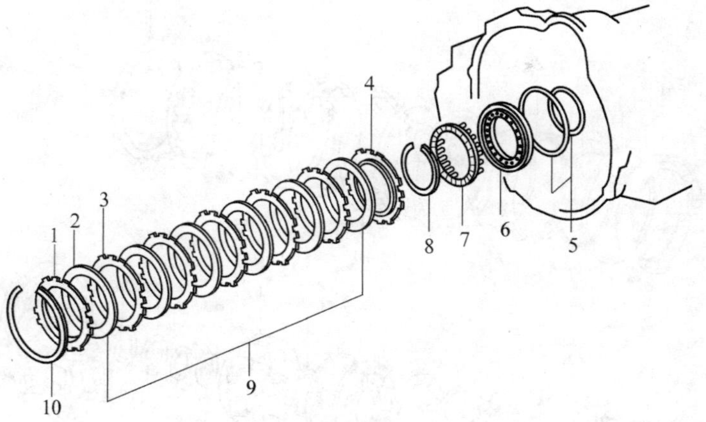


图3-116　A140E型自动变速器低速、倒档制动器B3分解图

1、4—凸缘盘　2—摩擦片　3—压盘　5—O形密封圈　6—活塞
7—活塞复位弹簧　8、10—卡环　9—压盘和摩擦片组件

检查低速、倒档制动器B3的摩擦片、压盘和凸缘盘有无破损、烧蚀、裂纹、老化等现象，必要时更换。

（5）超速行星排　A140E型自动变速器超速行星排总成分解图如图3-117所示。

1）超速制动器B0的分解。

① 用专用工具压紧活塞复位弹簧，用螺钉旋具拆下卡环，取出活塞复位弹簧。

② 依次取出缓冲盘、压盘、摩擦片和凸缘盘，并进行检查。

③ 从油孔吹入压缩空气，吹出活塞，取下内、外两个O形密封圈。

2）超速离合器C0的分解。

① 检查超速离合器活塞行程：吹入压缩空气，用百分表检测，标准值为1.21~1.91mm，超限则检查各组件。

② 从壳体上拆下超速离合器C0，取下轴承和座圈；用螺钉旋具拆下卡环，取出凸缘盘、摩擦片和压盘，用专用工具拆下活塞复位弹簧。

③ 将超速离合器毂装到壳体上，从壳体油道吹入压缩空气，吹出活塞，并从活塞上取下两个O形密封圈。

3）超速离合器C0的检查。

① 离合器活塞的检查：晃动活塞，检查单向阀是否活动自如，吹入压缩空气，检查单向阀是否漏气。

② 检查摩擦片、压盘和凸缘盘。

③ 用百分表检查超速离合器内径，最大值为22.09mm，超限则更换离合器毂。

4）超速离合器C0的组装。

① 给活塞装上新O形密封圈，压入活塞，用专用工具安装活塞复位弹簧。

② 按下列顺序装入压盘、摩擦片和凸缘盘：P（凸缘盘）—D（摩擦片）—P（压盘）—P—D—凸缘盘，装上卡环，确保卡环端口不与离合器毂凹槽对正。

③ 安装轴承和座圈，尺寸见表3-28；将超速离合器C0装入壳体中。

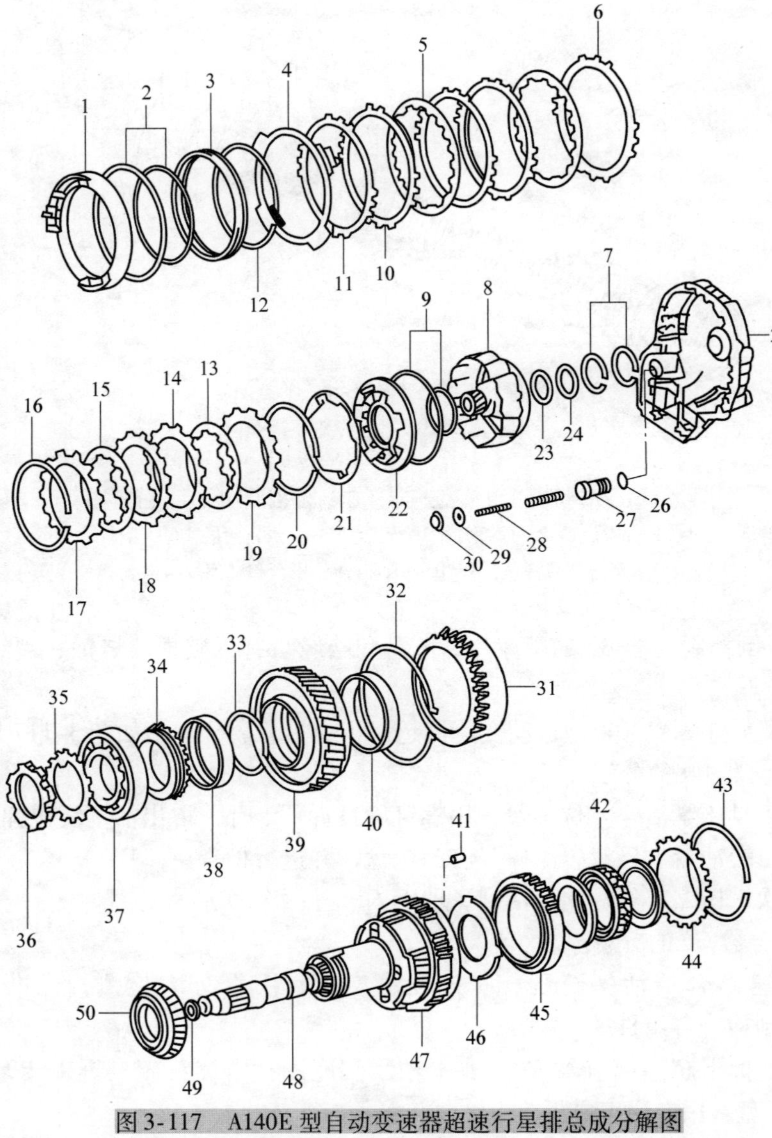


图 3-117　A140E 型自动变速器超速行星排总成分解图

1—超速制动器毂　2、9、26—O 形密封圈　3—超速制动器活塞　4、21—活塞复位弹簧　5、13、15—摩擦片　6、17、19—凸缘盘　7—密封油环　8—超速离合器毂　10、14、18—压盘　11—缓冲盘　12、16、20、30、32、33、43—卡环　22—超速离合器活塞　23—轴承　24—轴承座圈　25—超速排壳体　27—蓄压器 C0 活塞　28—弹簧　29—定位圈　31—超速排齿圈　34—前轴承　35—锁紧垫片　36—调整螺母　37—中间轴轴承　38、40—轴承外座圈　39—变速器输出齿轮　41—销　42—超速单向离合器 F0　44—限位盘　45—单向离合器外座圈　46—止推垫圈　47—超速排行星轮　48—中间轴　49—油封　50—后轴承

**表 3-28　A140E 型自动变速器滚针轴承和座圈规格**　　（单位：mm）

| 位　置 | | A | B | C | D | E | F |
|---|---|---|---|---|---|---|---|
| 前座圈 | 外径 | 43.0 | 37.9 | | 45.0 | 37.3 | — |
| | 内径 | 30.5 | 22.0 | | 28.0 | 24.1 | — |
| 轴承 | 外径 | 42.0 | 36.1 | | 45.0 | 37.6 | 46.3 |
| | 内径 | 28.9 | 22.2 | | 30.0 | 24.0 | 26.2 |
| 后座圈 | 外径 | 42.0 | 35.7 | 35.0 | — | 37.6 | 43.0 |
| | 内径 | 27.1 | 23.0 | 19.0 | — | 22.2 | 24.5 |

④ 检查离合器活塞行程：吹入压力为392～785kPa的压缩空气，用百分表测量活塞行程，标准值为1.21～1.91mm。

5）拆卸变速器输出齿轮。

① 拆下卡环，取出限位盘。

② 取出超速单向离合器F0及其外座圈，取下行星架上的止推垫圈，从外座圈上拆下超速单向离合器F0（注意方向）。

③ 用磁力棒吸出行星轮轴上的四个销子（注意不要丢失）。用冲子冲开锁紧垫片，用专用工具拆下调整螺母和垫片。

④ 用专用工具拆下变速器输出齿轮和前、后轴承。

⑤ 提起齿圈，用卡环钳压缩卡环，并移出卡环槽，拆下卡环和超速排齿圈。

⑥ 用铜棒和锤子从变速器输出齿轮上拆下两个轴承外座圈，用螺钉旋具拆下卡环。

6）超速排行星轮的检查。用塞尺测量行星轮轴向间隙，标准值为0.20～0.50mm。

7）变速器输出齿轮的组装。

① 用螺钉旋具装上卡环，用专用工具将两个外座圈压入变速器输出齿轮两侧。

② 将超速排齿圈装到变速器输出齿轮上，用卡环钳将卡环装入环槽。

③ 安装后轴承：用专用工具压入轴承直至其内座圈与轴肩接触。

④ 安装变速器输出齿轮和前轴承、中间轴轴承，变速器输出齿轮应能轻松转动。

⑤ 在中间轴上安装调整螺母和新的锁紧垫片。

⑥ 检查驱动齿轮预紧力：将专用工具装在调整螺母上，在台虎钳上用软钳口固定中间轴，拧紧调整螺母直到拉力表有负荷显示，预紧力为9～15N。

⑦ 锁定调整螺母，弯折锁紧垫片直至卡入调整螺母凹槽中。

⑧ 安装超速排行星轮轴四个销子，并装上行星架止推垫圈（3号止推垫圈），有沟槽的一侧朝向超速排壳体。

⑨ 安装超速单向离合器F0，并确保单向离合器方向正确。

⑩ 安装限位盘和卡环，检查单向离合器F0的工作情况：顺时针转动主动轮，将超速离合器C0安装到单向离合器上，握住超速离合器C0，转动中间轴，应顺时针方向转动自如，逆时针方向锁止。

8）超速排壳体的拆检与组装。

① 拆下蓄压器C0活塞的卡环，取下定位圈和两个弹簧，取出蓄压器活塞，并拆下O形密封圈、油环。

② 检查超速排壳体轴承，用手指应能使轴承转动自如。

③ 装上超速排壳体和蓄压器活塞。

9）超速制动器B0的组装。

① 将超速制动器活塞装到超速离合器毂上。

② 安装凸缘盘（平面朝上）、压盘、摩擦片和缓冲盘（圆弧面朝上），顺序为：凸缘盘—D—P—P—D—P—缓冲盘，安装活塞复位弹簧和卡环。

③ 顺时针方向转动超速排齿轮，将超速排齿轮总成装入壳体。若安装正确，超速排齿轮与壳体的间隙约为24mm。

**6. 阀板总成的检修**

(1) 阀板总成的分解　图3-118～图3-124和表3-29～表3-32为A140E型自动变速器阀板零部件位置图及相关技术数据。阀板分解时应特别注意各调压弹簧调整垫片的数量，因为调整垫片的厚度和数量直接影响调整压力（有的控制阀没有调整垫片）。

1）拆卸电磁阀：拆下1号和2号电磁阀，从电磁阀上拆下O形密封圈。

2）拧下九个螺栓，拆下上阀板盖，取下滤网、隔板和两个衬垫、挡块等。

3）从上阀板上拆下三个螺栓，拧下下阀板盖上的十个螺栓，取下下阀板盖和衬垫。

4）从下阀板上拆下三个螺栓，将下阀板和隔板一起拿下。注意：单向阀不要掉出。

5）取下隔板和衬垫，清洗、检查上下阀板，如有必要，可进一步分解。

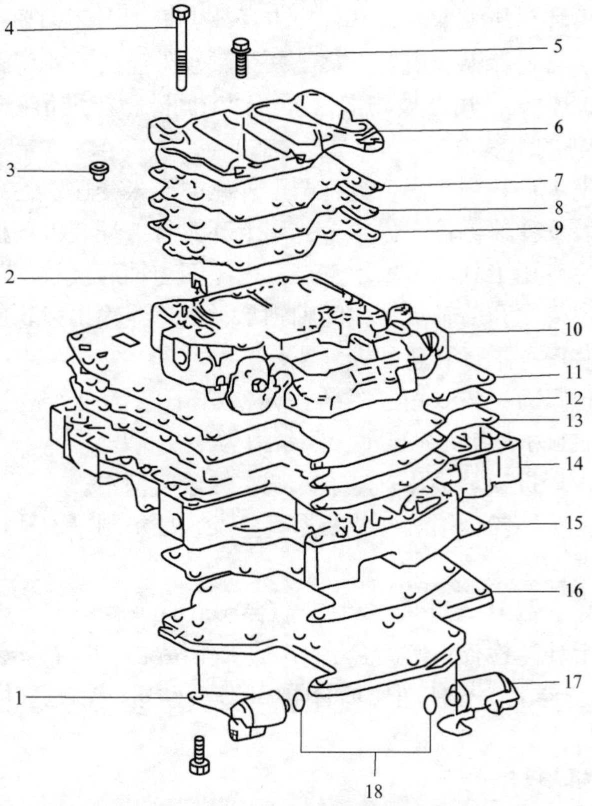


图3-118　A140E型自动变速器阀板总成分解图

1—1号电磁阀　2—套筒定位块　3—滤网　4、5—螺栓　6—上阀板盖　7、9、11、13、15—衬垫　8、12—隔板　10—上阀板　14—下阀板　16—下阀板盖　17—2号电磁阀　18—O形密封圈

**表3-29　A140E型自动变速器上阀板弹簧规格**

| 序　号 | 阀体弹簧名称 | 自由长度/mm | 弹簧外径/mm | 圈　数 | 颜　色 |
|---|---|---|---|---|---|
| 1 | 锁止继动阀弹簧 | 26.56 | 10.20 | 11.5 | 绿 |
| 2 | 节气门阀调压阀弹簧 | 21.70 | 9.50 | 9.5 | 无 |
| 3 | 蓄压器调压阀弹簧 | 28.06 | 10.60 | 13.0 | 黄 |
| 4 | 低速档调压阀弹簧 | 21.60 | 7.090 | 11.5 | 无 |
| 5 | 中间调压阀弹簧 | 20.93 | 8.50 | 10.0 | 浅绿 |
| 6 | 降档柱塞弹簧 | 29.76 | 8.73 | 13.5 | 黄 |
| 7 | 节气门阀弹簧 | 30.70 | 9.20 | 9.5 | 无 |
| 8 | 车速反馈阀弹簧 | 21.80 | 6.00 | 13.5 | 无 |

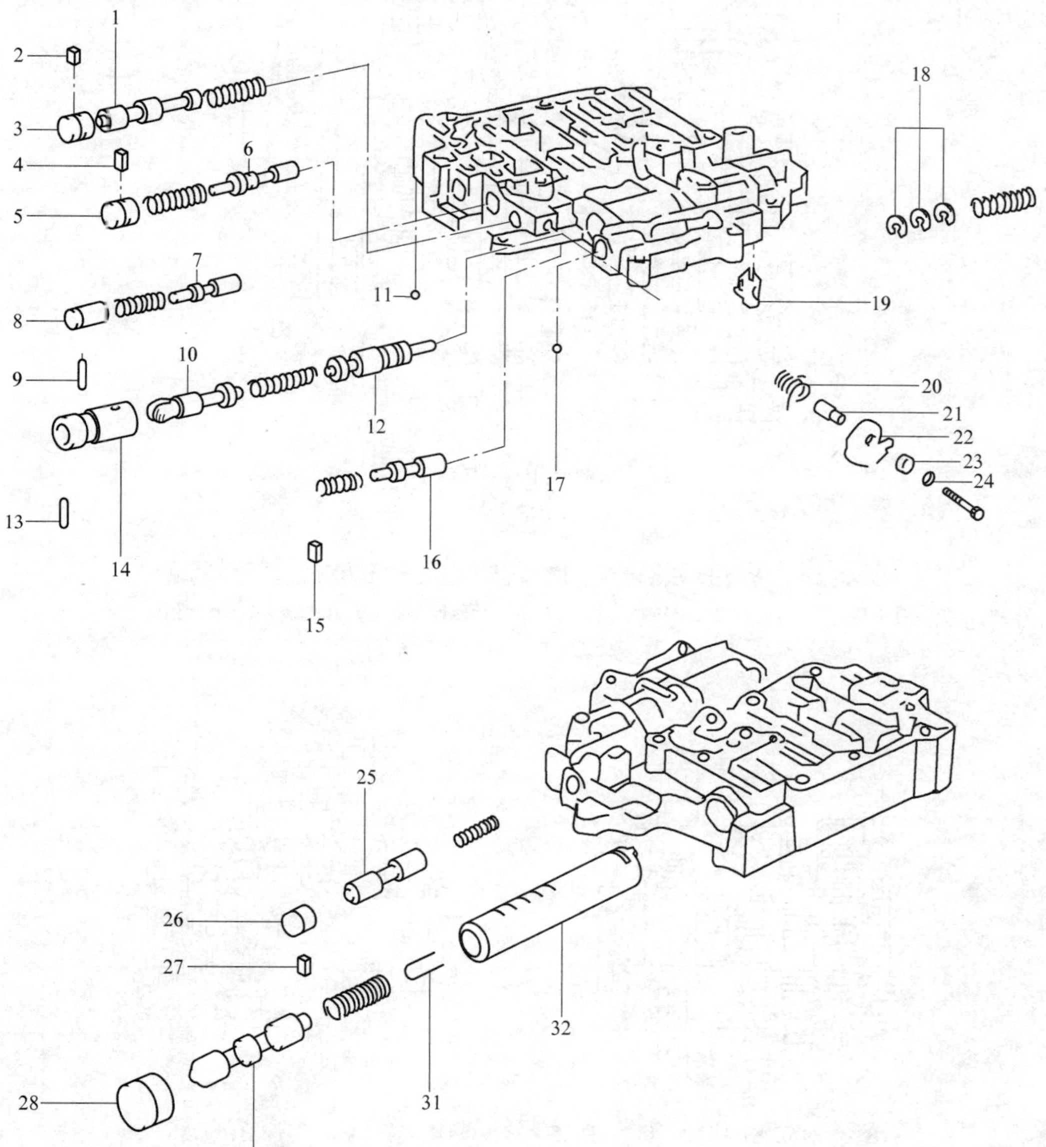


图 3-119　A140E 型自动变速器上阀板分解图

1—节气门阀调压阀　2、4、15、27、29—定位块　3、5、8、26、28—堵塞　6—蓄压器调压阀　7—低速档调压阀　9、13—定位销　10—降档柱塞　11、17—球阀　12—节气门阀　14—节气门阀套筒　16—中间调压阀　13—调整垫圈　19—定位器　20—弹簧　21—销　22—凸轮　23—垫圈　24—弹簧垫片　25—车速反馈阀　30—锁止继动阀　31—控制阀　32—锁止继动阀套筒

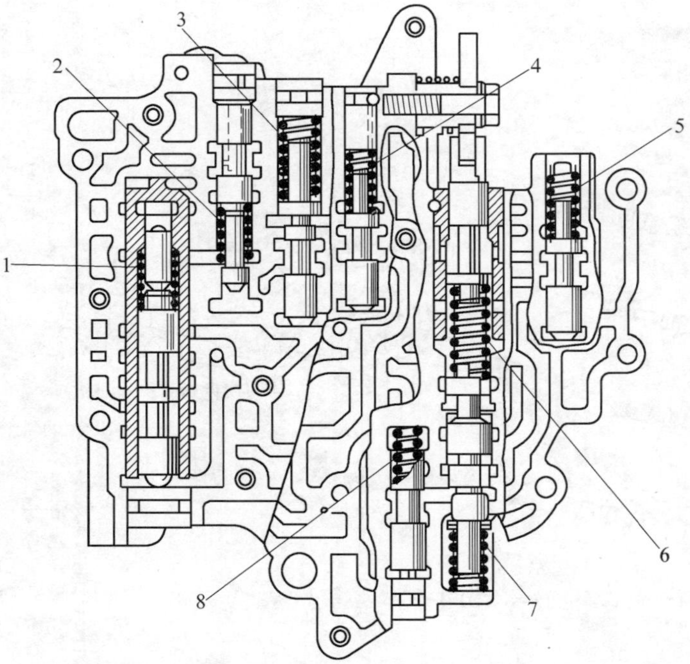


图3-120 A140E型自动变速器上阀板各控制阀及其弹簧装配位置图

1—锁止继动阀及其弹簧 2—节气门调压阀及其弹簧 3—蓄压器调压阀及其弹簧 4—低速档调压阀及其弹簧 5—中间调压阀及其弹簧 6—降档柱塞及其弹簧 7—节气门阀及其弹簧 8—车速反馈阀及其弹簧

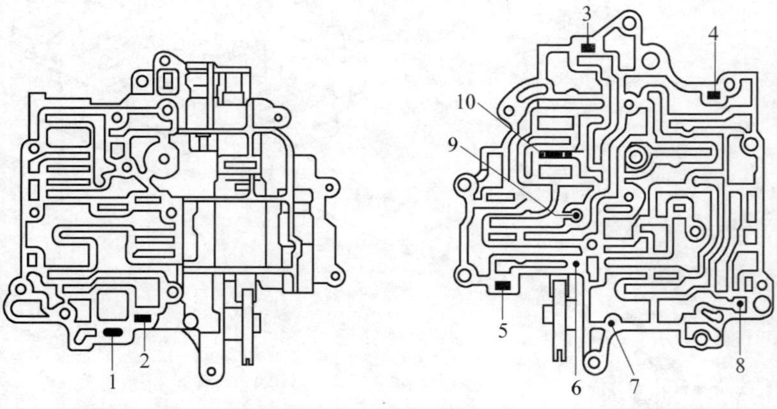


图3-121 A140E型自动变速器上阀板球阀、定位块、定位销位置图

1、2、3、4、5—定位块 6、7—定位销 8、9—钢质球阀 10—定位器

**表3-30 A140E型自动变速器上阀板定位块尺寸规格** （单位：mm）

| 序　号 | 阀板定位块名称 | 长　度 | 宽　度 | 厚　度 |
|---|---|---|---|---|
| 1 | 节气门阀调压阀定位块 | 9.2 | 5.0 | 3.2 |
| 2 | 蓄压器调压阀定位块 | 11.5 | 5.0 | 3.2 |
| 3 | 车速反馈阀定位块 | 6.2 | 5.0 | 3.2 |
| 4 | 锁止继动阀定位块 | 15.0 | 5.0 | 3.2 |
| 5 | 中间调压阀定位块 | 15.0 | 5.0 | 3.2 |

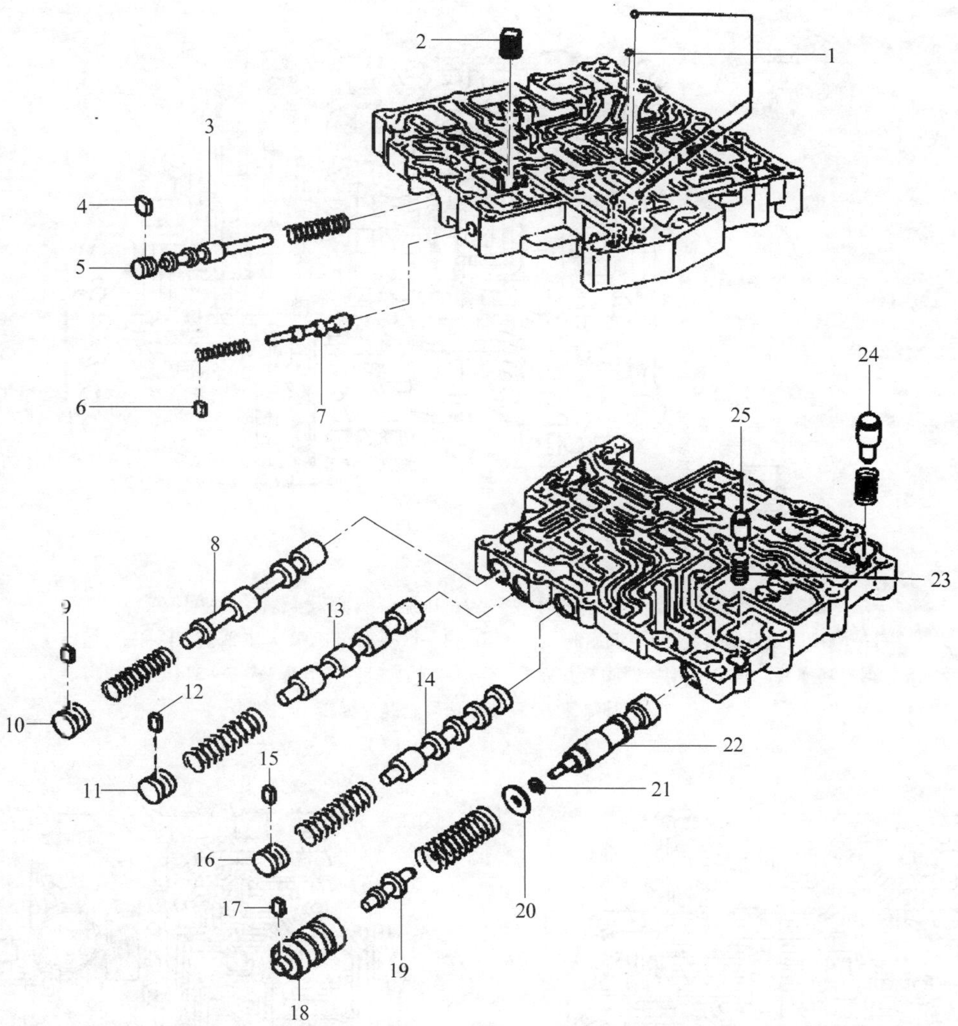


图 3-122　A140E 型自动变速器下阀板分解图

1—球阀（橡胶）　2—滤网　3—次调压阀　4、6、9、12、15、17—定位块　5、10、11、16—堵塞　7—锁止信号阀　8—3-4 档换档阀　13—1-2 档换档阀　14—2-3 档换档阀　18—主调压阀套筒　19—主调压阀反馈柱塞　20—垫圈　21—调整垫圈　22—主调压阀　23—弹簧　24—散热器旁通阀　25—限压阀

**表 3-31　A140E 型自动变速器下阀板弹簧规格**

| 序　号 | 阀体弹簧名称 | 自由长度/mm | 弹簧外径/mm | 圈　数 | 颜　色 |
|---|---|---|---|---|---|
| 1 | 限压阀弹簧 | 11.20 | 6.40 | 7.5 | 无 |
| 2 | 主调压阀弹簧 | 66.65 | 18.60 | 12.5 | 无 |
| 3 | 散热器旁通阀弹簧 | 19.90 | 6.40 | 8.5 | 无 |
| 4 | 次调压阀弹簧 | 43.60 | 10.90 | 11.5 | 无 |
| 5 | 2-3 档换档阀弹簧 | 29.27 | 9.70 | 10.5 | 无 |
| 6 | 1-2 档换档阀弹簧 | 29.27 | 9.70 | 10.5 | 无 |
| 7 | 3-4 档换档阀弹簧 | 29.27 | 9.70 | 10.5 | 无 |
| 8 | 锁止信号阀弹簧 | 30.00 | 8.20 | 11.5 | 无 |

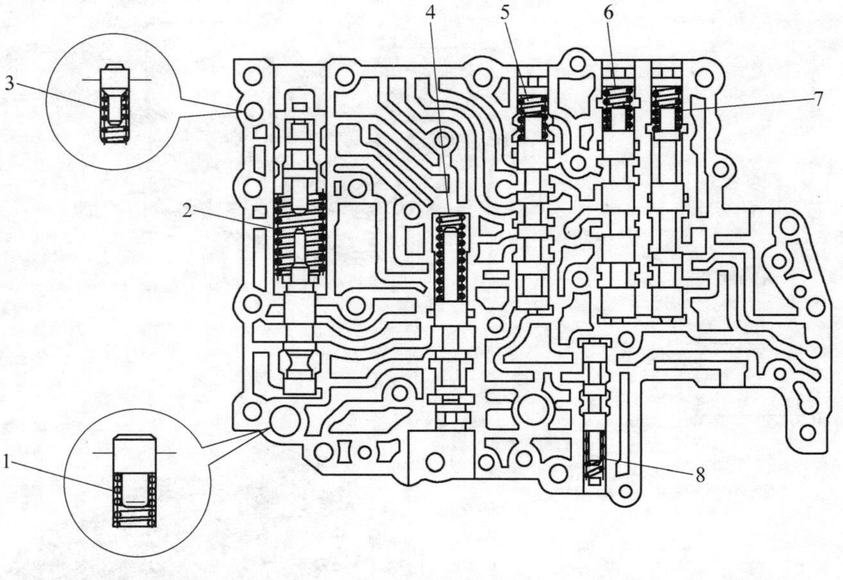


图3-123　A140E型自动变速器下阀板各控制阀及其弹簧装配位置

1—限压阀及其弹簧　2—主调压阀及其弹簧　3—散热器旁通阀及其弹簧　4—次调压阀及其弹簧　5—2-3档换档阀及其弹簧　6—1-2档换档阀及其弹簧　7—3-4档换档阀及其弹簧　8—锁止信号阀及其弹簧

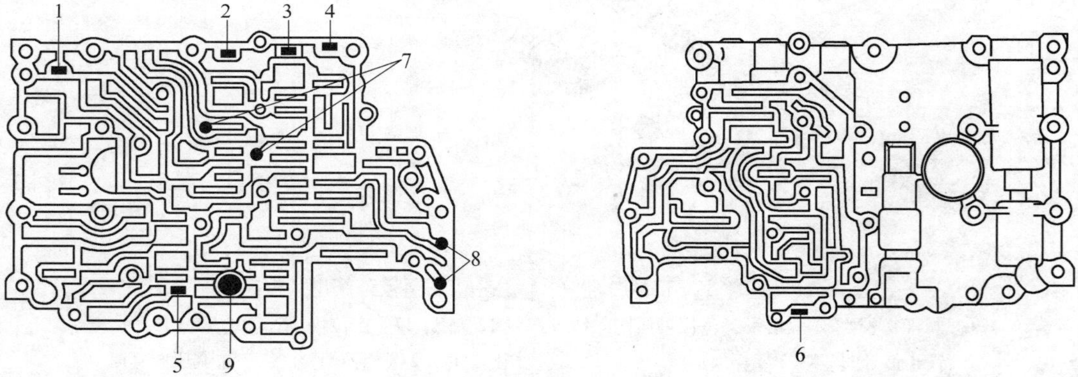


图3-124　A140E型自动变速器下阀板球阀、定位块位置图

1、2、3、4、5、6—定位块　7、8—橡胶球阀　9—滤网

**表3-32　A140E型自动变速器下阀板定位块尺寸规格**　　（单位：mm）

| 序　号 | 阀板定位块名称 | 长　度 | 宽　度 | 厚　度 |
|---|---|---|---|---|
| 1 | 主调压阀定位块 | 9.2 | 5.0 | 3.2 |
| 2 | 2-3档换档阀定位块 | 8.0 | 5.0 | 3.2 |
| 3 | 1-2档换档阀定位块 | 9.2 | 5.0 | 3.2 |
| 4 | 3-4档换档阀定位块 | 8.0 | 5.0 | 3.2 |
| 5 | 次调压阀定位块 | 13.0 | 5.0 | 3.2 |
| 6 | 锁止信号阀定位块 | 15.0 | 5.0 | 3.2 |

（2）阀板总成的组装

1）将隔板和两个新衬垫放在下阀板上。注意：两个衬垫相似但有区别，不能互换，如图 3-125 所示。

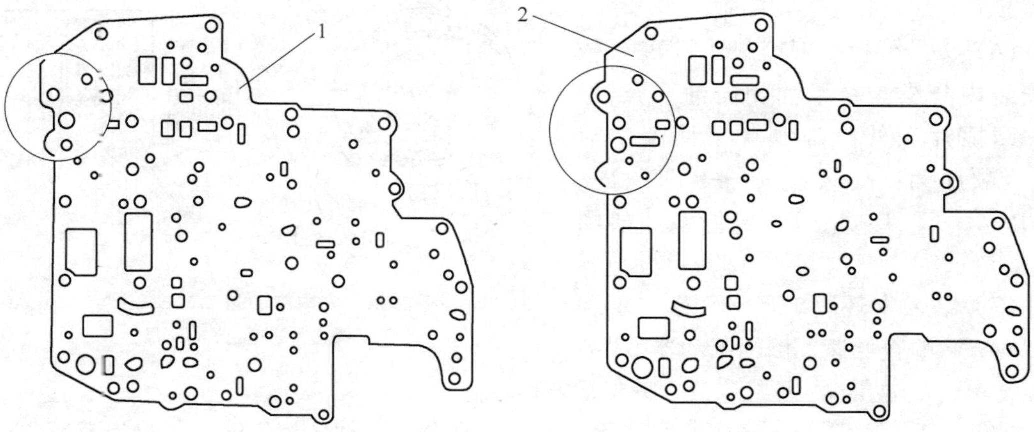


图 3-125　上下阀板衬垫

1—上衬垫　2—下衬垫

2）将下阀板和隔板、衬垫放到上阀板上，并用手拧紧下阀板上的三个螺栓以固定上阀板。注意：握住下阀板、隔板和衬垫，使其不要分开，对准阀板、隔板和衬垫上的螺栓孔。

3）安装下阀板盖。

4）安装并用手拧紧上阀板上的三个螺栓。

5）安装上阀板盖上的两个衬垫（相同）、隔板、滤网、定位块、上阀板盖，并用手拧紧九个螺栓等。

6）装入 1 号和 2 号电磁阀，用手拧紧三个螺栓。

7）拧紧上、下阀板所有连接螺栓（下阀板 16 个，上阀板 12 个），拧紧力矩为5.4N · m。

**7. A140E 型自动变速器的装配**

在装配之前，再次检查已组装好的各个组件，若某一部分组装有误，应重新拆检组装。

（1）安装手控阀摇臂轴

1）在油封口涂 MP 润滑脂，用螺钉旋具和锤子安装手控阀摇臂轴油封（新）。

2）在手控阀拨板上安装一个新衬套，将手控阀摇臂轴和手控阀拨板装到变速器壳上。

3）用锤子打进销子，直至销子平面与手控阀摇臂轴平齐，装好衬套和限位弹簧，确保拨板动作平顺。

（2）安装停车闭锁控制杆、闭锁爪和闭锁爪支架　检查停车闭锁爪的工作情况，当手控阀拨板在“P”位时，确保中间传动齿轮已被锁止。

（3）安装低速、倒档制动器 B3 活塞　用专用工具安装活塞复位弹簧和卡环。

（4）安装超速排总成

1）装入超速制动器、离合器垫圈和超速制动器鼓，装上新的壳体衬垫。

2）检测超速排壳体上平面到输出齿轮平面的距离，约为 24mm。

3）将超速排总成装到变速器壳上，安装并拧紧螺栓，力矩为25N·m。

（5）检查中间轴轴向间隙　确保中间轴轴向间隙为0.49～1.51mm，若轴向间隙超限，应重新安装中间轴。

（6）安装低速、倒档制动器B3　依次安装内凸缘盘（平面朝向油泵）、压盘、摩擦片和外凸缘盘（平面朝向活塞），顺序为：凸缘盘—D—P—D—P—D—P—D—P—D—P—D—凸缘盘，如图3-126所示。

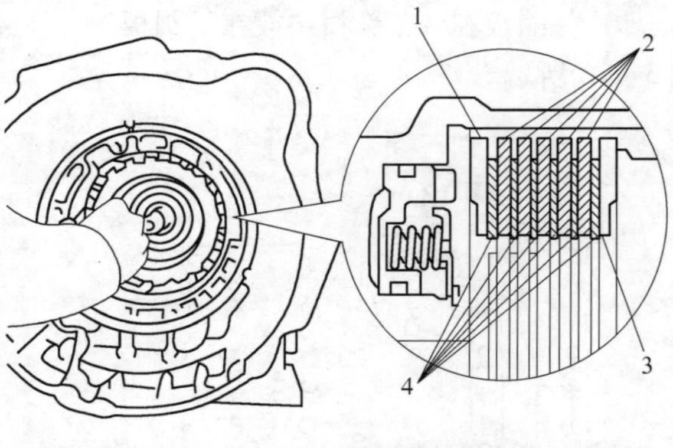

图3-126　低速、倒档制动器压盘和摩擦片位置图

1、3—凸缘盘　2—压盘　4—摩擦片

（7）装入卡环以确保卡环端口不和缺口对齐　检查低速、倒档制动器B3的工作情况，从油孔吹入压缩空气，确保活塞移动自如。

（8）将后排齿圈装入壳体　在轴承和座圈上涂上凡士林装到齿圈上，将齿圈装入壳体中。图3-127为A140E型自动变速器滚针轴承与座圈安装图。滚针轴承和座圈规格见表3-28。

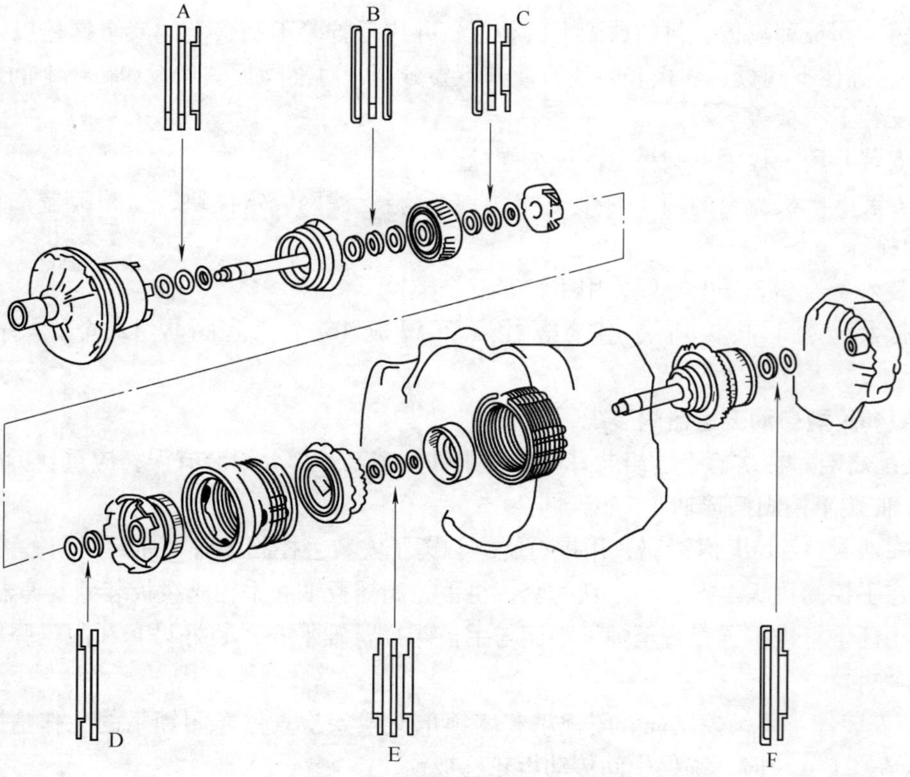

图3-127　A140E型自动变速器滚针轴承和座圈安装图

（9）安装后排行星轮　顺时针方向转动行星轮，装上单向离合器F1（较亮的一侧朝上），并将止推垫圈装到行星架上。

（10）检查单向离合器 F2 的工作情况　转动行星架，应顺时针方向转动自如而逆时针方向转动锁止。

（11）装入卡环　卡环端口不能和壳体缺口对正。

（12）安装 2 档强制制动器导向装置

（13）装入 2 档制动器 B2 的凸缘盘（平面朝向油泵）、压盘和摩擦片　顺序为凸缘盘—D—P—D—P—D—P。

（14）安装活塞复位弹簧和 2 档制动毂　压缩活塞复位弹簧，将卡环装入槽中。

（15）装入 2 档制动毂定位销　直至其与制动毂接触。

（16）检查 2 档制动器 B2 工作情况　从油孔吹入压缩空气，活塞应正常移动。

（17）安装单向离合器 F1 和 2 档制动器毂　检查 2 档制动器毂平面与后排行星轮的距离，约为 5mm，如图 3-128 所示。

（18）顺时针方向转动太阳轮　将太阳轮和太阳轮毂装入单向离合器 F1。

（19）组装前排行星轮和齿圈　将行星轮组件装到太阳轮上，若行星轮和其他组件安装正确，齿圈凸缘将与中间轴轴肩或下部平齐。

（20）安装中间轴油环。

（21）安装 2 档强制制动器　将制动带放入壳体，从油泵螺栓孔装上销子。

（22）安装前进离合器 C1 和高速、倒档离合器 C2

1）将轴承、座圈涂上凡士林安装在离合器 C1 毂的两侧。

2）将止推垫涂上凡士林装到高速、倒档离合器 C2 毂上，油槽向上。

3）将高速、倒档离合器摩擦片齿对齐，装入前进离合器毂，若安装正确，高速、倒档离合器 C2 轮毂的末端将与前进离合器 C1 的端面平齐。

4）将高速、倒档离合器 C2 和前进离合器 C1 组件装入壳体，转动前进离合器 C1，使前行星排齿圈、摩擦片与前进离合器相啮合。

5）检查 A 与 B 间的距离，如图 3-129 所示，距离约为 3mm。

（23）安装油泵　对准泵体与壳体上的螺栓孔，轻轻推入油泵，用 22N · m 的力矩拧紧七个螺栓。

（24）用百分表检测输入轴的轴向间隙　标准间隙为 0. 3 ~ 0. 9mm。若间隙超限，应重新选择油泵轴端部的轴承座圈。有两种不同厚度的座圈可供选择，分别为 0. 8mm 和 1. 4mm。检查输入轴工作情况，应转动自如。

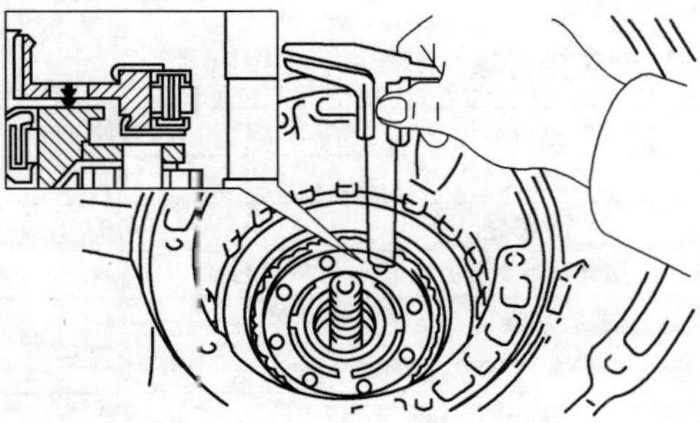

图 3-128　2 档制动器毂平面与后排行星轮的距离

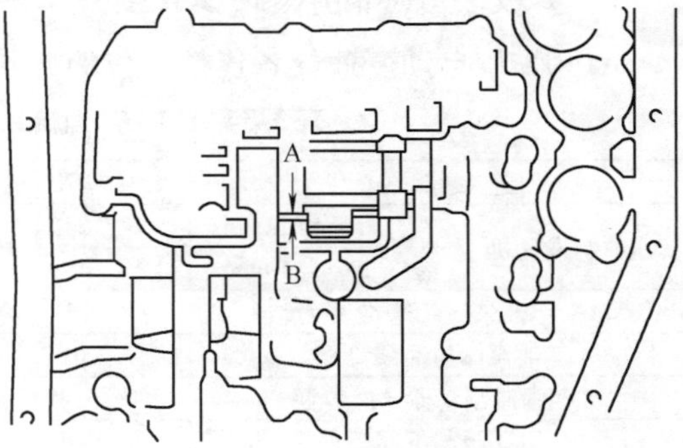


图 3-129　前进离合器与高速、倒档离合器装配检测图

(25) 安装2档强制制动器活塞　检查活塞推杆前端与制动带凹陷中心的接触情况。

(26) 检查2档强制制动器活塞行程　将少量颜料涂在推杆与壳体接触点上，吹入压力为392~785kPa的压缩空气，用专用工具测量活塞行程，标准值为1.5~3.0mm，超限则更换推杆。活塞推杆有两种长度规格，分别为72.9mm和71.4mm。

(27) 安装蓄压器活塞和弹簧　如图3-130所示，装上蓄压器盖并拧紧螺栓。各蓄压器弹簧规格见表3-33。

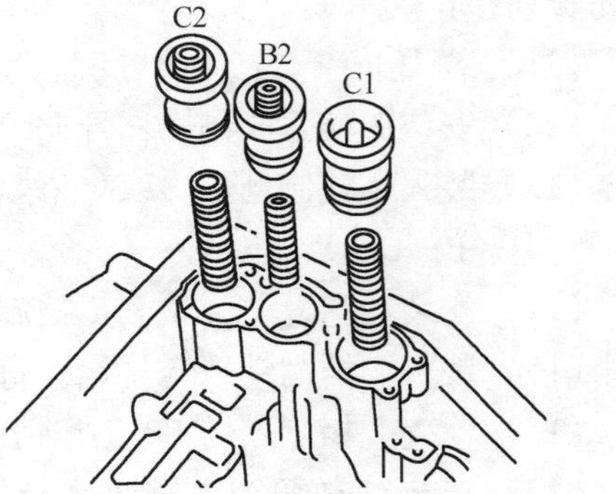

图3-130　A140E型自动变速器蓄压器安装图

表3-33　蓄压器弹簧规格

| 蓄压器弹簧 | 自由长度/mm | 颜　色 | 蓄压器弹簧 | 自由长度/mm | 颜　色 |
|---|---|---|---|---|---|
| C1 | 57.64 | 红紫 | C2 | 70.21 | 紫色 |
| B2 | 69.39 | 绿白 | | | |

(28) 安装阀板　用手扳下凸轮，装上节气门拉索，将阀板装在正确位置上，用扭力扳手拧紧阀板上的螺栓，力矩为10N·m。

(29) 接上换档电磁阀连接线　1号电磁阀为白短线，2号电磁阀为黑长线。

(30) 安装手控阀阀体和锁止弹簧片　检查手控阀拨板与弹簧片滚轮的接触情况。

(31) 按拆卸的逆顺序安装油管、滤网、衬垫、油底壳。

(32) 安装2号车速传感器及保护支架、电磁阀线束和节气门拉索定位支架。

(33) 安装锁止（SL）电磁阀。

(34) 安装空档起动开关并进行调整　将凹槽与空档基准线对齐，如图3-131所示。

(35) 安装散热器进、回油管接头、手控阀摇臂等。

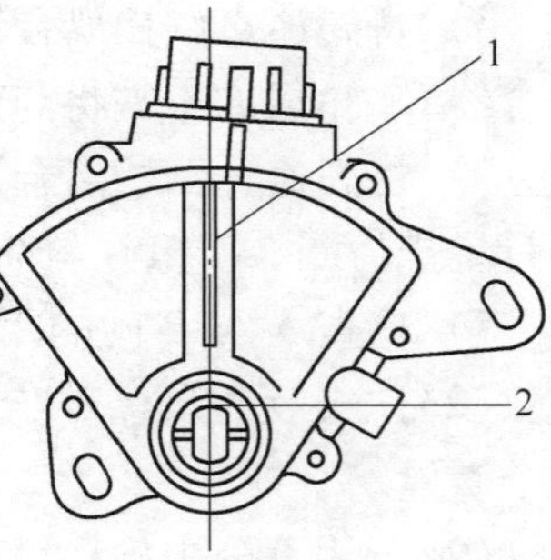

图3-131　空档起动开关安装位置图

1—空档基准线　2—凹槽

A140E型自动变速器各连接部位的拧紧力矩见表3-34。

表3-34　A140E型自动变速器各连接部位的拧紧力矩

| 连接部位 | | 力矩/N·m | 连接部位 | 力矩/N·m |
|---|---|---|---|---|
| 变速器与发动机 | 螺杆直径为12mm | 64 | 滤网 | 10 |
| | 螺杆直径为10mm | 46 | 油底壳 | 4.9 |
| 油泵与变速器 | | 22 | 放油螺塞 | 49 |
| 油泵体与油泵盖 | | 10 | 冷却油管螺母 | 34 |
| 2档强制制动器导向装置 | | 5.4 | 超速排壳体与变速器壳体 | 25 |
| 上阀板与下阀板 | | 5.4 | 空档起动开关螺栓 | 5.4 |
| 阀板 | | 10 | 空档起动开关螺母 | 6.9 |
| 蓄压器盖 | | 10 | 闭锁支架 | 7.4 |

# 3.3　别克 4T65E 型自动变速器构造与检修

## 3.3.1　基本参数与结构特点

### 1. 4T65E 型自动变速器主要技术参数

通用公司生产的 4T65E 型自动变速器适用于发动机横置、前轮驱动的轿车，它用于上海通用公司生产的别克君威轿车和 GL8 及陆尊。该变速器有 P、R、N、D、3、2、1 七个档位，提供包括超速档在内的四个前进档。4T65E 型自动变速器主要技术规格见表 3-35，其换档车速见表 3-36。

表 3-35　4T65E 型自动变速器主要技术规格

| | | | |
|---|---|---|---|
| 变速器类型：4 | 4 前进档 | 倒档传动比 | 2.385∶1 |
| 变速器类型：T | 横向装配 | 主减速比 | 3.29 |
| 变速器类型：65 | 产品系列 | 变矩器尺寸 | 245mm |
| 变速器类型：E | 电子控制 | 压力接口 | 管道压力 |
| 1 档传动比 | 2.921∶1 | 变速器油类型 | DEXRON Ⅲ |
| 2 档传动比 | 1.568∶1 | 变速器油底容量 | 底壳放油量：7.0L<br>完全大修：9.5L<br>总容量：12.5L |
| 3 档传动比 | 1.000∶1 | | |
| 4 档传动比 | 0.705∶1 | | |

表 3-36　4T65E 型自动变速器换档车速

| 升档 | 1-2（±5km/h） | | | 2-3（±6.4km/h） | | | 3-4（±8km/h） | | |
|---|---|---|---|---|---|---|---|---|---|
| TP（%） | 12 | 25 | 50 | 12 | 25 | 50 | 12 | 25 | 50 |
| 车速/(km/h) | 16 | 27 | 47 | 39 | 52 | 83 | 68 | 95 | N/A |

| 降档 | 4-3（±6.4km/h） | | 3-2（±6.4km/h） | | 2-1（±6.4km/h） | |
|---|---|---|---|---|---|---|
| TP（%） | 0 | 50 | 0 | 50 | 0 | 50 |
| 车速/(km/h) | 50 | 79 | 31 | 31 | 13 | 13 |

| TCC | 4 档 | | 3 档 | | |
|---|---|---|---|---|---|
| TP（%） | 12 | 25 | 12 | 25 | |
| 车速/(km/h) | 40 | 61 | 63 | 82 | |

### 2. 变速器的结构特点

4T65E 型自动变速器是前轮驱动电控 4 档自动变速器，动力系统控制模块（PCM）能同时控制发动机和自动变速器，换档时刻及换档时变速器油压完全由 PCM 通过两个换档电磁阀和一个油压控制电磁阀精确控制，使换档快速、平稳。液力变矩器中锁止离合器电磁阀为脉宽调制（PWM）电子控制方式，允许锁止离合器和变矩器壳体间有很小的滑动，使接合更加平稳，改善了行驶平顺性。4T65E 型自动变速器主要部件安装位置如图 3-132 所示。其主要的机械和电气部件包括：

（1）机械部件　带电控锁止离合器的变矩器，叶片式油泵及链条链轮传动机构，三个

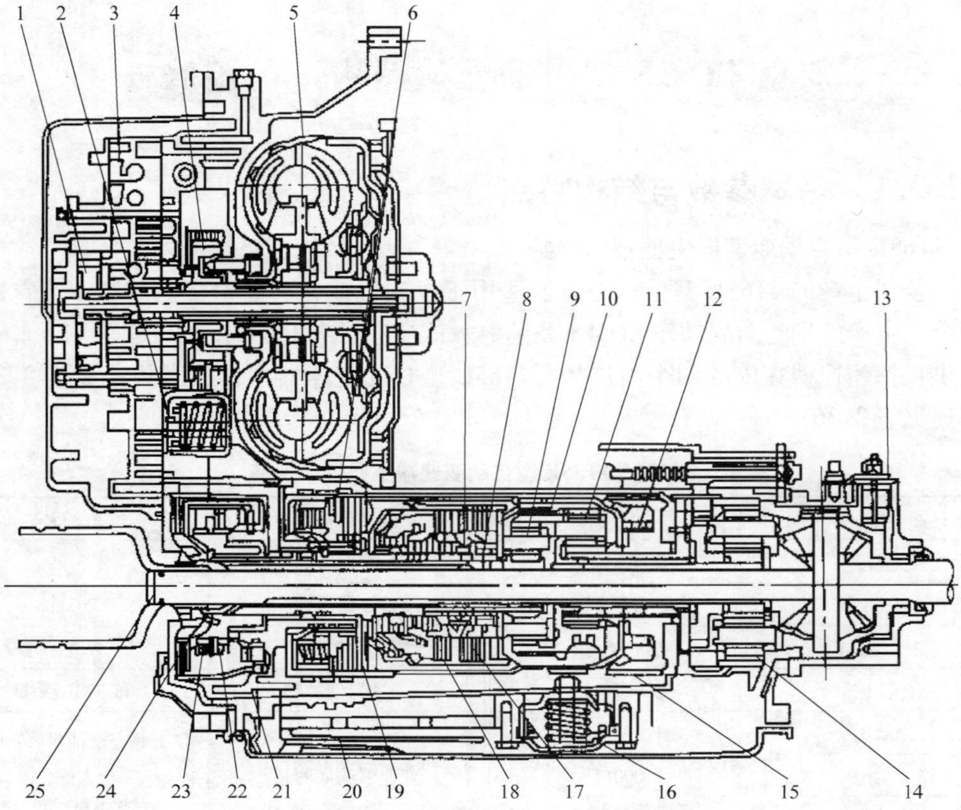


图3-132　4T65E型自动变速器主要部件安装位置

1—油泵总成　2—壳体盖总成　3—控制阀体总成　4—驱动链轮　5—变矩器离合器总成　6—倒档制动带　7—3档离合器撑块　8—输入离合器撑块　9—前行星轮组　10—1/2手动制动带　11—后行星轮组　12—1/2档滚柱式单向离合器　13—车辆速度传感器　14—主减速器/差速器总成　15—前进档制动带　16—1/2手动制动带伺服机构总成　17—输入离合器总成　18—3档离合器　19—2档离合器　20—液压油滤清器　21—从动链轮支架　22—从动链轮　23—驱动链轮　24—4档离合器　25—输出轴

多片式离合器总成（输入、2档和3档），三个带式制动器（前进制动带、2-1档制动带和倒档制动带），一个多片式制动器（4档制动器），辛普森式行星轮变速机构，三个单向离合器（一个滚柱式离合器和两个楔块式单向离合器），主减速器和差速器总成，控制阀体。

（2）电气部件　两个换档电磁阀，一个油压控制电磁阀（PC阀），自动变速器油温传感器（TFT），输入轴车速传感器（ISS），输出轴车速传感器（VSS），油液压力手动阀位置开关（TFP），多功能开关（P/N）。

## 3.3.2　动力传递路线分析

### 1. 行星轮变速机构

4T65E型自动变速器采用改进型双排四速辛普森式行星轮变速器，其前行星排的行星架与后行星排的齿圈为一体，前行星排的齿圈与后行星排的行星架为一体，如图3-133所示。因此，4T65E的行星轮变速器共有四个独立部件，分别为前排太阳轮（输入太阳轮）、前排行星架/后排齿圈组件（输入行星架）、后排太阳轮（被动太阳轮）和后排行星架/前排齿圈组件（被动行星架），动力可由前排太阳轮或前排行星架/后排齿圈组件输入，也可由两者共同输入，而动力输出则由后排行星架/前排齿圈组件来完成。双排行星轮变速器具有 10 个换档执行元件，通过不同形式的组合实现四个前进档和一个倒档。不同档位时行星轮变速器构件的组合方案见表3-37。

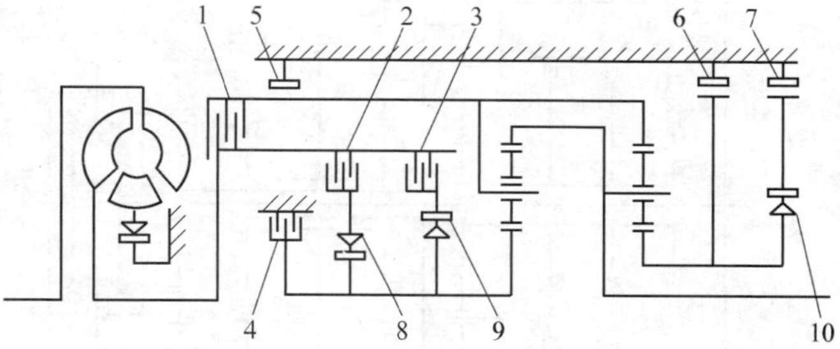


图 3-133　4T65E 型行星轮变速器传动简图

1—2 档离合器 C1　2—3 档离合器 C2　3—输入离合器 C3　4—4 档制动器 B1　5—倒档制动器 B2　6—低速档制动器 B3　7—前进档制动器 B4　8—3 档单向离合器 F1　9—输入单向离合器 F2　10—低速档单向离合器 F3

**表 3-37　不同档位时行星轮变速器构件的组合方案**

| 档　位 | 输　入　件 | 输　出　件 | 固　定　件 |
|---|---|---|---|
| 1 档 | 前排太阳轮 | 后排行星架 | 后排太阳轮 |
| 2 档 | 前排行星架 | 后排行星架 | 后排太阳轮 |
| 3 档 | 前排太阳轮和前排行星架 | 后排行星架 | |
| 4 档 | 前排行星架 | 后排行星架 | 前排太阳轮 |
| 倒档 | 前排太阳轮 | 后排行星架 | 前排行星架 |

在 4T65E 型自动变速器的换档执行元件中，有三个离合器、四个制动器（包括一个片式制动器和三个带式制动器）和三个单向离合器，分别为 2 档单向离合器 C1、3 档离合器 C2、输入离合器 C3、4 档制动器 B1、倒档制动器 B2、低速档制动器 B3、前进档制动器 B4、3 档单向离合器 F1、输入单向离合器 F2、低速档单向离合器 F3，如图 3-133 所示。换档执行元件在不同档位时的工作状态见表 3-38。

**表 3-38　换档执行元件在不同档位时的工作状态**

| 变速杆位置 | 档位 | 1-2 档/3-4 档电磁阀 | 2-3 档电磁阀 | 换档执行元件 | | | | | | | | | |
|---|---|---|---|---|---|---|---|---|---|---|---|---|---|
| | | | | C1 | C2 | C3 | B1 | B2 | B3 | B4 | F1 | F2 | F3 |
| P | 停车挡 | ON | ON | | | ● | | | | | | ● | |
| N | 空档 | ON | ON | | | ● | | | | | | ● | |
| R | 倒档 | ON | ON | | | ○ | | ○ | | | | ○ | |
| D | 1 档 | ON | ON | | | ○ | | | | ○ | | ○ | ○ |
| | 2 档 | OFF | ON | ○ | | ● | | | | ○ | | | ○ |
| | 3 档 | OFF | OFF | ○ | ○ | | | | | ● | ○ | | |
| | 4 档 | ON | OFF | ○ | ● | | ○ | | | ● | | | |
| 3 | 1 档 | ON | ON | | | ○ | | | | ○ | | ○ | ○ |
| | 2 档 | OFF | ON | ○ | | ● | | | | ○ | | | ○ |
| | 3 档 | OFF | OFF | ○ | ○ | ○ | | | | ● | ○ | ○ | |
| 2 | 1 档 | ON | ON | | | ○ | | | ○ | ● | | ○ | |
| | 2 档 | OFF | ON | ○ | | ● | | | ○ | ● | | | |
| 1 | 1 档 | ON | ON | | ○ | ○ | | | ○ | ● | ○ | ○ | |

注：○表示元件工作；●表示元件工作但不传递动力。

**2. 动力传递路线分析**

4T65E 型自动变速器动力传递路线示意图如图 3-134 所示。

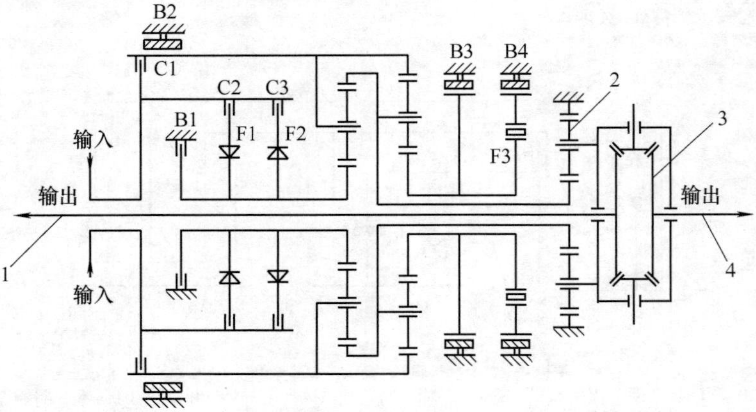


图 3-134　4T65E 型自动变速器动力传递路线示意图

1、4—输出轴　2—主减速器　3—差速器　C1—2 档离合器　C2—3 档离合器　C3—输入离合器　B1—4 档制动器　B2—倒档制动器　B3—低速档制动器　B4—前进档制动器　F1—3 档单向离合器　F2—输入单向离合器　F3—低速单向离合器

（1）P/N 位　P 或 N 位时，输入离合器 C3 接合，动力输入单向离合器 F2 外圈，输入单向离合器 F2 锁止，动力传至前排（输入）太阳轮。但此时前排太阳轮、前排行星架/后排齿圈、后排太阳轮三个部件中没有固定部件，都在空转，所以没有动力传递。

（2）D1 档动力传递路线　D1 档动力传递路线如图 3-135 所示，在 D1 档，输入离合器 C3 接合，动力输入单向离合器 F2 外圈，输入单向离合器 F2 锁止，动力传至前排（输入）太阳轮。因前排齿圈/后排行星架与车体相连，可视为固定或限定转速，则前排太阳轮驱动前排行星架/后排齿圈同向旋转。因前排齿圈/后排行星架与车体相连，可视为固定或限定转速，则后排太阳轮有反向旋转的趋势。此时，前进档制动器 B4 工作，低速档单向离合器 F3 锁止，后排太阳轮被固定，则前排齿圈/后排行星架被同向减速驱动，车辆前行。

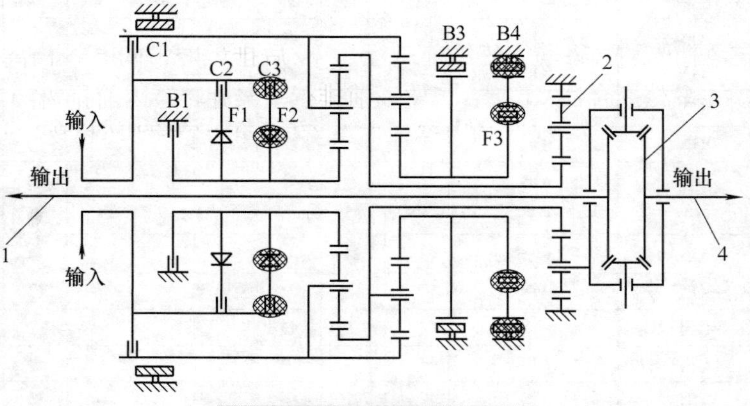


图 3-135　D1 档动力传递路线

1、4—输出轴　2—主减速器　3—差速器　C1—2 档离合器　C2—3 档离合器　C3—输入离合器　B1—4 档制动器　B2—倒档制动器　B3—低速档制动器　B4—前进档制动器　F1—3 档单向离合器　F2—输入单向离合器　F3—低速单向离合器

当汽车滑行时，驱动轮带动后排行星架顺时针方向转动，后排太阳轮将顺时针方向转动，单向离合器F3不能锁止，后排太阳轮空转，因而两个行星排没有固定或受限制的构件，不能反向传递动力，所以D1档没有发动机制动作用。

（3）D2档动力传递路线　D2档动力传递路线如图3-136所示，在D2档，2档离合器C1接合，通过2档驱动套驱动前排行星架/后排齿圈旋转，对后行星排而言，后排齿圈驱动，后排行星架与车体相连，可视为固定或限定转速，则后排太阳轮有反向旋转的趋势。此时，前进档制动器B4工作，低速档单向离合器F3锁止，后排太阳轮被固定，则后排行星架/前排齿圈被同向减速驱动，车辆前行。2档时，输入离合器C3仍处于接合状态，但输入单向离合器F2处于滑转状态。因为对于前行星排而言，前排齿圈/后排行星架与车体相连，可视为固定或限定转速，则前排太阳轮有同向增速旋转的运动趋势，所以输入单向离合器F2滑转。

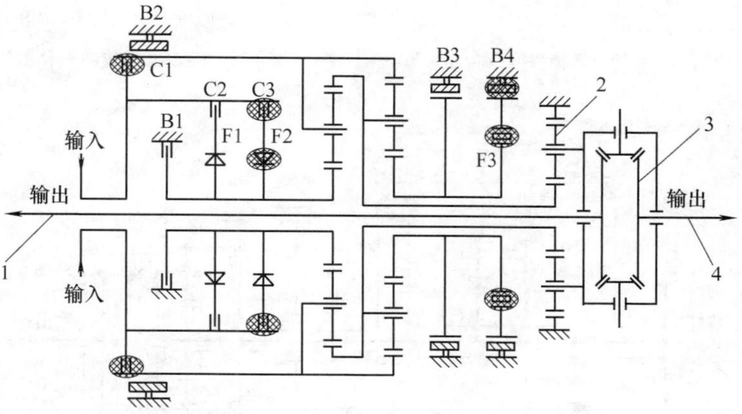


图3-136　D2档动力传递路线

1、4—输出轴　2—主减速器　3—差速器　C1—2档离合器　C2—3档离合器　C3—输入离合器　B1—4档制动器　B2—倒档制动器　B3—低速档制动器　B4—前进档制动器　F1—3档单向离合器　F2—输入单向离合器　F3—低速单向离合器

同理，在D2档时也没有发动机制动。

（4）D3档动力传递路线　D3档动力传递路线如图3-137所示，在D3档时，2档离合器C1接合，通过2档驱动套将动力传给前排行星架/后排齿圈，同时3档离合器C2接合。对于前行星排而言，2档离合器C1接合，驱动前排行星架旋转，因前排齿圈/后排行星架与车体相连，可视为固定或限定转速，则前排太阳轮有同向增速旋转的趋势。此时，3档离合器C2接合，3档单向离合器F1锁止，使前排太阳轮不能超速旋转，转速被限定在3档离合器的转速（即输入转速）。这相当于同时驱动了前排行星架与前排太阳轮，则整个行星轮机构整体旋转，传动比为1∶1。

当转矩来自车轮时，对前行星排齿轮机构而言，因前行星架被C1驱动，可视为固定或限定转速，则前排太阳轮有减速旋转的趋势，此时3档单向离合器F1超越，没有发动机制动。

（5）D4档动力传递路线　D4档动力传递路线如图3-138所示，在D4档时，2档离合器C1接合，通过2档驱动套将动力传给前排行星架/后排齿圈。4档制动器B1工作，将前排太阳轮固定，则前排齿圈/后排行星架（与车体相连）为同向增速输出。

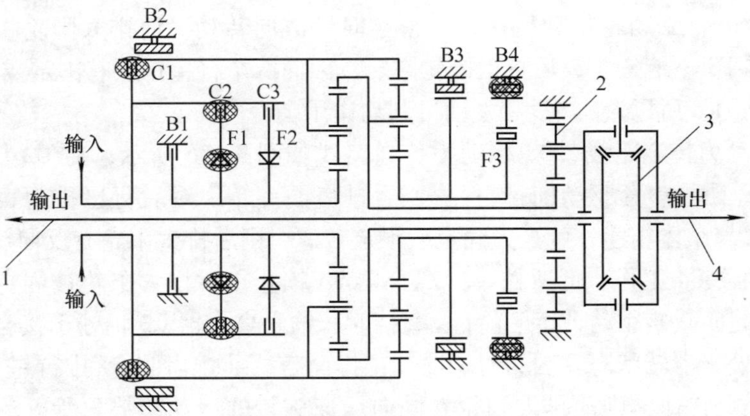


图 3-137　D3 档动力传递路线

1、4—输出轴　2—主减速器　3—差速器　C1—2 档离合器　C2—3 档离合器　C3—输入离合器　B1—4 档制动器　B2—倒档制动器　B3—低速档制动器　B4—前进档制动器　F1—3 档单向离合器　F2—输入单向离合器　F3—低速单向离合器

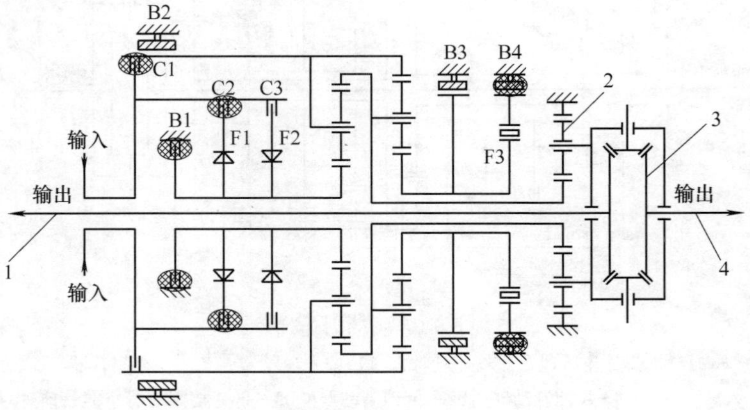


图 3-138　D4 档动力传递路线

1、4—输出轴　2—主减速器　3—差速器　C1—2 档离合器　C2—3 档离合器　C3—输入离合器　B1—4 档制动器　B2—倒档制动器　B3—低速档制动器　B4—前进档制动器　F1—3 档单向离合器　F2—输入单向离合器　F3—低速单向离合器

在 D4 档时，动力传递没有通过单向离合器，故有发动机制动。

（6）R 位　R 位动力传递路线如图 3-139 所示，在 R 位，输入离合器 C3 接合，输入单向离合器 F2 锁止，驱动前排太阳轮旋转。倒档制动器 B2 工作，将前排行星架固定，则前排齿圈/后排行星架（与车体相连）为反向减速输出。

（7）3 位　变速杆位于 3 位时，变速器的实际档位只在 1、2 和 3 档之间变化，不能升入 4 档。变速杆位于 3 位时，1、2 档与 D1、D2 档完全相同，没有发动机制动，这里分析 3 位 3 档动力传递路线。

3 位 3 档动力传递路线如图 3-140 所示。3 位 3 档时除了 C1 和 C2 工作外，输入离合器 C3 也接合，它不传递动力，只是为了获得发动机制动。当转矩来自车轮时，对前行星排而言，因前行星架被驱动，可视为固定或限定转速，则前排太阳轮有减速旋转的趋势，此时 3

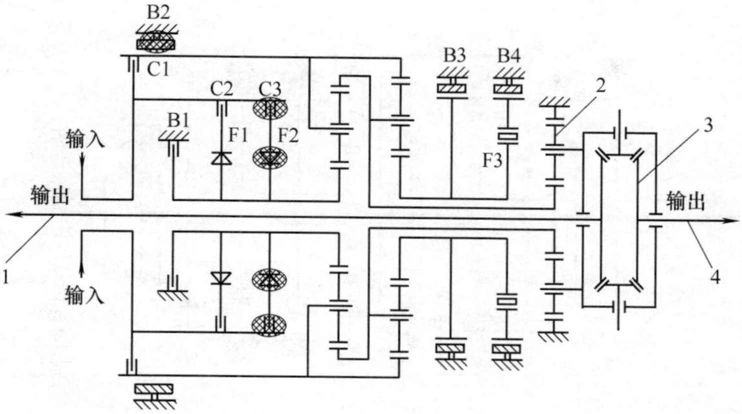


图3-139　R位动力传递路线

1、4—输出轴　2—主减速器　3—差速器　C1—2档离合器　C2—3档离合器　C3—输入离合器　B1—4档制动器　B2—倒档制动器　B3—低速档制动器　B4—前进档制动器　F1—3档单向离合器　F2—输入单向离合器　F3—低速单向离合器

档单向离合器F1超越，它不能起到发动机制动的作用。而此时输入离合器工作，输入单向离合器F2锁止，F2和F1的锁止方向相反，F2阻止了前排太阳轮的减速趋势，起到了发动机制动的作用。

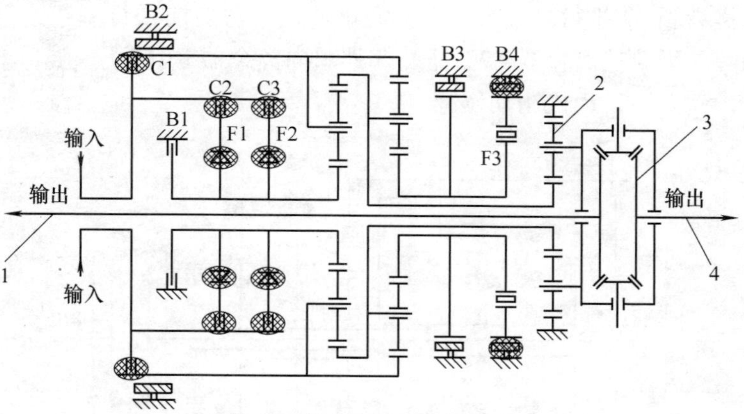


图3-140　3位3档动力传递路线

1、4—输出轴　2—主减速器　3—差速器　C1—2档离合器　C2—3档离合器　C3—输入离合器　B1—4档制动器　B2—倒档制动器　B3—低速档制动器　B4—前进档制动器　F1—3档单向离合器　F2—输入单向离合器　F3—低速单向离合器

（8）2位　变速杆在2位时，变速器只在1档和2档之间变化，不能升入3档。在2位时，1档与D1档相同，没有发动机制动，这里分析2位2档动力传递路线。

2位2档动力传递路线如图3-141所示，2位2档与D2档的不同之处就是低速档制动器B3工作，将后排太阳轮抱死双向固定。当转矩来自车轮时，对后行星排而言，后太阳轮固定，后齿圈有一个同向增速的趋势，这个转矩通过2档驱动套传递给2档离合器，而2档离合器此时接合，将转矩传给输入轴，起到了发动机制动作用。

（9）1位　变速杆位于1位时，变速器只能在1档工作，不能升档。

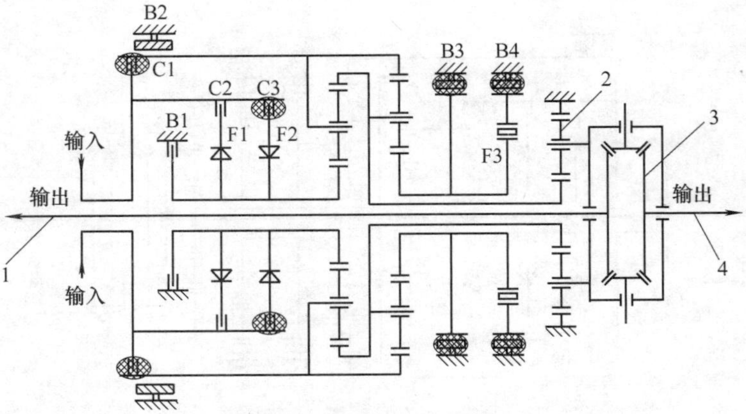


图 3-141　2 位 2 档动力传递路线

1、4—输出轴　2—主减速器　3—差速器　C1—2 档离合器　C2—3 档离合器　C3—输入离合器　B1—4 档制动器　B2—倒档制动器　B3—低速档制动器　B4—前进档制动器　F1—3 档单向离合器　F2—输入单向离合器　F3—低速单向离合器

1 位 1 档动力传递路线如图 3-142 所示，变速杆在 1 位时，输入离合器 C3 接合，驱动输入单向离合器 F2 外圈，F2 锁止，动力传至前排（输入）太阳轮。同时，3 档离合器 C2 接合，因前排太阳轮转速为输入轴转速，故 3 档单向离合器 F1 不传递动力。在 1 位时，低速档制动器 B3 工作，将后排太阳轮抱死双向固定。当转矩来自车轮时，对后行星排而言，后太阳轮固定，后排齿圈/前排行星架有一个同向增速的趋势，前排行星架给前排太阳轮有一个同向增速的趋势，因 3 档离合器 C2 接合，3 档单向离合器 F1 锁止，强迫前排太阳轮转速与输入转速相同，起到了发动机制动作用。

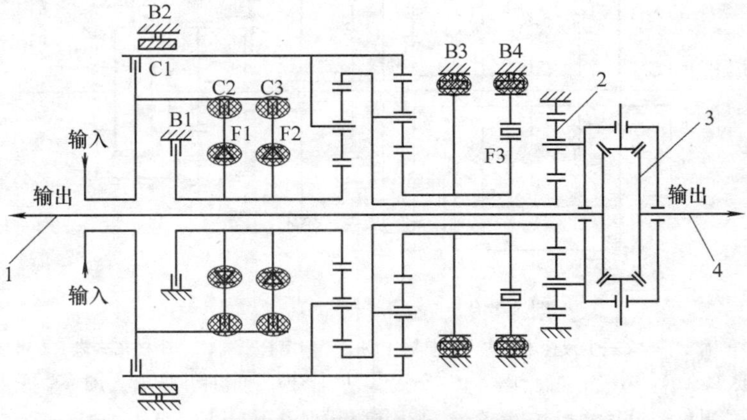


图 3-142　1 位 1 档动力传递路线

1、4—输出轴　2—主减速器　3—差速器　C1—2 档离合器　C2—3 档离合器　C3—输入离合器　B1—4 档制动器　B2—倒档制动器　B3—低速档制动器　B4—前进档制动器　F1—3 档单向离合器　F2—输入单向离合器　F3—低速单向离合器

## 3.3.3　电、液控制系统

**1. 电子控制系统**

4T65E 型自动变速器是电子、液压混合控制式自动变速器，其电子控制系统电路如图

3-143所示，电子控制元件位置图如图 3-144 所示。除动力系统控制模块（PCM）外，还包括两个换档电磁阀（1-2/3-4 换档阀和 2-3 换档阀）、锁止离合器（TCC）脉冲宽度调制（PWM）电磁阀、压力控制（PC）电磁阀、油液温度（TFT）传感器、输入轴转速传感器（ISS）和输出轴（车速）转速传感器（VSS）、油液压力手动阀位置（TFP）开关、变速杆位置开关（也称多功能开关或 P/N 开关）。

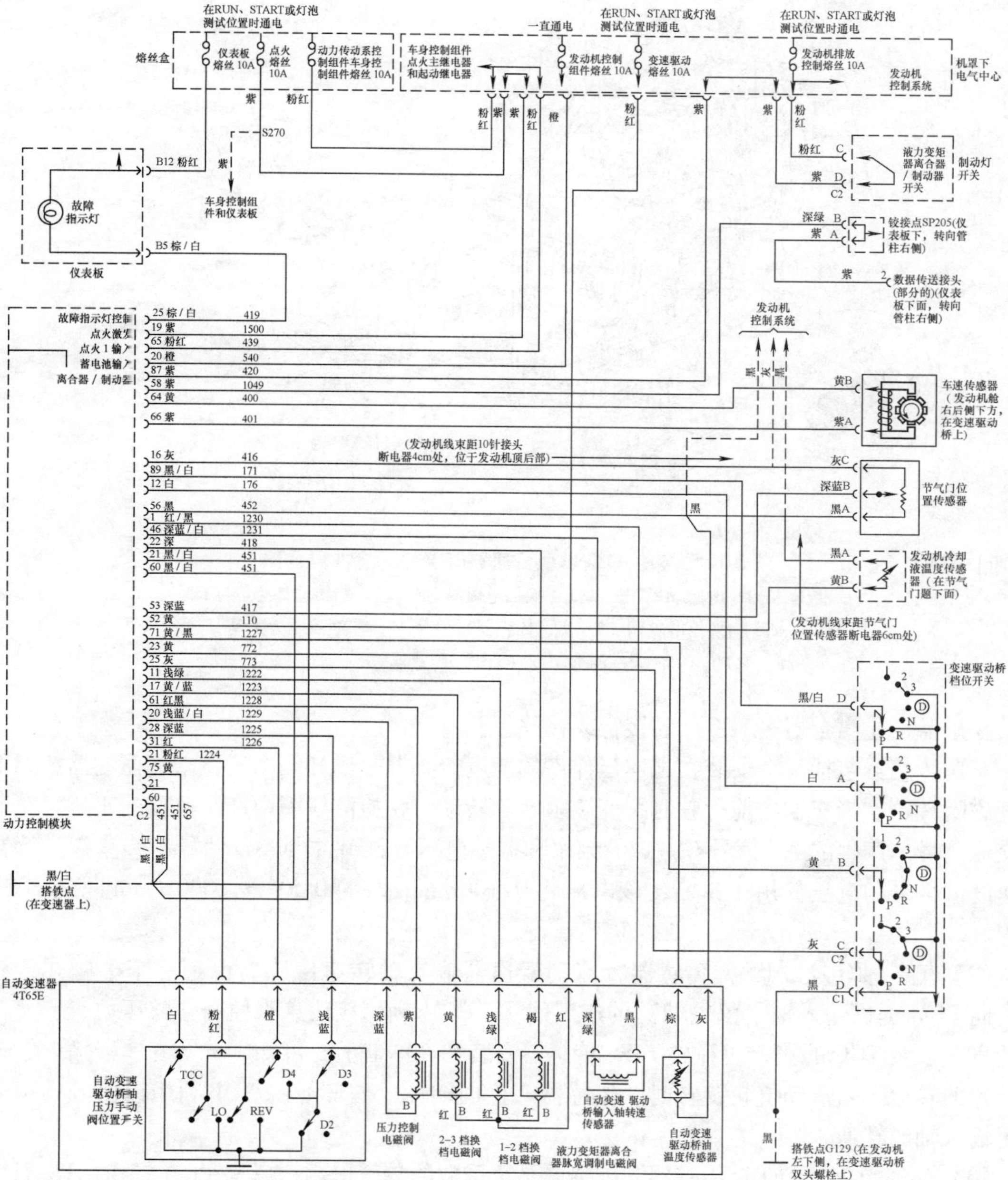


图 3-143　4T65E 自动变速器电子控制系统电路

（1）车速（VSS）传感器　车速传感器也称为输出轴转速传感器，是一个电磁感应式传感器，它向 PCM 提供车辆行驶速度的信号。PCM 利用该信息来控制换档时间、管路压力

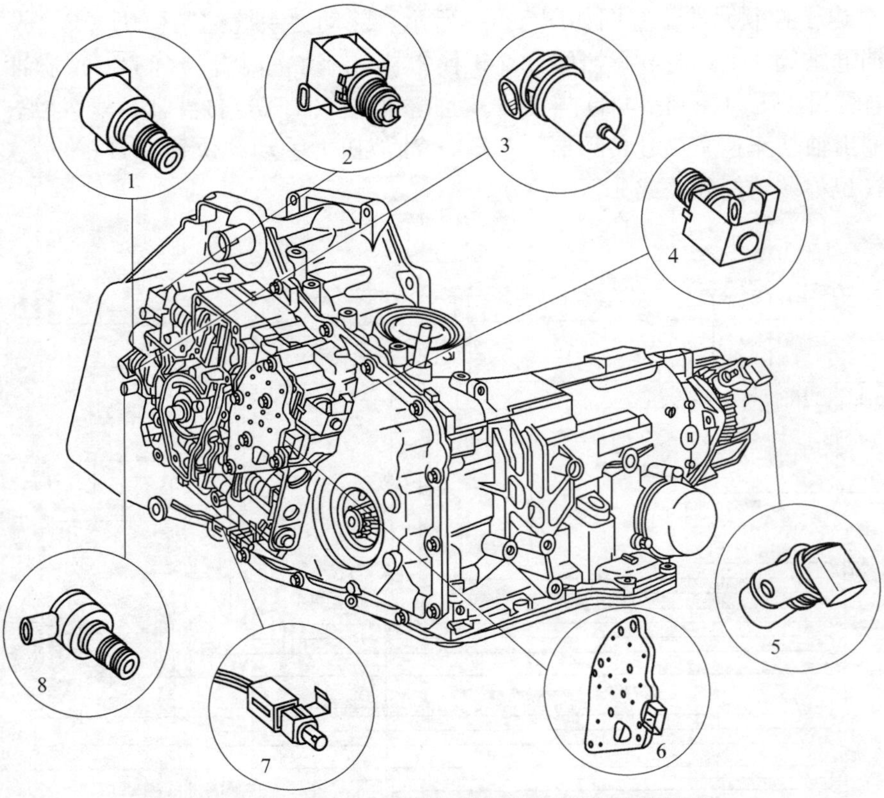


图3-144　4T65E型自动变速器电子控制元件位置图

1—油压（PC）电磁阀　2—1-2/3-4换档电磁阀　3—输入轴转速传感器（ISS）　4—2-3档换档电磁阀　5—车速传感器（VSS）　6—油液压力手动阀（TFP）开关　7—油液温度（TFT）传感器　8—锁止电磁阀

以及变矩器锁止离合器（TCC）的接合或释放。

车速传感器包括一个安装在壳体延伸件的速度传感器总成和一个装在末端驱动器托架上的变磁阻转轮。当车辆向前行驶时，变磁阻转轮转动，在检测线圈中产生可变的正比于车速的交流信号。产生的AC信号有一定的频率和振幅电压。PCM根据AC信号的频率来计算车辆速度。信号的电压仅用于诊断，该电压将从100r/min时的0.5V至6000r/min时的200V不等。

（2）输入轴转速（ISS）传感器　自动变速器输入轴转速传感器也是一个电磁式传感器，向PCM提供输入轴（涡轮轴）的速度信号。PCM利用该信息来控制管路压力、变速器换档方式以及TCC的接合或释放。ISS传感器安装在壳体盖上，可感应自动变速器输入轴传动链轮的转速。当传动链轮旋转时，传感器产生周期性电磁信号，PCM利用该信号频率来确定输入轴的转速。

（3）油液温度（TFT）传感器　传感器是负系数的热敏电阻，它向PCM提供ATF温度的信息。TFT传感器安装在阀体上，利用与ATF相接触的感温电阻进行工作。PCM提供5V参考电压给传感器电路。高油液温度或传感器电路上的接地短路都导致低信号电压。TFT传感器运行范围是－40～151℃。

（4）变矩器锁止离合器（TCC）制动器开关信号　TCC制动器开关向PCM输入起用或

释放信号。通过常闭开关给 PCM 供应蓄电池电压。踩下制动踏板时会打开 TCC 制动器开关，停止向 PCM 供应电压。当 PCM 接到 TCC 制动器开关输入的 0V 电压时，PCM 关闭变矩器锁止离合器脉冲宽度调制（TCC PWM）电磁阀。

（5）油液压力（TFP）手动阀位置开关　油液压力（TFP）手动阀位置开关装在阀体上，由六个压力开关组成。其中三个（D4、LO、REV）为常开开关，另外三个（D3、D2、TCC）为常闭开关。点火电压加到每个开关，来自手动阀的液压力使这些开关中的一个或多个接地或断开。PCM 能检测到选取了哪一个档位。

（6）1-2、3-4 换档电磁阀和 2-3 换档电磁阀　换档电磁阀是常开电磁阀。给换档电磁阀施加点火电压，接地通路由 PCM 提供，当 PCM 发出电磁阀关闭（OFF）指令时，不提供接地通路，且加到电磁阀的管路压力泄放。当 PCM 发出电磁阀开起（ON）指令时，则提供接地通路且排泄口被堵塞，停止泄放管路压力。如果 PCM 监控到齿轮的传动比在所指令的传动比极限外，就设定关于换档电磁阀的故障码。

（7）压力（PC）控制阀　压力控制器电磁阀位于阀体上。通过电流流过绕组来控制变速器的管路压力。PCM 根据节气门的位置和其他输入信号来决定需要的管路压力，然后 PCM 在压力控制电磁阀的高端改变工作循环，以控制电磁阀线圈的电流。最大管路压力的电流被控制在 0.02A，最小管路压力的电流被控制在 1.1A。PCM 动力系统控制模块可监视电磁线圈的实际电流。

（8）变矩器锁止离合器脉冲宽度调制（TCC PWM）电磁阀　PCM 是通过 TCC PWM 电磁阀来控制 TCC 的接合与分离的。TCC PWM 电磁阀安装在自动变速驱动桥的液压控制阀体上。PCM 使用 PWM，通过固定频率信号的占空比控制电磁阀搭铁电路，从而控制 TCC。

PWM 信号占空比在较小工作范围时，TCC 被分离。PWM 信号占空比在较大工作范围时，TCC 被接合。PWM 信号占空比在中间工作范围时，TCC 被部分接合，从而实现受控打滑工作方式。TCC 的滑动速度保持在 20r/min。

（9）多功能开关　4T65E 自动变速器的多功能开关将空档起动开关（P/N 开关）和倒车灯开关组合为一体，安装在变速器手动杆的外部，为 PCM 提供开关逻辑信号，控制电路如图 3-143 所示。PCM 根据逻辑开关信号来确定变速杆位置，并在仪表板上显示相应的档位。

此外，多功能开关还在倒车时接通倒车灯电路，PCM 还利用多功能开关信号控制起动机（在 P/N 以外的档位不能起动），变速杆的锁定及中控门锁系统等。

（10）动力控制模块（PCM）　动力控制模块位于发动机空气滤清器壳下部，它将发动机控制模块（ECM）和变速器控制模块（TCM）合二为一，能够对发动机和变速器进行统一控制，提高了系统的精确性和可靠性。

1）换档控制。动力控制模块根据各传感器和开关信号控制两个换档电磁阀动作，使自动变速器在最佳时刻进行换档，并控制油压电磁阀调节主油路油压，进而控制换档时间，以防止因换档时间过短造成换档冲击或因换档时间过长造成换档执行元件打滑。

2）锁止离合器控制。动力控制模块根据汽车的工作状况确定变矩器锁止离合器是否工作，通过控制锁止电磁阀的占空比，将锁止离合器的滑转控制在规定的范围内，既防止了锁止离合器接合过快而产生冲击，又能防止锁止离合器因打滑而烧蚀。

3）失效保护。当电子控制系统的某个元件或线路出现故障时，动力控制模块进入安全模式，实施失效保护。

① 油压电磁阀断路。油压电磁阀断路后使主油路油压升至最高，防止离合器或制动带打滑。

② 锁止电磁阀断路。锁止电磁阀断路后，锁止离合器不再接合。

③ 换档电磁阀断路。当两个换档电磁阀都断电时，变速器处于3档，无论变速杆处于任何前进档位，变速器均以3档起步、行驶，变速杆位于P、N、R位时仍有效。

4）故障自诊断。动力控制模块在工作过程中不停地检测各传感器和执行元件的工作状态，一旦发现故障，将相关的故障信息存储在控制模块内部的存储器中，同时通过仪表板上的故障指示灯进行警示。维修人员可用专用故障检测仪 Tech 2 通过车辆的故障诊断接口读取故障码和有关数据，分析并判断故障部位所在。

**2. 液压控制系统**

4T65E 自动变速器液压控制系统主要由油泵、蓄压器、液面温控器、控制阀板等元件组成。

（1）油泵　4T65E 型自动变速器的油泵采用可变排量的叶片泵，其结构如图 3-145 所示。叶片泵利用反馈油压来调节其排量和输出压力，而反馈油压则由动力控制模块通过油压电磁阀进行控制和调节。

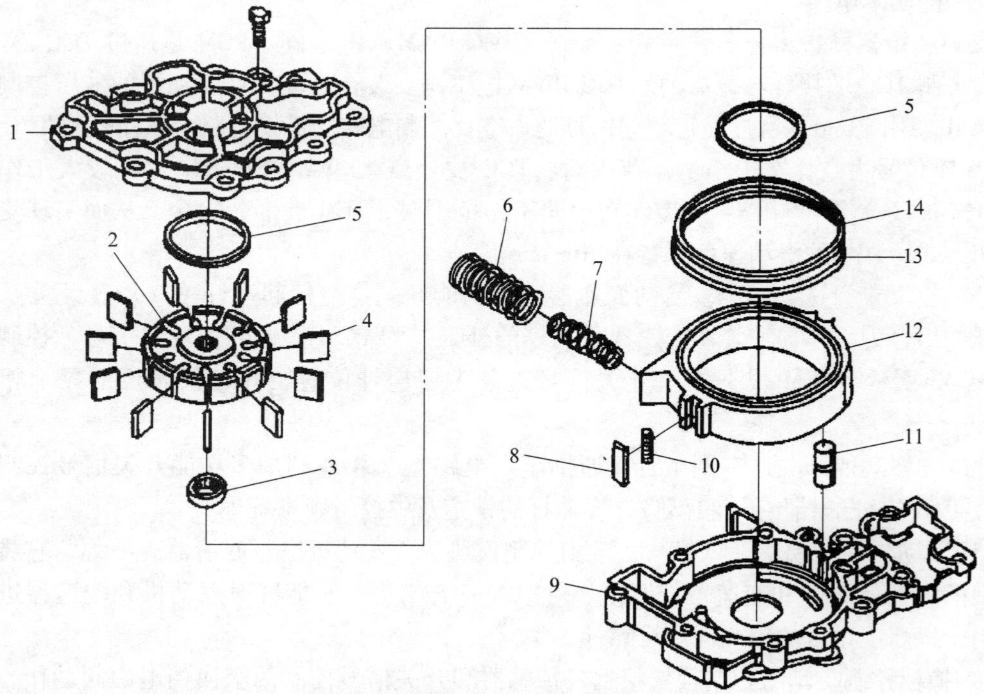


图 3-145　4T65E 型自动变速器变量叶片泵

1—泵盖　2—转子　3—轴承　4—叶片　5—叶片圈　6—外弹簧　7—内弹簧　8—密封块　9—泵体　10—密封块支承　11—销轴　12—定子　13、14—密封圈

（2）蓄压器　自动变速器设有三个蓄压器，分别控制1档升2档、2档升3档和3档升4档的换档进程。蓄压器由减振活塞、弹簧及壳体组成，与离合器或制动器油路并联安装。在工作油液进入离合器或制动器活塞腔的同时，也进入蓄压器，推动蓄能器活塞下移，减缓

油压的增长速度，防止油压快速增长造成换档冲击，使离合器和制动器平稳接合。

蓄压器油压受转矩油压（相当于节气门油压）的控制，而转矩油压由油压电磁阀 PC 调节，即蓄压器油压是由动力控制模块控制和调节的。

（3）双金属片液面温控器　4T65E 型自动变速器中装有双金属片液面温控器，以控制油底壳内油面的高度在冷态和热态时相对稳定。双金属片液面温控器装在壳体上，双金属片随着温度的变化而弯曲，低温时，对温控板施加较小的压力，允许更多油液进入油底壳；随着温度的上升，对温控板施加较大的压力，流入油底的油液减少，更多的油液保存在壳体的油槽内，使液面保持相对稳定，如图 3-146 所示。

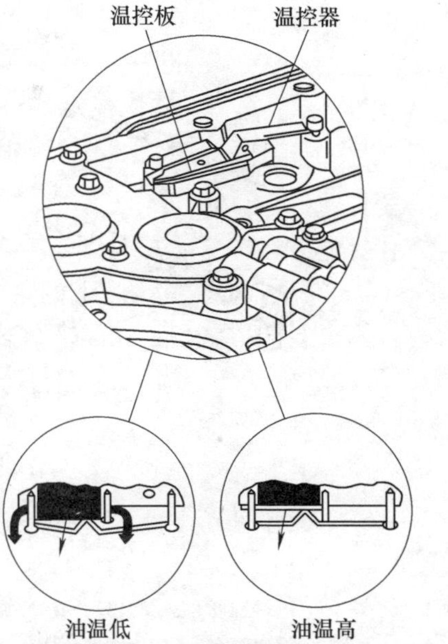


图 3-146　4T65E 型自动变速器双金属片液面温控器

（4）控制阀板　4T65E 型自动变速器的阀板总成包括油泵、阀板和壳体，各电磁阀和油压调节阀都安装在阀板上，其安装位置和结构如图3-147 ~ 图 3-150所示。

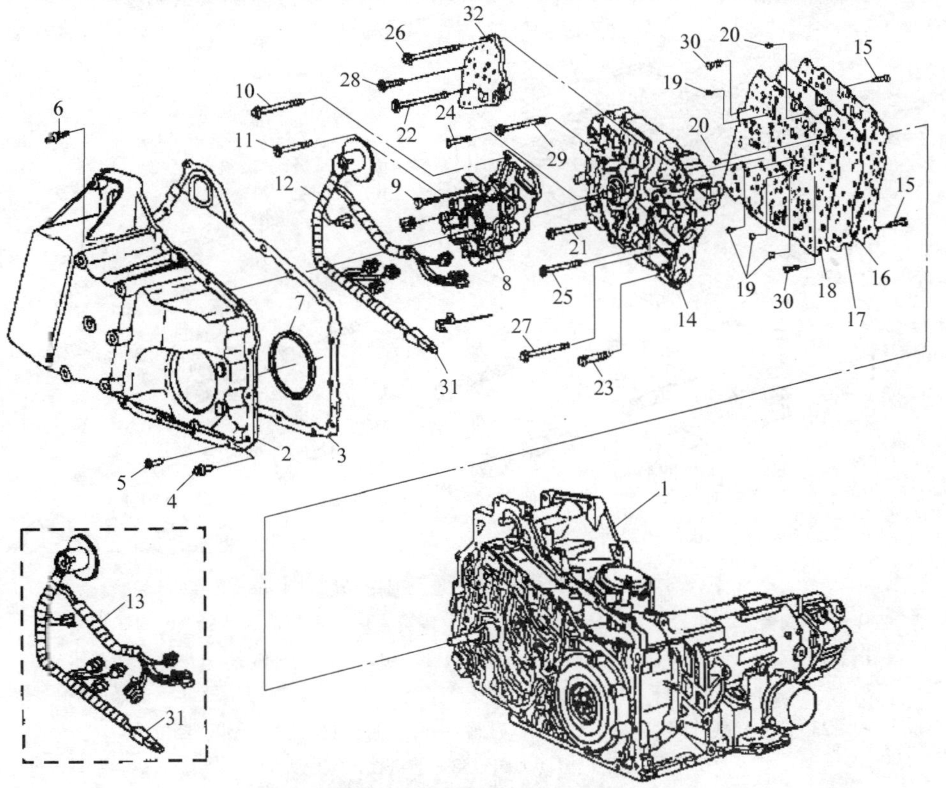


图 3-147　4T65E 型自动变速器阀板总成位置图

1—变速器壳体　2—壳体侧盖　3、16、18—衬垫　4、5、9、10、11、15、21 ~ 30—螺栓　6—双头螺柱　7—密封圈　8—油泵　12、13—线束　14—阀板　17—隔板　19—单向球阀　20—单向阀　31—油温传感器　32—液压手动阀位置开关

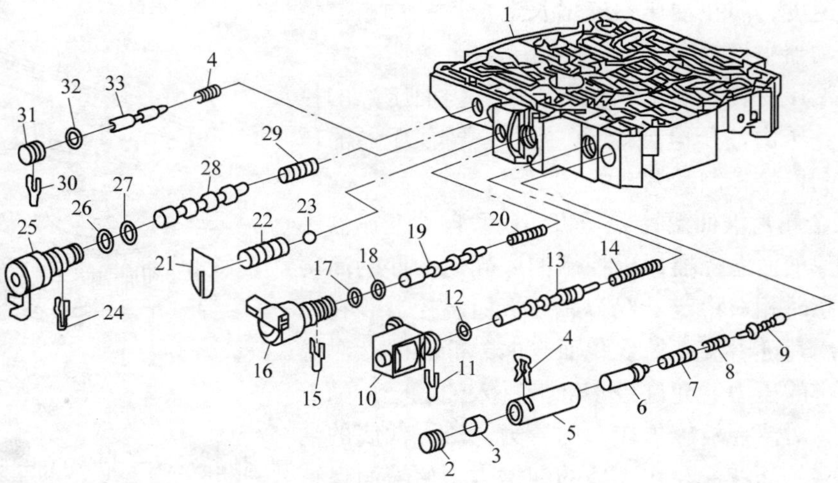


图 3-148　4T65E 型自动变速器阀板分解图（一）

1—控制阀板　2、31—孔塞　3—主油路增压阀　4、11、15、24、30—定位卡子　5—倒档控制阀套　6—倒档增压阀　7—外弹簧　8—内弹簧　9—压力调节器　10—1-2/2-3 换档电磁阀　12、17、18、26、27、32—O 形密封圈　13—1-2 档换档阀　14、20、22、29—弹簧　16—油压电磁阀　19—转矩油压调节阀　21—弹簧座　23—限压阀　25—锁止电磁阀　28—锁止控制阀　33—锁止调节阀

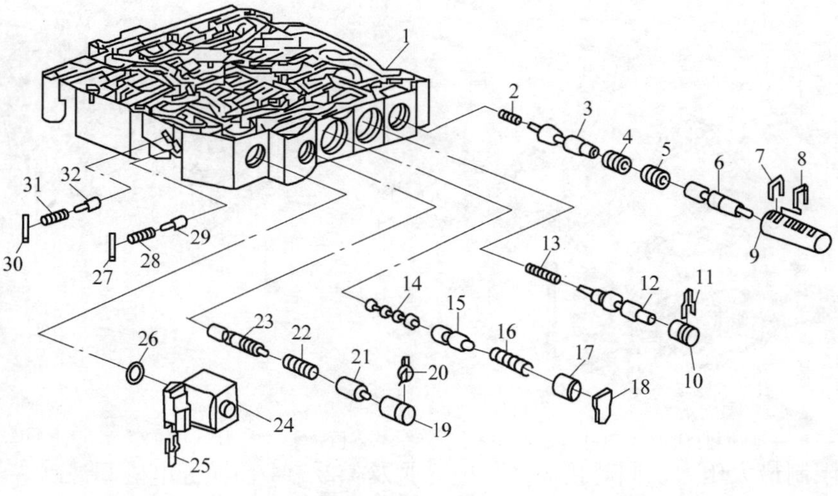


图 3-149　4T65E 型自动变速器阀板分解图（二）

1—控制阀板　2、4、5、13、16、22、28、31—弹簧　3—3-4 档蓄压器阀　6—2-3 档蓄压器阀　7、8、11、20、25—定位卡子　9—阀套　10、17、19—孔塞　12—1-2 档蓄压器阀　14—2-3 档换档阀　15—3-2 档手动低速档阀　18—壳体垫　21—4-3 手动低速档阀　23—3-4 档换档阀　24—2-3 换档电磁阀　26—O 形密封圈　27、30—档位销　29—倒档伺服助力阀　32—前进档伺服助力阀

阀板中的主要控制阀和调节阀：

1）压力调节阀。压力调节阀根据转矩油压的大小调节油泵的反馈油压，进而调节油泵的输出油压。如果压力调节阀卡滞或弹簧性能下降将导致主油路油压异常。

2）转矩油压调节阀。转矩油压调节阀受油压电磁阀（PC）控制，用来调节转矩信号油

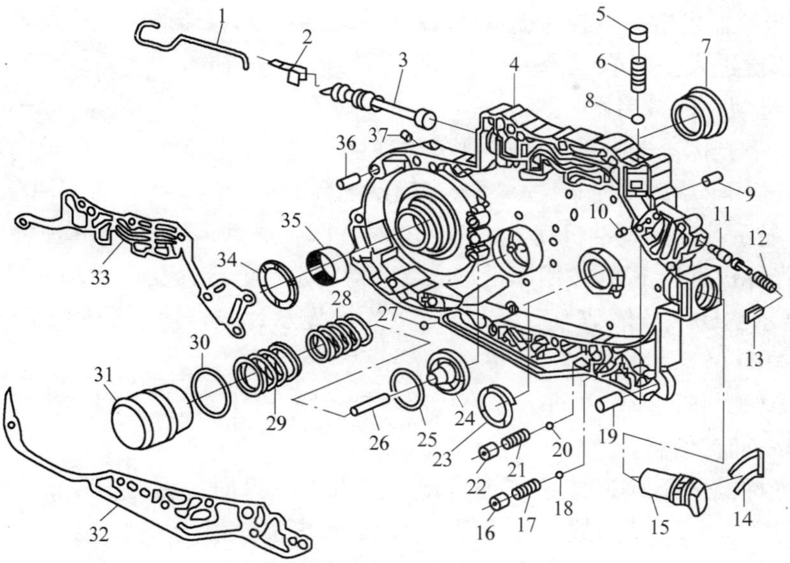


图3-150　4T65E型自动变速器阀板分解图（三）

1—手动阀连杆　2—手动阀夹子　3—手动阀　4—壳体盖　5、10、16、22、27、37—孔塞　6、12、17、21—弹簧　7—左传动轴油封　8、18、20—球阀　9、19、36—定位销　11—执行器进给极限阀　13—弹簧座　14—定位卡子　15—输入轴转速传感器　23—驱动链轮止推垫片　24—3-4蓄压器活塞　25—活塞密封圈　26—3-4蓄压器活塞销　28—3-4档蓄压器内弹簧　29—3-4档蓄压器外弹簧　30—O形密封圈　31—3-4档蓄压器活塞缸　32、33—壳体垫　34—4档轴止推垫圈　35—轴承

压。如果转矩油压调节阀卡滞将会造成主油压过高或过低。

3）倒档增压阀。来自手动阀P、R、N、1位的液压油作用到倒档增压阀上，使主油路油压升高，即变速杆位于P、R、N、1位时，由于倒档增压阀的作用，增大了主油路油压。

4）主油路增压阀。当节气门开度增大时，PCM根据节气门开度的变化，控制油压电磁阀使转矩油压增大，转矩油压作用到主油路增压阀，进而推动倒档增压阀并压缩压力调节阀弹簧，使主油路油压增大。

5）执行器进给极限阀。当主油路压力油通过极限阀进入执行器并进入油道时，极限阀控制油路并限制最大压力，同时接通油压电磁阀及1-2/3-4档换档电磁阀油路。

6）限压阀。限压阀控制系统的最高压力，当主油路油压大于1690～2480kPa时，限压阀打开卸压。

## 3.3.4　自动变速器的检修

### 1. 自动变速器电控系统的故障诊断

若4T65E型自动变速器电子控制系统出现故障，通常PCM会记忆存储故障，并发出警示（故障指示灯亮），此时应首先读取故障码，并按故障码的提示进行检修。

4T65E型自动变速器利用专用故障检测仪Tech 2来读取或清除故障码，还可读取变速器的数据流。其操作步骤如下：

1）接通电源，仪器进入自检状态，屏幕进行“SYSTEM INITIANLIZING（系统初始化)”约4s。当仪器发出一声蜂鸣提示音后，屏幕将会显示仪器的版本信息。

2）按回车键进入主菜单，屏幕显示：F0—诊断、F1—服务程序系统、F2—显示捕捉数据、F3—工具选项、F4—启用。

3）通过上下光标键选中目标，按回车键确认。选择F0功能，进入车辆规格选项，通过移动光标键选择年款。按回车键，进入车辆系统，选择合适类型，再按回车键进入系统选择菜单，屏幕显示：F0—发动机动力、F1—车身、F2—底盘、F3—诊断电路检查。

4）移动光标键选择F2，按回车键进入底盘类型选项，选择变速器，按回车键，进入以下功能屏幕显示：F0—故障码（DTC）、F1—数据显示、F2—特殊功能、F3—捕捉、F4—I/M信息、F5—ID信息。

5）选择DTC，按回车键，进入诊断代码功能：F0—DTC信息、F1—失败记录、F2—清除故障码、F3—捕捉信息。

6）移动光标键选择F0，按回车键确定，进入以下界面：F0—DTC信息、F1—查阅故障码（特殊DTC）、F2—清除故障码后记录、F3—诊断测试说明。

7）移动光标键选择F0，按回车键确定，显示故障码。通过光标键翻页，或按INFO对应键，可提供有关帮助信息。

8）返回7）中，选择F1，按回车键确定，进入故障查询界面，此时可通过故障码的输入，查询所指代的故障，并提供有关帮助信息。

9）返回到6）中，选择F2，按回车键确定，屏幕提示：真的要清除吗？（Y/N），按Y键清除，按N键取消。

10）返回到5）中，选择F2，并选择“变速器”，可读取变速器数据流。

4T65E型自动变速器故障码及故障原因见表3-39。

**表3-39　4T65E型自动变速器故障码及故障原因**

| 故障码 | 故障原因 | 故障码 | 故障原因 |
|---|---|---|---|
| P0218 | 变速器油液温度过高 | P0741 | 锁止离合器接合滞后 |
| P0502 | 车速传感器电路信号过低 | P0742 | 锁止离合分离滞后 |
| P0503 | 车速传感器间断 | P0748 | 油压电磁阀电路故障 |
| P0711 | 油温传感器电路间断/无电压 | P0751 | 1-2/3-4档换档电磁阀性能故障 |
| P0712 | 油温传感器电路信号过低 | P0753 | 1-2/3-4档换档电磁阀电路故障 |
| P0713 | 油温传感器电路信号过高 | P0756 | 2-3档换档电磁阀性能故障 |
| P0716 | 输入转速传感器电路间断 | P0758 | 2-3档换档电磁阀电路故障 |
| P0717 | 输入转速传感器电压信号过低 | P1810 | 手动液压阀位置开关电路故障 |
| P0719 | 制动器开关电路电压过低 | P0811 | 最大适配和换档滞后 |
| P0724 | 制动器开关电路电压过高 | P1860 | 锁止电磁阀故障 |
| P0730 | 不正确的传动比 | P1887 | 锁止离合器释放开关电路故障 |

**2. 4T65E型行星轮变速器的检修**

（1）4T65E型行星轮变速器的分解　4T65E型行星轮变速器按图3-151～图3-154所示的位置和顺序分解。

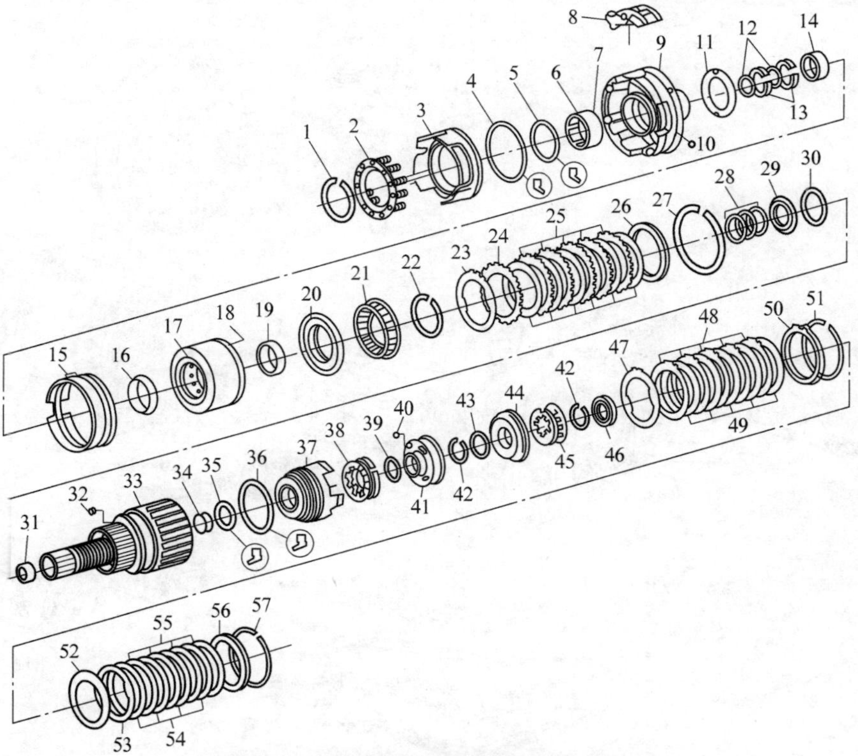

图 3-151　4T65E 型行星轮变速器分解图（一）

1～10—4 档制动器　11～14—垫圈、油环　15—倒档制动带　16～27—2 档离合器总成　28～30—垫圈、轴承　31～39—输入离合器活塞总成　40～46—3 档离合器活塞总成　47～51—3 档离合器　52～57—输入离合器片

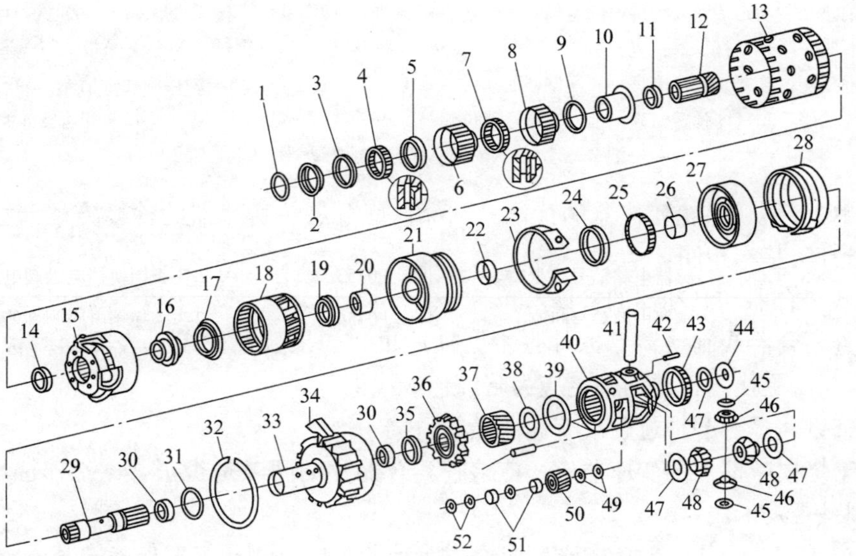

图 3-152　4T65E 型行星轮变速器分解图（二）

1～11—输入、3 档单向离合器　12—前排太阳轮　13—2 档驱动套　14～17—前排行星架/后排齿圈　18～19—后排行星架/前排齿圈　20～22—后排太阳轮　23—低速档制动带　24～27—倒档离合器内圈/前进档制动毂　28—前进档制动带　29—主减速器输入轴　30～32—垫圈、卡环　33—主减速器齿圈　34—棘爪　35～52—主减速器/差速器总成

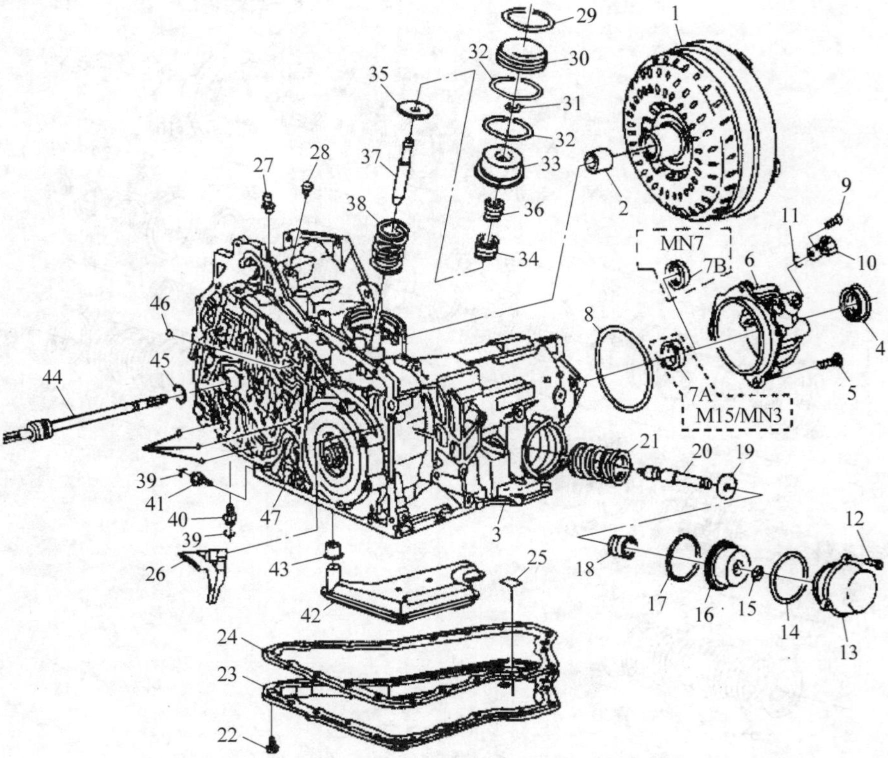


图 3-153　4T65E 型行星轮变速器分解图（三）

1—变矩器　2—变矩器轴套　3—变速器壳体　4—右驱动轴油封　5、9、12、22—螺栓　6—壳体延伸件　7A—差速器托架轴套　7B—输出轴轴承　8、14、43、45—密封圈　10—车速传感器　11—O 形圈　13—前进档制动带活塞盖　15—固定环　16—前进档制动带活塞　17、32—密封环　18—弹簧　19—弹簧座　20—活塞推杆　21—复位弹簧　23—油底壳　24—衬垫　25—磁铁　26—油隔板　27—通风孔　28—油压测试孔塞　29—卡环　30—倒档制动带活塞盖　31—固定环　33—倒档制动带活塞　34—弹簧　35—弹簧座　36—内弹簧　37—推杆　38—复位弹簧　39—卡子　40、41—接头　42—变速器油滤清器　44—油泵驱动轴　46—壳体盖单向球阀　47—壳体盖

（2）4T65E 型行星轮变速器的检修　4T65E 型行星轮变速器的检修方法与前面章节所介绍的检修方法基本相同。

1）片式离合器和制动器的检修。

① 检查离合器或制动器摩擦片是否磨损严重，如果颜色发黑或表面的摩擦材料脱落，说明已烧蚀，需更换。正常的颜色应为暗红色或浅褐色。

② 检查钢片是否磨损过度或有翘曲变形。

③ 对于烧损摩擦片的变速器，还应检查离合器片的间隙是否正常，工作油压是否过低及单向球阀是否发卡。

④ 检查活塞或壳体上的单向球阀是否发卡或脱落，并用压缩空气检查其密封性。

⑤ 分解活塞，检查活塞密封圈、复位弹簧有无损坏，弹簧自由长度是否正常，活塞组装后应用压缩空气检查活塞的密封性。

⑥ 新摩擦片应在自动变速器油中浸泡 1h 左右才能进行装配。

2）带式制动器的检修。检查制动带有无变形，制动带的摩擦材料有无烧蚀、脱落，制

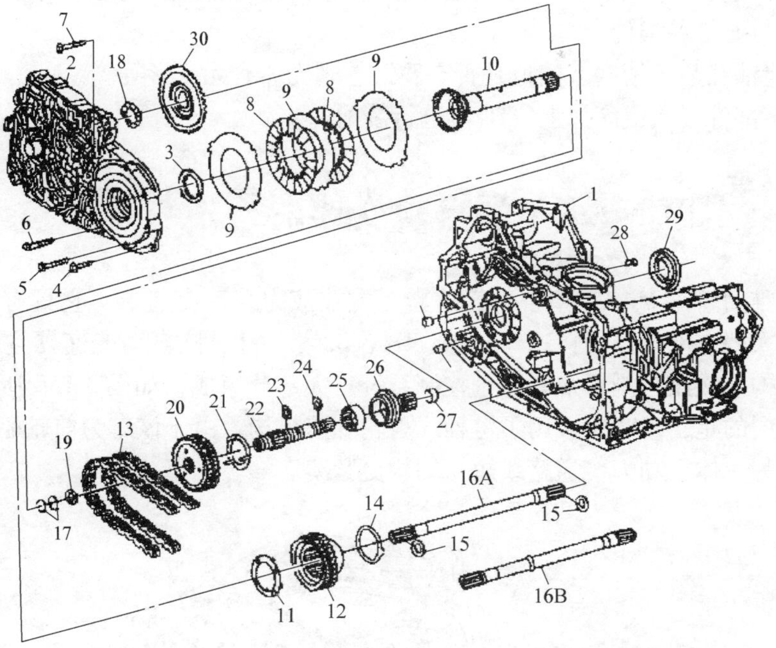


图3-154 4T65E型行星轮变速器分解图（四）

1—变速器壳体 2—阀板 3—4档轴止推垫圈 4～7、28—螺栓 8—4档制动器摩擦片 9—4档制动器钢片 10—4档轴 11、14、18、21—止推垫圈 12—从动链轮 13—驱动链条 15—卡环 16A—输出轴（标准） 16B—输出轴（重型） 17—涡轮轴密封环 19—固定环 20—驱动链轮 22—涡轮轴 23—密封环 24—O形密封圈 25—轴承 26—驱动链轮支座 27—轴套 29—变速器油封 30—齿轮

动带与制动毂的间隙是否正常，制动毂是否变形等。

3）单向离合器。检查单向离合器有无打滑、卡滞现象，尤其要注意其锁止方向，不要装反。

4）行星轮机构。检查各齿轮有无齿面剥落、轮齿损坏现象，止推垫片、垫圈、推力轴承是否损坏，行星轮是否转动自如，有无发卡或松旷现象，内部滚针轴承是否损坏，行星轮端面间隙是否正常等。

（3）4T65E型行星轮变速器的组装 按分解的逆顺序组装变速器。

**3. 4T65E型自动变速器阀板总成的检修**

4T65E型自动变速器阀板总成的分解与组装可参考图3-147～图3-150。阀板总成拆检应注意如下事项：

1）在拆卸阀板总成时需注意螺栓拧松的顺序，安装时应注意拧紧顺序和力矩。拆装不当可能会造成阀体变形、滑阀发卡等故障。

2）解体后将各个滑阀和弹簧按顺序排放。

3）将阀体、隔板放到专门的清洗液中清洗，洗净后吹干。

4）检查滑阀柱塞是否有划伤，并检查弹簧自由长度，组装时弹簧不能装错。

5）检查单向球阀是否漏装、错装，阀座是否磨损。

6）检查隔板衬垫是否损坏、滤网是否损坏或堵塞。通常阀板总成分解后，应更换衬垫、滤网和密封圈等易损件。

7）检查泄油孔是否堵塞、油道是否有腐蚀、阀壳体有无变形等。

8）将各零部件浸入或涂抹上 ATF 再进行装配。

# 3.4　本田 MAXA 型自动变速器构造与检修

广州本田雅阁轿车 MAXA 型自动变速器为电控液力自动变速器，它具有四个前进档和一个倒档，其换档有七个位置：P、N、R、D4、D3、2、1。该自动变速器主要由定轴式齿轮变速传动机构、液压控制系统和电子控制系统三大部分组成，如图 3-155 所示。与大多数自动变速器不同的是，MAXA 采用了定轴式齿轮变速机构。由于该车为前轮驱动，自动变速器与驱动桥合为一体，动力传递路线短，结构更紧凑。

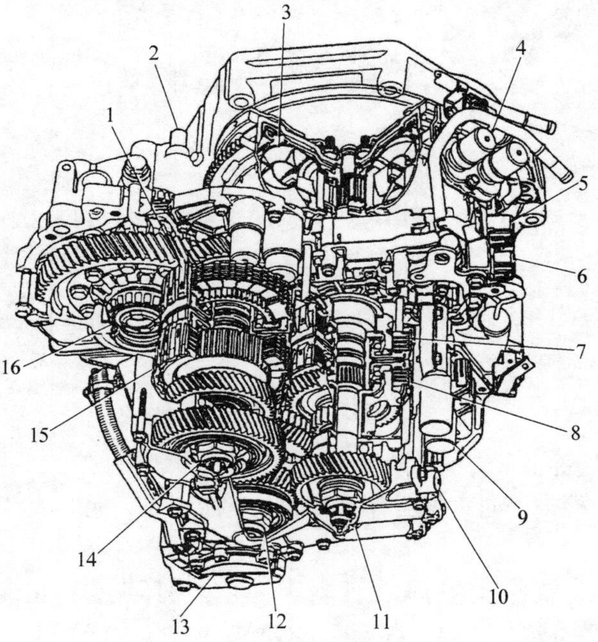


图 3-155　本田 MAXA 自动变速器

1—1 档离合器　2—2 档离合器压力开关　3—液力变矩器总成　4—锁止控制电磁阀/换档控制电磁阀 A 总成　5—换档控制电磁阀 B　6—换档控制电磁阀 C　7—3 档离合器　8—4 档离合器　9—A/T 离合器压力控制电磁阀 A/B 总成　10—主轴转速传感器　11—主轴　12—中间轴　13—A/T 档位置开关　14—副轴　15—2 档离合器　16—差速离合器

## 3.4.1　本田 MAXA 型自动变速器结构

MAXA 型自动变速器的结构如图 3-156 所示，图 3-157 所示为 MAXA 型自动变速器的齿轮变速机构。

**1. 液力变矩器、定轴式齿轮变速传动机构**

液力变矩器主要由泵轮、涡轮和导轮组成。泵轮通过螺栓与曲轴的驱动盘相连。驱动盘

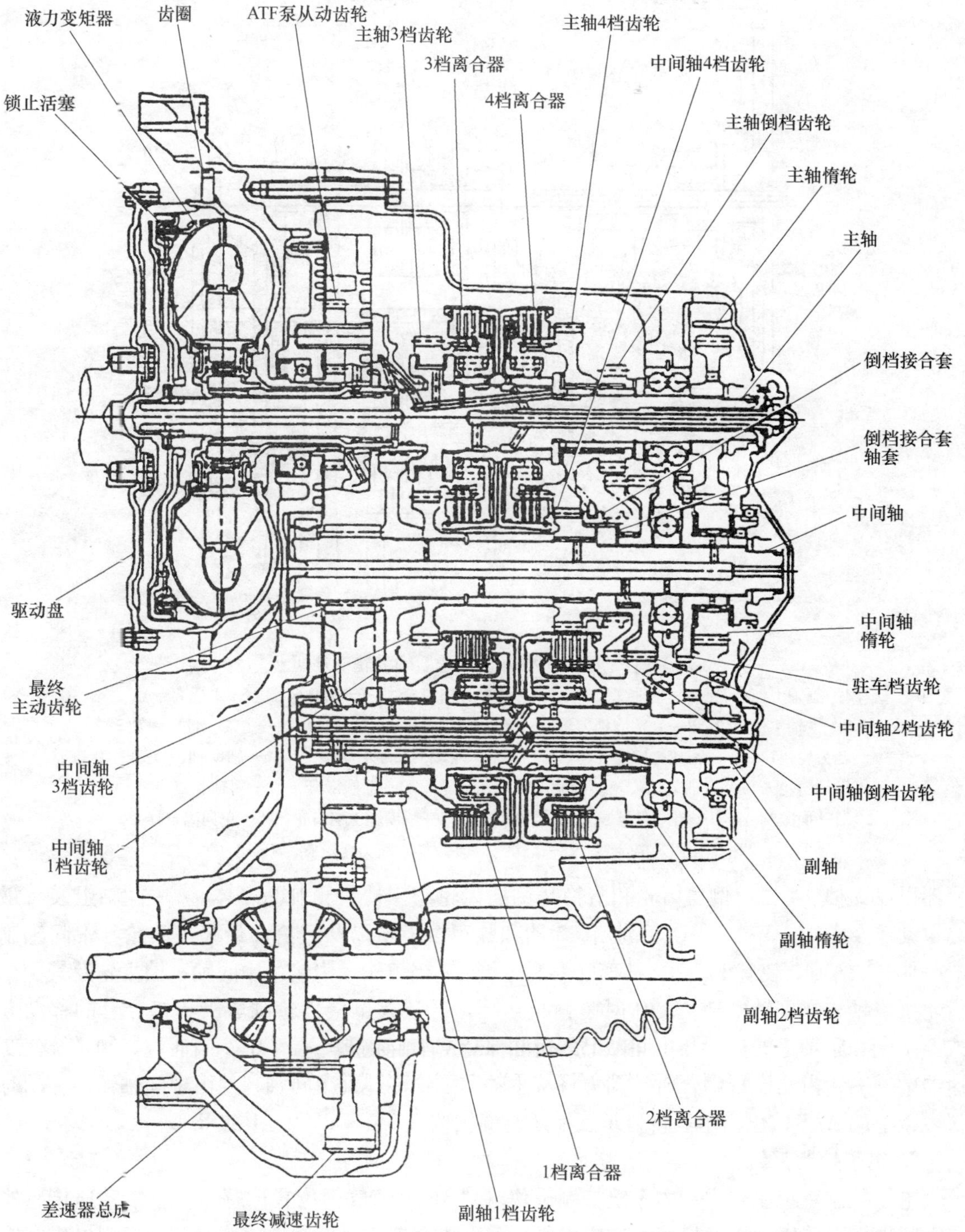


图 3-156　MAXA 型自动变速器的结构

的外缘设计有一齿圈，发动机起动时起动机的驱动齿轮将与齿圈啮合驱动发动机工作。于是液力变矩器就将动力传递给自动变速器的主轴。

定轴式齿轮变速机构主要由平行轴、各档齿轮和湿式多片离合器等组成。平行轴有三根，即主轴、中间轴和副轴。主轴与发动机曲轴主轴颈轴线同轴。主轴上装有 3 档和 4 档离

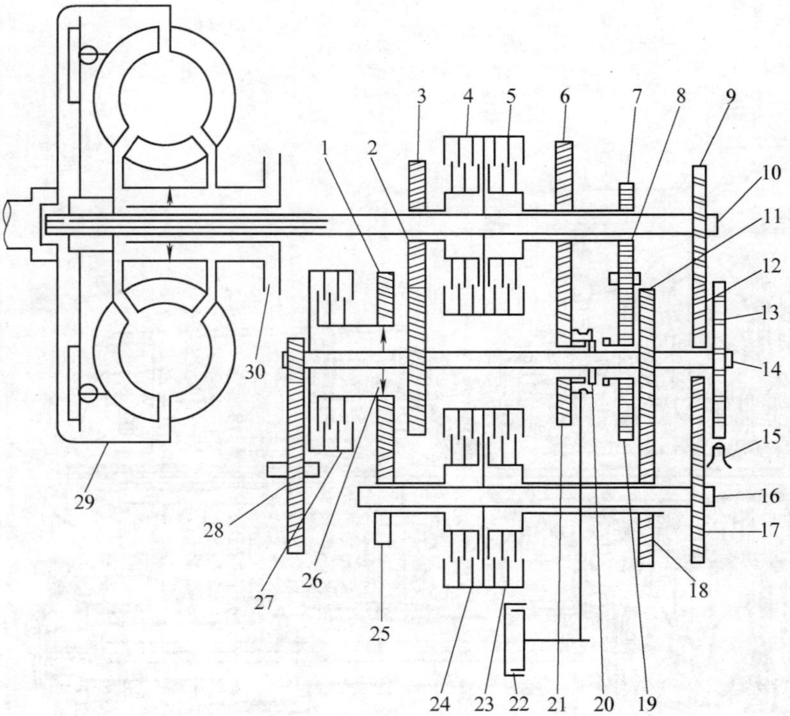


图 3-157　MAXA 型自动变速器的齿轮变速机构

1—副轴 1 档齿轮　2—副轴 3 档齿轮　3—主轴 3 档齿轮　4—3 档离合器　5—4 档离合器　6—主轴 4 档齿轮　7—主轴倒档齿轮　8—倒档惰轮　9—主轴惰轮　10—主轴　11—副轴 2 档齿轮　12—副轴惰轮　13—驻车档齿轮　14—副轴　15—驻车锁销　16—辅助轴　17—辅助轴惰轮　18—副轴 2 档齿轮　19—副轴倒档齿轮　20—倒档滑套　21—副轴 4 档齿轮　22—伺服阀　23—2 档离合器　24—1 档离合器　25—辅助轴 1 档齿轮　26—单向离合器　27—1 档固定离合器　28—最终主动轮　29—液力变矩器　30—油泵

合器以及 3 档、4 档、倒档齿轮和惰轮（倒档齿轮与 4 档齿轮制为一体）。中间轴上装有最终主动轮及 1 档、3 档、4 档、倒档、2 档和驻车档齿轮以及惰轮（最终主动轮与中间轴制成一体）。副轴上装有 1 档、2 档离合器和 1 档、2 档齿轮及惰轮。中间轴 4 档齿轮及其倒档齿轮可以锁止在副轴中部，工作时是锁止 4 档齿轮还是倒档齿轮则取决于接合套的移动方式。主轴和副轴上的齿轮与中间轴上的齿轮保持常啮合状态。行车中，当通过控制系统使变速器中某一组齿轮实现啮合时，动力将从主轴和副轴传递到中间轴，并由中间轴输出，同时仪表板上的 A/T 档位指示灯将显示正在运行的档位（D4、D3、2、1 或 R ）。

**2. 电子控制系统**

电子控制系统主要由动力系统控制模块（PCM）、节气门位置传感器、主轴转速传感器与中间轴转速传感器以及换档控制电磁阀、A/T 离合器压力控制电磁阀和锁止控制电磁阀等组成。换档和锁止由电子控制，以保证在各种条件下的顺畅行驶。PCM 位于仪表板下面、中央控制台后的前下部板底下。电子控制系统可通过液压控制系统对自动变速器实行换档控制、锁止控制和坡度逻辑控制。

**3. 液压控制系统**

液压控制系统主要由自动变速器油（ATF）油泵和各种滑阀等组成。ATF 油泵为内齿轮式，由液力变矩器一端的齿槽驱动。滑阀主要包括主阀体、调节器阀体、伺服器体和蓄压器体等。主阀体包括手动阀、调制阀、换档阀 C、换档阀 D、换档阀 E、伺服控制阀、液力变矩器单向阀、倒档 CPC 阀、锁止换档阀、锁止控制阀、冷却器单向阀和 ATF 油泵齿轮等。调节器阀体包括调节器阀、锁止正时阀和减压阀等。伺服器体包括伺服阀、换档阀 A、换档阀 B、CPC 阀 A 和 B、3 档和 4 档蓄压器等。蓄压器体包括 1 档和 2 档蓄压器以及润滑单向阀等。各控制阀的液压油由调节器阀体调压后，经由手动阀进入阀体。1 档、3 档和 4 档离合器分别由对应的供油管路提供液压油，2 档离合器则由变速器内部特定的液压回路提供液压油。

**4. 液压执行机构——离合器**

自动变速器是通过液力使离合器接合与分离来实现变速器齿轮的啮合与脱离，从而达到变换档位的目的。离合器主要由多片离合器片、多片离合器盘、离合器活塞以及离合器毂等组成。离合器盘与离合器毂在周向固连，而在轴向可做相对移动。当压力油引入离合器毂时，离合器活塞移动，离合器片与离合器盘压紧实现离合器的接合。动力便通过离合器毂传递给与轴套相接的齿轮上。同理，当液压油从离合器活塞中泄出时，活塞将松开离合器片与离合器盘的接合。分离了的离合器片与离合器盘将独立运动而不传递动力。

（1）1 档离合器　1 档离合器可使 1 档齿轮实现啮合或脱离。1 档离合器位于副轴中部，它与 2 档离合器背向相接。1 档离合器由副轴内的 ATF 供油管提供液压油。

（2）2 档离合器　2 档离合器可使 2 档齿轮实现啮合或脱离。2 档离合器位于副轴中部，它与 1 档离合器背向相接。2 档离合器由来自副轴与液压回路相连的回路提供液压油。

（3）3 档离合器　3 档离合器可使 3 档齿轮实现啮合或脱离。3 档离合器位于主轴中部，它与 4 档离合器背向相接。3 档离合器由主轴内的 ATF 供油管提供液压油。

（4）4 档离合器　4 档离合器可使 4 档齿轮实现啮合或脱离。4 档离合器与倒档齿轮一起位于主轴中部，4 档离合器与 3 档离合器背向相接。4 档离合器由主轴内的 ATF 供油管提供液压油。

**5. 换档控制机构**

当接收到位于车辆各个部位的传感器输入的信号时，PCM 控制换档控制电磁阀 A、B 和 C，以及 A/T 离合器压力控制电磁阀 A 和 B、换档控制电磁阀等来变换换档阀通向离合器液压油入口的位置。A/T 离合器压力控制电磁阀 A 和 B 控制 CPC 阀 A 和 B，使其在低速档和高速档之间进行平稳的变换。这样使通向某一离合器的油压增加，使离合器与相关齿轮相啮合。

**6. 锁止机构**

在 3 档和 4 档离合器的 D4 位置，以及在 3 档离合器的 D3 位置，增加的液压油由液力变矩器的后部通向液压油通路，使锁止活塞在液力变矩器盖上锁止。此时主轴与发动机曲轴同速，与液压控制同步，PCM 为锁止机构进行最佳定时。当锁止控制电磁阀动作时，调制器通过压力变换使锁止开关打开或者关闭。锁止控制阀和锁止正时阀依据 A/T 离合器压力控制电磁阀 A 和 B 控制锁止的范围。锁止控制阀安装在液力变矩器的壳体上，A/T 离合器液压控制电磁阀 A 和 B 安装在变速器箱体上，它们均由 PCM 控制。

**7. A/T 档位指示灯**

在仪表板上设有 A/T 档位指示灯，通过该指示灯即可了解变速器正在运行的档位。

## 3.4.2　动力传递路线分析

MAXA 型自动变速器各档位执行元件工作情况见表 3-40。

表 3-40 MAXA 型自动变速器各档位执行元件工作情况

| 档位 | | 液力变矩器 | 1 档齿轮<br>1 档离合器 | 2 档齿轮<br>2 档离合器 | 3 档齿轮<br>3 档离合器 | 4 档 | | 倒档齿轮 | 驻车档齿轮 |
|---|---|---|---|---|---|---|---|---|---|
| | | | | | | 齿轮 | 离合器 | | |
| P | | ● | | | | | | | ● |
| R | | ● | | | | | ● | ● | |
| N | | ● | | | | | | | |
| D4 | 1 档 | ● | ● | | | | | | |
| | 2 档 | ● | | ● | | | | | |
| | 3 档 | ● | | | ● | | | | |
| | 4 档 | ● | | | | ● | ● | | |
| D3 | 1 档 | ● | ● | | | | | | |
| | 2 档 | ● | | ● | | | | | |
| | 3 档 | ● | | | ● | | | | |
| 2 | | ● | | ● | | | | | |
| 1 | | ● | ● | | | | | | |

注：●表示元件工作。

**1. D4 或 D3 位置时的 1 档或 1 位置的动力传递路线**

在 D4 或 D3 位置，根据情况，如节气门开度（发动机负荷）和行车速度之间的平衡，从 1 档、2 档、3 档和 4 档齿轮自动选择适当的档位齿轮。D4 或 D3 位置时的 1 档和 1 位置的动力传递路线如图 3-158 箭头所示。

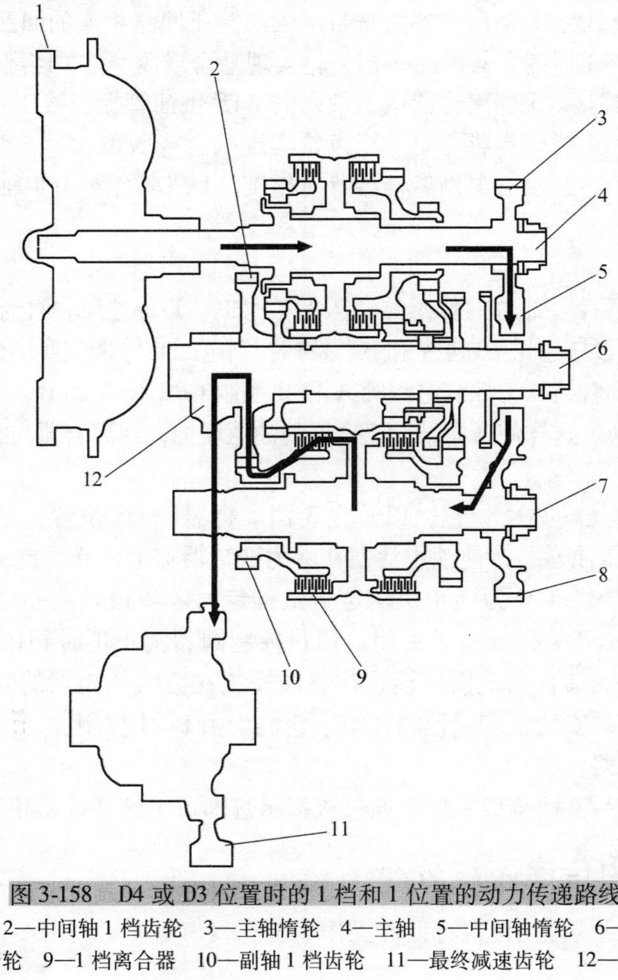


图 3-158 D4 或 D3 位置时的 1 档和 1 位置的动力传递路线

1—液力变矩器 2—中间轴 1 档齿轮 3—主轴惰轮 4—主轴 5—中间轴惰轮 6—中间轴 7—副轴 8—副轴惰轮 9—1 档离合器 10—副轴 1 档齿轮 11—最终减速齿轮 12—最终主动轮

1）动力由液力变矩器传入主轴和与主轴固连的主轴惰轮，并通过中间轴惰轮和副轴惰轮使副轴转动，此时由于中间轴惰轮空套在中间轴上，所以中间轴不旋转。

2）1 档离合器将受液压油控制而接合，使副轴 1 档齿轮与副轴固连而旋转。

3）旋转的副轴 1 档齿轮便驱动中间轴 1 档齿轮并驱动中间轴旋转。

4）旋转的中间轴通过与其制成一体的最终主动轮，将动力传递给差速器的最终减速齿轮并将动力输出，从而实现 1 档的动力传递过程。

**2. D4 或 D3 位置时的 2 档或 2 位置的动力传递路线**

D4 或 D3 位置时的 2 档或 2 位置的动力传递路线如图 3-159 箭头所示。

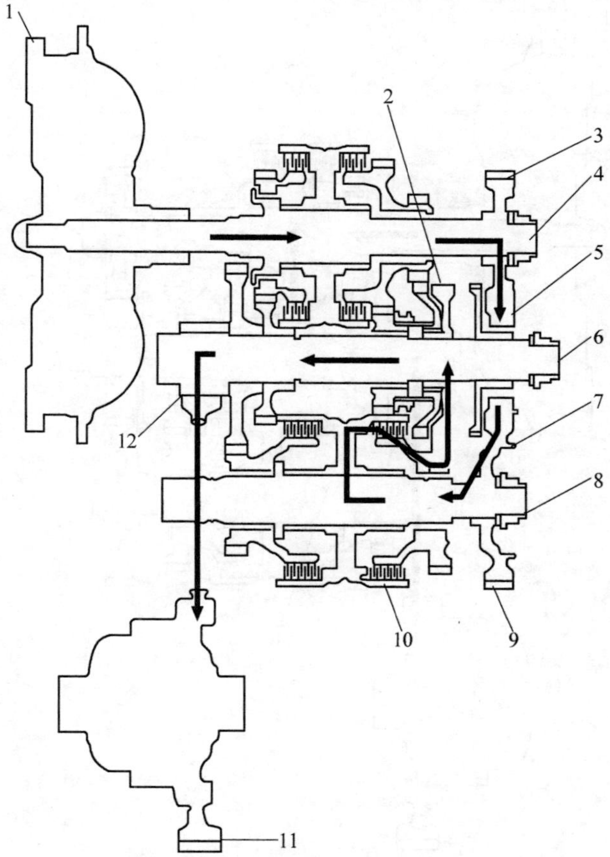


图 3-159　D4 或 D3 位置时的 2 档或 2 位置的动力传递路线

1—液力变矩器　2—中间轴 2 档齿轮　3—主轴惰轮　4—主轴　5—中间轴惰轮　6—中间轴　7—副轴惰轮　8—副轴　9—副轴 2 档齿轮　10—2 档离合器　11—最终减速齿轮　12—最终主动轮

1）动力由液力变矩器传入主轴、主轴惰轮、中间轴惰轮、副轴惰轮而使副轴旋转（但中间轴不转动）。

2）2 档离合器将受液压油控制而接合，使副轴 2 档齿轮与副轴固连而旋转。

3）旋转的副轴 2 档齿轮便驱动中间轴 2 档齿轮并驱动中间轴旋转。

4）旋转的中间轴通过与其制成一体的最终主动轮，将动力传递给差速器的最终减速齿轮，然后将动力输出，从而实现 2 档的动力传递过程。

**3. D4 或 D3 位置时的 3 档的动力传递路线**

D4 或 D3 位置时的 3 档的动力传递路线如图 3-160 中箭头所示。

1）动力由液力变矩器传入主轴。

2）3 档离合器将受液压油控制而接合，使主轴 3 档齿轮与主轴固连而旋转。

3）旋转的主轴 3 档齿轮便驱动中间轴 3 档齿轮并驱动中间轴旋转。

4）旋转的中间轴通过与其制成一体的最终主动轮，将动力传递给差速器的最终减速齿轮，然后将动力输出，从而实现 3 档的动力传递过程。

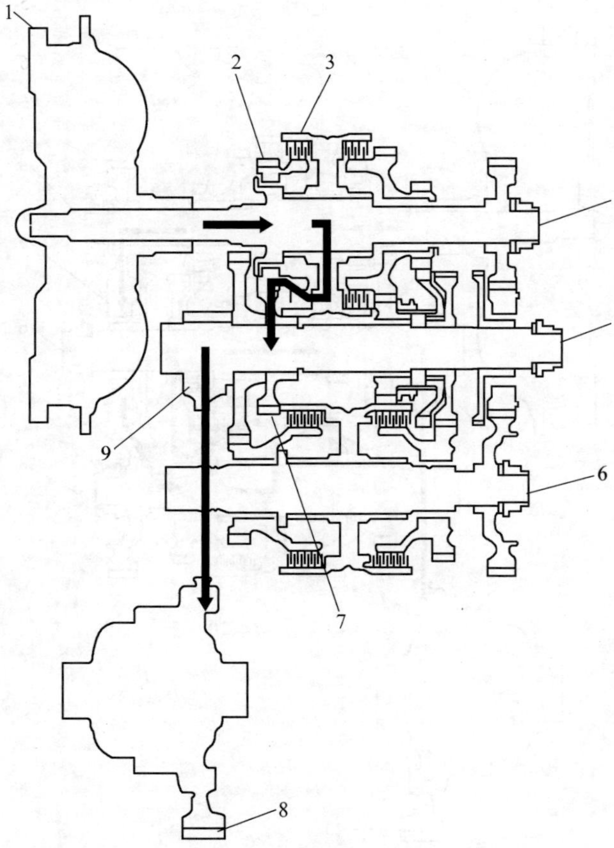


图 3-160　D4 或 D3 位置时的 3 档的动力传递路线

1—液力变矩器　2—主轴 3 档齿轮　3—3 档离合器　4—主轴　5—中间轴　6—副轴　7—中间轴 3 档齿轮　8—最终减速齿轮　9—最终主动轮

**4. D4 位置时的 4 档的动力传递路线**

D4 位置时的 4 档动力传递路线如图 3-161 箭头所示。

1）动力由液力变矩器传入主轴。

2）伺服阀将受液压油作用，使中间轴 4 档齿轮通过倒档接合套及其轴套与中间轴相固连，同时 4 档离合器也将受液压油作用，使主轴 4 档齿轮与主轴固连并随主轴而旋转。这样，动力便由液力变矩器传入主轴、4 档离合器、主轴 4 档齿轮、中间轴 4 档齿轮、倒档接合套、倒档接合套轴套而传递给中间轴，并使中间轴旋转。

3）旋转的中间轴通过与其制成一体的最终主动轮，将动力传递给差速器的最终减速齿轮，然后将动力输出，从而实现 4 档的动力传递过程。

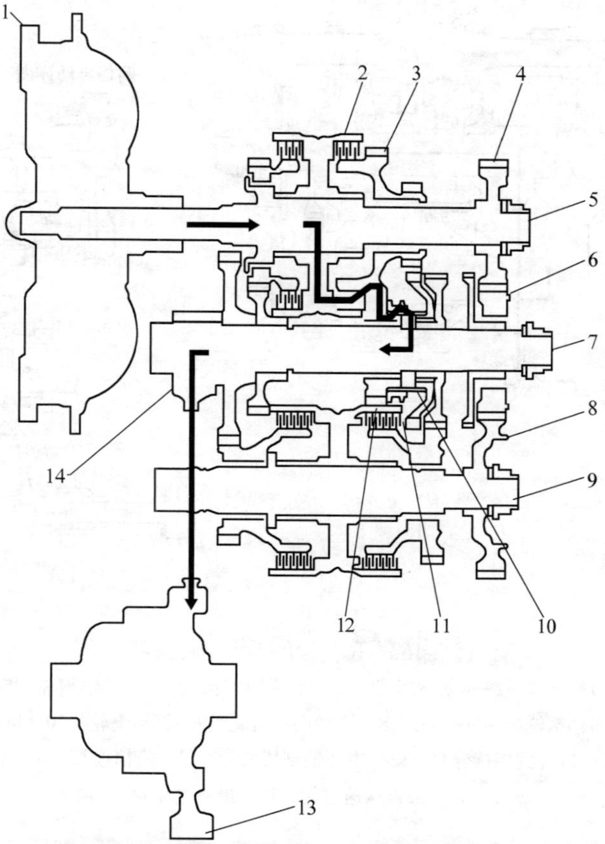


图 3-161　D4 位置时的 4 档的动力传递路线

1—液力变矩器　2—4 档离合器　3—主轴 4 档齿轮　4—主轴惰轮　5—主轴　6—中间轴惰轮　7—中间轴　8—副轴惰轮　9—副轴　10—倒档接合套轴套　11—倒档接合套　12—中间轴 4 档齿轮　13—最终减速齿轮　14—最终主动轮

### 5. R 位置的动力传递路线

R 位置的动力传递路线如图 3-162 箭头所示。

1）动力由液力变矩器传入主轴。

2）伺服阀将受液压油作用，使中间轴倒档齿轮通过倒档接合套及其轴套与中间轴相固连（见移出的图 3-162 右图所示的倒档齿轮动力传递详解图），同时 4 档离合器也将受液压油作用，使主轴倒档齿轮与主轴固连并随主轴的旋转而旋转。

3）旋转的主轴倒档齿轮将通过惰轮驱动中间轴倒档齿轮（见移出的图 3-162 右图所示的倒档齿轮动力传递详解图），于是，动力便由主轴倒档齿轮传入倒档惰轮、倒档接合套和倒档接合套轴套进而传递给中间轴。此时，由于倒档惰轮参与工作，因而最终主动轮和最终减速齿轮实现了倒档的动力传递过程。

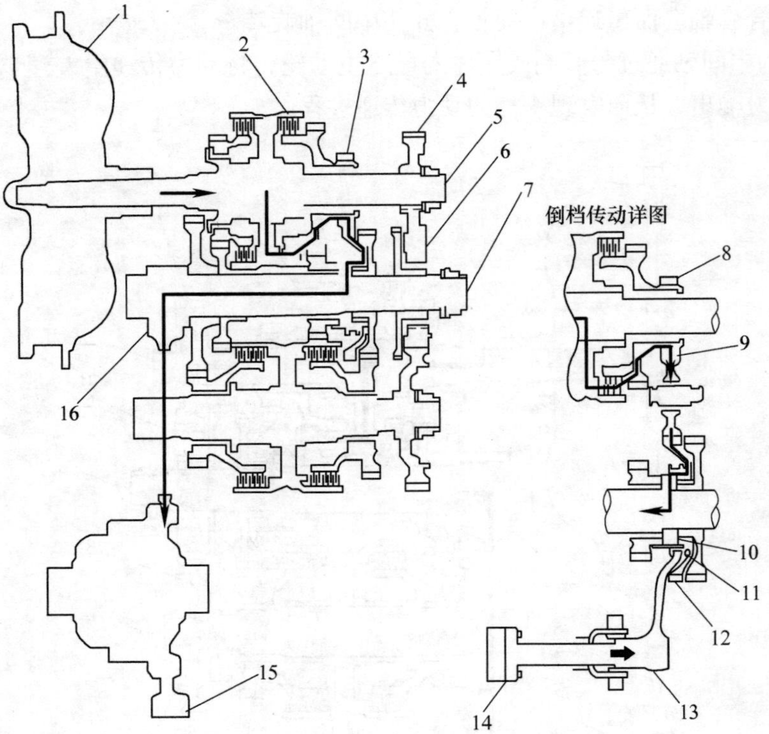


图3-162　R位置的动力传递路线

1—液力变矩器　2—4档离合器　3—主轴倒档齿轮　4—主轴惰轮　5—主轴　6—中间轴惰轮　7—中间轴　8—主轴倒档齿轮　9—倒档惰轮　10—倒档接合套轴套　11—倒档接合套　12—中间轴倒档齿轮　13—换档拨叉　14—伺服阀　15—最终减速齿轮　16—最终主动轮

## 3.4.3　电、液控制系统

### 1. 电子控制系统

如图3-163所示，广州本田雅阁轿车MAXA型自动变速器的电子控制系统主要由动力系统控制模块（PCM）、传感器和电磁阀（共六个）等组成。电子控制系统根据各传感器的输入信号通过电磁阀对变速器实现换档和锁止控制，因而大大地改善了自动变速器的使用性能。该自动变速器在车辆行驶过程中，根据需要具有换档控制、锁止控制和坡度逻辑控制的功能。

（1）换档控制　换档控制是由PCM控制的A/T离合器液压控制电磁阀，依据发动机的转矩而进行的。行车中，当PCM接收到各传感器的输入信号需要实施换档时，PCM将控制换档电磁阀A、B、C以及A/T离合器控制电磁阀A、B。前三者将变换换档阀的位置确定所选择的档位，后两者则调节其自身的压力，并视情况给某一离合器的油路增压，以使相关齿轮组工作，从而实现变速器低、高速档间的准确而平顺的变换。另外，当变速杆在D4或D3位置，而车辆处于坡道上时，PCM中的坡度逻辑控制系统还将控制车辆在上、下坡或减速时进行准确而平顺的换档。

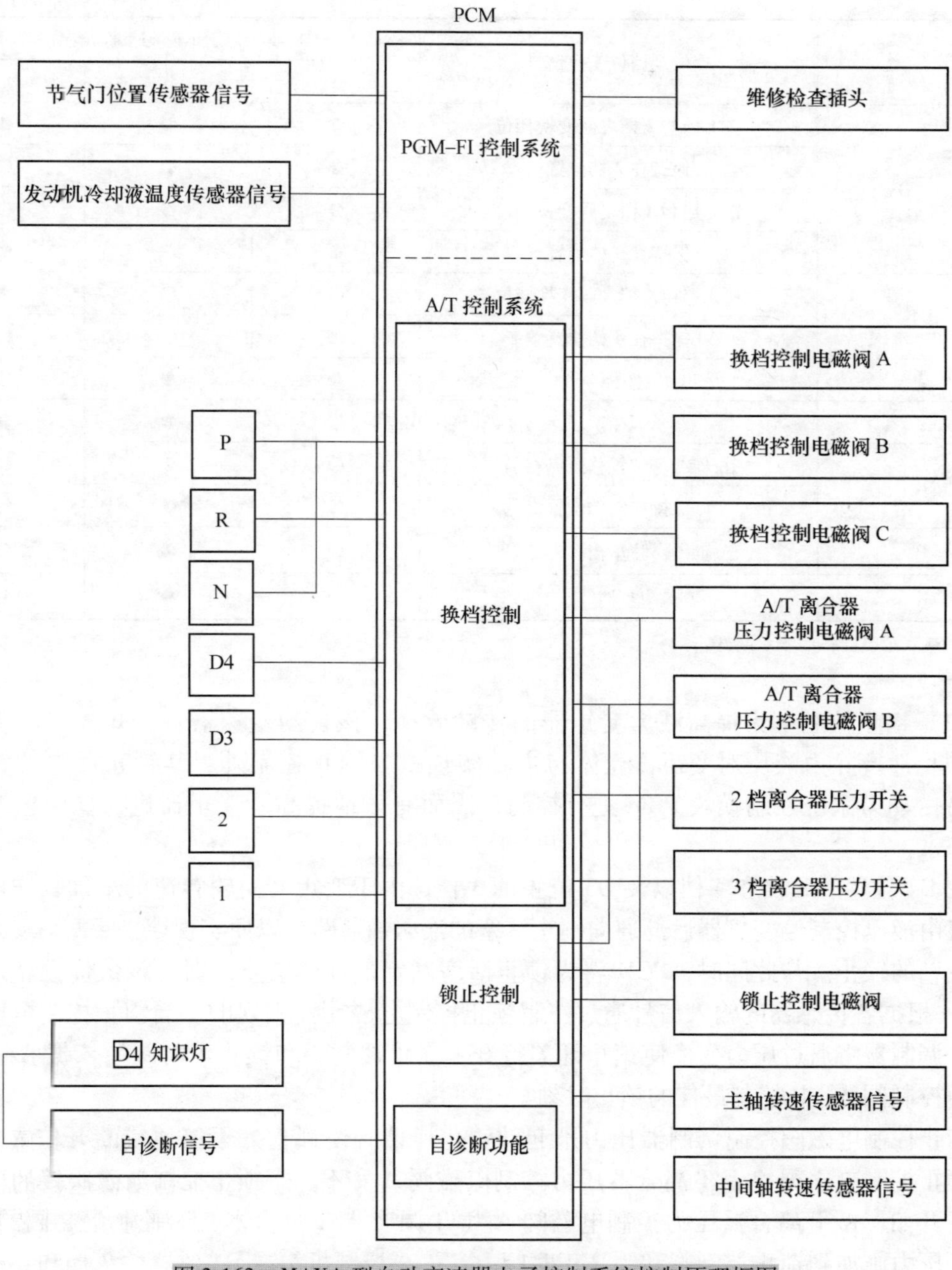


图 3-163　MAXA 型自动变速器电子控制系统控制原理框图

各档位及档位变换时换档控制电磁阀的工作情况见表 3-41。

**表 3-41　各档位及档位变换时换档控制电磁阀的工作情况**

| 档　位 | 档位及档位变换信号 | 换档控制电磁阀工作情况 | | |
|---|---|---|---|---|
| | | A | B | C |
| D4、D3 | 由 N 位置换至 D4 或 D3 位置 | ● | ● | ● |
| | 保持在 1 档位置 | ○ | ● | ● |

（续）

| 档　位 | 档位及档位变换信号 | 换档控制电磁阀工作情况 | | |
|---|---|---|---|---|
| | | A | B | C |
| D4、D3 | 在1档与2档之间变换档位 | ● | ● | ● |
| | 保持在2档位置 | ● | ● | ○ |
| | 在2档和3档之间变换档位 | ● | ○ | ○ |
| | 保持在3档位置 | ● | ○ | ● |
| D4 | 在3档与4档之间变换档位 | ○ | ○ | ● |
| | 保持在4档位置 | ○ | ○ | ○ |
| 2 | 2档 | ● | ● | ○ |
| 1 | 1档 | ○ | ● | ● |
| R | 由P或N位置移至R位置 | ○ | ● | ● |
| | 保持在倒档位置 | ○ | ● | ○ |
| P | 驻车档 | ○ | ● | ○ |
| N | 空档 | ○ | ● | ○ |

注：●表示接通；○表示断开。

（2）锁止控制　为提高液力变矩器的传动效率，该自动变速器在变矩器进入偶合区时，锁止活塞除由液压对变矩器壳体与主轴实现机械锁止控制外，其锁止活塞的锁止时刻还将由动力系统控制模块PCM进行控制，因而有效地提高了变矩器进入偶合区时的传动效率。

在D4位置的3档和4档以及D3位置的3档，由于变矩器涡轮转速的增加，增压的液压油将由液压控制经变矩器后部通向锁止活塞的液压油通路，以便实现锁止活塞对变矩器壳体与主轴的锁止。与此同时，PCM将为锁止活塞确定最佳的锁止定时。该最佳锁止定时是由PCM根据各传感器的输入信号通过控制锁止控制电磁阀而实现的。当锁止控制电磁阀接通时，调制器将通过压力变换使锁止开关打开，锁止控制阀和锁止正时阀便依据A/T离合器压力控制阀A、B控制最佳的锁止时刻。

锁止控制电磁阀控制调制器压力来起动锁止换档阀使锁止处于接通或断开位置。PCM控制锁止控制电磁阀和A/T离合器压力控制电磁阀A和B。当锁止控制电磁阀接通时，锁止状态开始。A/T离合器压力控制电磁阀A和B调节A/T离合器压力控制电磁阀的压力，并将此压力施加到锁止控制阀和锁止正时阀上。锁止控制机构在D4位置的3档和4档以及D3位置的3档发挥作用。

（3）MAXA型自动变速器电子控制元件的位置　MAXA型自动变速器电子控制系统的核心元件——动力系统控制模块PCM，位于仪表板中央控制台后方的前下部板下，其他工作元件在车上的位置如图3-164所示。

（4）MAXA型自动变速器电子控制系统控制电路　MAXA型自动变速器电子控制系统控制电路如图3-165所示。

**2. 液压控制系统**

液压控制系统主要由ATF油泵、管路和各种控制阀组成，如图3-166所示。油泵为内齿

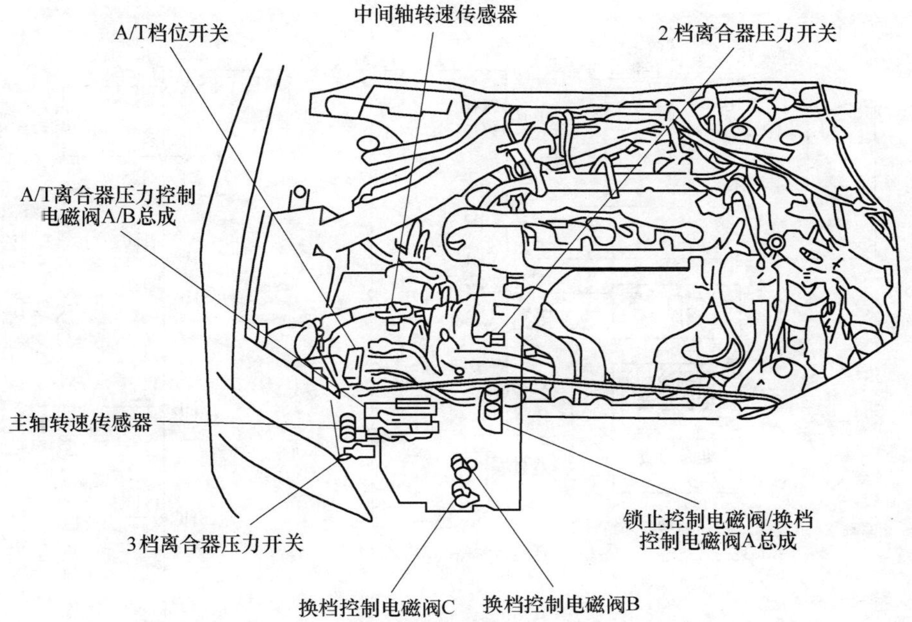


图 3-164　MAXA 型自动变速器电子控制系统元件在车上的位置

轮泵，由液力变矩器轴套上的槽驱动。控制阀主要包括主阀体、调节器阀体、伺服器体和蓄压器体等。

主阀体等液压控制阀体均位于自动变速器下方，蓄压器体位于液力变矩器壳体上。各阀体的滑阀均受换档电磁阀的控制。换档电磁阀 B、C 以及换档控制电磁阀 A 和锁止换档控制电磁阀均安装在液力变矩器壳体上，离合器压力控制电磁阀 A 和 B 则安装在变速器箱体上。

（1）主阀体　主阀体用于控制通往各液压元件的管路油压，其组成如图 3-167 所示。

（2）调节器阀体　调节器阀体用于调节液力变矩器的油压和润滑油压。它位于主阀体的上方，其结构组成如图 3-168 所示。

调节器阀体内部还有一导轮反作用力液压控制装置，如图 3-169 所示。导轮轴的外端与调节器阀体相连并同时连接一导轮轴臂杆，导轮轴臂杆伸出端与调节器弹簧座相接触。当传动大的转矩时，导轮上所受到的反作用力传递给导轮轴，导轮轴臂杆便根据力的大小朝图示的箭头方向推动调节器弹簧座，调节器弹簧被压缩，调节器阀上移，从而调节器阀所调节的管路压力增加。

（3）伺服器阀体　当导轮的反作用力达到最大值时，管路压力也将达到最大值，与变矩器传递的发动机转矩相适应。伺服器阀体用来调节最终管路压力，从而实现自动变速器档位的变换。伺服器阀体位于主阀体的上方，其结构组成如图 3-170 所示。

（4）蓄压器体　蓄压器体主要由 1 档和 2 档蓄压器以及润滑单向阀组成，如图3-171所示。蓄压器体设在液力变矩器壳体上，与主阀体相邻。蓄压器主要用来缓冲离合器压力上升时的压力脉动，避免换档冲击。润滑单向阀用来确保液压元件有足够的润滑油压。

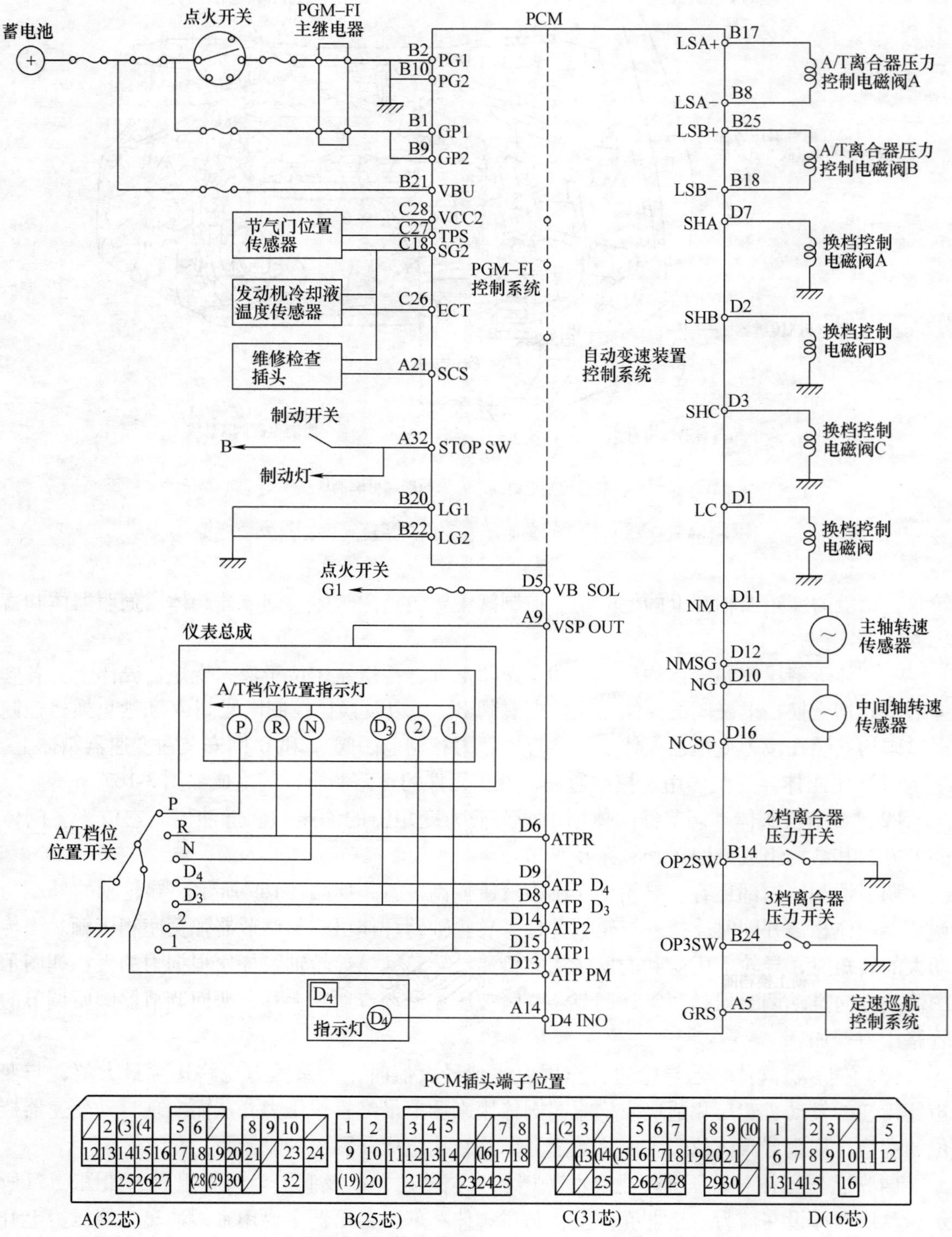


图3-165 MAXA型自动变速器电子控制系统的控制电路

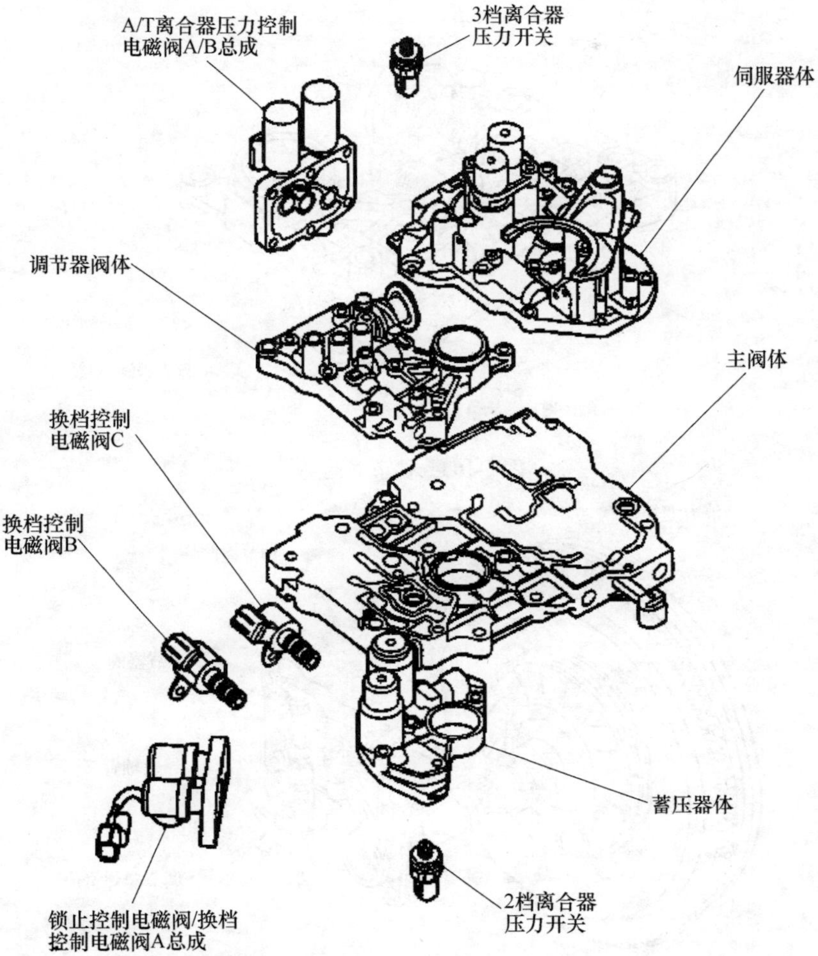


图 3-166　MAXA 型自动变速器液压控制系统结构组成图

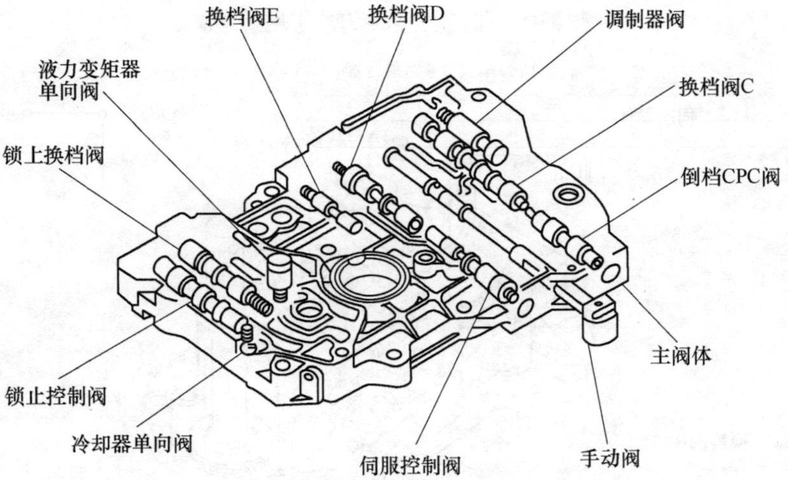


图 3-167　主阀体

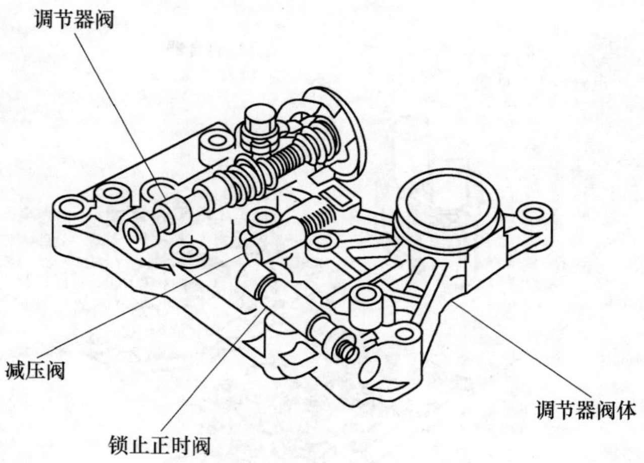


图 3-168　调节器阀体

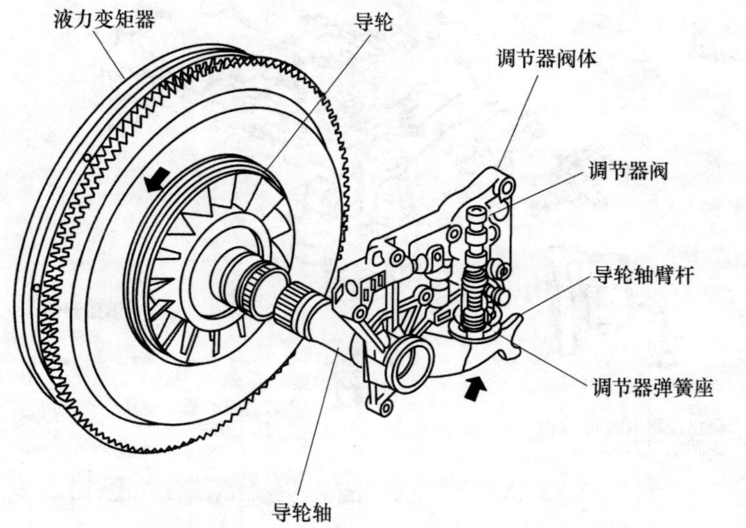


图 3-169　导轮反作用力液压控制装置

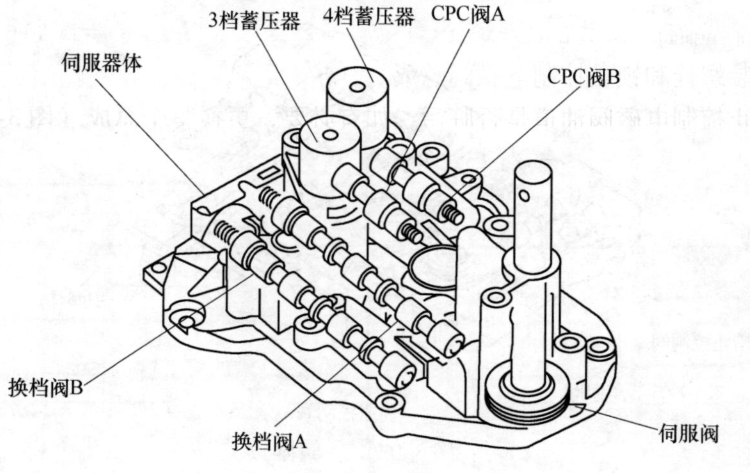


图 3-170　伺服器阀体

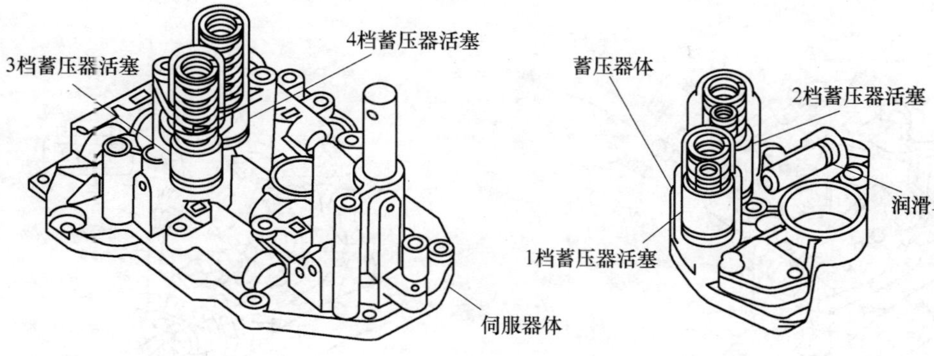


图 3-171　蓄压器体

## 3.4.4　自动变速器的检修

**1. 故障自诊断**

MAXA 型自动变速器故障自诊断方法及步骤可参照第 4 章相关内容。

**2. 自动变速器电子元件的检修**

（1）锁止控制电磁阀 A/B

1）锁止控制电磁阀 A/B 的检测。

① 从锁止控制电磁阀 A/B 上断开接头（图 3-172）。

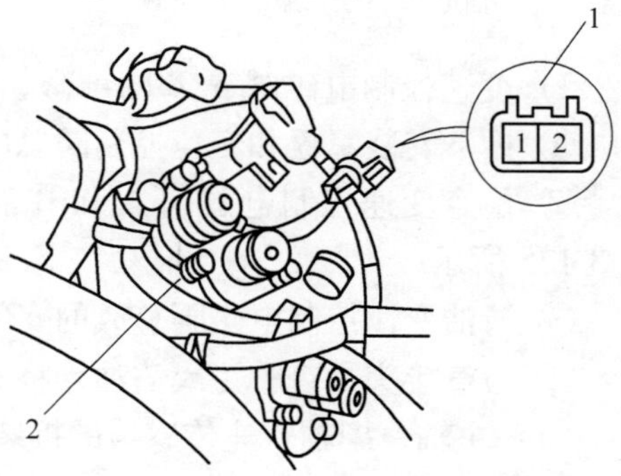


图 3-172　检查锁止控制电磁阀 A/B

1—端子视图　2—锁止控制电磁阀总成

② 分别测量锁止控制电磁阀接头的 1 号端子（电磁阀 A）和车身搭铁间的电阻、2 号端子（电磁阀 B）和车身搭铁间电阻。如果电阻超出规定范围，那么应更换控制电磁阀总成（标准电阻值为 12 ~ 14Ω）。如果其电阻值在规定的范围之内，那么将锁止控制电磁阀接头 1 号端子和 2 号端子分别接到蓄电池正极上，应能听到“咔嗒”声。如果无“咔嗒”声，则应更换锁止控制电磁阀总成。

2）锁止控制电磁阀 A/B 的维修。

① 拆下安装螺栓和锁止控制电磁阀总成。

② 检查锁止控制电磁阀油道是否脏污，如有必要，更换整个总成（图 3-173）。

③ 清洁锁止控制电磁阀总成的安装面和油道，安装新的机油滤清器/垫圈。

④ 检查接头是否脏污或沾油，清理后重新装牢。

（2）变速控制电磁阀 A/B

1）变速控制电磁阀 A/B 的检测。检查变速控制电磁阀 A/B 上 1 号端子（电磁阀 A）和 2 号端子（电磁阀 D）与车身搭铁间电阻（图 3-174）。如果电阻值超出规定范围，则应更换变速控制电磁阀总成。如果电阻值在规定范围之内，那么应将变速控制电磁阀的 1 号端子和 2 号端子的插头连接到蓄电池正极，应能听到“咔嗒”声。如果无“咔嗒”声，则应更换变速控制电磁阀总成（电阻的标准值为 12 ~ 14Ω）。

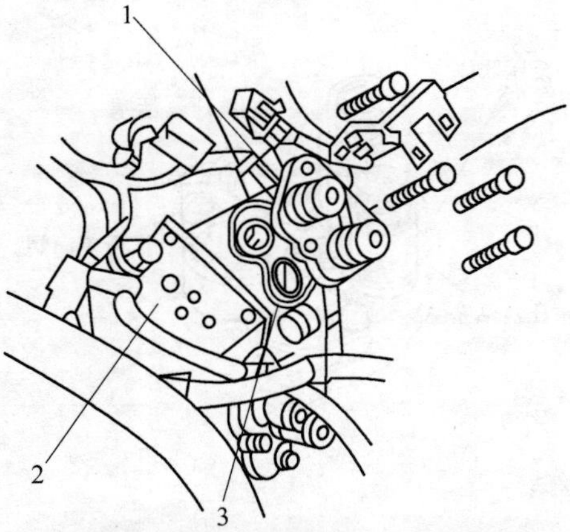


图 3-173　锁止控制电磁阀 A/B 的更换

1—锁止控制电磁阀总成　2—清洁安装面和油道　3—机油滤清器/垫圈（更换）

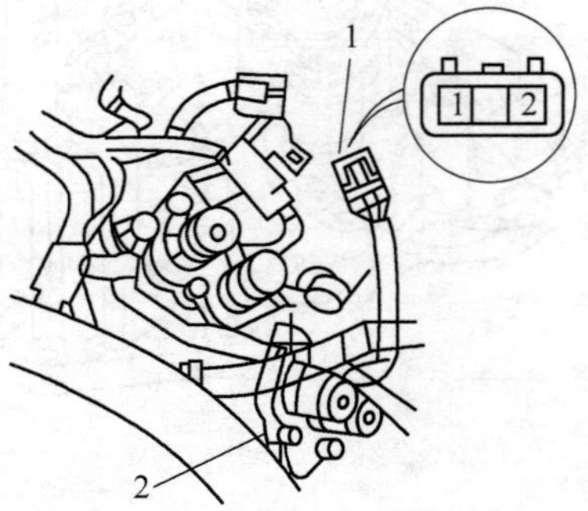


图 3-174　检查变速控制电磁阀 A/B

1—端子视图　2—变速控制电磁阀总成

2）变速控制电磁阀 A/B 的维修。

① 拆下安装螺栓和变速控制阀总成。

② 检查变速控制电磁阀 A 和 B 油道是否脏污，如有必要，将整个总成进行更换，如图 3-175 所示。

③ 清洁变速控制电磁阀总成的安装面和油道，并安装新的滤清器/垫圈。

④ 检查接头是否脏污或沾油，将其清理后重新装牢。

（3）主轴、副轴转速传感器的拆装

1）从变速器壳体上拆下 M6 螺栓，拆下主轴和副轴转速传感器，如图 3-176 所示。

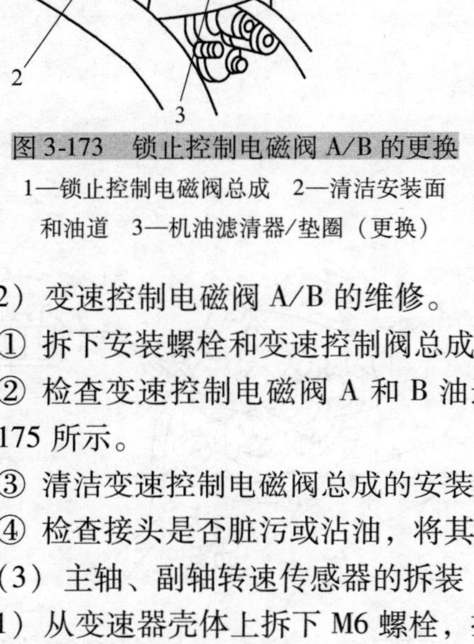


图 3-175　变速控制电磁阀 A/B 的更换

1—清洁安装油面和油道　2—滤清器/垫圈　3—换档控制电磁阀

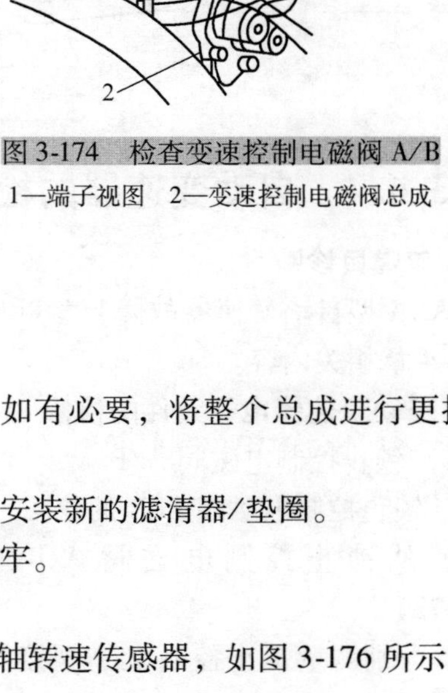


图 3-176　主轴和副轴转速传感器的维护

1—副轴转速传感器　2—O 形密封圈　3—主轴转速传感器

2）重新安装主轴及副轴传感器时，更换新的 O 形密封圈。

（4）档位开关的测试与调整

1）变速开关的测试：拆下前控制台，然后从开关上断开 12 端子接头，根据表 3-42 在各开关位置检查端子间的导通性（图 3-177）。

表 3-42　导通性表

| 变速杆位置 | 档位开关 | | | | | | | | | R 位开关 | | N 位起动开关 | |
|---|---|---|---|---|---|---|---|---|---|---|---|---|---|
| | A | I | B | C | D | E | F | J | K | G | H | L | M |
| 1 | ○ | ○ | ○ | | | | | | | | | | |
| 2 | ○ | ○ | | ○ | | | | | | | | | |
| D3 | ○ | ○ | | | ○ | | | | | | | | |
| D4 | ○ | ○ | | | | ○ | | | | | | | |
| P | | ○ | | | | | ○ | | | | | ○ | ○ |
| R | | ○ | | | | | | ○ | | ○ | ○ | | |
| N | | ○ | | | | | | | ○ | | | ○ | ○ |

注：○表示导通。

① 在每个开关位置，前后移动变速杆，检查在自由行程的范围是否导通。

② 如果不导通，则按下述调整开关位置。

2）变速开关的调整：挂入 P 位，松开安装螺母。向后滑动开关（滑动距离最大可达 2mm）直到 P 端子与 I 端子导通（图 3-178），检查 P 端子与 I 端子是否导通。

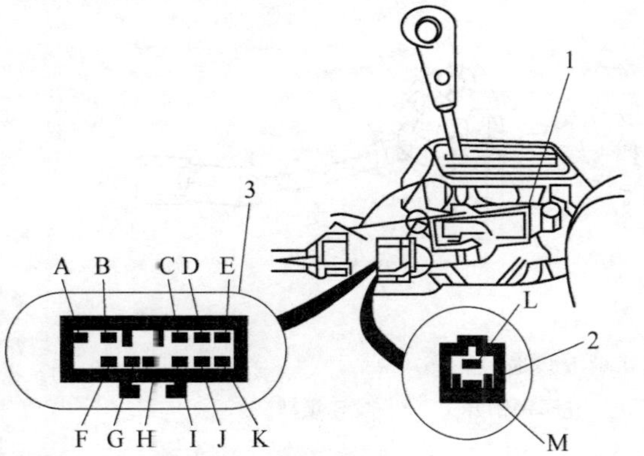


图 3-177　变速开关接头位置

1—A/T 档位开关　2—2 端子接头　3—12 端子接头

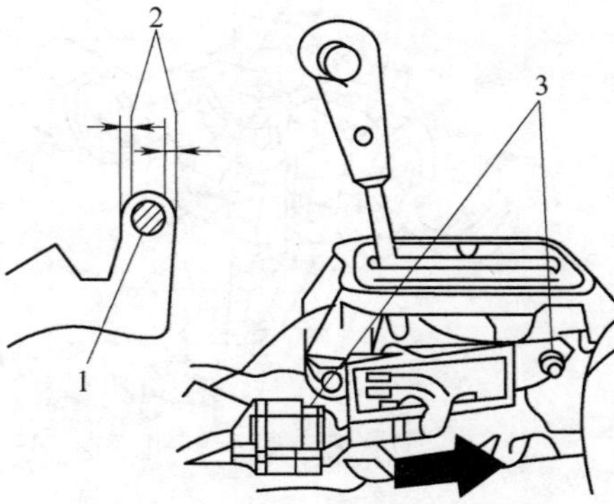


图 3-178　滑动方向与游隙

1—锁销　2—游隙　3—安装螺母

① 如不能导通，则检查锁爪或支架是否损坏，更换档位开关。

② 无论变速杆处于 P 位自由行程的任何位置，发动机都应能起动。

（5）变速互锁系统的工作原理与检测

1）工作原理：当变速杆不在 P 位置或者没有牢固锁在 P 位置时（驻车锁销开关：ON），电磁阀通电，这样就不能拔下点火钥匙（图 3-179）。

当变速杆不在 P 位置且驻车锁销开关为“ON”时，如图 3-180 所示。当变速杆位于 P 位置且驻车锁销开关为“OFF”时，如图 3-181 所示。

2）变速杆互锁系统。除非踏下制动踏板，否则变速杆互锁系统可使变速杆锁在 P 位置不动。当档位开关转至 P 位置时，踩下制动踏板且节气门闭合，变速器控制单元就会使变

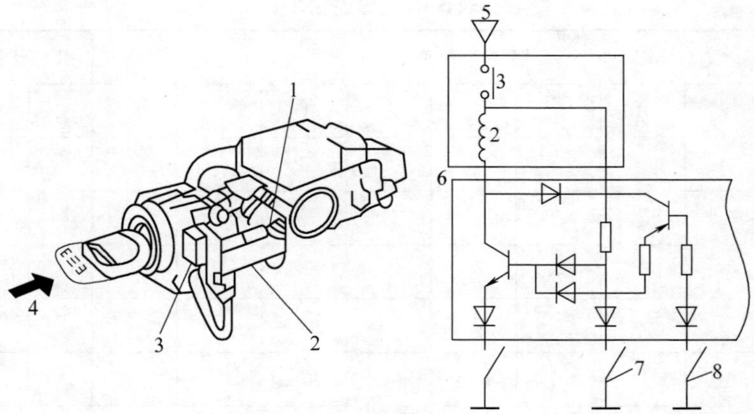


图3-179 点火钥匙互锁原理图（一）

1—互锁杠杆 2—点火钥匙电磁阀 3—点火钥匙互锁开关 4—推杆
5—蓄电池 6—互锁控制单元 7—档位开关 8—驻车锁开关

速杆互锁电路通电，于是变速杆互锁电磁阀通过变位开关搭铁通电，从而解除变速杆的锁定。但如果同时踩下制动踏板和加速踏板，则不能解除锁定。当系统出现故障时，可将点火钥匙插进变速杆附近的释放槽内，即可解除变速杆的锁定，如图3-182所示。

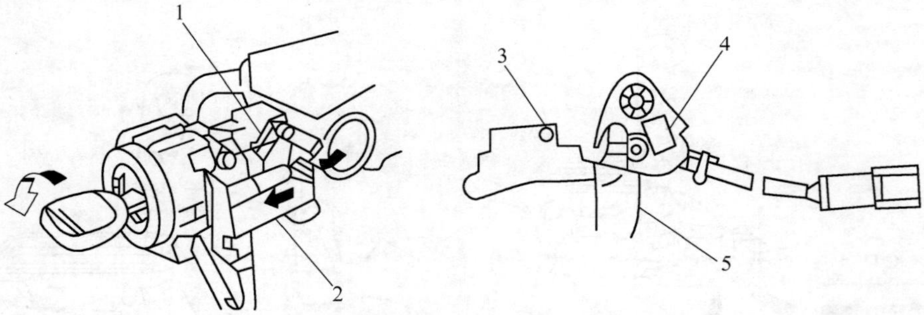


图3-180 点火钥匙互锁原理图（二）

1—锁定状态 2—电磁阀 3—锁销 4—驻车锁销开关 5—变速锁杆

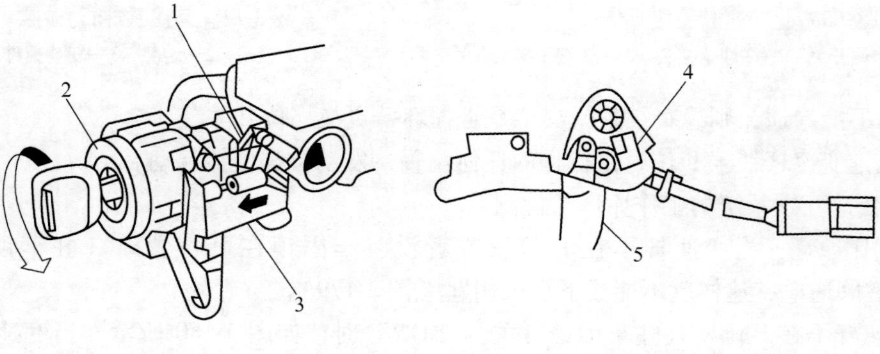


图3-181 点火钥匙互锁原理图（三）

1—未锁状态 2—锁芯 3—电磁阀 4—驻车锁销开关 5—变速锁杆

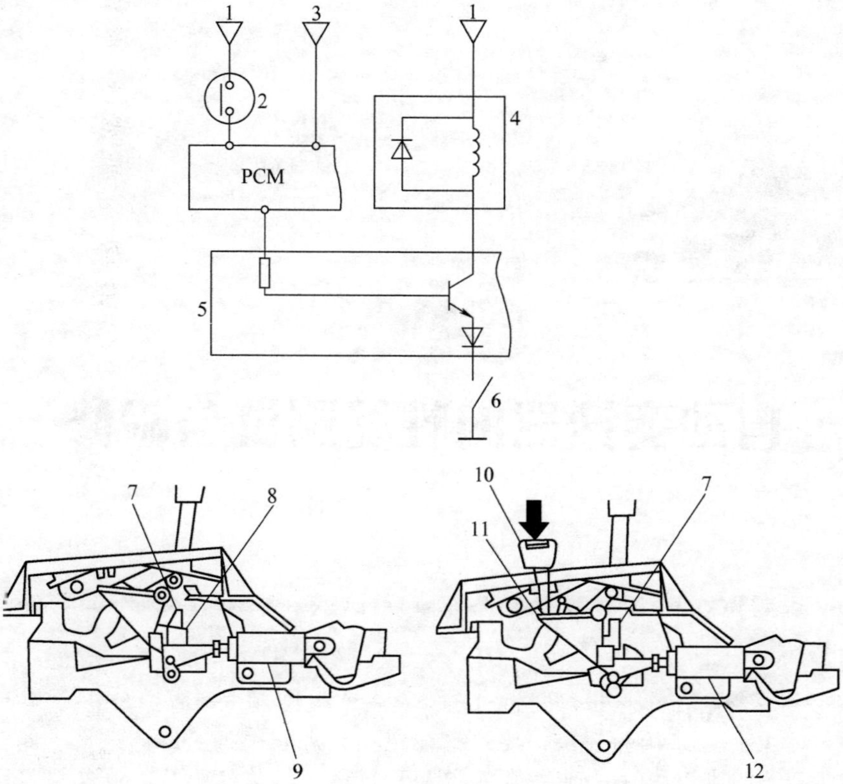


图 3-182　变速互锁系统原理图

1—蓄电池　2—制动开关　3—节气门位置传感器　4—变速杆互锁电磁阀　5—互锁控制单元
6—档位开关　7—锁销　8—变速锁杆　9、12—电磁阀　10—点火开关　11—释放杆

## 思考与练习题

1. 01M 自动变速器由哪几部分组成？

2. 试分析 01M 自动变速器各档的动力传递路线。

3. 怎样利用故障检测仪 VAG1551 对 01M 自动变速器进行检测？

4. 试分析 A140E 自动变速器各档的动力传递路线。

5. 如何检修 A140E 自动变速器高速、倒档离合器 C2？

6. 画出 4T65E 自动变速器的传动简图，并分析各档的动力传递路线。

7. 4T65E 电子控制系统的主要电子元件有哪些？有何作用？如何检修？

8. 广州本田雅阁轿车的自动变速器与普通行星轮自动变速器有哪些不同？

9. 广州本田雅阁轿车 MAXA 自动变速器的电控系统有哪些控制功能？如何检修其电子元件？

# 第4章 自动变速器的性能测试与检修

**学习思路：**

本章主要解决做什么和如何做的问题，重点掌握检测、诊断、拆装、调试等方法，在做的过程中要把握正确的方法，要严格按照操作规程进行，避免造成人为故障而增加检修难度。当掌握了相关专业基本知识和积累一定操作经验后，汽车检修技术的高低就在于操作过程细节的把握了，因此掌握正确的方法、把握住每一步骤是本章学习的关键。

## 4.1 自动变速器的基本检查与维护

自动变速器结构复杂，制造精度高，当出现故障和工作不正常时，盲目拆卸、分解往往找不出产生故障的真正原因，甚至造成自动变速器不应有的损坏。对于有故障的自动变速器，应先进行基本检查和性能测试，以缩小故障查找范围和确认故障部位，为进一步的分解修理提供依据。

自动变速器的基本检查与维护项目包括自动变速器油质及油面高度的检查、自动变速器油的更换、节气门拉索的检查与调整、发动机怠速的检查、变速杆位置的检查与调整、档位开关的检查、超速档开关及其他控制开关的检查等。

### 4.1.1 自动变速器油的检查与更换

**1. 自动变速器油液面高度的检查**

ATF 液面过高会导致主油压过高，从而出现换档冲击振动、换档提前等故障。ATF 液面过高还会导致空气进入 ATF。如果 ATF 液面过低则又会导致主油压过低，从而出现换档滞后、离合器和制动器打滑等故障。

ATF 液面高度检查的具体方法与步骤如下：

1）将车辆停放在水平地面上，并拉紧驻车制动。

2）让发动机怠速运转 1min 以上。

3）踩住制动踏板，将变速杆拨至各档位上并在每个档位上停留几秒钟，使液力变矩器和所有换档执行元件中都充满液压油。最后将变速杆拨至 P 位或 N 位（遵照厂家规定）。

4）从加油管内拔出自动变速器油尺，擦净后重新插入加油管再拔出，查看油尺上的油位。

ATF 液面应位于油尺两刻度之间。低温时油液的黏度大，运转时有较多的油液附着在行星轮等零件上，因而油面高度较低。高温时油液黏度小，容易流回油底壳，因而油面较高。因此，自动变速器处于冷态（即冷车刚刚起动，油液的温度较低，为室温或低于 25℃时），油液油面高度应在油尺刻线的下限（COOL）附近。如果自动变速器处于热态（如低速行驶 5min 以上，油液温度已达 70～80℃），油面高度应在油尺刻线的上限（HOT）附近，如图 4-1 所示。若液面过低，则应继续向加油管内加入自动变速器油，直至液面高度符合规定为止。液面低的原因可能是漏油，这时应检查自动变速器箱体、油底壳与冷却器管路是否有泄漏，对泄漏部位进行密封。

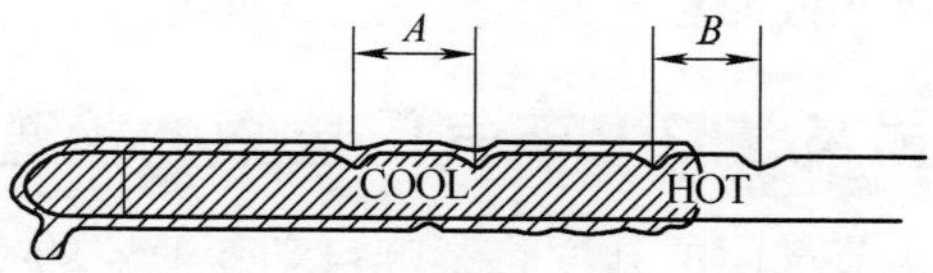

图 4-1　自动变速器油面高度的检查

**2. 自动变速器油品质的检查**

判断 ATF 的品质可以从颜色、气味和是否含有杂质等方面考虑。

ATF 的正常颜色应为鲜亮、透明的红色，如果发黑则说明已经变质或有杂质，如果呈粉红色或白色则说明油冷却器进水。正常的 ATF 应该有类似新机油的气味，若有烧焦味则意味着执行元件打滑或自动变速器过热。如果 ATF 中有金属切屑，说明有元件严重磨损或损伤。如果 ATF 中有胶质状油，说明 ATF 因油温过高或使用时间过长而变质。

检查 ATF 的品质时，从油尺上闻一闻油液的气味，在手指上蘸少许油液，用手指互相摩擦看是否有颗粒，或将油尺上的油液滴在干净的白纸上，检查油液的颜色及气味。

**3. 自动变速器油的更换**

定期更换 ATF 和滤清器可在一定程度上减少自动变速器的故障。ATF 的更换频率取决于变速器的工作状态，一般轿车自动变速器每正常行驶 10 万～20 万 km（换油间隔里程各汽车公司有不同的规定）必须换一次油。换油时应采用车辆随车手册上推荐使用的变速器油。不适当的 ATF 会改变变速器的换档性能。注意，切勿用齿轮油或机油代替 ATF，否则将造成自动变速器的严重损坏。

更换 ATF 时可参照如下方法进行（具体应参照维修手册）：

1）车辆运行至自动变速器达到正常工作温度、油温在 70～80℃后停车熄火。

2）拆下自动变速器油底壳上的放油螺塞，使 ATF 全部流入油盆。对于无放油螺塞的自动变速器，应拧松所有油底壳螺栓，除留三个外全都卸掉，先放出部分 ATF（注意防止烫伤），最后再拆下整个油底壳，放出全部 ATF。

3）拆下油底壳，将油底壳清洗干净。有些自动变速器采用磁性放油螺塞或在油底壳内专门放置一块磁铁，以吸附铁屑，在清洗干净后应把其放回原位。

4）拆下 ATF 散热器油管接头，用压缩空气将散热器中的残余油液吹出，再装好油管接头。

5）装好油底壳和放油螺塞。

6）从自动变速器加油管中加入规定牌号的ATF。

7）起动发动机，拉上驻车制动并踩住制动踏板，手动换档。

8）检查并修正ATF液面高度。若不慎加油过多，可以打开放油螺塞修正，如无放油螺塞，可从加油管处往外吸。需注意的是液面如果高于规定的高度，切不可凑合使用。因为当液面过高时，行驶中油液被行星排剧烈地搅动，产生大量的泡沫。这些带有泡沫的ATF进入油泵和控制系统后，对自动变速器的工作极为不利。

一般自动变速器的总油量为10L左右，按上述方法换油时，变矩器内的ATF是无法放出的。当ATF严重变质，必须全部更换时，可先按上述方法换油，然后让汽车行驶约5min后再次换油。

## 4.1.2　节气门拉索的检查与调整

节气门的开度将影响自动变速器的换档时间，发动机熄火后，节气门应全闭，当节气门踏板踩到底时，节气门应全开。节气门拉索的索芯不应松驰，索套端和索芯上限位之间的距离应在0～1mm之间，如图4-2所示。若节气门拉索调整不当，对于液力控制自动变速器来说，会导致换档时刻不正常，造成过早或过迟换档，使汽车加速性能变差或产生换档冲击。对于电子控制自动变速器来说，会导致主油路压力异常，造成油压过低或过高，使换档执行元件打滑或产生换档冲击。

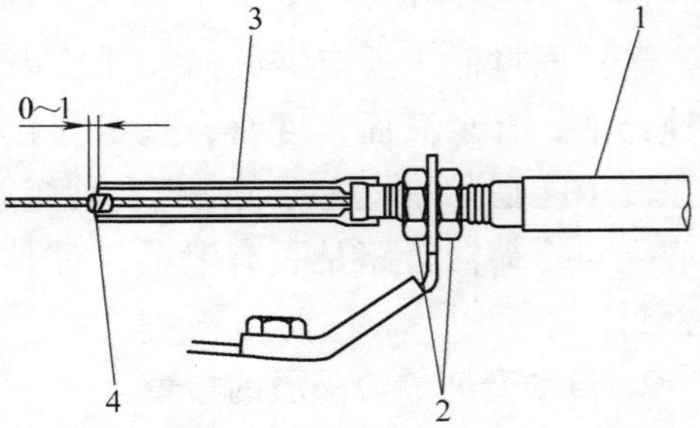


图4-2　节气门拉索的调整

1—节气门拉索　2—固定螺母

3—防尘套　4—限位块

节气门拉索的调整步骤如下：

1）推动节气门踏板连杆，检查节气门是否全开，如节气门不全开，则应调节气门踏板连杆。

2）把加速踏板踩到底。

3）把调整螺母拧松。

4）调整节气门拉索。

5）拧动调整螺母，使橡皮套与拉索止动器间的距离为0～1mm。

6）拧紧调整螺母。

7）重新检查调整情况。

## 4.1.3　发动机怠速的检查与调整

发动机怠速不正常，会使自动变速器工作不正常，如果怠速过高，出现换档冲击等故障。如果怠速过低，则容易出现入档熄火现象。因此在对自动变速器做进一步的检查之前应先检查发动机的怠速是否正常。检查怠速时应将自动变速器变速杆置于停车档（P）或空档（N）位置，具体数值应查看具体车型的维修手册，一般为650～750r/min。

## 4.1.4 变速杆位置的检查与调整

变速杆调整不当，会使变速杆的位置与自动变速器阀板中手动阀的实际位置不符，造成挂不进停车档或前进低档，或变速杆的位置与仪表板上档位指示灯的显示不符，甚至造成在空档或停车档时无法起动发动机。

变速杆的调整方法如下（图 4-3）：

1）拆下变速杆与自动变速器手动阀摇臂之间的连接杆。

2）将变速杆拨至空档位置。

3）将手动阀摇臂向后拨至极限位置（停车档位置），然后再退回两格，使手动阀摇臂处于空档位置。

4）用力将变速杆靠向 R 位方向，然后连接并固定变速杆与手动阀摇臂之间的连杆。

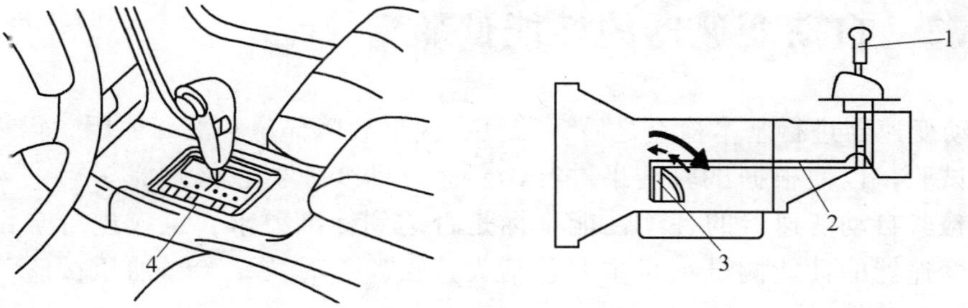


图 4-3 变速杆的调整

1—变速杆 2—连接杆 3—手动阀摇臂 4—空档位置

## 4.1.5 档位开关的检查与调整

将变速杆拨至各个档位，检查档位指示灯与变速杆位置是否一致、P 位和 N 位时发动机能否起动、R 位时倒档灯是否亮起。若有异常，应调整空档起动开关螺栓和开关电路。

1）松开档位开关的固定螺钉，将变速杆拨到 N 位。

2）将槽口对准空档基准线。有些自动变速器的档位开关外壳上刻有一条基准线，调整时应将基准线和手动阀摇臂轴上的槽口对齐，如图 4-4a 所示。也有一些自动变速器的档位开关上有一个定位孔，调整时应使摇臂上的定位孔和档位开关上的定位孔对准，如图 4-4b 所示。

## 4.1.6 超速档（O/D 位）开关的检查

对部分车型而言，这项检验可确认自动变速器的超速档电控系统是否工作正常。检查时的自动变速器油温应处于正常状态（70～80℃），然后将发动机熄火，打开点火开关，按动超速档（O/D 位）控制开关，查听位于变速器内的相应电磁阀有无动作时发出的“咔嗒”声，如有“咔嗒”声，则说明被检自动变速器的超速档电控系统工作正常。当超速档开关置“ON”位时，自动变速器应能升入超速档，这可通过道路试验来验证。超速档开关置“ON”位时，超速档指示灯（如丰田车系的 O/D OFF 指示灯）应熄灭，否则应亮起。

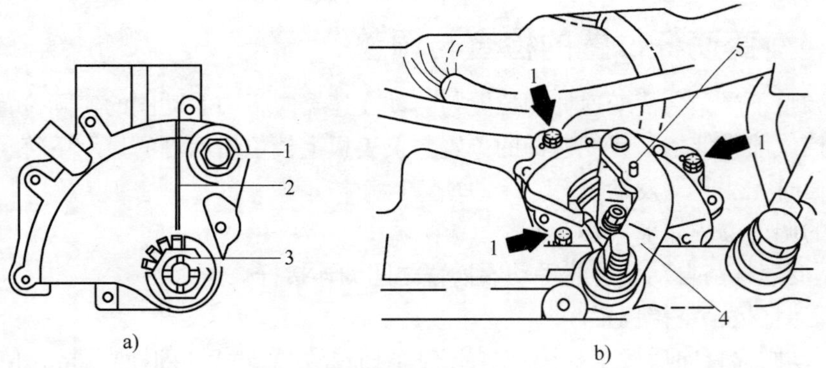


图4-4　档位开关的调整

1—固定螺钉　2—基准线　3—槽口　4—摇臂　5—调整用定位销

## 4.2　自动变速器的性能试验

对自动变速器进行基本检查之后，若没有找出故障部位和故障原因，需做进一步的性能测试试验，以便根据试验结果进行诊断。自动变速器在修理完毕后，为了鉴定修理质量，检验自动变速器的各项性能指标是否达到标准要求，也应进行全面的性能检查。自动变速器的性能测试项目主要包括失速试验、时滞试验、油压试验、道路试验和手动换档试验等。

### 4.2.1　失速试验

自动变速器进行失速试验的目的是通过测试发动机在失速状态下所能达到的最高转速，检查发动机、变矩器和自动变速器执行元件的工作性能。

**1. 试验的准备工作**

在进行失速试验之前，应做好以下准备工作：

1）使汽车行驶至发动机和自动变速器均达到正常工作温度。

2）检查汽车的行车制动和驻车制动，确认其性能良好。

3）检查ATF液面高度，应正常。

**2. 试验步骤**（图4-5）

1）将汽车停放在宽阔的水平地面上，前后车轮用木块塞住。

2）拉紧驻车制动，左脚用力踩住制动踏板。

3）起动发动机。

4）将变速杆拨至D位。

5）在左脚踩紧制动踏板的同时，用右脚将加速踏板踩到底，在发动机转速不再升高时，迅速读取此时的发动机转速。

6）读取发动机转速后，立即松开加速踏板。

7）将变速杆拨入P位或N位，让发动机怠速运转1min，以防止ATF因温度过高而变质。

8）将变速杆拨入其他档位（R、S、L或2、1），做同样的试验。

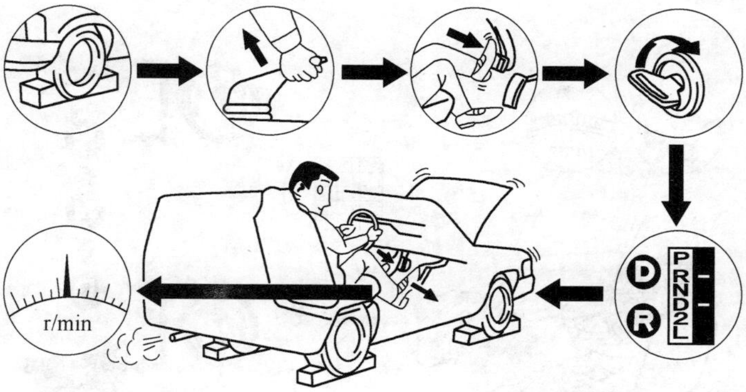


图4-5　失速试验

在失速工况下，发动机的动力全部消耗在变矩器内ATF的内部摩擦损失上，自动变速器油的温度急剧上升，因此在失速试验中，从加速踏板踩下到松开的整个过程的时间不得超过5s，否则会使自动变速器油因温度过高而变质，甚至损坏密封圈零件。在一个档位的试验完成之后，不要立即进行下一个档位的试验，要等油温下降之后再进行。试验结束后不要立即熄火，应将变速杆拨入N位或P位，让发动机怠速运转几分钟，以便让自动变速器油温度降至正常。如果在试验中发现驱动轮因制动力不足而转动，应立即松开加速踏板，停止试验。

**3. 试验结果分析**

不同车型的自动变速器都有其失速转速标准。大部分自动变速器的失速转速标准为2300r/min左右。若失速转速与标准值相符，则说明自动变速器的油泵、主油路油压及各个换档执行元件的工作基本正常；若失速转速与标准值不相符，不同档位故障原因见表4-1。

**表4-1　失速转速不正常的原因**

| 变速杆位置 | 失速转速 | 故障原因 |
|---|---|---|
| 所有位置 | 过高 | 主油路油压过低，前进档和倒档的换档执行元件打滑，低档及倒档制动器打滑 |
| | 过低 | 发动机动力不足，变矩器导轮的单向超速离合器打滑 |
| 仅在D位 | 过高 | 前进档油路油压过低，前进离合器打滑 |
| 仅在R位 | 过高 | 倒档油路油压过低，倒档及高档离合器打滑 |

## 4.2.2　时滞试验

在发动机怠速运转时将变速杆从空档拨至前进档或倒档后，需要有一段短暂时间的迟滞或延时才能使自动变速器完成档位的接合（此时汽车会产生一个轻微的振动），这一短暂的时间称为自动变速器换档的迟滞时间。时滞试验就是测出自动变速器换档的迟滞时间，根据迟滞时间的长短来判断主油路油压及换档执行元件的工作是否正常（图4-6）。

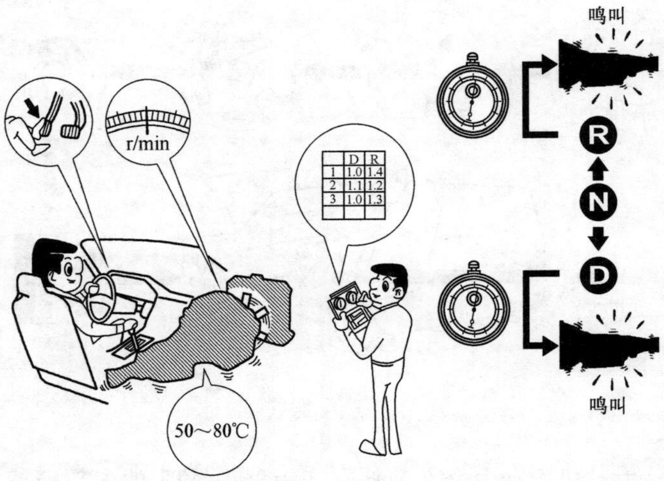


图4-6　时滞试验

**1. 试验的准备工作**

1）让汽车行驶，使发动机和自动变速器达到正常工作温度。

2）将汽车停放在水平地面上，拉紧驻车制动。

3）检查发动机怠速。如不正常，应按标准予以调整。

**2. 试验步骤**

1）将自动变速器变速杆从空档N位拨至前进档D位，用秒表测量从拨动变速杆开始到感觉汽车振动为止所需的时间，该时间称为N-D延时时间。

2）将变速杆拨至N位，让发动机怠速运转1min后，再做一次同样的试验。

3）做三次试验，并取平均值。

4）按上述方法，将变速杆由N位拨至R位，测量N-R延时时间。

**3. 试验结果分析**

一般自动变速器N-D延时时间小于1.0~1.2s，N-R延时时间小于1.2~1.5s。若延时时间过长，则说明自动变速器存在故障。其故障原因分析见表4-2。

**表4-2　迟滞时间过长的原因分析**

| 现　　象 | 故障原因 |
|---|---|
| 从N位拨至D位滞后时间大于规定值 | 主油路油压过低、前进档离合器磨损过大、前进档单向离合器打滑 |
| 从N位拨至R位滞后时间大于规定值 | 主油路油压过低、倒档离合器磨损过大、低档及倒档制动器磨损过大、超速单向离合器打滑、超速离合器磨损 |

## 4.2.3　油压试验

油压试验是在自动变速器工作时，通过测量液压控制系统各油路的压力来判断液压控制系统及电子控制系统有关零部件的功能是否正常，为分析自动变速器的故障提供依据，以便有针对性地进行检修。控制系统的油压正常是自动变速器正常工作的先决条件，如果油压过高，会使自动变速器出现严重的换档冲击，甚至损坏控制系统；如果油压过低，会造成换档执行元件打滑，加剧其摩擦片的磨损，甚至使换档执行元件烧毁。因此，在分解修理自动变速器之前和自动变速器修复之后，都要对自动变速器做油压试验，以保证自动变速器的修复质量。

油压试验的内容取决于自动变速器的类型及测压孔的设置方式，图 4-7 所示为几种常见车型自动变速器测压孔位置。下面介绍一般车型自动变速器油压试验的主要内容和方法。

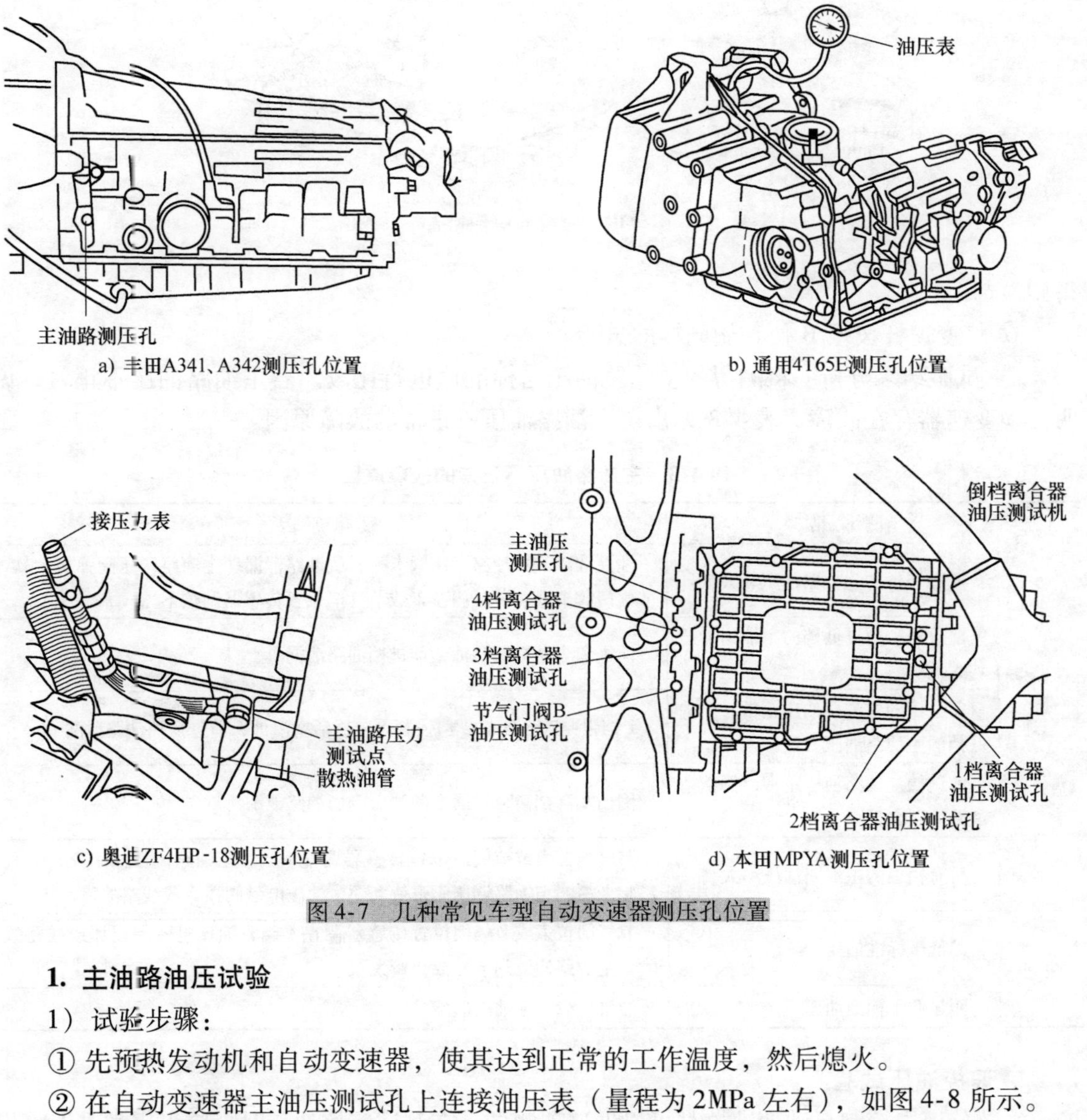


a) 丰田A341、A342测压孔位置　b) 通用4T65E测压孔位置

c) 奥迪ZF4HP-18测压孔位置　d) 本田MPYA测压孔位置

图 4-7　几种常见车型自动变速器测压孔位置

**1. 主油路油压试验**

1）试验步骤：

① 先预热发动机和自动变速器，使其达到正常的工作温度，然后熄火。

② 在自动变速器主油压测试孔上连接油压表（量程为 2MPa 左右），如图 4-8 所示。

③ 用三角木块塞住全部车轮，拉紧驻车制动，踩下制动踏板，然后起动发动机。

④ 在怠速情况下，将自动变速器变速杆拨至 D 位，读取此时压力值（此为怠速工况下的前进档主油路油压）。然后用左脚踩紧制动踏板，同时用右脚迅速将加速踏板踩到底，记下 D 位失速时的主油压，在节气门全开位置上停留不要超过 3s，以免该档位的执行系统因过载而受损。

⑤ 将自动变速器变速杆拨至 N 位或 P 位，让发动机怠速运转 1min 以上，以便使 ATF

图 4-8　油压测试

得到冷却。

⑥ 将变速杆拨至 R 位，做同样的试验。

2）试验结果分析。将测得的主油路油压与标准值进行比较。若主油路油压不正常，说明自动变速器存在故障。表 4-3 列出了主油路油压不正常的故障原因。

表 4-3　主油路油压不正常的故障原因

| 工况 | 测试结果 | 故障原因 |
| --- | --- | --- |
| 怠速 | 所有档位的主油路油压均太低 | 油泵故障、主油路调压阀卡死、主油路泄漏、主油路调压阀弹簧太软、节气门阀卡滞、节气门拉索或节气门位置传感器调整不当 |
| | 前进档和前进低档的主油路油压均太低 | 前进离合器活塞漏油，前进档油路泄漏 |
| | 前进档的主油路油压正常，前进低档的主油路油压太低 | 1 档强制离合器或 2 档强制离合器活塞漏油，前进低档油路泄漏 |
| | 前进档主油路油压正常，倒档主油路油压太低 | 倒档及高档离合器活塞漏油，倒档油路泄漏 |
| | 所有档位的主油路油压均太高 | 节气门拉索或节气门位置传感器调整不当，主油路调压阀卡死，节气门阀卡滞，主油路调压阀弹簧太硬，油压电磁阀损坏或线路故障 |
| 失速 | 稍低于标准油压 | 节气门拉索或节气门位置传感器调整不当，油压电磁阀损坏或线路故障，主油路调压阀卡死或弹簧太软 |
| | 明显低于标准油压 | 油泵故障，主油路泄漏 |

**2. 速控油压试验**

大部分液力控制自动变速器都可以做这项测试。在测试速控油压时，应当用举升器将汽车升起，或用千斤顶将驱动桥顶起，也可以接上压力表后进行路试。

1）拆下自动变速器壳体上的速控阀测压螺塞，接上油压表。

2）起动发动机。

3）将变速杆拨至前进档 D 位。

4）松开驻车制动，缓慢地踩下加速踏板使驱动轮转动。

5）读取不同车速下的速控油压。

6）将测试结果与标准值进行比较。

若速控油压太低，可能是以下原因：主油路油压太低、速控阀油路泄漏、速控阀工作不正常。

**3. 油压电磁阀工作的测试**

电子控制自动变速器常采用油压电磁阀控制主油路油压或减振器背压。这种自动变速器可以在油压试验中人为地向油压电磁阀施加电信号，同时测量油路油压的变化，以检查油压电磁阀的工作是否正常。不同车型的电控自动变速器的油压电磁阀工作原理不完全相同，其检测方法也不一样。下面以雷克萨斯 LS400 轿车的 A341E 和 A342E 电控自动变速器为例，说明测试油压电磁阀工作的方法，其他车型可参考。

1）将油压表接至自动变速器减振器背压的测压孔。

2）对照电路图，找出自动变速器电脑线束插头上油压电磁阀控制端的接线脚，将一个 8W 灯泡的一脚与油压电磁阀控制端的接脚连接。

3）将汽车停放在水平地面上，拉紧驻车制动，并用三角木块将四个车轮塞住。

4）起动发动机，检查并调整好发动机怠速。

5）踩住制动踏板，将变速杆挂入 D 位。

6）读取此时的减振器背压，其值应大于 0。

7）将连接油压电磁阀 8W 灯泡的另一脚搭铁，此时油压电磁阀将通电而开启，读出此时的减振器背压。

在油压电磁阀的接线脚经 8W 灯泡搭铁时，油压电磁阀将通电开启。此时减振器背压应下降为 0。如有异常，说明油压电磁阀工作不良。

## ☞ 4.2.4　道路试验

自动变速器的道路试验是分析、诊断自动变速器故障及检验修复后自动变速器工作性能和修理质量最有效的手段之一。道路试验是对汽车自动变速器性能的最终检验，检验内容侧重于换档点、换档冲击、振动、噪声和打滑等现象。

在道路试验之前，应确认汽车发动机以及底盘各个系统的技术状态完好，并且已经进行了基本检查。开动汽车以中低速行驶 5 ~ 10min，使发动机和自动变速器都达到正常的工作温度（70 ~ 80℃）。

**1. 升档检查**

将变速杆置于 D 位，踩下加速踏板，使节气门保持在 1/2 开度，使汽车加速行驶，检查自动变速器的升档情况。自动变速器在升档时发动机会有瞬时的转速下降，同时车身有轻微的闯动感。正常情况下，汽车起步后随着车速的升高，试车者应能感觉到自动变速器能顺利地由 1 档升入 2 档，随后再由 2 档升入 3 档，最后升入超速档。若自动变速器不能升入高档（3 档或超速档），则说明控制系统或换档执行元件有故障。

**2. 升档车速的检查**

将变速杆拨至前进档 D 位置，踩下加速踏板，并使节气门保持在某一固定开度，让汽车起步并加速。当察觉到自动变速器升档时，记下升档车速。一般四档自动变速器在节气门开度保持在 1/2 时由 1 档升至 2 档的升档车速为 25 ~ 35km/h，由 2 档升至 3 档的升档车速为 55 ~ 70km/h，由 3 档升至 4 档（超速档）的升档车速为 90 ~ 120km/h。由于升档车速和节气门开度有很大的关系，即节气门开度不同时，升档车速也不同，而且不同车型的自动变速器各档位传动比的大小都不相同，其升档车速也不完全一样，因此，只要升档车速基本保持在上述范围内，而且汽车行驶中加速良好，无明显的换档冲击，都可认为其升档车速基本正常。若汽车行驶中加速无力，升档车速明显低于上述范围，说明升档车速过低（即过早升档）。若汽车行驶中有明显的换档冲击，升档车速明显高于上述范围，则说明升档车速过高（即太迟升档）。

一般汽车维修手册中都有自动变速器升档（或降档）车速标准表，但表中通常只列出了节气门全开或全关时的升档（或降档）车速。但在道路试验中，让汽车以节气门全开状态行驶，往往因道路条件的限制而无法实施，而且以节气门处于全开位置行驶也容易加剧自动变速器内摩擦元件的磨损，一般不宜采用。因此，表中的数据只能作为参考。有些自动变速器维修手册中有该自动变速器的换档图，从换档图中可以得出不同节气门开度下自动变速器的升档车速，这可作为判断换档车速是否正确的标准。

由于降档时刻在行驶中不易察觉，在道路试验中一般无法检查自动变速器降档车速，只能通过检查升档车速来判断自动变速器有无故障。如有必要，还可检查在其他模式下或变速杆位于前进低档位置时的换档车速，并与标准值进行比较以作为判断故障的参考依据。

**3. 换档质量的检查**

换档质量的检查内容主要是检查有无换档冲击。正常的电控自动变速器的换档冲击应十分微弱。若换档冲击太大，则说明自动变速器的控制系统或换档执行元件有故障，原因可能是油路油压高或换档执行元件打滑，应做进一步的检查。

**4. 锁止离合器工作情况检查**

自动变速器变矩器中的锁止离合器工作是否正常也可采用道路试验的方法进行检查。试验中，让汽车加速至超速档，以高于80km/h的车速行驶，并让节气门开度保持在小于1/2的位置，使变矩器进入锁止状态。此时，快速将加速踏板踩下至2/3开度，同时检查发动机转速的变化情况。若发动机转速没有太大的变化，则说明锁止离合器处于接合状态；反之，若发动机转速升高很多，则表明锁止离合器没有接合（图4-9），其原因通常是锁止控制系统有故障。

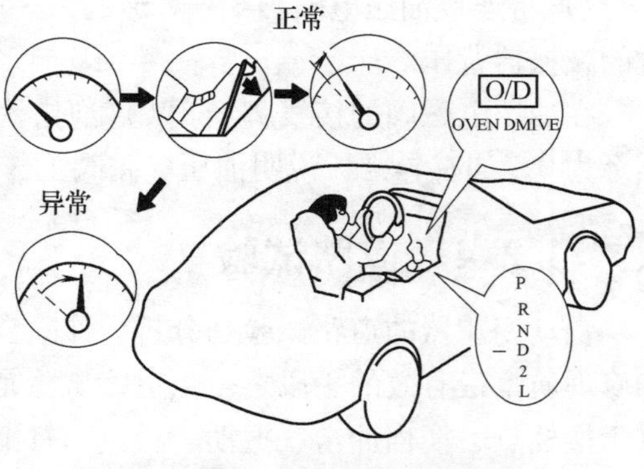


图4-9　锁止离合器工作情况检查

**5. 发动机制动作用的检查**

检查自动变速器有无发动机制动作用时，应将变速杆拨至前进低档（S、L或2、1）位置，在汽车以2档或1档行驶时，突然松开加速踏板，检查是否有发动机制动作用。若松开加速踏板后车速立即随之下降，则说明有发动机制动作用；否则说明控制系统或前进强制离合器有故障。

**6. 强制降档功能的检查**

检查自动变速器强制降档功能时，应将变速杆拨至前进档D位，保持节气门开度为1/3左右，在以2档、3档或超速档行驶时突然将加速踏板踩到底，检查自动变速器是否被强制降低一个档位。在强制降档时，发动机转速会突然上升至 4000r/min 左右，并随着加速升档，转速逐渐下降。若踩下加速踏板后没有出现强制降档，则说明强制降档功能失效。若在强制降档时发动机转速升高反常，达 5000～6000r/min，并在升档时出现换档冲击，则说明换档执行元件打滑，应拆修自动变速器。

**7. P 位制动效果的检查**

将汽车停在坡度大于 9% 的斜坡上，变速杆拨入 P 位，松开驻车制动，检查机械闭锁爪的锁止效果。

## 4.2.5　手动换档试验

所谓手动换档试验就是将电控自动变速器所有换档电磁阀的线束插头全部脱开，此时 ECU 不能通过换档电磁阀来控制换档，自动变速器的换档取决于变速杆的位置。不同车型的电控自动变速器在脱开换档电磁阀线束插头后档位和变速杆位置的关系不完全相同。表 4-4 所列为三田轿车电控自动变速器 A140E、A240E、A340E、A341E、A442DE 等手动换档时档位与变速杆位置的关系。

**表 4-4　手动换档时档位与变速杆位置关系**

| 变速杆位置 | P | R | N | D | 2 | L |
|---|---|---|---|---|---|---|
| 档位 | 停车档 | 倒档 | 空档 | 超速档 | 3 档 | 1 档 |

手动换档试验的目的是确定故障存在的部位，区分故障是由机械、液压系统还是由电子控制系统引起的。手动换档试验应在读取故障码和完成自动变速器基本检查后进行。

手动换档试验的步骤如下：

1）脱开电子控制自动变速器的所有换档电磁阀线束插头。

2）起动发动机，将变速杆拨至不同位置，然后做道路试验（也可以将驱动轮悬空，进行台架试验）。

3）观察发动机转速和车速的对应关系，以判断自动变速器所处的档位。不同档位时发动机转速与车速的关系可参考表 4-5。由于变矩器的减速作用与传递的转矩有关，因此表中车速只能作为参考，实际车速将随着行驶中节气门开度的不同而产生一定的变化。

**表 4-5　自动变速器不同档位时发动机转速和车速的关系**

| 档位 | 发动机转速/(r/min) | 车速/(km/h) | 档位 | 发动机转速/(r/min) | 车速/(km/h) |
|---|---|---|---|---|---|
| 1 档 | 2000 | 18～22 | 3 档 | 2000 | 50～55 |
| 2 档 | 2000 | 34～38 | 超速档 | 2000 | 70～75 |

4）若变速杆位于不同位置时，自动变速器所处的档位与表 4-5 中所列相同，则说明电子控制自动变速器的阀板及换档执行元件基本上工作正常。否则，说明自动变速器的阀板或换档执行元件有故障。

5）试验结束后，接上电磁阀线束插头。

6）清除电脑中的故障码，防止因脱开电磁阀线束插头而产生的故障码保存在电脑中，影响自动变速器的故障自诊断工作。

# 4.3 自动变速器故障诊断

自动变速器的故障诊断是较复杂的工作，变速器内的液力传动、行星齿轮机构、液压控制系统、电子控制系统以及换档执行元件、机械杆件等相互牵连的连锁反应动作，很难凭简单的外部症状判断出其内部缺陷的部位，往往需从数个方面验证和推理，才能认定故障的根源。特别注意的是，有很多自动变速器方面的故障是由发动机的某些故障造成的，虽然表现在变速器，但根源在发动机或发动机某些传感器等部件之中，因此，在诊断自动变速器故障时，首先要确认发动机的状态良好。

有些自动变速器的常规故障表现为显性故障，可以通过简单的外部检测较易判定。对于存在于内部的隐蔽性故障，通常要通过多方面的外部检测和内部故障确定。具体检修程序是先外部症状检测后内部故障确定。外部症状检测就是分数个步骤，由简入繁地查验症状，把多方面查验的结果互相对照，推出怀疑缺陷部位。内部故障确定可以按外部症状检测中获得线索，对可疑部位作进一步检验，必要时拆检某些部位，确认其中缺陷的具体情况，分析产生故障的部位、原因，并对症下药，加以修理。

## 4.3.1 自动变速器故障诊断总原则

自动变速器故障诊断应遵循以下原则：

1）分清故障部位。分清故障是发动机电控系统还是自动变速器液压控制系统、电控系统引起的，或是机械系统（液力变矩器或行星齿轮变速机构）引起的。只有分清了故障部位，才能有针对性地查找故障根源，少走弯路。

2）坚持先易后难、逐步深入的原则。按故障的难易程度，先从最简单、最容易检查的部位入手，如开关、拉杆、自动变速器油状况等。从那些最易于接近的部位、易被忽视的部位和影响较大的因素开始，最后再深入到实质性故障。

3）充分利用自动变速器各检验项目（基础检验、手动换档试验、液压试验、失速试验、时滞试验、电液控制系统工作过程检验），为查找故障提供思路和线索。通过这些检验项目的检测，一般可以发现自动变速器的故障所在。

4）充分利用自动变速器的故障自诊断功能。自动变速器的电控单元（ECU）内部有一个故障自诊断电路，它能在汽车行驶过程中不断地监测自动变速器控制系统各部分的工作情况，并能检测出控制系统中的大部分故障，将故障以代码的形式记录在ECU中。维修人员可以按照特定的方法将故障码从ECU中读出，为自动变速器控制系统的检修和故障诊断提供依据。

5）必须拆检后才能确诊的故障是故障诊断的最后程序。不要轻易分解自动变速器，因为原因不明的情况下盲目拆检，不但不能确诊故障的原因与部位，还可能在拆检过程出现新的故障。

6）在进行检测与诊断前，应先阅读有关故障检测指南、使用说明书和维修手册，掌握必要的结构原理图、油路图、电控系统电路图等有关技术资料。

## 4.3.2　自动变速器故障检测与诊断程序

自动变速器检修的一般程序如图 4-10 所示。

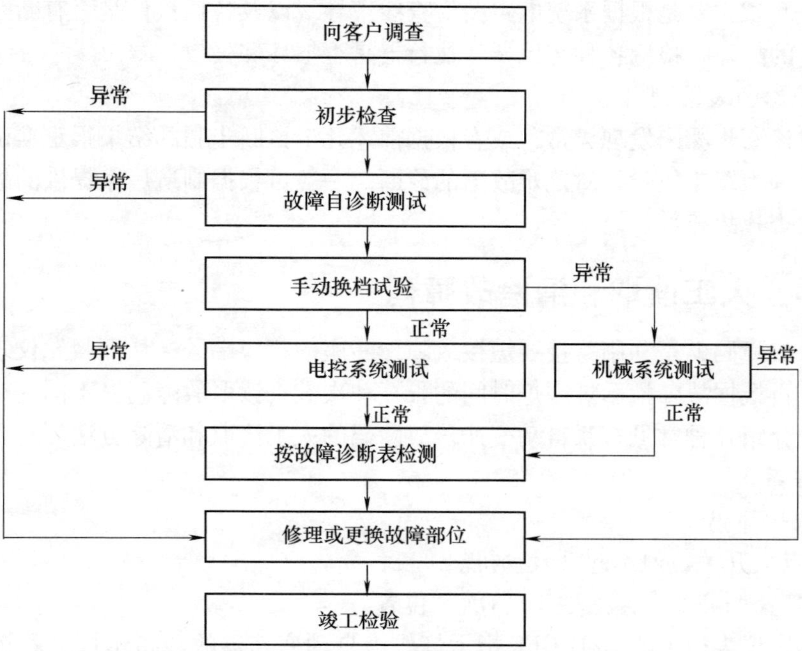


图 4-10　自动变速器检修的一般程序

**1. 向客户调查**

向客户了解故障产生的时间、症状、情况、条件，如何发生，是否已检修过以及动过什么部位等。尽管有些客户的描述不够清楚，但对客户提供的信息认真分析，对迅速诊断故障或许会有帮助。

**2. 初步检查**

初步检查的目的是确定自动变速器是否能在正常前提条件下进行工作。通过初步检查往往能很快就找出故障的部位和原因。

初步检查的内容主要包括自动变速器油的检查和更换、节气门拉索的检查与调整、制动器间隙的调整、发动机怠速检查与调整、节气门全开检查和变速器漏油检查等。上述检查项目大部分和常规检查与维护项目一致。

**3. 故障自诊断测试**

如果电控自动变速器在初步检修后仍存在故障，可通过电控单元自诊断系统进行故障自诊断测试，调出故障码，帮助寻找故障发生部位。排除故障以后要记得清除故障码。不同公司生产的不同车型，其故障自诊断方法不尽相同。

**4. 手动换档测试**

进行手动换档测试的目的是判断出故障是出自电控系统还是出自机械系统（包括行星齿轮变速传动机构和液压控制系统）。

**5. 机械系统测试**

机械系统的测试包括失速试验、时滞试验、油压试验、道路试验和手动换档试验等几项内容，因厂家不同测试内容又有一定的差异。通过这几项试验，可以准确地判断出自动变速器机械系统的故障发生部位。

**6. 电控系统测试**

电控系统测试主要是根据系统电路图检查线束导线以及各插接件是否有断路、短路、搭铁和接触不良的故障，检测各种传感器、执行器是否损坏和失效。

**7. 按故障诊断表检测**

当按前述诊断步骤未发现异常，或者根据前述几个诊断步骤的结果很难准确判断具体的故障部位时，则为疑难故障。对疑难故障的诊断，一般可根据制造厂家提供的故障诊断表采取逐项排除法查找故障部位。

## 4.3.3　人工读取和清除故障码

人工读取故障码就是利用跨接线短接故障诊断座的相应端子，从而激发仪表板上的故障指示灯闪烁，再根据故障指示灯闪烁时间的长短和次数来读取故障码。不同的车型读码的方法不同，下面介绍几种常见车系自动变速器故障码的人工读取和清除方法。

**1. 丰田车系**

(1) 读取故障码

1) 打开点火开关，但不起动发动机。

2) 按下超速档开关，使之处于“ON”位置。

丰田轿车以仪表板上的O/D OFF指示灯作为自动变速器故障指示灯。若超速档开关置于“ON”位置时，打开点火开关或汽车行驶中O/D OFF指示灯常亮，则说明自动变速器电控系统有故障。

3) 用导线跨接驾驶室内TDCL或发动机舱内检查连接器的$T_{E_1}$和$E_1$端子，如图4-11所示。

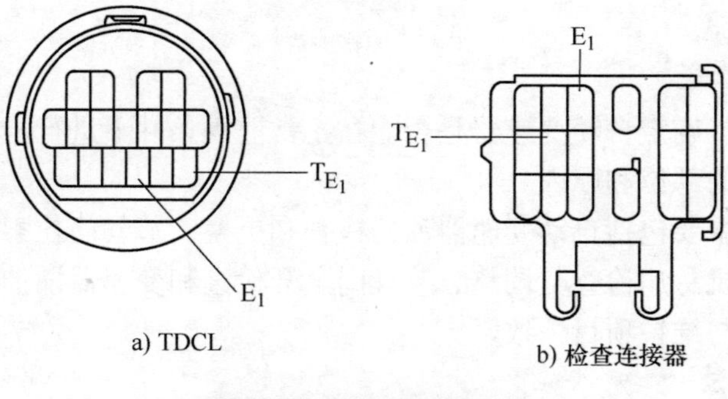


a) TDCL　　b) 检查连接器

图4-11　丰田故障诊断座

4) 由自动变速器故障指示灯闪烁读出故障码。若自动变速器电控系统工作正常，ECU内没有故障码，则故障指示灯以2次/s的频率连续闪烁，如图4-12a所示。

若自动变速器ECU内存在故障码，则故障指示灯以1次/s的频率闪亮，并将两位数的故障码的十位和个位先后用故障指示灯闪烁的次数表示出来。如故障码为42时，故障指示灯先以1次/s的频率闪烁4次，表示故障码的十位数为4，然后停顿1.5s，再以1次/s的频率闪烁2次，表示故障码的个位数为2，如图4-12b所示。

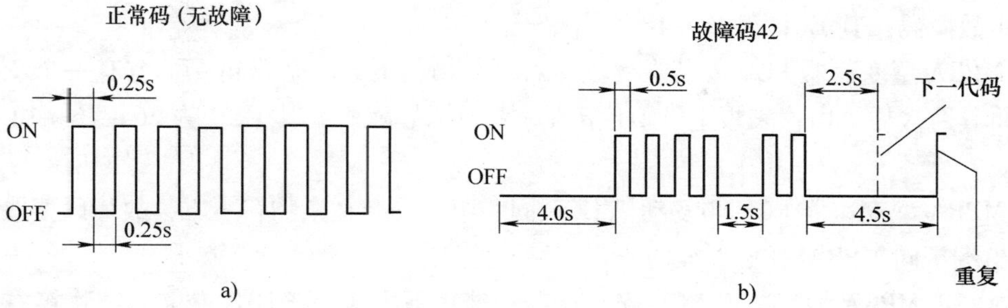


图 4-12　丰田故障码的显示

当电控单元内储存有多个代码时，控制单元则按故障码从小到大的顺序逐个闪示，相邻两个故障码之间间隔 2.5s。所有故障码显示完毕，停顿 4.5s 后再重新显示，如此反复，直到从故障诊断座上拔下连接导线为止。表 4-6 为丰田 A341E、A342E 自动变速器故障码表。

**表 4-6　丰田 A341E、A342E 自动变速器故障码表**

| 故障码 | 含义 | 故障部位 |
|---|---|---|
| 42 | 1 号车速传感器故障 | 1 号车速传感器、1 号车速传感器线束或连接器、ECU |
| 46 | 4 号电磁阀短路或断路 | 4 号电磁阀、4 号电磁阀线束或连接器、ECU |
| 61 | 2 号车速传感器故障 | 2 号车速传感器、2 号车速传感器线束或连接器、ECU |
| 62 | 1 号电磁阀短路或断路 | 1 号电磁阀、1 号电磁阀线束或连接器、ECU |
| 63 | 2 号电磁阀短路或断路 | 2 号电磁阀、2 号电磁阀线束或连接器、ECU |
| 64 | 3 号电磁阀短路或断路 | 3 号车速传感器、3 号车速传感器线束或连接器、ECU |
| 67 | O/D 档转速传感器故障 | O/D 档转速传感器、O/D 档转速传感器线束或连接器、ECU |
| 68 | KD 开关短路 | KD 开关、KD 开关线束或连接器、ECU |

5）读取所有故障码后，从诊断座上拔下连接导线，关闭点火开关。

（2）清除故障码　故障排除之后，应清除 ECU 存储器中的故障码。方法如下：在点火开关关闭的情况下，拔下 EFI 熔丝（15A）10s 以上，如图 4-13 所示。具体的时间长短取决于环境温度，温度越低，取下熔丝的时间要越长些。

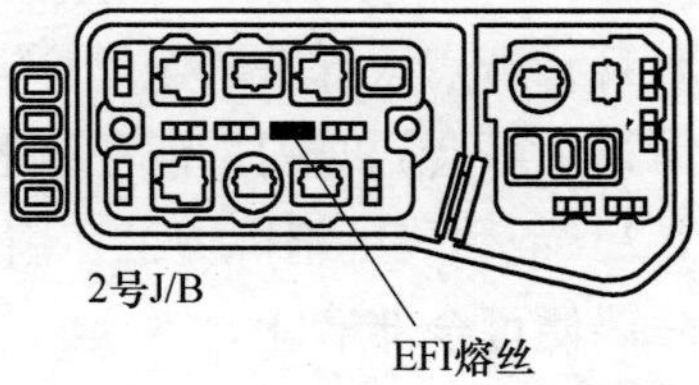


图 4-13　清除故障码

拆下蓄电池的搭铁线也可将故障码清除，但这会将 ECU 存储器中的其他信息也清除掉。将发动机与自动变速器（ECT）ECU 的线束插接器拔开，也可清除故障码。

消除故障码后，应进行路试，检查 O/D OFF 指示灯是否闪烁正常的代码。

**2. 本田车系**

（1）本田讴歌系列（MPRA、MPWA、MPYA、APX4-MPXA、ML4A、MPSA、MY8A、M24A 型自动变速器）

1）故障码的读取方法：

① MPRA 型变速器 ECU 安装在驾驶室仪表板左下方。故障码直接由变速器 ECU 上 LED

闪烁显示故障码。其 ECU 为 12 + 18 引出端子。

② MPRA 型变速器 ECU 安装在驾驶室右侧杂物箱下方。杂物箱左下方有一个 2 线诊断插座，将其跨接后，由仪表板上的 D4 指示灯来闪烁故障码。其 ECU 为 26 + 16 + 12 + 22 引出端子。

③ MPRA 型变速器 ECU 与发动机 ECU 同一组，安装在杂物箱下方，故障码读取方法及 ECU 引出端子同 MPRA 型变速器。

④ APX4- MPRA 型变速器 ECU 安装在杂物箱正下方，位于底板右侧。杂物箱右下方有一个 2 线诊断插座，将其跨接后，由仪表板上 D4 指示灯或 S 指示灯闪烁故障码。ECU 为 26 + 16 + 12 + 22 引出端子。

⑤ ML4A 型变速器电脑与发动机电脑同一组，安装在右侧杂物箱下方，在车底板上。该 ECU 中央有一个 LED 灯，故障码直接由 LED 灯闪烁，ECU 为 26 + 16 + 12 + 22 引出端子。

⑥ MPSA 型变速器 ECU 在驾驶人座椅底下。ECU 上有 LED 灯，故障码直接由 LED 灯闪烁，ECU 为 12 + 18 引出端子。

⑦ MY8A 型变速器 ECU 在右侧杂物箱下方，在底板左下方。ECU 侧边有 LED 灯，故障码直接由 LED 闪烁。ECU 为 12 + 18 引端子。

⑧ MP1A 型变速器 ECU 在右侧杂物箱最右下方、门柱后方。ECU 为 26 + 16 + 12 + 22 引出端子。

⑨ M24A 型变速器 ECU 与发动机 ECU 同一组，电脑安装在右侧杂物箱最右侧、门柱后面。ECU 上有两条线的诊断插座，将其跨接，由仪表板上的故障指示（CHECK）灯来闪烁故障码。ECU 为 26 + 16 + 12 + 22 引出端子。

2）故障码的清除方法，只要将蓄电池线拆开 10s 以上即可。

（2）本田雅阁轿车

1）故障码的读取方法。本田雅阁轿车在仪表上装有“S”故障指示灯，当变速器产生故障时，“S”故障指示灯便会亮起。除仪表板上的指示灯外，在自动变速器的 ECU 上装有 LED 灯，若点火开关转至“ON”位置，用跨接线跨接诊断插座，LED 灯及仪表板上的“S”故障指示灯会同时闪烁同一组故障码。

2）故障码的清除方法。将“BACK UP”熔丝（图 4-14）拆下 10s 后，再将熔丝装复，故障码便可全部清除。

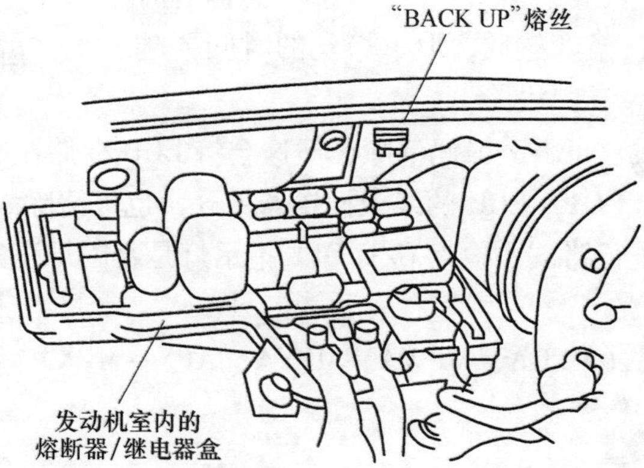


图 4-14　“BACK UP”熔丝的位置

3）故障码的编号及故障部位。本田雅阁汽车自动变速器的故障码及故障部位见表 4-7。

表 4-7 本田雅阁汽车自动变速器的故障码及故障部位

| 故障码 | 故障部位 | 故障码 | 故障部位 |
|---|---|---|---|
| 1 | 1 号锁止电磁阀不良 | 9 | 2 号车速传感器信号不良 |
| 2 | 2 号锁止电磁阀不良 | 10 | 发动机冷却液温度传感器及其电路不良 |
| 3 | 节气门位置传感器或其电路不良 | 11 | 点火系统信号或电路不良 |
| 4 | 1 号车速传感器信号不良 | 14 | 主电脑与变速器电脑连接不良 |
| 5、6 | 空档开关信号电路不良 | 15 | 车速传感器电路不良 |
| 7 | 1 号换档电磁阀电路不良 | 17 | 强制降档开关电路不良 |
| 8 | 2 号换档电磁阀电路不良 | 19 | 锁止电磁阀电路不良 |

注：点火系统信号不良时，变矩器内锁止离合器无法进入锁止工况。

**3. 通用车系**

以通用 4T60E 型自动变速器为例介绍通用车系故障码的人工读取。4T60E 自动变速器应用在前驱凯迪拉克轿车上，此种变速器为发动机 ECU 与自动变速器 ECU 共用，在做自动变速器的故障自诊断时，发动机控制系统的故障码也会一起被显示出来（如果有）。故障诊断插座一般位于仪表板的下方。

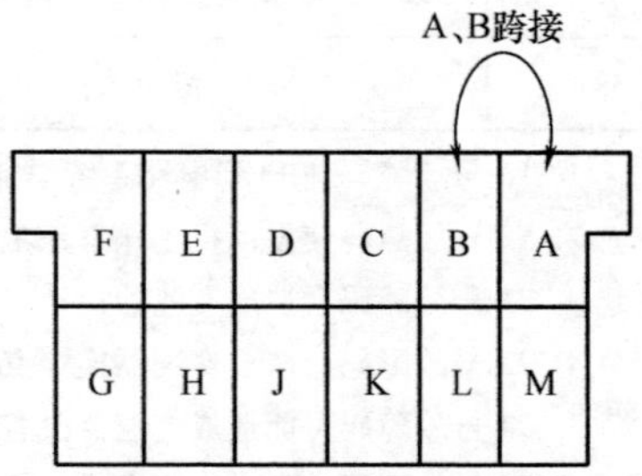

图 4-15 4T60E 型自动变速器诊断座

（1）故障码的读取 先跨接诊断插座上的 A、B 端子，如图 4-15 所示，然后将点火开关转至“ON”位置，但不起动发动机。仪表板上的“SERVICE ENGINE SOON”指示灯会闪烁故障码，或用电压表测量故障诊断插座内的插孔 D 的电压脉冲信号，根据脉冲的规律读取故障码。

（2）清除故障码 拆下 ECU 熔丝，等待 30s 以后，取下跨接线，故障码即可清除。

（3）故障码及故障部位 通用公司 4T60E 型自动变速器的故障码及故障部位见表 4-8。

**4. 福特车系**

福特汽车的电控自动变速器是和发动机控制系统共用 ECU 的。

（1）故障码的读取方法 故障诊断座通常位于发动机盖下方左前轮减振弹簧支座附近，为一个 6 孔插座和一个单孔插座（图 4-16）。只要用导线将单孔插座和 6 孔插座中的插孔 2 短接，然后将点火开关转至“ON”位置，就可以通过观察仪表板上的故障警告灯的闪烁规律读出故障码。故障码为 2 位，每位数之间间隔 2s，每个故障码之间间隔 4s。对于没有故障警告灯或故障警告灯不会闪烁的车型可以用电压表测量故障诊断插座的插孔 4，根据测得的电压脉冲规律来读出故障码。使用 OBD Ⅱ 诊断座的显示方法如图 4-17 所示。

表4-8　通用公司4T60E型自动变速器的故障码及故障部位

| 故障码 | 故障部位 | 故障码 | 故障部位 |
|---|---|---|---|
| 14 | 发动机冷却液温度传感器电压信号过低 | 39 | 液力变矩器（TCC）不良 |
| 15 | 发动机冷却液温度传感器电压信号过高 | 53 | 蓄电池电压过高 |
| 16 | 蓄电池电压太高 | 58 | 自动变速器油温度过高 |
| 21 | 节气门位置传感器电压信号过高 | 59 | 自动变速器油温度过低 |
| 22 | 节气门位置传感器电压信号过低 | 68 | 超速档传动比错误 |
| 24 | 车速传感器不良 | 73 | 主油压电磁阀控制不良 |
| 26 | 功率模块损坏 | 74 | 输入轴转速传感器无信号 |
| 28 | 2档、3档电磁阀工作不良 | 85 | 主减速器传动比错误 |
| 31 | 驻车档/空档开关工作不良 | 86 | 低速档传动比错误 |
| 36 | 2号换档电磁阀不良 | 87 | 高速档传动比错误 |
| 38 | 转矩传感器信号不良 | | |

注：1. 16号故障码使ECU电路系统增加稳定负载，造成自动变速器在D位锁止在3档。
2. 53号故障码使发动机工作不正常，导致变速器换档困难。
3. 21号故障码会造成变速器换档点滞后，失去4档，会造成各档都有轻微的换档冲击。
4. 22号故障码会造成变速器换档点提前，有可能造成变矩器无法进入锁止工况。
5. 24号故障码可能造成变速器没有车速信号数值，难以进行换档。在D位上只有3档。
6. 26号故障码功率模块不良或损坏，会造成D位上只有2档、3档或4档。
7. 31号故障码会造成换档点不准确，1档严重的换档冲击。
8. 36号故障码会造成只有1档、2档或3档。
9. 38号故障码锁止电磁阀不动作（断路）会出现没有变矩器锁上和没有4档。
10. 39号故障码应检查变矩器，必要时更换。

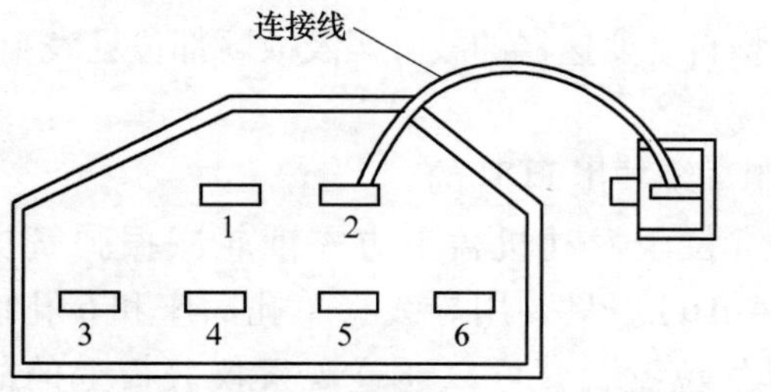

图4-16　福特汽车诊断座

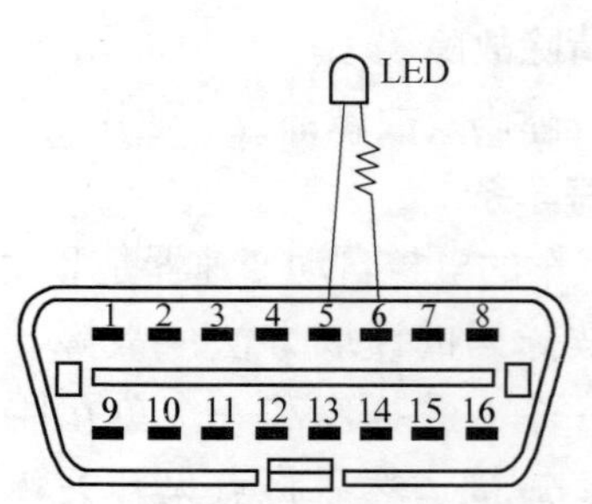

图4-17　使用OBD Ⅱ诊断座的显示方法

（2）故障码的清除方法　拔下蓄电池负极接线10s以上，即可清除故障码。

（3）故障码的编号及故障部位　福特汽车自动变速器的故障码及故障部位见表4-9。

表 4-9 福特汽车自动变速器的故障码及故障部位

| 故 障 码 | 故 障 部 位 | 故 障 码 | 故 障 部 位 |
|---|---|---|---|
| 116 | 发动机冷却液温度传感器信号不良 | 622 | 2 档电磁阀工作不良 |
| 117 | 发动机冷却液温度传感器信号电压过低 | 624 | 主油压电磁阀控制电路工作不良 |
| 118 | 发动机冷却液温度传感器信号电压过高 | 626 | 锁止电磁阀工作不良 |
| 121 | 节气门位置传感器信号不良 | 627 | 锁止控制电路工作不良 |
| 122 | 节气门位置传感器信号电压过低 | 628 | 变矩器锁止离合器工作不良 |
| 123 | 节气门位置传感器信号电压过高 | 631 | 超速档指示灯电路不良 |
| 124 | 节气门位置传感器信号电压过高 | 632 | 超速档开关信号不良 |
| 125 | 节气门位置传感器信号电压过低 | 634 | 空档开关信号不良 |
| 452 | 车速传感器信号不良 | 636 | 自动变速器油温度传感器信号不良 |
| 522 | 空档压力开关信号电压过低 | 637 | 自动变速器油温度传感器信号电压过高 |
| 525 | 空档压力开关信号电压过高 | 638 | 自动变速器油温度传感器信号电压过低 |
| 536 | 制动灯开关无信号 | 639 | 输入轴转速传感器信号不良 |
| 566 | 3 档、4 档电磁阀工作不良 | 641 | 3 档电磁阀工作不良 |
| 617 | 1 档、2 档压力开关无信号 | 651 | 油压控制电路工作不良 |
| 618 | 2 档、3 档压力开关无信号 | 652 | 脉冲式锁止电磁阀工作不良 |
| 619 | 3 档、4 档压力开关无信号 | 654 | 空档开关信号不良 |
| 621 | 1 档电磁阀工作不良 | | |

## 4.3.4 仪器读取和清除故障码

目前很少采用人工方法读取故障码，各车系都有自己的专用故障诊断仪来读取和清除故障码，如大众/奥迪车系采用 V. A. G1551/1552、V. A. S5051/5052，丰田车系采用 INTELLIGENT 高智能诊断仪，日产车系采用 CONSULT Ⅱ诊断仪，通用车系采用 TECH Ⅱ诊断仪，宝马车系采用 GT1 等。

下面以大众 01V 型自动变速器为例介绍使用故障诊断仪读取和清除故障码的方法。

01V 型自动变速器电控系统的核心是电子控制单元（J217）。J217 中装有故障存储器，如果被监测的传感器或部件发生了故障，传感器或部件以及故障的类型被存储在故障存储器内。仅发生一次的故障被称为偶然（临时）故障，偶然故障是作为补充信号加以识别的。

可以利用故障诊断仪 V. A. G1551 或 V. A. G1552 在工作方式 1 “快速数据传输” 的状态下，对自动变速器进行自诊断。

**1. 连接故障诊断仪 V. A. G1551 并进行功能选择**

进行故障自诊断前应保证：变速杆位于 P 位并拉紧驻车制动器，车辆电源正常、相应系统的电压及熔丝正常，车身搭铁线连接正常，蓄电池搭铁线和电源以及变速器的搭铁线连接正常。

连接故障诊断仪 V. A. G1551 和进行功能选择的操作步骤如下：

1）关闭点火开关。在位于驾驶人侧护膝板内的检测接口处连接故障诊断仪

V. A. G1551，如图4-18所示。此时故障诊断仪 V. A. G1551 的屏幕上显示：

| | |
|---|---|
| V. A. G 故障自诊断 | 帮助 |
| 1-快速数据传递* | |
| 2-闪光码输出* | |

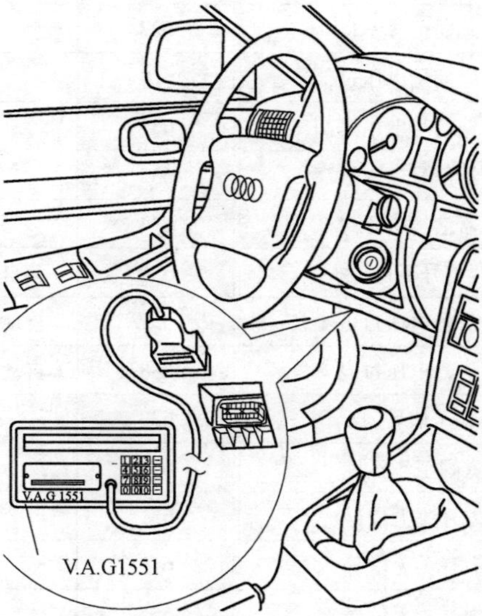


图4-18 故障诊断仪 V. A. G1551 的连接

2）打开点火开关，按“1”键选择“快速数据传输”，此时故障诊断仪 V. A. G1551 屏幕上显示：

| | |
|---|---|
| 快速数据传递 | 帮助 |
| 输入地址码 XX | |

3）输入“02”选择“自动变速器电子系统”，此时故障诊断仪 V. A. G1551 屏幕上显示：

| | |
|---|---|
| 快速数据传递 | Q |
| 02-变速器电子系统 | |

4）按“Q”键确认，此时故障诊断仪 V. A. G1551 屏幕上显示控制单元的识别代码：

| | |
|---|---|
| 4B0927156BT AG5 01V 2. 8L 5V RDW1416 | |
| 编码 00001 | WSC00000 |

其中，4B0927156BT 为备件号；AG5 01V 为自动变速器代号；2. 8L 5V 为发动机型号；RDW 为世界其他地区；1416 中的“14”为程序版本，“16”为数据版本；编码 00001 为控制单元编码；WSC00000 为服务站代码。

5）观察代码是否正确，如果正常则继续执行程序，按“→”键进入功能选择状态，如下所示，诊断功能代码见表4-10。

| | |
|---|---|
| 快速数据传递 | Q |
| 功能选择 XX | |

6）如果屏幕显示“控制单元无应答!”，按“HELP”键可打印出可能故障原因清单。检查控制单元电压及自诊断接口的电缆接线，必要时更换自动变速器控制单元。

**表 4-10　诊断功能代码**

| 代　码 | 功　能 | 代　码 | 功　能 |
|---|---|---|---|
| 01 | 查询控制单元版本 | 06 | 结束输出 |
| 02 | 查询故障码 | 07 | 控制单元编码 |
| 03 | 执行元件诊断 | 08 | 读测量数据块 |
| 04 | 基本设定 | 09 | 读单元测量数据块 |
| 05 | 清除故障码 | 10 | 匹配，自适应 |

**2. 查询故障码**（读取故障码）

1）关闭点火开关，连接故障诊断仪 V. A. G1551，打开点火开关。按照前述操作，直到屏幕上显示“功能选择 XX”，屏幕显示：

| | |
|---|---|
| 快速数据传递 | 帮助 |
| 功能选择 XX | |

2）输入“02”，选择“查询故障码”功能，并按“Q”键确认，屏幕显示：

| |
|---|
| 识别到 X 个故障 |

3）按“Q”键确认，屏幕显示存储的故障数量或者显示“没有发现故障”。如果有多个故障被识别，按“→”键可以逐一显示所有的故障码。当所有的故障码显示完成后，按“→”键则回到初始状态。01V 型自动变速器的部分故障码见表 4-11 所示。

**表 4-11　01V 型自动变速器的部分故障码**

| 屏幕上显示内容 | 可能存在的故障 | 故 障 排 除 |
|---|---|---|
| 未识别到的故障 | 自诊断结束后，如果自动变速器自诊断没有检查到故障，则进行下面几步：<br>1. 进行元件的诊断<br>2. 读取测量数据块，检查液力变矩器转速差、液力变矩器锁止离合器的开关状态及发动机控制单元信息，必要时检查与本系统有关的其他控制系统 | |
| 00258/P0753<br>电磁阀 1-N88 断路或对搭铁短路或对正极短路 | 1. 断路或者对搭铁/正极短路<br>2. 电磁阀 1-N88 损坏 | 1. 根据电路图检查电路和插头连接<br>2. 读取测量数据块，显示组号 005<br>3. 进行执行元件的诊断<br>4. 进行电气检查 |

（续）

| 屏幕上显示内容 | 可能存在的故障 | 故 障 排 除 |
|---|---|---|
| 00293/P0705<br>多功能开关 F125 不清楚的信号 | 1. 断路或者对搭铁或者对正极短路<br>2. 多功能开关电源线断或者多功能开关损坏<br>3. 多功能开关插头未插上 | 1. 根据电路图检查电路和插头连接<br>2. 读取测量数据块<br>3. 进行电气检查，必要时更换 F125 |
| 00296/P1704<br>强制降档开关 F8 对搭铁短路 | 1. F8 和变速器控制单元之间对地短路<br>2. F8 和变速器控制单元之间断路<br>3. 强制降档开关 F8 损坏 | 1. 根据电路图检查电路和插头连接<br>2. 读取测量数据块<br>3. 进行电气检查<br>4. 调整或者更换加速踏板拉索 |
| 00297/P0722<br>变速器转速传感器 G38 无信号 | 1. G38 对搭铁或正极断路或短路<br>2. G38 屏蔽线损坏<br>3. 变速器转速传感器损坏 | 1. 根据电路图检查电路和插头连接<br>2. 读取测量数据块<br>3. 进行电气检查，必要时更换变速器转速传感器 G38 |
| | 发动机或变速器输入信号错误 | 按照故障码 00529/P0727 排除故障 |
| | 1. ATF 液位不对，液力变矩器损坏或者出错<br>2. 离合器/制动器打滑或者电磁阀损坏 | 1. 检查 ATF 液位<br>2. 读取测量数据块，显示组号 004 ~ 006，并且在行驶中确定哪个元件损坏或者不起作用 |
| 00300/P0712<br>变速器油温度传感器 G93 对地短路 | 1. 短路或断路<br>2. 变速器油温度传感器 G93 损坏<br>3. ATF 油位不正确 | 1. 根据电路图检查电路和插头连接<br>2. 读取测量数据块显示组号 004<br>3. 进行电气检查<br>4. 检查 ATF 油位<br>5. 变速器油温度传感器 G93 和变速器内部线束在一起 |
| 00301/P0713<br>变速器油温度传感器 G93 断路/对正极短路 | | |
| 00518/P0121<br>节气门电位计 G69 信号太弱、信号太强、不可靠信号 | 1. 发动机和变速器控制单元之间触点松动或短路<br>2. 节气门电位计 G69 和发动机控制单元之间电路连接损坏<br>3. 节气门电位计 G69 损坏<br>4. 发动机控制单元无信号或错误信号输出 | 1. 如果显示故障 00638 时，要先排除故障<br>2. 根据电路图检查电路和插头连接<br>3. 读取测量数据块，显示组号 008 和 009<br>4. 按照发动机控制单元故障码 16504、16505、16506 和 16507 排除故障<br>5. 读取发动机控制单元故障码并排除故障 |
| 00526/P0703<br>制动灯开关 F 不可靠信号 | 1. 制动灯开关 F 坏<br>2. 变速器控制单元和制动灯 F 之间搭铁断路或对搭铁/正极短路 | 1. 根据电路图检查电路和插头连接<br>2. 读取测量数据块，显示组号 003<br>3. 检查电气，必要时更换制动灯开关 F |
| 00529/P0727<br>缺转速参数（发动机转速）不可靠信号 | 通过发动机控制单元诊断出发动机转速传感器 G28 故障 | 1. 读取测量数据块，显示组号 001<br>2. 读取发动机控制单元故障码并排除故障 |
| | 发动机控制单元出错或坏了 | 检查发动机控制单元识别代码，必要时更换发动机控制单元 |
| | 变速器控制单元出错或坏了 | 检查变速器控制单元 |

（续）

| 屏幕上显示内容 | 可能存在的故障 | 故障排除 |
|---|---|---|
| 00529/P0727<br>缺转速参数（发动机转速）断路/对搭铁短路、正极短路、不可靠信号 | 1. 发动机控制单元到变速器控制单元电路断路<br>2. 发动机转速受非法安装的电路干扰而出错（如加装电话） | 1. 根据电路图检查电路和插头连接<br>2. 读取测量数据块，显示组号001<br>3. 进行电气检查 |
| | 1. 发动机转速传感器到发动机控制单元信号有错<br>2. 发动机转速传感器G28损坏<br>3. 对搭铁/正极短路<br>4. 车载ECU短路 | 读取发动机控制单元故障码并排除故障 |
| 00532/P1746<br>电源电压（控制单元、电磁阀）信号太弱、输出未通/接搭铁短路、输出未通/正极短路 | 1. 电源电压低于9V<br>2. 熔丝损坏<br>3. 电磁阀或者变速器电压低于9V或高于16V<br>4. 熄火后仍有电源电压，即正极短路<br>5. 控制单元J217触点52、53、54、55断路或者短路 | 1. 检查电气设备<br>2. 读取测量数据块，显示组号003<br>3. 检查变速器控制单元J217电源<br>4. 进行电气检查 |
| 00543/P0726<br>发动机转速超过最大转速 | 1. 断路<br>2. 发动机转速信号由于受非法安装的电路的干扰而出错（如加装电话）<br>3. 发动机转速传感器到发动机控制单元的信号有错<br>4. 发动机转速传感器G28损坏<br>5. 发动机转速限制器损坏<br>6. 发动机控制单元损坏<br>7. 不允许反接滑阀箱（如滑阀箱机械失灵） | 1. 根据电路图检查电路和插头连接<br>2. 读取测量数据块，显示组号001<br>3. 根据发动机故障码16706排除故障<br>4. 读取发动机控制单元故障码并排除故障，必要时更换发动机控制单元<br>5. 读取测量数据块，显示组号005和在行驶中确定哪个元件损坏或者不起作用，必要时更换单个电磁阀或滑阀箱 |

**3. 清除故障码**

查询故障码并排除故障后，应清除故障码。

1）在“2. 查询故障码”第3）步的基础上，按“0”键和“5”键选择“清除故障码”，显示屏显示：

| | |
|---|---|
| 快速数据传输<br>05 清除故障码 | 帮助 |

2）按“Q”键确认，约5s后，故障码被清除，显示屏显示：

| | |
|---|---|
| 快速数据传输<br>故障码被清除 | 帮助 |

如果在查询故障码和清除故障码的过程中，点火开关处于关闭状态，那么故障码不能被清除。

3）查询和清除故障码之后，进行道路试车，并且再一次查询故障码，必要时排除相应的故障。最后查询故障码时，显示屏应当显示："No fault recognized"（未识别到故障）。

**4. 读取测量数据块**

1）连接故障诊断仪 V. A. G1551。输入地址码"02"选择"变速器电子系统"。打开点火开关。屏幕显示：

| | |
|---|---|
| 快速数据传递 | 帮助 |
| 功能选择 XX | |

2）输入"08"，选择"读取测量数据块"，并按"Q"键确认。屏幕显示：

| | |
|---|---|
| 测量数据块 | Q |
| 输入显示组号码 XX | |

3）参照表4-12 输入相应的显示组号，按"Q"键确认，此时显示屏上即可显示此显示组的数据。以显示组 001 为例，数据在屏幕上分成四个显示区域显示，各部分含义见表4-12。

| | |
|---|---|
| 读取测量数据块 | → |
| 1　2　3　4 | |

4）对于 V. A. G1551，按"3"键或"1"键可向前或向后显示相应的显示组。

**表4-12　显示组号一览表**

| 屏幕显示 | | | | 显示组号 | 显示区 | 含　义 |
|---|---|---|---|---|---|---|
| 1 | 2 | 3 | 4 | | | |
| 测量数据块读数 1 | | | → | 001 | 1 | 发动机转速 |
| 0r/min | 0% | 0r/min | 4 | | 2 | 变速器输入转速传感器 G182 |
| | | | | | 3 | 变速器转速传感器 G38 |
| | | | | | 4 | 所挂档位 |
| 测量数据块读数 2 | | | → | 002 | 1 | 动力代号 |
| 0 | 0% | 0r/min | 4 | | 2 | 节气门值 |
| | | | | | 3 | 变速器转速传感器 G38 |
| | | | | | 4 | 所挂档位 |
| 测量数据块读数 3 | | | → | 003 | 1 | 所挂档位 |
| 制动 | actives | 0km/h | 12.8V | | 2 | 制动灯开关 F |
| | | | | | 3 | 变速杆锁止电磁阀 N110 |
| | | | | | 4 | 速度 |
| 测量数据块读数 4 | | | → | 004 | 1 | ATF 温度 |
| 21.0℃ | P | 1000 | 1000 | | 2 | 变速杆位置 |
| | | | | | 3 | 多功能开关位置 |
| | | | | | 4 | 车上诊断信息（带 CAN 总线车辆） |

（续）

| 屏幕显示 1 | 屏幕显示 2 | 屏幕显示 3 | 屏幕显示 4 | 显示组号 | 显示区 | 含　义 |
|---|---|---|---|---|---|---|
| 测量数据块读数 5 | | | → | 005 | 1 | N88 电磁阀 |
| 0 | 0 | 0 | 4 | | 2 | N89 电磁阀 |
| | | | | | 3 | N90 电磁阀 |
| | | | | | 4 | 所挂档位 |
| 测量数据块读数 6 | | | → | 006 | 1 | N91 电磁阀额定电流 |
| 0.747A | 0.747A | 0.747A | 4 | | 2 | N92 电磁阀额定电流 |
| | | | | | 3 | N93 电磁阀额定电流 |
| | | | | | 4 | 所挂档位 |
| 测量数据块读数 7 | | | → | 007 | 1 | ATF 温度 |
| 21.0℃ | 0.747A | WK auf | 0r/min | | 2 | N94 电磁阀额定电流 |
| | | | | | 3 | 液力变矩器锁止离合器 |
| | | | | | 4 | 液力变矩器锁止离合器锁止转速 |
| 测量数据块读数 8 | | | → | 008 | 1 | 强制降档开关 |
| Kick Down | 0% | 5% | | | 2 | 节气门值 |
| | | | | | 3 | 发动机转矩单位 N · m（带 CAN 总线车辆） |
| | | | | | 4 | 滑移/拖车状态 |
| 测量数据块读数 9 | | | → | 009（带 CAN 总线车辆） | 1 | 发动机实际转矩 |
| 100N · m | 350N · m | 0r/min | 0% | | 2 | 最大转矩 |
| | | | | | 3 | 发动机转速 |
| | | | | | 4 | 节气门值 |
| 测量数据块读数 9 | | | → | 009（不带 CAN 总线车辆） | 1 | 发动机实际转矩 |
| 100N · m | 0r/min | 0% | 0.00ms | | 2 | 发动机转速 |
| | | | | | 3 | 节气门值 |
| | | | | | 4 | 油耗信号 |
| 测量数据块读数 10 | | | → | 010 | 1 | 液力变矩器转矩上升 |
| 0.00 | 0r/min | 4 | — | | 2 | 发动机转速 |
| | | | | | 3 | 所挂档位 |
| | | | | | 4 | 驱动防滑控制系统 ASR |
| 测量数据块读数 11 | | | → | 011 | 1 | 变速杆位置 |
| 0 | M-开关 | 加速键 | 压缩机接通 | | 2 | Tiptronic 识别 |
| | | | | | 3 | Tiptronic 加减档开关 F189 |
| | | | | | 4 | 空调强制减档 |

## 4.4 自动变速器故障案例分析

案例1：丰田凯美瑞2.2轿车自动变速器跳档迟缓故障排除

故障现象：一辆丰田汽车公司生产的丰田凯美瑞2.2轿车，装用电控自动变速器，在汽车运行不到10000km时，自动变速器出现了跳档迟缓的故障现象。

故障检修过程：因该车具有自诊断功能，所以首先利用该车的故障自诊断系统读取有关故障码。但是仪表板上的自动变速器故障指示灯“O/D OFF”和发动机故障指示灯“CHECK ENGINE”都不亮，但在按下变速杆上的超速档O/D开关后，仪表板上的自动变速器故障指示灯“O/D OFF”会亮。估计该车电路已经被改接过。经对电路仔细检查并连接好仪表板上的自动变速器故障指示灯，自动变速器故障指示灯“O/D OFF”闪烁，发动机故障指示灯“CHECK ENGINE”也点亮，说明ECU中存有故障码。

重新利用该车的故障自诊断系统读取故障码，读出的代码为“42”，其含义为仪表板到发动机ECU间的车速信号传输不良。经对该车速信号传输电路进行检查发现，该电路已断路，将该电路接好后，试车，故障现象消失，自动变速器换档正常。

故障分析：一般新车在组装时，常把一些指示灯的电路改装，由于组装人员技术水平问题，可能接错。如不重新连接这些指示灯电路，则仪表板上的这些故障指示灯就不能进行正常显示，所以无法调整故障码。

车速传感器检测到的车速信号要经过仪表板处理后才能被输送给发动机ECU。车速传感器的车速信号传输电路断路后，车辆刚行驶时，ECU便无法收到车速信号。由于车速信号是自动变速器自动换档的一个主要参数，ECU收不到车速信号，自动变速器便不跳档。由于现代汽车均设有故障保险功能，当发动机转速在2500~4500r/min范围内有8s以上ECU无法取得车速信号时，才按第二车速传感器检测到车速信号指令自动变速器跳档，这就表现在自动变速器跳档迟缓。

由此可见，该车便是在第一车速传感器车速信号传输电路断路后，因为无法接收到第一车速传感器的车速信号，在该跳档时，迟后一段时间，按照第二车速传感器检测的车速信号跳档的，所以跳档迟缓。

案例2：装备A340E型自动变速器的皇冠3.0轿车热车起步困难

故障现象：轿车行驶里程为70000km，冷车行驶正常，而热车时起步很困难，必须猛踩下加速踏板，汽车才慢慢起步，起步后，汽车能正常行驶。

故障诊断及排除：由于汽车起步后能正常行驶，从这一点考虑排除了发动机与行驶系统方面的原因，分析故障可能出在变速器上。用跨接线跨接自诊断接口$TE_1$与$E_1$，打开点火开关，打开超速档开关，通过超速档指示灯的闪烁读取故障码时，无故障码显示。检查变速器油，油面正常，油质无明显的变质现象。对自动变速器进行失速试验，发现R位与D位的失速均高于标准值。通过失速试验，断定故障是由于变速器引起的。又由于冷车较好而热车严重的故障症状，初步认为液压系统某个部件配合间隙发生了变化。对主油路压力进行测试，怠速时各档位的油压均为300kPa左右，比标准值380kPa低80kPa。但在突然加速时，油压能达到400kPa左右。因此可以肯定液压系统有泄漏现象或油泵有损坏。拆下液压控制阀，检查主油压调节阀及其他换档阀，没有发现故障。解体变速器检查油泵，发现油泵良好。检查各档离合器的摩擦片和制动器以及单向离合器均无故障，对各档离合器进行气压试验也没有发现有漏气的地方。更换一个修理包装复自动变速器，再次测试油路油压，仍然很低。再更换阀体试车，故障仍然存在。后来发现该车超速档的直接离合器在发动机运转时（除 D 位超速档外任何档）都参加工作。而超速档的直接离合器油路中有一个减振蓄能器，拆下减振蓄能器，发现减振蓄能器活塞上的橡胶密封圈有一小段严重变形，更换密封圈后试车故障排除。

故障分析：高温、高压等因素导致密封圈在活塞上下运动时发生滚动，加之高温使橡胶软化变形。汽车在冷车起动时，变速器油的黏度比较大，从减振蓄压器活塞上的橡胶密封圈处泄漏的油较少，油压下降就小，因此汽车冷车起步正常。当发动机温度高时，变速器油的黏度就会下降，从减振蓄能器活塞上的橡胶密封圈处泄漏的油较多，油压下降就大，因此汽车热车时驱动无力。

案例 3：装备 DGPA 自动变速器的 2002 款广本奥德赛大修后挂任何档都不能行驶

故障现象：一辆 2002 款广本奥德赛轿车，装有 F23Z4 发动机和 DGPA 自动变速器，大修后，无论挂入任何一档，汽车都不能行驶。

故障诊断排除与分析：询问车主得知，自动变速器大修前，在平路上行驶，无论变速杆置于前进档还是倒档，自动变速器都能正常工作。但在一次用倒档在约 30% 的坡度上行驶时，倒行 10m 左右，汽车停止不动，即使加速踏板踩到底，汽车仍然不动。为此，将车送进修理厂检修。在大修过程中，发现 4 档离合器片有烧毁的现象，更换了主轴和 4 档离合器片，但装复后，无论挂入任何一档，汽车仍不能行驶。

自动变速器在大修后无任何档，人为操作失误造成故障的可能性较大。用举升器举起汽车驱动轮，操纵变速杆，无论变速杆置于任何档位，驱动轮转动均非常吃力，且没有空档。首先进行读故障码，没有任何故障码，故障指示灯也不亮，再综合车主的描述，排除了电子控制系统的故障，初步判断应为大修装配或操作有误导致故障。于是对自动变速器进行重新拆检，拆下自动变速器右侧盖和驻车制动系统后，发现中间轴正、反两个方向都不转动，但主轴和副轴转动自如，进而将变速器中壳体拆掉，此时中间轴可以转动了。继续拆卸，在分解中间轴时，发现倒档接合套齿毂方向装反，其一个端面是大平面，而另一个端面的中间带有内凹槽，深度为 2mm 左右。正确的装配位置是，大平面一端紧靠着 4 档齿轮，带内凹槽的一端紧挨着倒档齿轮，倒档齿轮的凸台与倒档接合套齿毂的内凹槽配合。由于倒档接合套齿毂的方向装反，致使倒档齿轮和 2 档齿轮向后移动 2mm 左右的距离，由液压控制的倒档拨叉轴保持原来的位置不变，这样，倒档接合套与倒档接合套齿毂、倒档齿轮和 4 档齿轮的相对位置发生了一定量的位移，导致各个运转件在运行接合中不到位。按正确的装配方法重新装配倒档接合套齿毂，紧接着对主轴和副轴进行了分解与检查，其装配正确。检查各离合器的自由间隙，均符合技术要求。又对各离合器毂进行压缩空气试验，没有发现漏气现象。于是将整个变速器清洁干净后，重新组装并进行测试。连接故障诊断仪，没有故障码，连接油压表，检测各档油压，均在要求的范围内。最后进行路试，在约 30% 的坡度上，倒档行驶时发动机只需 1200 ~ 1500r/min，完全恢复正常，故障彻底排除。

案例 4：2001 款捷达都市先锋起步困难，加速不良，油耗过大故障现象：一辆行驶里程80000km的2001款捷达都市先锋轿车，起步困难，加速不良，而且油耗过大。

故障诊断排除与分析：首先进行路试，将变速杆分别置于2位、3位、D位，踩下加速踏板，发现车速表与发动机转速表上升速度不对应。在变速杆置于1位和R位时，需迅速踩加速踏板，汽车才能正常起步。

为确定故障原因，对自动变速器进行失速试验。拉起驻车制动器，将制动踏板踩到底，为了保证安全，可用木楔块将四个车轮的前后卡住。在发动机运转的情况下，分别将变速杆置于1位、2位、3位、D位、R位，使变速器油温升至50～80℃的正常范围。猛踩加速踏板至节气门全开，迅速读出发动机失速的转速，在3位和D位，失速转速分别为800～900r/min、1200～1300r/min。失速转速的标准数值一般为2000r/min左右，试验表明，失速转速明显偏低，汽车动力性下降。

造成失速转速降低的主要原因有两个：一是发动机动力下降；二是液力变矩器工作性能下降，主要是变矩器中的导轮的单向离合器打滑。为了验证发动机的加速性能，把变速杆置于N位，发动机运转至正常温度后，迅速踩下加速踏板，伴随着轰鸣声，发动机转速迅速上升，说明发动机加速性能良好。拆卸自动变速器，取下液力变矩器，用专用工具检查导轮单向离合器的工作性能。单向离合器在一个方向上转动自如，在另一个方向上虽然转动阻力较大也能转动，说明单向离合器已经失效。因此确认，故障原因为液力变矩器中单向离合器打滑。更换液力变矩器，安装变速器后试车，故障排除。

案例5：皇冠3.0轿车换档时冲击严重故障

故障现象：一辆皇冠3.0轿车装备了A340E自动变速器。行驶里程100000km，起动发动机，踩住制动踏板，分别将自动变速器变速杆从N位移至D位和R位时，变速器内部发生猛烈冲击，车起步后，车速升高缓慢。

故障诊断及排除：由于引起自动变速器换档冲击的原因有很多，本着从简单到复杂检查的原则，首先读取故障码，结果发现没有故障码，这就基本排除了自动变速器电路故障。然后对变速器油进行检查，发现变速器油中含有很多黄色的磨屑。从磨屑的颜色分析可以肯定是变速器内的铜质部件磨损产生的。为了进一步分析变速器油质的成分，拆下变速器的油底壳，发现油底壳内的杂质几乎都是黄色的磨屑，并且磨屑的大小不一，磨屑的表面发亮，可能是由于旋转切削力的作用形成的。通过对自动变速器内部结构进行分析，铜质材料受旋转切削力作用的部件只有变速器后部的减摩垫片。将自动变速器解体，结果发现与后离合器接触的铜质减摩垫片切削掉很多，更换铜质减摩垫片，将变速器装复，冲击消失，故障排除。

故障分析：本例故障主要是车主在不正规修理厂检修自动变速器导致的。不正规修理厂的修理人员盲目换件，把质量不过关的铜质减摩垫片装上，导致减摩材料不耐磨现象产生。

## 思考与练习题

1. 简述自动变速器故障诊断步骤。
2. 如何读取与清除丰田自动变速器的故障码？

3. 自动变速器打滑故障现象有哪些？如何进行故障诊断与排除？
4. 如何进行汽车不能行驶故障诊断？
5. 如何进行换档冲击故障诊断？
6. 自动变速器不能锁止或锁止不能解除的故障原因是什么？如何诊断？
7. 如何进行跳档故障诊断？
8. 大众 01V 自动变速器故障自诊断的步骤有哪些？

# 第5章 自动变速器新技术

**学习思路：**

掌握自动变速器新技术才能为以后新型自动变速器的维修打下基础。

## 5.1 汽车无级变速器

### 5.1.1 CVT 系统概述

目前轿车上广泛使用的自动变速技术是由液力变矩器和行星轮变速机构组合而成的自动变速器。但其仍有明显的缺点：传动比不连续，只能实现分段范围内的无级变速。液力传动的效率较低，影响了整车的动力性与燃料经济性。增加变速器的档位数来扩大无级变速覆盖范围，就必须采用较多的执行元件来控制行星轮系的动力传递路线，导致自动变速器零部件数量过多，结构复杂，保养和维护不便。所以汽车行业早就开始研究其他新型变速技术，无级变速 CVT 技术就是其中最有前景的一种。

无级变速器是传动比可以在一定范围内自动连续地变化的变速器（Continuously Variable Transmission），简称 CVT。它采用传动带和工作直径可变的主、从动轮相配合来传递动力，可以实现传动比的连续改变，从而得到传动系统与发动机工况的最佳匹配，最大限度地利用发动机的特性，提高汽车的动力性和燃油经济性，目前在汽车上的应用越来越多。目前常见的无级变速器是金属带式无级变速器（VDT-CVT）。

**1. CVT 系统特点**

1）CVT 可以在相当宽的范围内实现无级变速，利用传动带与工作直径可变的主、从动轮相配合来传递动力，且操纵方便，乘坐舒适。

2）CVT 的无级变速特性能够获得后备功率最大的传动比，增强了汽车的爬坡能力和加速能力。

3）CVT 的速比工作范围宽，能够使发动机以最佳工况工作，从而改善了汽车的燃料经济性。

4）CVT 系统结构简单，零件数目较少，一旦大规模生产，成本低于 AT。

5）CVT 对零部件特别是传动钢带的疲劳寿命要求特别高，而且 CVT 应用时间较短，维修技术和经验相对不足。

**2. 在国内的应用**

目前国内常见的采用了无级变速器的有飞度、奥迪 A6、派力奥（西耶那、周末风）、旗云等车型。

（1）飞度 CVT　飞度的 CVT 无级变速器是专门为小型车设计的，属于新一代钢带无级自动变速器，可允许两个带轮之间进行高转矩传递，运转平稳、传动效率高，是小型车里较好的。飞度的 CVT 变速器还带有 S 档（运动模式），既追求流畅感、低油耗，又不乏驾驶乐趣。

（2）奥迪 A6 的 Multitronic 无级/手动一体变速器　奥迪的 Multitronic 变速器是在原有无级变速器的基础上安装了一种称为多片式链带的传动组件，这种组件大大拓展了无级变速器的使用范围，能够传递和控制峰值高达 280N·m 的动力输出，其传动比超过了以前各种自动变速器的极限值。Multitronic 还采用了全新的电子控制系统，以克服原有无级变速器的不足。比如在上下坡时，系统能自动探测坡度，并通过调整速比增加动力输出或加大发动机的制动转矩来协助车辆行驶。

（3）派力奥（西耶那、周末风）Speedgear　派力奥 Speedgear 是一种手/自一体式电控无级变速器（ECVT），南京菲亚特率先把它应用在小型车上。它提供两种换档模式：电控无级自动变速模式和 6 档顺序手动变速模式，驾驶人可以根据喜好选择不同的换档方法。Speedgear 由液力变矩器、两个可变直径钢带轮和一根传动金属带（一定数量的钢片和两根九层钢带）组成，具有更宽的传动比，同时具有无级变速器结构简单、体积紧凑的特点。

（4）旗云 CVT　旗云 CVT 采用了德国 ZF 公司生产的 VT1F 无级变速器，和它出色的发动机一起，这一整套动力和传动系统都来自于宝马 MINI COOPER。该无级变速器有无级变速、自动巡航、运动模式和 6 档手动四种驾驶模式，与电子节气门配合以后更接近智能化控制。

## 5.1.2 无级变速器的基本原理

CVT 的主要结构和工作原理如图 5-1 所示，该系统主要包括主动轴、从动轴、金属传动带和液压缸等基本部件。金属传动带由两束金属环和几百个金属片构成。主动轮组和从动轮组都由可动盘和固定盘组成的，与液压缸靠近的一侧带轮可以在轴上滑动，另一侧则固定。可动盘与固定盘都是锥面结构，它们的锥面形成 V 形槽来与 V 形金属传动带啮合。发动机输出的动力首先传递给 CVT 的主动轮组，然后通过 V 形传动带传递给从动轮组，最后经主减速器、差速器传递给驱动车轮。

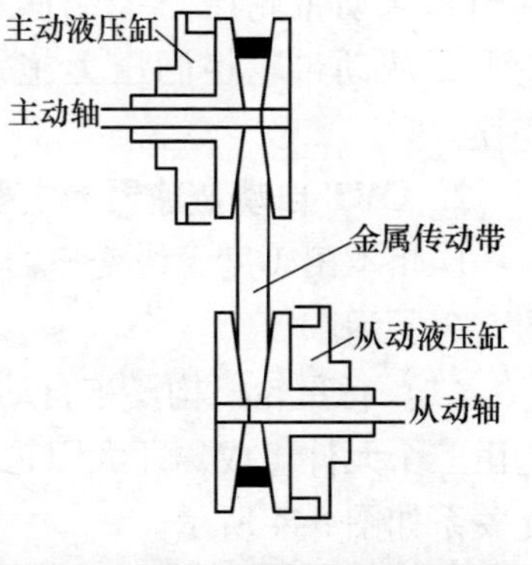

图 5-1　CVT 的主要结构和工作原理

工作时通过主动轮组与从动轮组的可动盘做轴向移动来改变主动轮、从动轮锥面与V形传动带啮合的工作半径，从而改变传动比。两个带轮可以实现反向调节，即当其中一个带轮凹槽逐渐变宽时，另一个带轮凹槽就会逐渐变窄。可动盘的轴向移动量是由控制系统调节主动轮、从动液压缸压力来实现的。由于主动轮组和从动轮组的工作半径可以实现连续调节，从而实现了无级变速。

## 5.1.3　广州本田飞度无级变速器

广州本田飞度CVT无级变速器是新一代钢带无级电控自动变速器，其结构紧凑，传动效率高，具有无级前进档和二级倒档变速功能，操纵简单，手/自一体选择模式可允许两个带轮之间进行高转矩传递，运转平稳。变速杆共有以下有六种位置：P、R、N、D、S和L。

**1. 无级变速器的结构**

广本飞度CVT主要由机械传动、电子控制、液压控制、换档控制机构四部分组成。其机械结构如图5-2所示。

（1）机械传动　变速器有四条平行轴：输入轴、主动带轮轴、从动带轮轴及主传动轴。输入轴和主动带轮轴与发动机曲轴成直线布置。主动带轮轴和从动带轮轴均由活动和固定两种轮面的带轮构成，两个带轮通过钢带连接。输入轴由太阳轮、行星轮、齿圈及行星架构成。主动带轮轴包括主动带轮以及前进离合器，从动带轮轴包括从动带轮、起步离合器以及与驻车齿轮一体的中间从动轮。主传动轴位于中间主动轮与主减速从动轮之间。主传动轴由主减速主动轮和中间从动轮组成，中间从动轮用以改变旋向。当行星轮通过前进离合器和倒档制动器接合后，动力即由主动带轮轴传递至从动带轮轴，从而提供了L、S、D和R档位。

（2）电子控制系统　电子控制系统由传感器、动力系统控制模块（PCM）和电磁阀组成。PCM位于仪表板下部、杂物箱的后面。动力系统控制模块接收各传感器信号，通过电磁阀对带轮传动比变化等进行控制，确保了所有条件下的驾驶舒适性。

（3）液压控制系统　液压控制系统主要由自动变速器油泵、阀体和控制油道组成。阀体包括主阀体、控制阀体和手动阀体。ATF泵体用螺栓固定在主阀体上，主阀体则用螺栓固定在飞轮壳上，控制阀体位于变速器体外部，手动阀体定位在中间壳体上。

（4）换档控制机构　动力系统控制模块通过电磁阀对带轮传动比变换进行控制，PCM接收来自车辆各种传感器和开关的输入信号。PCM通过控制无级主动带轮压力控制阀和从动带轮压力控制阀，以改变带轮控制压力。主动带轮控制压力施加于主动带轮上，从动带轮控制压力施加于从动带轮上，以使带轮传动比能在其有效范围内进行变换。

**2. CVT自动变速器的主要机械部件**

广州本田飞度无级变速器主要的动力部件有行星轮、离合器、倒档制动器、带轮等，如图5-3所示。

（1）行星轮机构　该自动变速器的行星轮机构有单行星轮和双行星轮两种形式，它们均由三个元件组成，即太阳轮、行星架和齿圈。行星轮机构与主动带轮轴和输入轴之间的装配关系如图5-4所示。

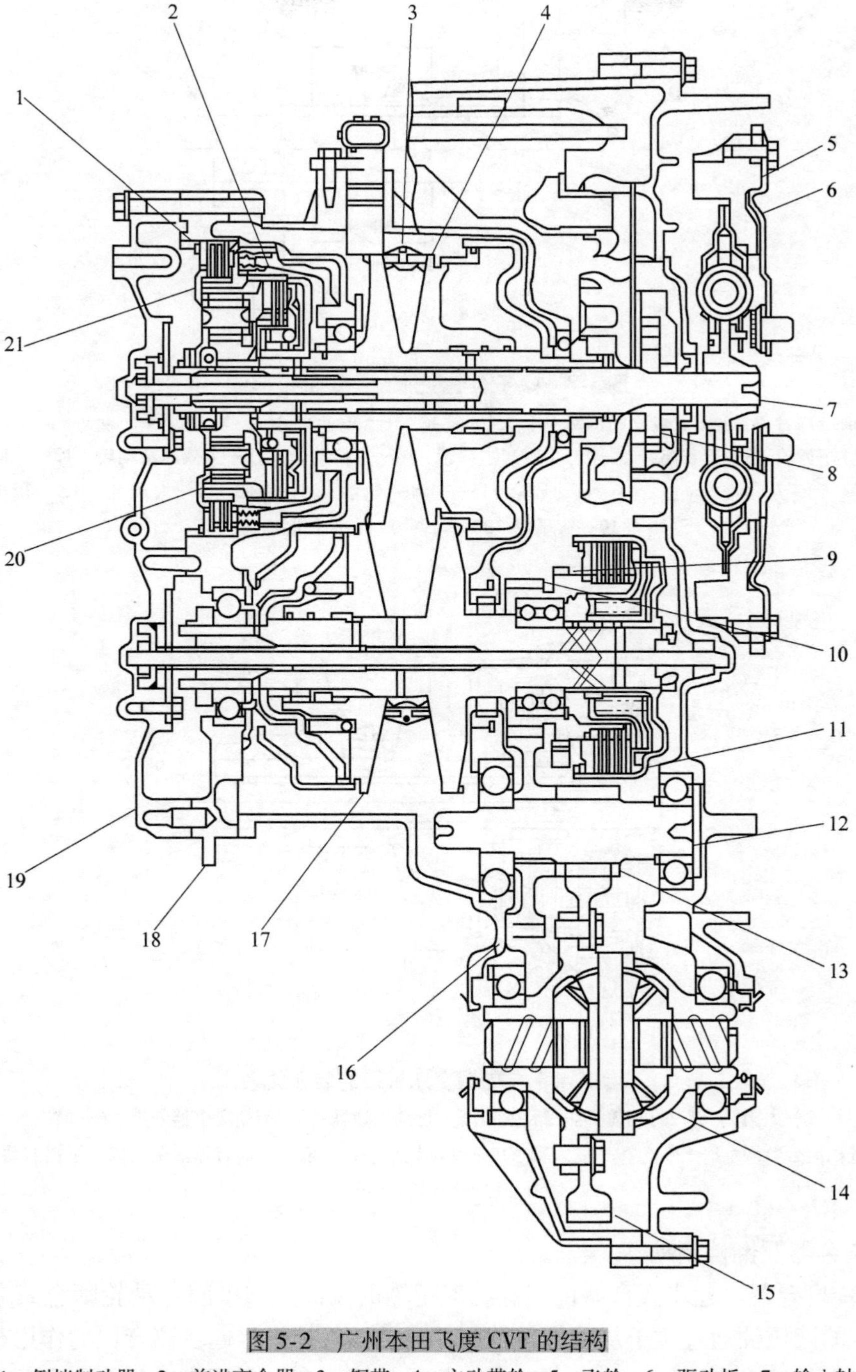


图 5-2　广州本田飞度 CVT 的结构

1—倒档制动器　2—前进离合器　3—钢带　4—主动带轮　5—飞轮　6—驱动板　7—输入轴　8—ATF 泵　9—驻车档齿轮　10—中间主动轮　11—起步离合器　12—主减速器主传动轴　13—主减速器主动轮　14—差速器　15—主减速器从动轮　16—中间从动轮　17—从动带轮　18—中间壳体　19—端盖　20—行星轮　21—行星架

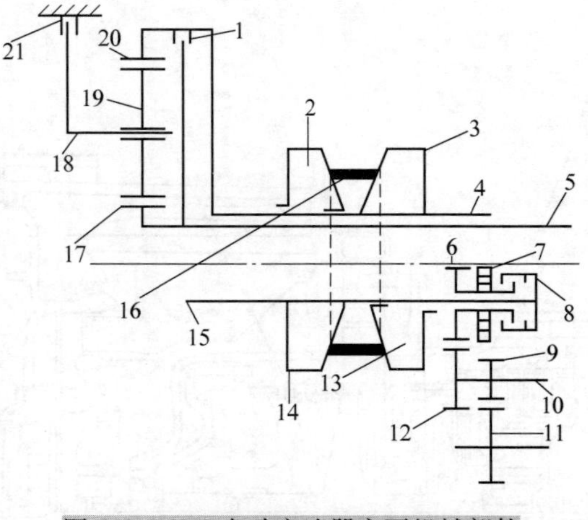


图5-3 CVT自动变速器主要机械部件

1—前进离合器 2—主动带轮油缸 3—主动带轮 4—主动带轮轴 5—输入轴 6—中间主动轮 7—驻车齿轮 8—起步离合器 9—主减速主动轮 10—主传动轴 11—主减速从动轮 12—中间从动轮 13—从动带轮油缸 14—从动带轮 15—从动带轮轴 16—钢带 17—太阳轮 18—行星架 19—行星轮 20—齿圈 21—倒档制动器

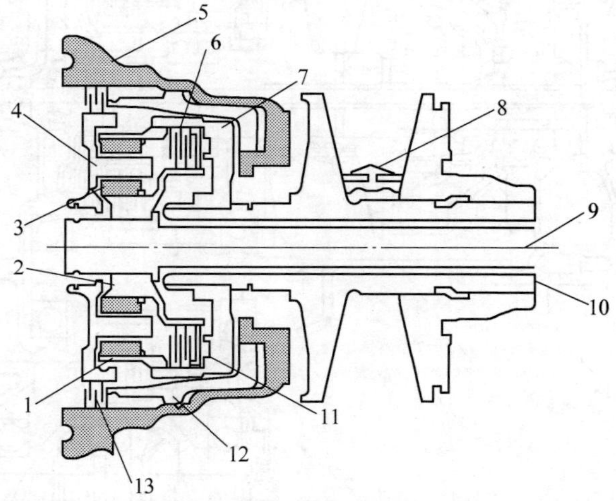


图5-4 行星轮变速机构的装配关系

1—齿圈 2—太阳轮 3—行星轮 4—行星架 5—自动变速器壳体/倒档离合器外鼓 6—前进档离合器 7—前进档离合器毂 8—钢带 9—输入轴 10—从动轮轴 11—前进档离合器活塞 12—倒档制动器活塞 13—倒档制动器

（2）离合器及倒档制动器

1）起步离合器。起步离合器位于从动带轮轴的端部，与中间主动轮啮合或分离。起步离合器所需的液压油通过位于从动带轮轴内的自动油管提供。起步离合器的作用相当于液力自动变速器中的液力变矩器，可以在起步加速或带档停车时保证发动机能稳定运转。

2）前进档离合器。前进档离合器位于主动带轮轴的端部，与太阳齿轮啮合或分离。工作时将输入太阳轮和输出齿圈锁在一起，前进档离合器所需的液压油通过位于主动带轮轴内的自动油管提供。

3）倒档制动器。倒档制动器位于行星架周围的中间壳体内部。当变速杆处于R位时，倒档制动器将锁定行星架，倒档制动器的液压油通过一个与内部液压回路相连的回路提供。

（3）带轮　主动带轮和从动带轮通过钢带连接，每个带轮均有一个活动面和一个固定面，如图5-5所示。带轮有效传动比将随接收到的来自车辆各种传感器和开关的输入信号而变化，主、从动带轮直径的改变是靠液压系统来完成的。

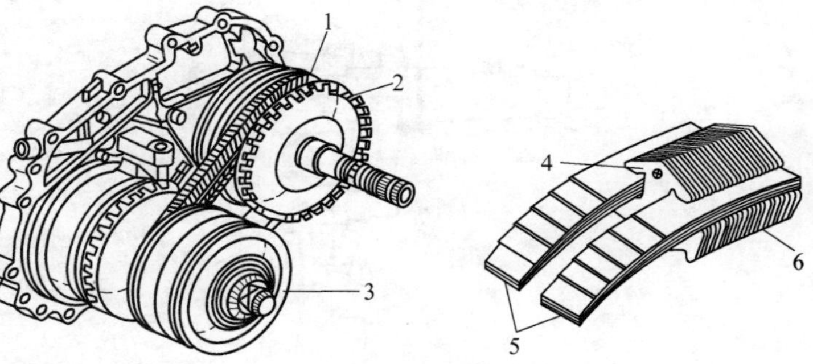


图5-5　自动变速器带轮及钢带

1、5—钢带　2—主动带轮　3—从动带轮

4—V形钢带　6—工作面

**3. CVT自动变速器的动力传递路线分析**

（1）P/N位　当变速杆位于P/N位时，没有液压作用在起步离合器、前进档离合器以及倒档制动器上，故无动力传递至主动带轮轴。在P/N位时，中间主动轮被与驻车齿轮连锁的驻车棘爪锁定，车辆不能移动。

（2）D、S和L位　当变速杆在前进档时，前进档离合器和起步离合器接合，倒档制动器分离。前进档离合器接合时，动力由输入轴→太阳轮→前进档离合器→内齿圈同向输出→主动带轮→钢带→从动带轮。同时，起步离合器接合，动力由从动带轮轴→起步离合器→中间主动轮→中间从动轮→主减速器→输出，动力传递路线如图5-6所示。

（3）R位　变速杆位于R位时，前进离合器分离，倒档制动器和起步离合器接合。倒档离合器接合时，动力由输入轴→太阳轮→倒档制动器固定行星架，内齿圈反向减速输出→主动带轮→钢带→从动轮。同时，起步离合器接合，动力由从动带轮轴→起步离合器→中间主动轮→中间从动轮→主减速器→输出，如图5-7所示。

**4. 液压控制系统**

广州本田飞度CVT自动变速器液压控制系统主要包括主阀体、油泵、控制阀体。其液压控制系统回路图如图5-8所示。

（1）主阀体　主阀体包括PH调节阀、PH控制换档阀、离合器减压阀、换档锁定阀、起步离合器蓄压阀、起步离合器换档阀、起步离合器后备阀及润滑阀，如图5-9所示。

PH调节阀用于保持自动油泵所提供的液压力，并向液压控制回路及润滑回路提供PH压力。PH压力是由PH调节阀根据PH控制换档阀提供的PH控制压力（PHC）进行调节的。

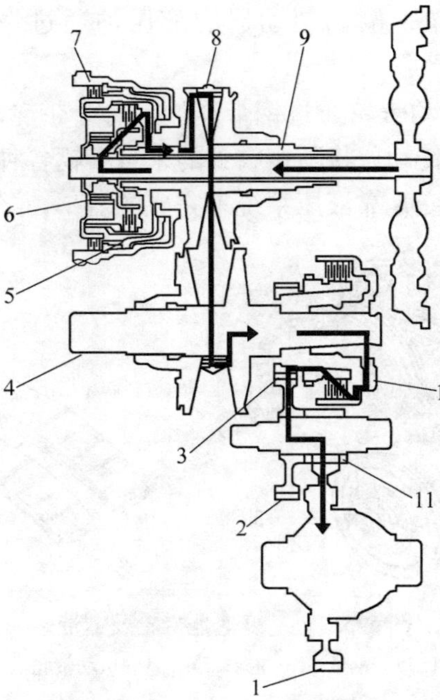


图5-6　前进档动力传递路线

1—主减速器从动轮　2—中间从动轮　3—中间主动轮　4—从动带轮轴　5—前进档离合器　6—太阳轮　7—倒档制动器　8—钢带　9—主动带轮轴　10—起步离合器　11—主减速器主动轮

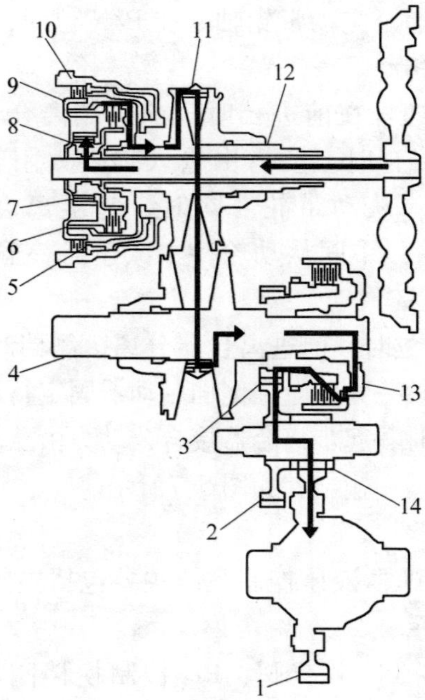


图5-7　R位动力传递路线

1—主减速器从动轮　2—中间从动轮　3—中间主动轮　4—从动带轮轴　5—前进档离合器　6—齿圈　7—太阳轮　8—行星轮　9—行星架　10—倒档制动器　11—钢带　12—主动带轮轴　13—起步离合器　14—主减速器主动轮

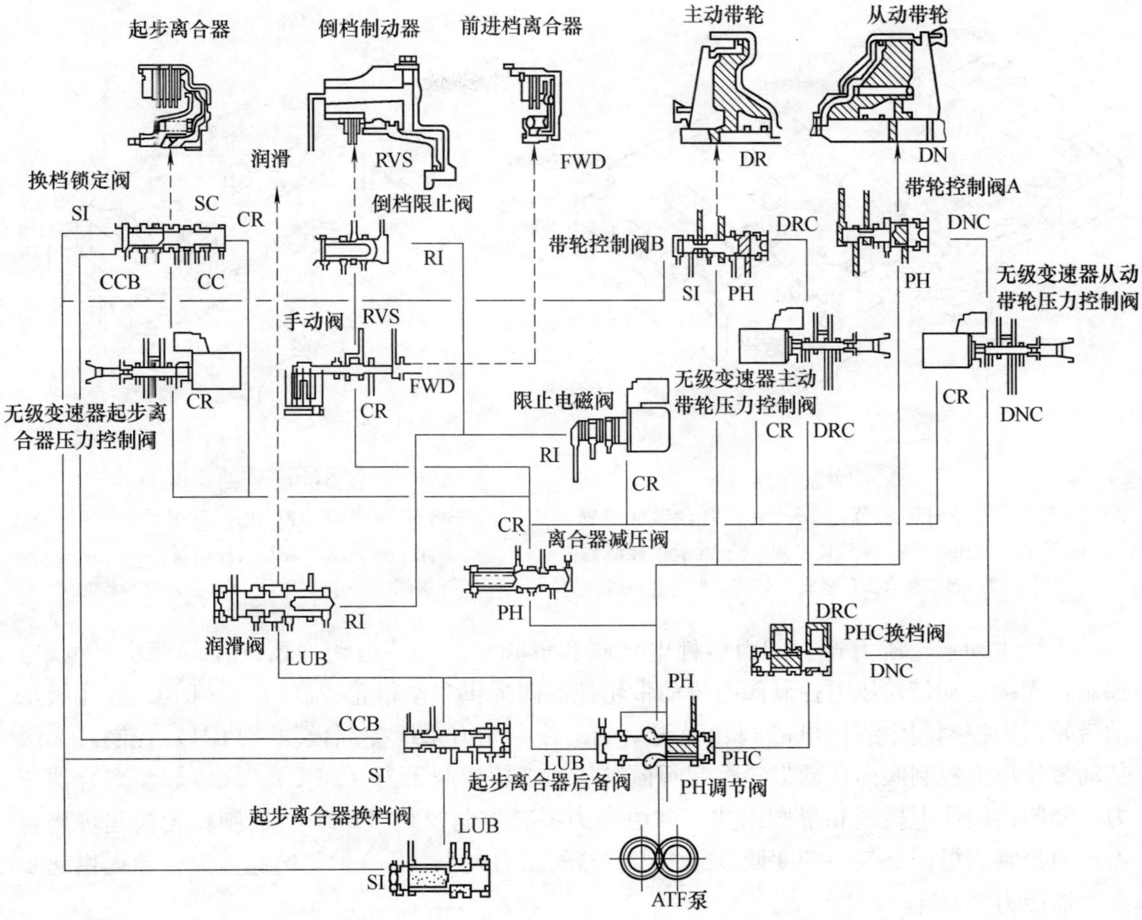


图5-8 广州本田飞度CVT自动变速器液压控制系统回路图

PH控制换档阀向PH调节阀提供PH控制压力（PHC），以便根据主动带轮控制压力（DRC）和从动带轮控制压力（DNC）对PH压力进行调节。

离合器减压阀用于接收来自PH调节阀的PH压力，并对离合器减压压力（CR）进行调节。

换档锁定阀用于切换油液通道，以便在电气系统发生故障的情况下将起步离合器从电子控制切换到液压控制。

起步离合器蓄压阀用于稳定起步离合器的液压力。

在电子控制系统发生故障的情况下，起步离合器换档阀接收换档锁定压力（SI）信号，并将润滑压力（LUB）旁路转换至起步离合器后备阀。在电子控制系统发生故障的情况下，起步离合器后备阀向起步离合器提供控制压力（CCB），以对起步离合器进行控制。

润滑阀用于稳定内部液压回路的润滑油压力。

（2）控制阀体　控制阀体位于箱体外部，它包括主动带轮压力控制阀、从动带轮压力控制阀、起步离合器压力控制阀、主动带轮控制阀及从动带轮控制阀，如图5-10所示。

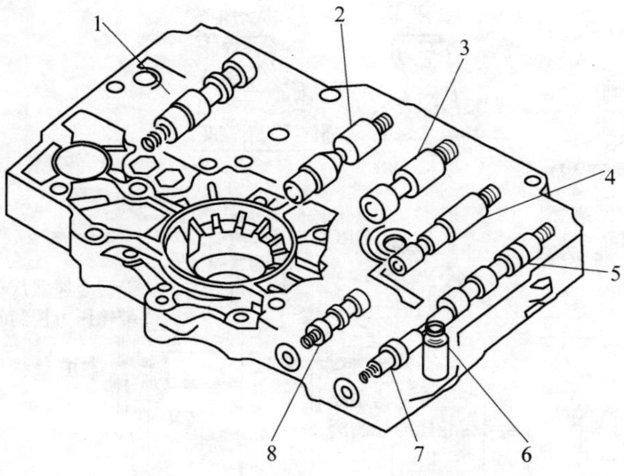


图5-9　主阀体

1—润滑阀　2—PH 调节阀　3—起步离合器换档阀　4—离合器减压阀　5—换档锁定阀　6—起步离合器蓄压阀　7—起步离合器后备阀　8—PH控制换档阀

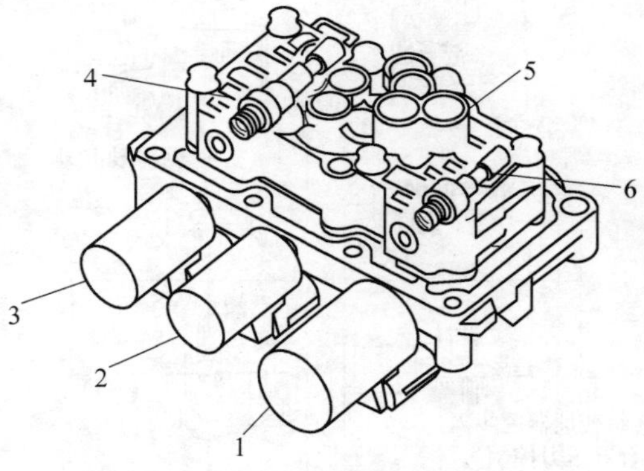


图5-10　控制阀体

1—起步离合器压力控制阀　2—从动带轮压力控制阀　3—主动带轮压力控制阀　4—主动带轮控制阀　5—控制阀体　6—从动带轮控制阀

无级主动带轮压力控制阀由线性电磁阀和滑阀组成，并由动力系统控制模块（PCM）控制。无级主动带轮压力控制阀向主动带轮控制阀提供主动带轮控制压力（DRC）。无级从动带轮压力控制阀由线性电磁阀和滑阀组成，并由动力系统控制模块（PCM）控制。无级从动带轮压力控制阀向从动带轮控制阀提供从动带轮控制压力（DNC）。无级起步离合器压力控制阀由线性电磁阀和滑阀组成，并由动力系统控制模块（PCM）控制。无级起步离合器压力控制阀根据节气门开度调节起步离合器的压力大小（SC），并向起步离合器提供起步离合器压力（SC）。

主动带轮控制阀对主动带轮压力（DR）进行调节，并向主动带轮提供压力；从动带轮控制阀对从动带轮压力（DN）进行调节，并向从动带轮提供压力。

（3）油泵体　油泵体用螺栓固定在主阀体上。油泵为摆线式，其内转子通过花键与输入轴连接，并由输入轴驱动。油泵向PH调节阀提供压力油，如图5-11所示。

（4）手动阀体　手动阀体通过螺栓固定在中间壳体上，它包括手动阀和倒档锁定阀，如图5-12所示。手动阀根据变速杆位置，以机械方式开启或封闭油液通道。倒档锁定阀通过倒档锁定装置电磁阀提供的倒档锁定压力（RI）进行控制。当车辆以10km/h以上的车速向前行驶时，倒档锁定阀将截止通向倒档制动器的液压回路。

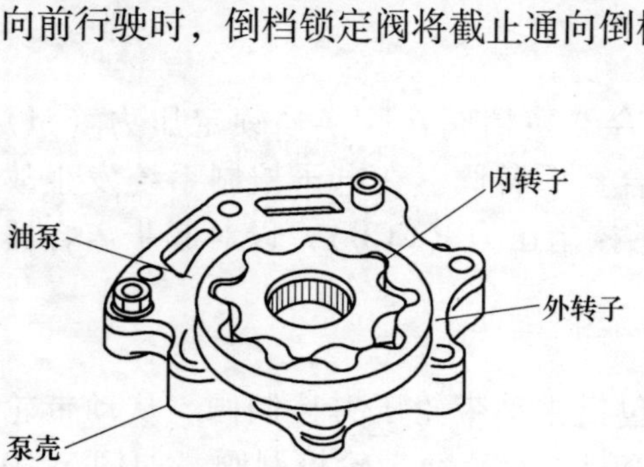


图5-11　油泵体

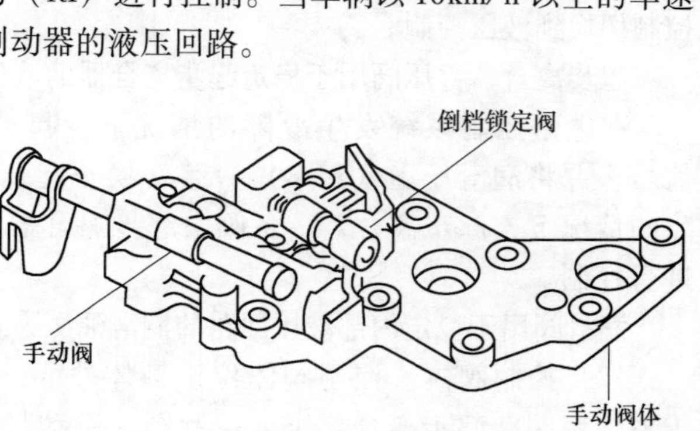


图5-12　手动阀体

**5. 电子控制系统**

电控系统由传感器、动力系统控制模块（PCM）及电磁阀组成。换档时采用电子方式控制，以确保所有条件下的驾驶舒适性。PCM 接收传感器、开关以及其他控制装置发送来的输入信号，经过数据处理后，输出用于发动机控制系统和无级变速器控制系统的信号。无级变速器控制系统包括换档控制/带轮压力控制、7 速模式控制、起步离合器压力控制、倒档锁止控制以及储存在动力系统控制模块内的坡道逻辑控制。动力系统控制模块操纵电磁阀对带轮传动比的变换进行控制。电子控制系统原理方框图如图 5-13 所示，其电子控制系统控制电路如图 5-14 所示。

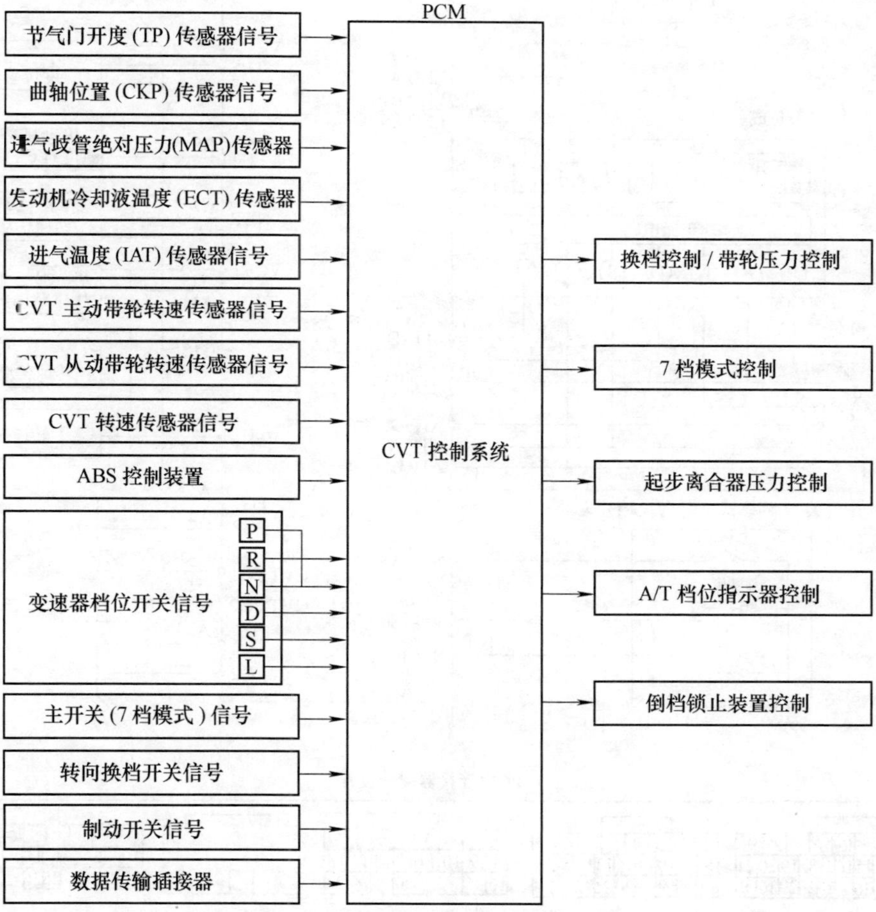


图 5-13　电子控制系统原理方框图

（1）换档控制/带轮压力控制　如图 5-15 所示，动力系统控制模块（PCM）将实际的行驶条件与存储的行驶条件进行比较，以便进行换档控制，并根据各种传感器和开关发送来的信号即时确定一个主、从动带轮传动比。

处于 D 位和 S 位时，主动带轮通过连接钢带在 2.367 ~ 0.407 的传动比范围内以无级方式驱动从动带轮。在 R 位下，如果踩下加速踏板，传动比被设定为 1.326，如果松开加速踏板，则设定为 2.367。当带轮传动比较低（车速较低）时，从动带轮将受到高压作用，以使其保持大直径，而主动带轮将承受低压，以保持与从动带轮成比例的直径；当

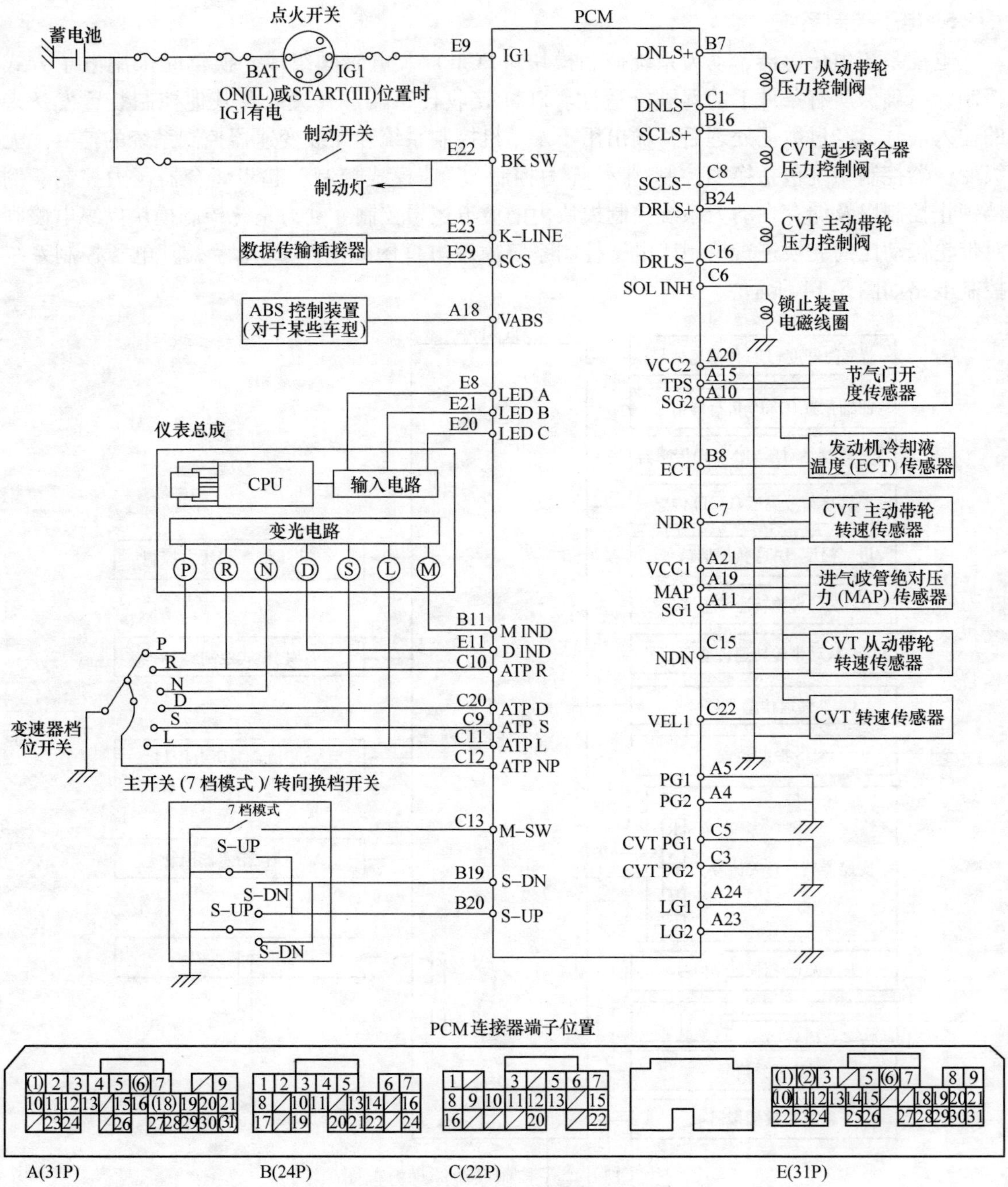


图5-14 变速器电子控制系统控制电路

带轮传动比较高时（车速较高），从动带轮受到低压作用，而主动带轮被施以高压。动力系统控制模块操纵带轮压力控制阀，对施加于各带轮的最佳压力进行调节，以减少钢带打滑，延长其使用寿命。

（2）起步离合器压力控制 如图5-16所示，像液力变矩器一样，当液压控制的起步离合器在D、S、L和R位置时，将使汽车起步和慢行趋于平稳。PCM从传感器和开关接收信号来激励起步离合器压力控制阀，从而调节起步离合器的压力。

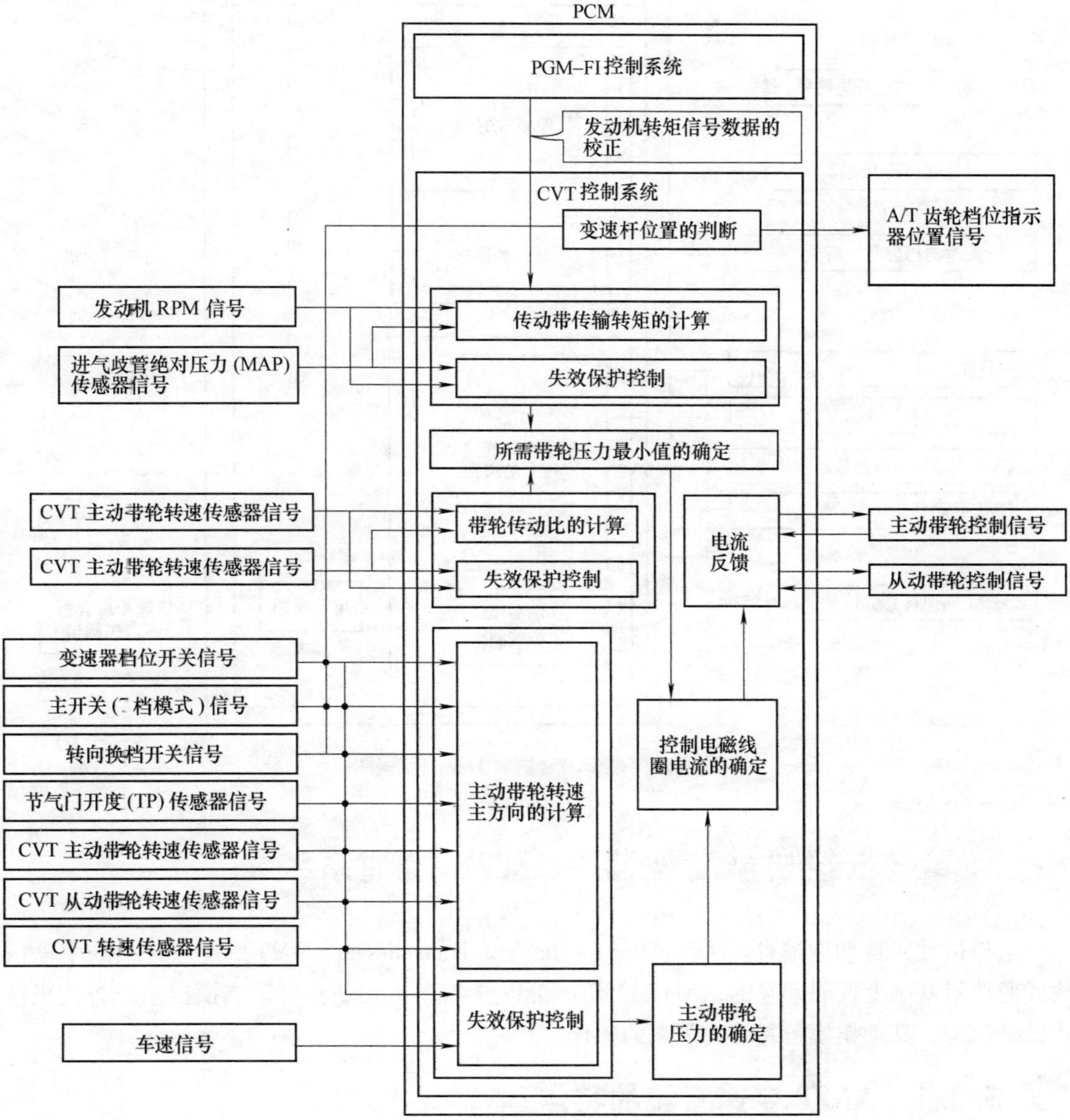


图 5-15　换档控制/带轮压力控制流程图

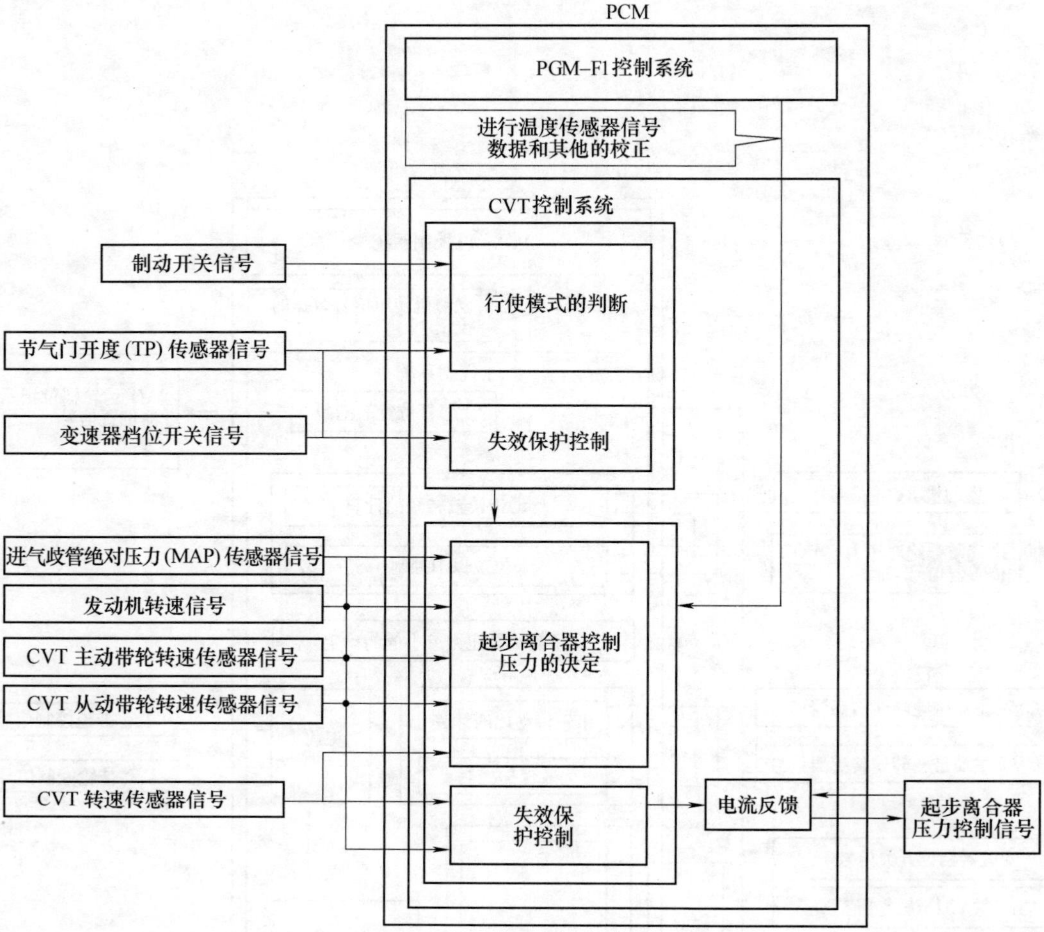


图 5-16 起步离合器压力控制流程图

## 5.2 电控机械变速器（AMT）变速系统

电控机械式自动变速器（Automatic Mechanical Transmission，AMT）是在传统的手动齿轮式变速器基础上发展起来的，AMT 技术来自于 F1 赛车，用一套自动选换档系统替代机械式操纵机构，其动作模仿熟练驾驶人的操作。

### 5.2.1 AMT 变速系统的特点

AMT（与 AT）具有的优点包括：传动效率高（95% 以上），燃油经济性好，结构简单，成本较低（仅为 AT 的 1/4～1/3），适应各种车辆。但也有缺点：换档时要中断动力，换档平顺性不如 AT，换档涉及离合器、加速踏板和选换档操作，控制难度比 AT 大。奇瑞 QQ 汽车上采用了国产的 AMT，德国大众公司的 LUPO 汽车，采用 3 缸 TDI 柴油机，5 速 AMT，最高车速 165km/h。2002 年该公司又研制出油耗为 0.99L/100km 的汽车，采用单缸 DOHC 柴油机，6 速 AMT，最高车速为 120km/h。

### 5.2.2　AMT 变速系统的结构与原理

由车速传感器、节气门位置传感器、发动机转速信号、冷却液温度信号、档位信号、制动踏板信号、润滑油温度信号等传给 ECU，ECU 根据所设定的离合器控制规律、最佳换档规律、发动机节气门自适应调节规律，对节气门开度、离合器接合及换档三者进行控制，实现动力传动系统的最佳匹配，如图 5-17 所示。系统除了具有自动换档的功能外，同时还保留了手动换档功能。

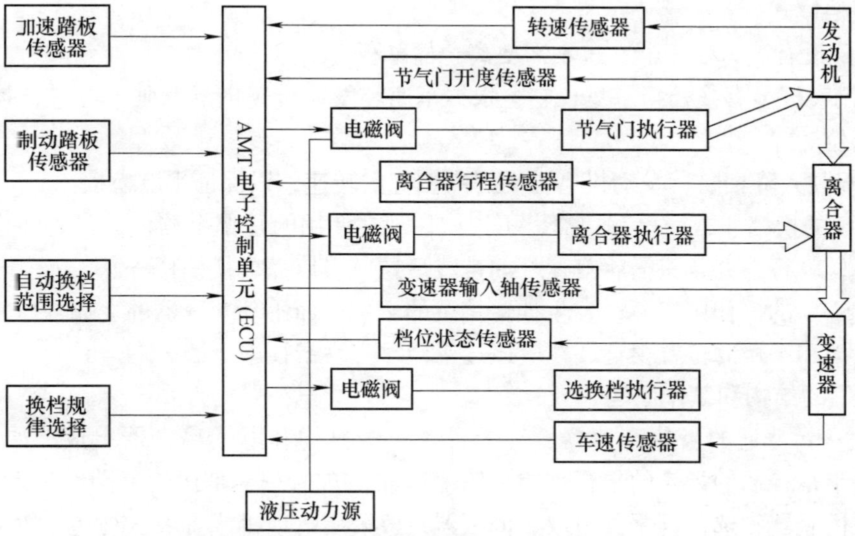


图 5-17　液压驱动 AMT 变速系统的组成

**1. AMT 控制内容**

1）变速控制，即最佳换档规律问题。可采用单参数（车速）控制、两参数（车速、节气门开度）控制、动态三参数（车速、节气门开度及换档前后的加速度）控制。

2）离合器控制：包括离合器接合点控制、起步与换档时的接合控制、分离控制、两次离合控制（相当于两脚离合器操作）。

3）发动机供油控制：控制发动机转速，使其适应变速器输入转速的变化，以减小换档冲击。

4）自动换档模式选择控制，对“经济”“运动”及“正常”模式的选择。

5）主油路液压力控制。

6）锁止离合器控制。

**2. AMT 关键技术**

1）可靠性：包括执行机构和软件的可靠性。

2）换档品质：需要对换档时机、离合器及发动机进行协调控制。

3）执行机构优化设计。

4）起步控制：主要是坡道起步时的离合器接合控制。

## 5.3　顺序换档自动变速器（SMG）

1997 年，顺序换档自动变速器（Sequential Manual Gearbox）在宝马赛车上首先采用，设有手动（S）和自动（A）两种换档模式，在驾驶过程中两种模式可以随时切换。当选自动模式时，就是一台自动变速器，可以自动准确地选择换档点，换档过程非常平顺，没有冲击；选用手动模式时，将变速杆向前推一下就上一个档，向后拉一下就降一个档，如果不动变速杆，即使将加速踏板踩到底，也不会升档。为了方便操控，在转向盘上还设有一个手动换档系统。

**1. SMG 的特点**

1）驾驶逻辑控制系统会根据驾驶人的驾驶习惯来控制变速器的换档，总共可以记住 11 种不同的换档模式。

2）SMG 没有液力变矩器，也不需要离合器踏板。

3）在仪表板上有换档指示灯，它会根据车速和发动转速提醒驾驶人在最佳换档点换入最合适的档位。

4）当驾驶人降档时，发动机会自动提高相应的转速，以保证平顺换档。

5）SMG 的换档非常简单和快捷，不用记住现在使用的是哪个档位，只要知道现在需要升档还是降档就行，并且只需将变速杆前推或后拉就可以完成换档任务。

6）在 SMG 的操作中，不会发生挂错档位的事件，而手动变速器的变速杆位置一般布置成 H 形，2 档和 4 档的位置很近，在应该挂 4 档时容易错挂进 2 档。

**2. SMG 的结构和工作原理**

SMG 由一台普通的齿轮变速器、一套自动换档机构和电子离合器组成，如图 5-18 所示。左边一半是普通的齿轮的平行轴式齿轮变速器，右边一半是比较复杂的自动换档机构，主要由拨叉伺服器和选位伺服器组成，伺服器一般采用电动机或者液压马达，拨叉伺服器用来推拉拨叉，选位伺服器用来选择工作所需的拨叉。

SMG 的工作和手动变速器的工作非常相似，只是把原来人工控制的踩离合器、退档、进档和松离合器的工作都交给了由计算机控制的电子离合器和自动换档机构。为了提高变速器换档的准确程度，在第二代 SMG 上采用了一个换档转换毂（图 5-19），换档转换毂的前端带有锥齿，用来驱动换档转换毂的旋转，在换档转换毂的外圆表面上有三条特殊的槽，分别控制在槽内的三个拨叉。

图 5-18　SMG 的结构

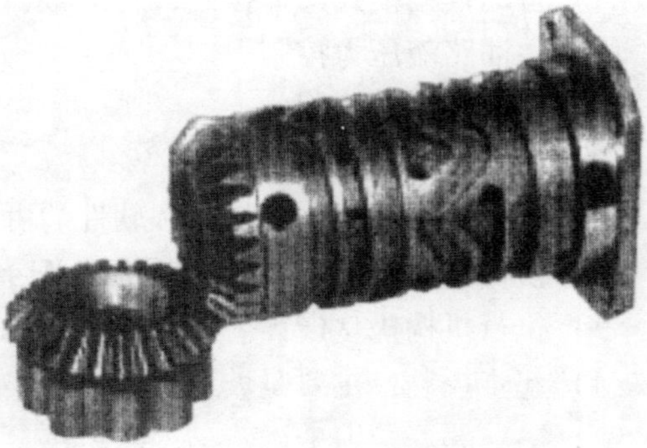

图 5-19　换档转换毂

在换档的时候，只要转动换档转换毂，三个拨叉就会随着换档转换毂的转动而同时前后移动，实现降档和升档。所以换档转换毂上槽的设计非常重要，由于要通过换档毂，因此第二代 SMG（SMGⅡ）的换档是有顺序地一档一档进行的，比如要从 1 档换到 3 档，必须前推变速杆 2 次，使换档转换毂转动 2 个 50°，然后换入 3 档，降档也是如此。由此可见，第二代 SMG 不可以跳跃换档，必须按顺序进行换档，所以第二代 SMG 也称为顺序换档自动变速器。

## 5.4　双离合器直接换档自动变速器（DSG）

大众汽车公司一直都是汽车变速器技术领域的先驱，1994 年的 Tiptronic 手/自动一体变速器和 1999 年的 Multitronic 无级变速器都是奥迪杰出的代表作，2003 年，大众公司将最新一代 DSG 变速器装在 3.2L 的奥迪 TT 和高尔夫 R32 上，开创了奥迪变速器技术的又一个新的里程碑。DSG 变速器的技术源于 1985 年奥迪赛车上的双离合器变速器，而新一代 DSG 变速器的性能更趋完美。图 5-20 所示为奥迪 DSG 变速器的剖视图。

图 5-20　奥迪 DSG 变速器的剖视图

### 1. DSG 变速器的特点

新一代 DSG 变速器采用了两个离合器和六个前进档的传统齿轮变速器作为动力的传动部件，这是目前世界上最先进的、具有革命性的自动变速器。

1）DSG 变速器没有变矩器，也没有离合器踏板。

2）DSG 变速器在传动过程中的能耗损失非常有限，大大提高了车辆的燃油经济性。

3）DSG 变速器的反应非常灵敏，具有很好的驾驶乐趣。

4）车辆在加速过程中不会有动力中断的感觉，使车辆的加速更加强劲、平稳。汽车从起步到加速到 100km/h 所用时间比传统手动变速器还短。

5）DSG 变速器的动力传动部件是一台三轴式 6 前进档的传统齿轮变速器，扩大了速比的变化范围。

6）DSG 变速器的多片湿式双离合器是由电子液压控制系统来控制的。

7）DSG 变速器也有手动和自动两种控制模式，除了变速杆可以控制外，转向盘上还配备有手动控制的换档按钮，在行驶中，两种控制模式之间可以随时切换。

8）选用手动模式时，如果不做升档操作，即使将加速踏板踩到底，DSG 变速器也不会升档。

9）换档逻辑控制可以根据驾驶人的意愿进行换档控制。

10）在手动控制模式下，可以跳跃降档。

**2. DSG 变速器的结构**

DSG 变速器主要由多片湿式双离合器、三轴式齿轮变速器、自动换档机构、电子控制液压控制系统组成。其中最具创意的核心部分是双离合器和三轴式齿轮箱，如图 5-21 所示。

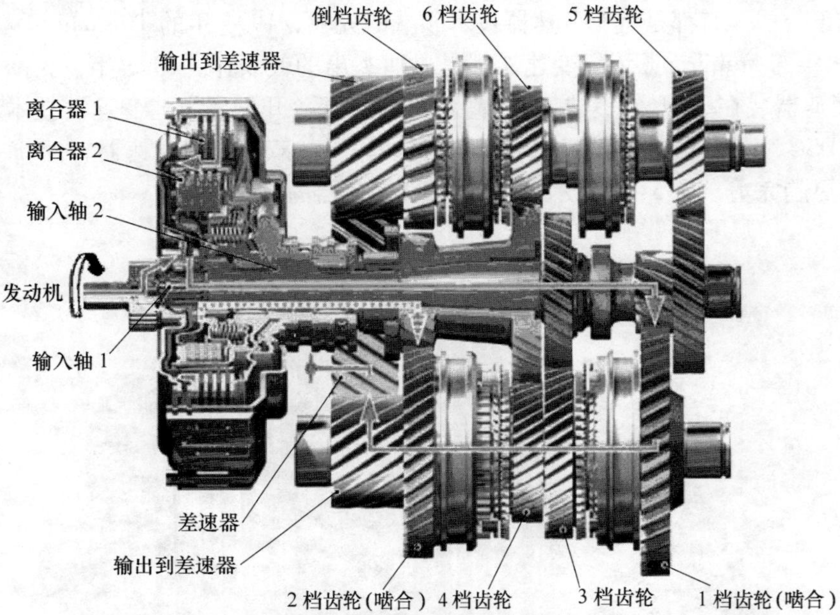


图 5-21　DSG 变速器的内部结构

如图 5-22 所示，大众 DSG02E 运行过程为：曲轴转矩经双质量飞轮传入输入齿毂，离合器 K1 和 K2 的外片支架与输入齿毂刚性相连，如图 5-23 所示离合器 K1 负责将转矩传入输入轴 1，输入轴 1 用来完成 1、3、5 档和倒档，如图 5-24 所示离合器 K2 负责将转矩传给输入轴 2，输入轴 2 用来完成 2、4、6 档。

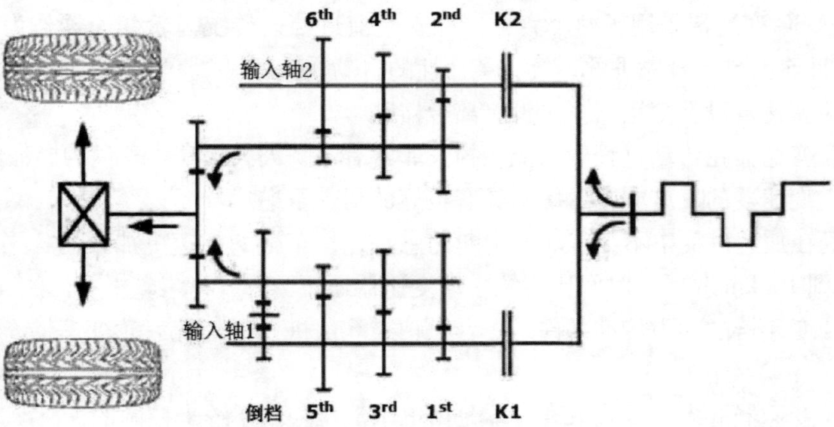


图 5-22　大众 DSG02E 运行原理示意图

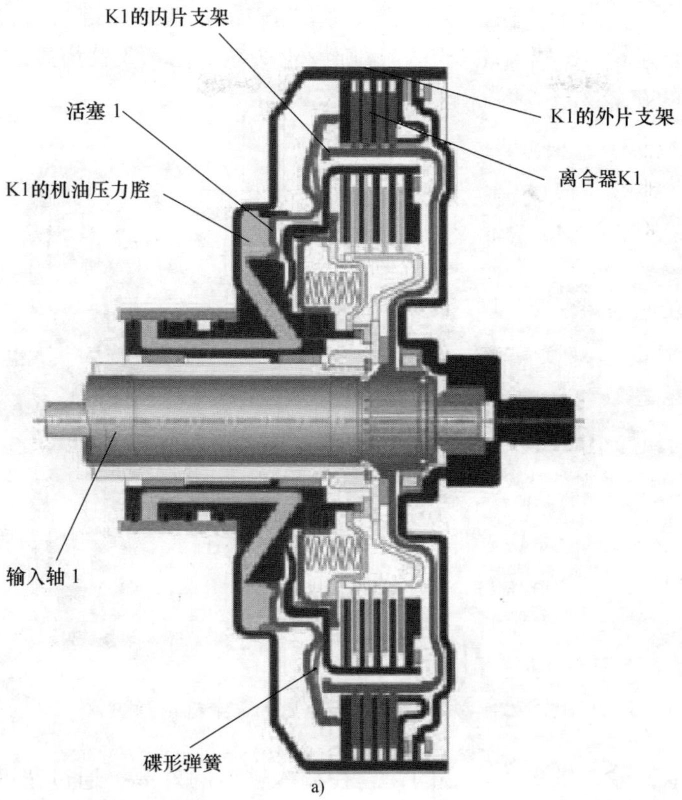


a)

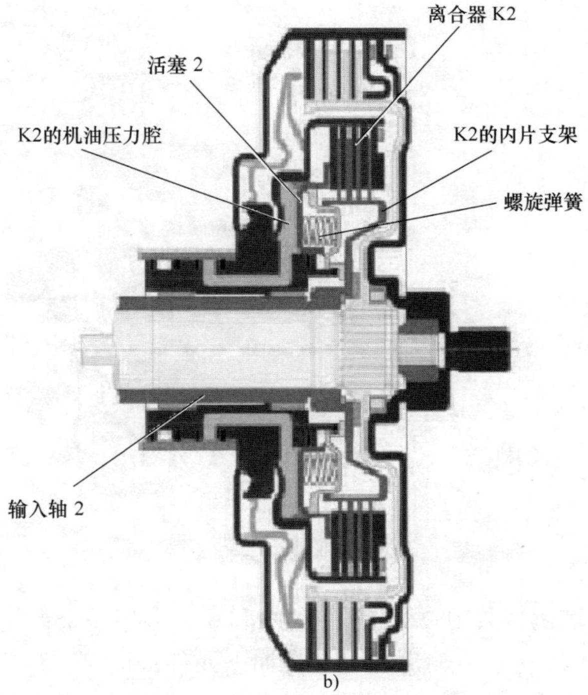


b)

图 5-23　大众 DSG02E 离合器 K1 结构示意图

如图5-24所示：输入轴1在空心的输入轴2的内部，通过花键与离合器K1相连，输入轴1上有1档/倒档齿轮、3档齿轮及五档螺旋齿轮。在1档和3档齿轮之间还有输入轴1的转速传感器G501的靶轮。

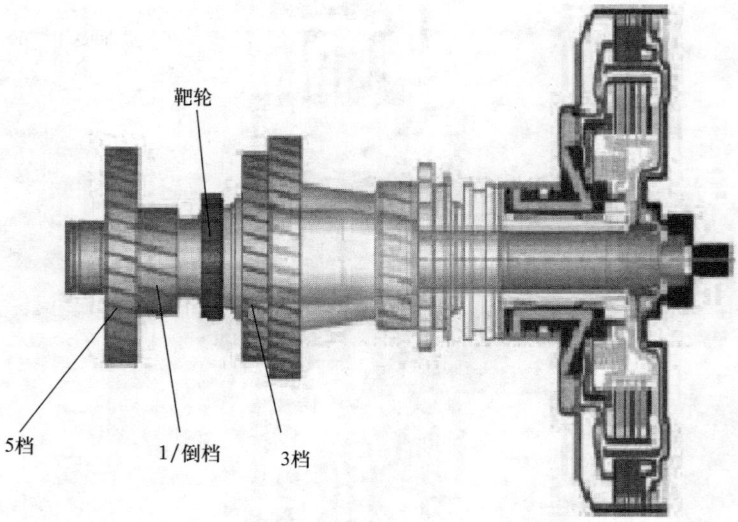


图5-24　大众DSG02E输入轴1结构示意图

如图5-25所示，输入轴2为空心的，套在输入轴1的外部，通过花键和离合器片组K2相连，输入轴2上有2档、4档/6档齿轮，在2档齿轮附近还有输入轴2转速传感器G502的靶轮。

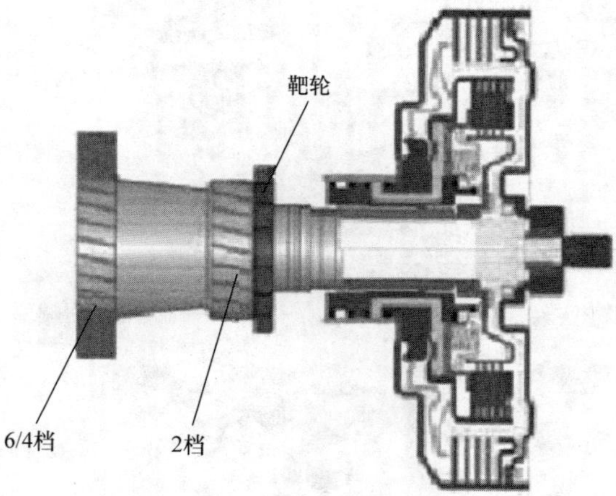


图5-25　大众DSG02E输入轴2结构示意图

在输出轴上，1档和倒档共用一个齿轮；4档和6档共用一个齿轮，这种设计使变速器长度大为缩短。如图5-26所示，输出轴1上有如下元件：1、2、3档同步器（三件式），4档同步器（单件式），1、2、3、4档换档齿轮，与差速器相连的输出齿轮。

如图5-27所示，输出轴2上有如下元件：变速器输出转速传感器靶轮，5档、6档和倒档换档齿轮，与差速器相连的输出齿轮。

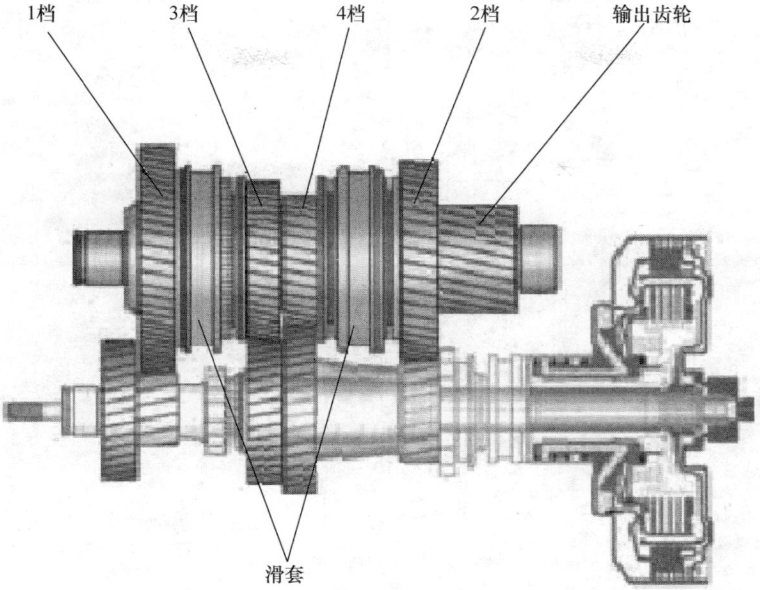


图 5-26　大众 DSG02E 输出轴 1 结构示意图

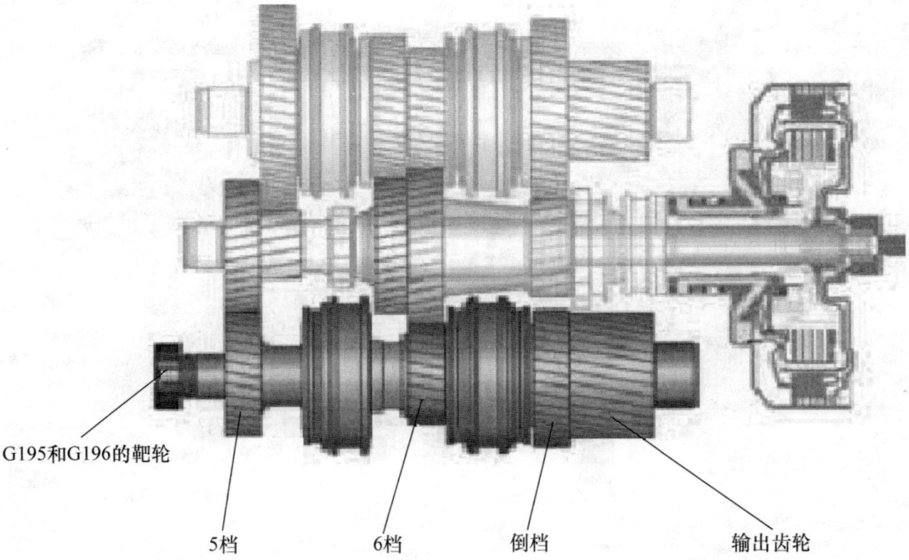


图 5-27　大众 DSG02E 输出轴 2 结构示意图

倒档轴的结构如图 5-28 所示。

如图 5-29 所示，大众 DSG02E 变速器两个输出轴都与差速器相啮合，差速器上还集成了 P 档锁齿轮。

如图 5-30 所示，大众 DSG02E 驻车 P 档锁止机构主要组成零部件。

如图 5-31 所示，大众 DSG02E 变速器同步器 1、2、3 档变速比大，因此采用三件式同

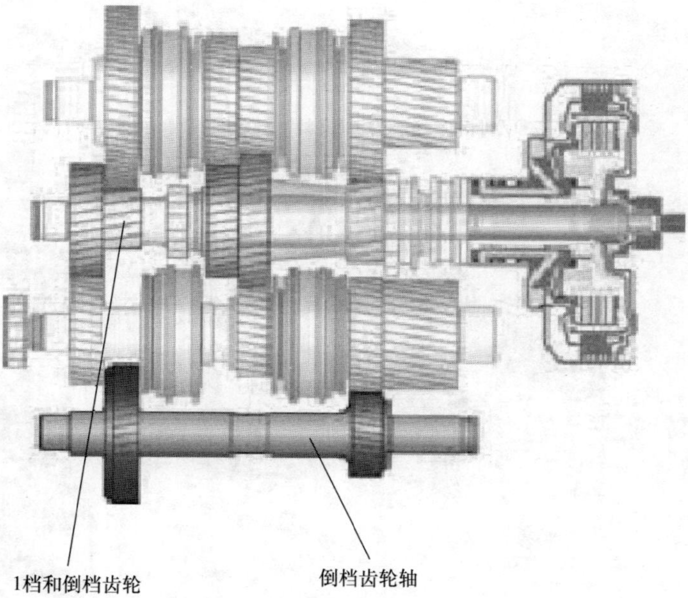


图 5-28　大众 DSG02E 倒档轴结构示意图

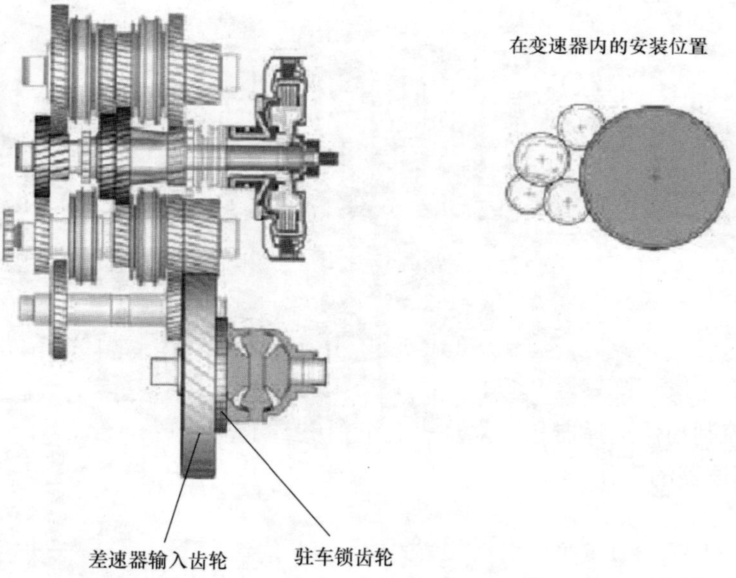


图 5-29　大众 DSG02E 输出轴 2 结构示意图

步器，4、5、6 档变速比相对小，因此采用单件式同步器。图 5-31a 所示为三件式同步器的结构，图 5-31b 所示为单件式同步器的结构。

DSG 变速器的多片湿式双离合器的结构和液压式自动变速器中的离合器相似，但是尺寸要大很多。利用液压缸内的油压和活塞压紧离合器，油压的建立是由 ECU 指令电磁阀来控制的，两个离合器的工作状态是相反的，不会发生两个离合器同时接合的状态。

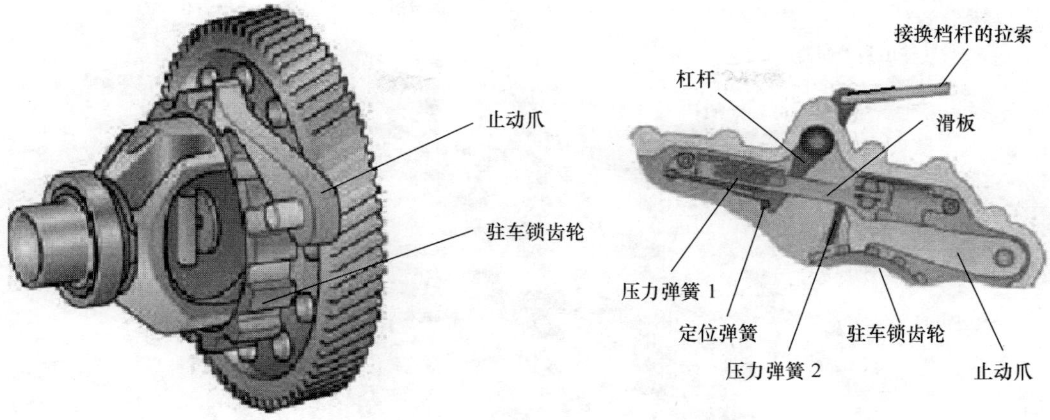


图 5-30　大众 DSG02E 驻车 P 档锁止机构示意图

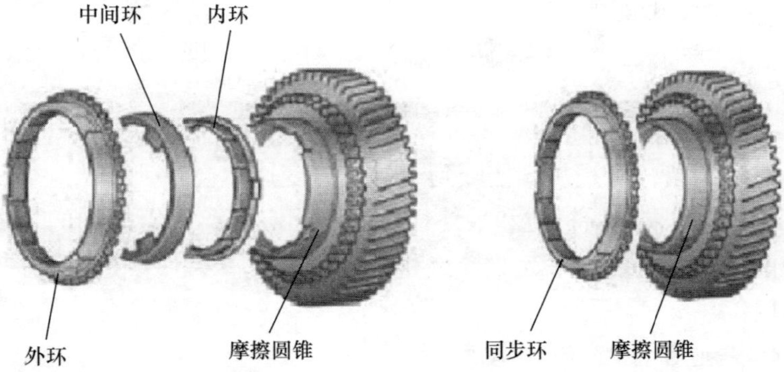


a) 三件式同步器　　b) 单件式同步器

图 5-31　大众 DSG02E 变速器同步器结构示意图

DSG 变速器的档位转换是由档位选择器来操作的，档位选择器实际上是个液压马达，推动拨叉就可以进入相应的档位，由液压控制系统来控制它们的工作。在液压控制系统中有六个油压调节电磁阀，用来调节两个离合器和两个档位选择器中的油压压力，还有五个开关电磁阀，分别控制档位选择器和离合器的工作。

**3. DSG 变速器的工作**

DSG 变速器的工作过程比较特别，在 1 档起步行驶时，动力传递路线如图 5-21 中直线和箭头所示，离合器 1 接合，通过输入轴 1 到 1 档齿轮，再输出到差速器。同时，图 5-21 中虚线和箭头所示的路线是 2 档时的动力传输路线，由于离合器 2 是分离的，这条路线实际上还没有动力在传输，是预先选好档位，为接下来的升档做准备的。当变速器进入 2 档后，退出 1 档，同时 3 档预先接合，如图 5-32 中动力传递路线所示。

DSG 变速器在降档时，同样有两个档位是接合的，如果 4 档正在工作，则 3 档作为预选档位而接合。DSG 变速器的升档或降档是由 ECU 进行判断的，踩加速踏板时，ECU 判定为升档过程，做好升档准备；踩制动踏板时，ECU 判定为降档过程，做好降档准备。

一般变速器升档总是一档一档地进行的，而降档经常会跳跃地进行，DSG 变速器在手动控制模式下也可以进行跳跃降档。例如：从 6 档降到 3 档，连续按三下降档按钮，变速器

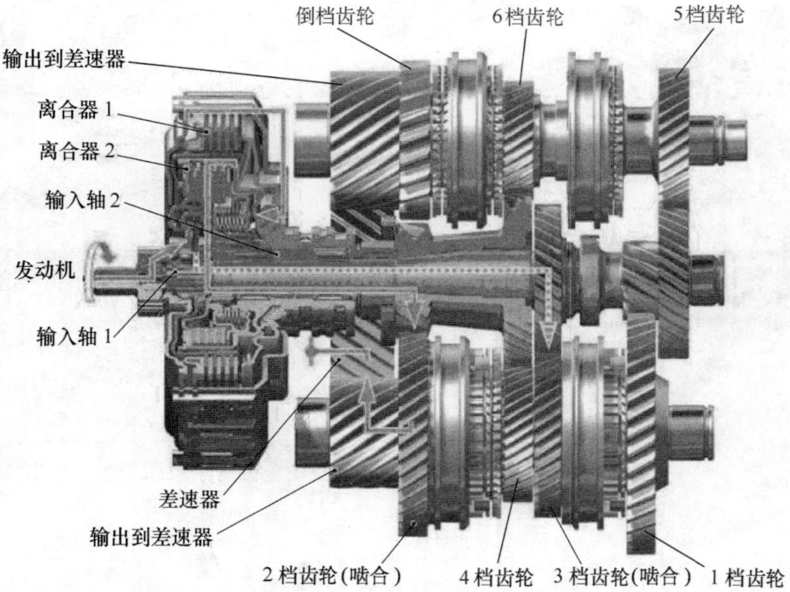


图5-32　DSG变速器在2档时的动力传递路线图

就会从6档直接降到3档，但是从6档降到2档时，变速器会降到5档，再从5档直接降到2档。在跳跃降档时，如果起始档位和最终档位属于同一个离合器控制的，则会通过另一个离合器控制的档位转换一下，如果起始档位和最终档位不属于同一个离合器控制，则可以直接跳跃降至所选档位。

大众DSG 02E变速器各档位的传动路线：

1档传动路线如图5-33所示：离合器K1→输入轴1→1档传动齿轮→输出轴1→差速器。

2档传动路线如图5-34所示：离合器K2→输入轴2→2档传动齿轮→输出轴1→差速器。

3档传动路线如图5-35所示：离合器K1→输入轴1→3档传动齿轮→输出轴1→差速器。

4档传动路线如图5-36所示：离合器K2→输入轴2→4档传动齿轮→输出轴1→差速器。

5档传动路线如图5-37所示：离合器K1→输入轴1→5档传动齿轮→输出轴2→差速器。

6档传动路线如图5-38所示：离合器K2→输入轴2→5档传动齿轮→输出轴2→差速器。

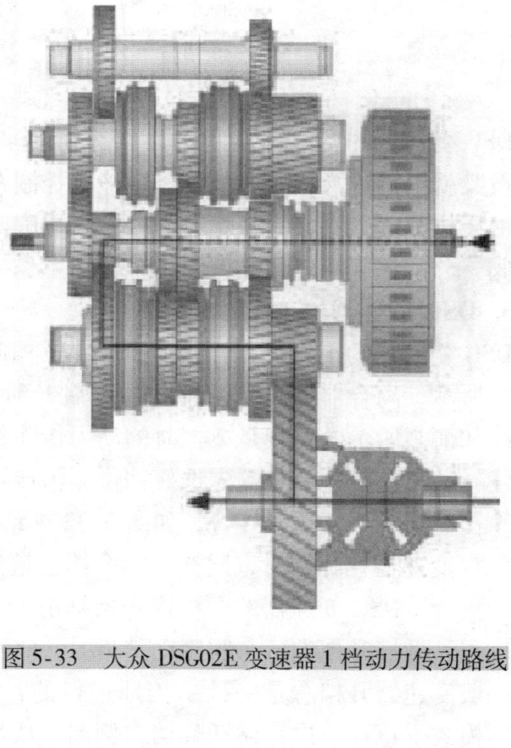

图5-33　大众DSG02E变速器1档动力传动路线

倒档动力传动路线如图 5-39 所示：离合器 K1→输入轴 1→1 档主动齿轮→倒挡齿轮→倒档轴→输出轴→差速器。

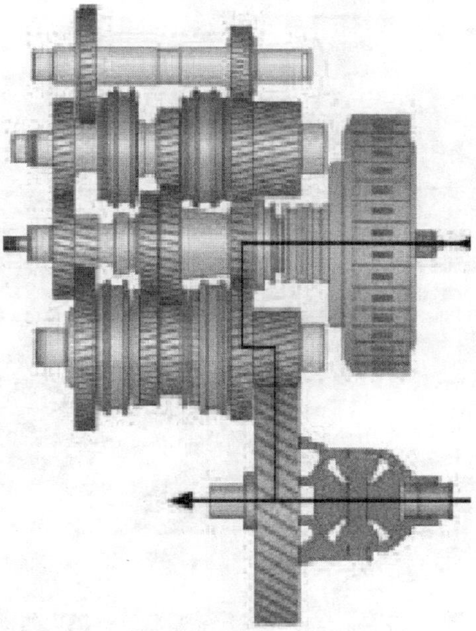

图 5-34 大众 DSG02E 变速器 2 档动力传动路线

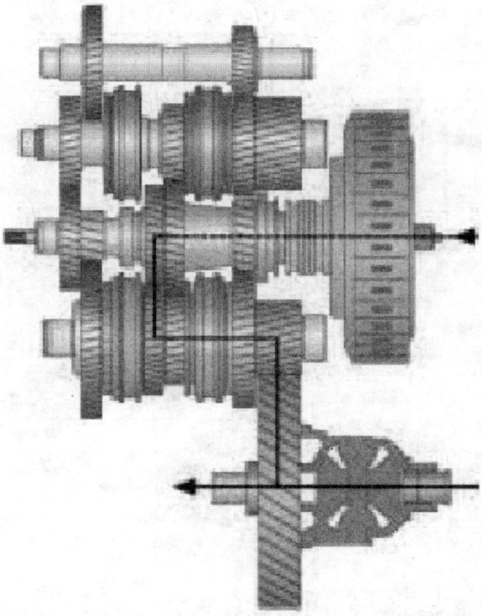

图 5-35 大众 DSG02E 变速器 3 档动力传动路线

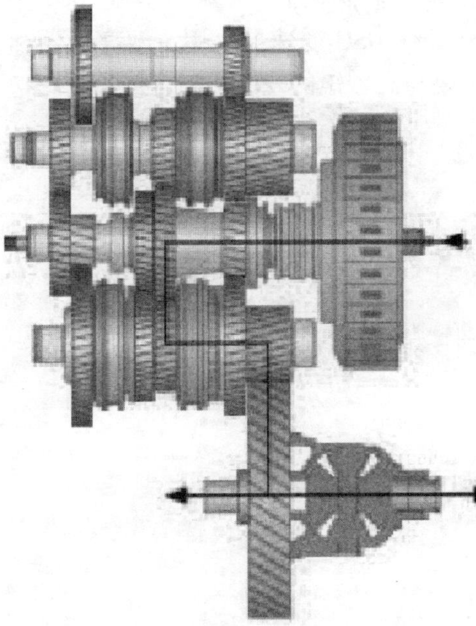

图 5-36 大众 DSG02E 变速器 4 档动力传动路线

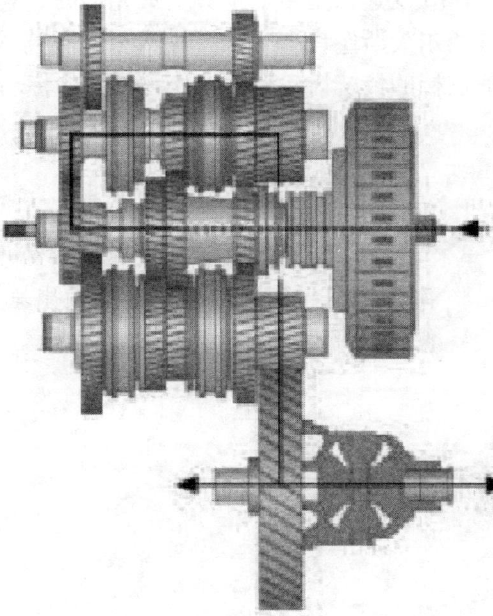

图 5-37 大众 DSG02E 变速器 5 档动力传动路线

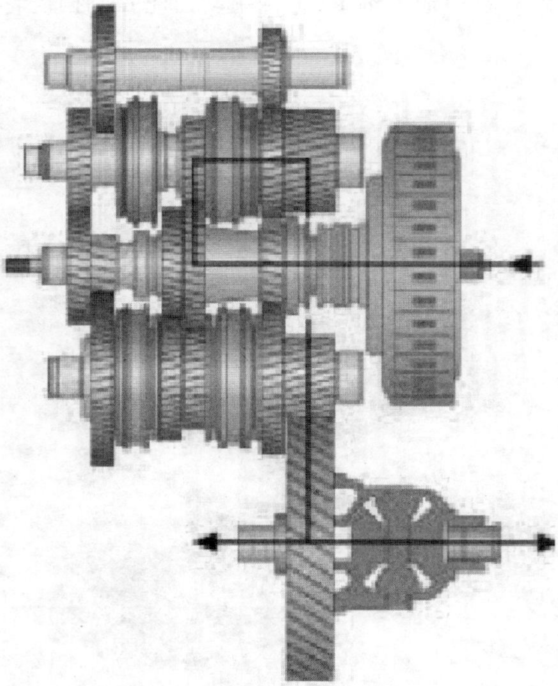

图 5-38　大众 DSG02E 变速器 6 档动力传动路线

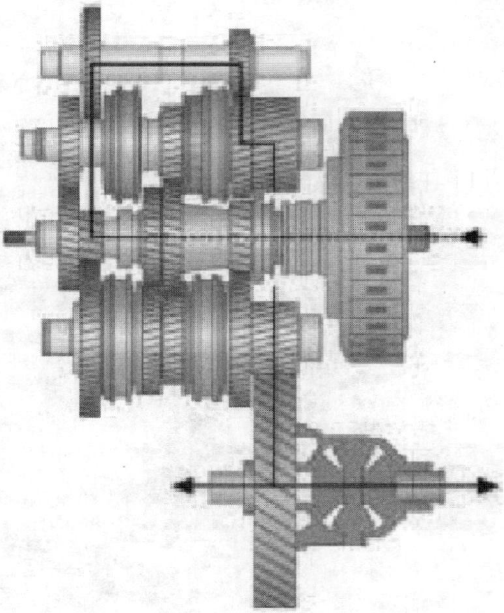

图 5-39　大众 DSG02E 变速器倒档动力传动路线

换挡控制单元由电子控制单元和电子-液压控制单元两部分构成，这两部分集成在一起。这两部分连同阀体都位于滑阀箱内，浸于 DSG 变速箱油内。

DSG 变速器是目前世界上最先进的、具有革命性的变速器系统，大众汽车在 2002 年于德国沃尔夫斯堡首次向世界展示了这一技术创新。新一代 DSG 变速器采用了双离合器和六个前进档的传统齿轮变速器作为动力的传动部件，主要与高转矩的发动机配合使用。

## 思考与练习题

1. 简述无级变速的基本原理。
2. 广州本田飞度轿车无级变速器由哪几部分组成？
3. 简述 AMT 自动变速器电子控制原理。
4. 简述双离合器直接换档自动变速器（DSG）的基本原理。

# 参 考 文 献


［1］王秀贞．轿车自动变速器构造与检修［M］．北京：人民交通出版社，2008.
［2］曹利民，耿勤武．汽车自动变速器维修精华［M］．北京：机械工业出版社，2006.
［3］邯郸北方学校．怎样维修自动变速器［M］．北京：机械工业出版社，2004.
［4］揭琳锋．汽车自动变速器原理与维修［M］．北京：北京大学出版社，2008.
［5］王运朋．丰田汽车维修手册［M］．广州：广东科技出版社，2000.
［6］张春华．广州本田飞度轿车维修手册［M］．北京：机械工业出版社，2005.
［7］付百学．上海别克轿车维修手册［M］．哈尔滨：黑龙江科学技术出版社，2001.
［8］刘希恭．凌志 LS400 轿车维修手册［M］．沈阳：辽宁科学技术出版社，2000.
［9］李东江．广州本田雅阁系列轿车维修手册［M］．北京：北京理工大学出版社，2001.
［10］廖发良．汽车典型电控系统的结构与维修［M］．北京：电子工业出版社，2007.
［11］闵思鹏，江冰．汽车底盘电控系统原理与维修［M］．北京：北京大学出版社，2007.
［12］曹利民．国产轿车自动变速器维修手册［M］．北京：金盾出版社，2005.
［13］吴文渊．现代汽车电子控制技术［M］．北京：人民交通出版社，2002.
［14］尹万健．轿车自动变速器结构原理与检修［M］．北京：人民交通出版社，2002.
［15］吴玉基．汽车自动变速器构造与维修［M］．北京：人民交通出版社，2002.
［16］张吉国．汽车典型电控系统的结构与维修［M］．北京：机械工业出版社，2005：112-127.